# 庐山会议实录

李锐 著

李南央 整编

溪流出版社
Fellows Press of America, Inc.

Lushan Meeting Record   by Li Rui

**庐山会议实录**   李锐 著

Published in 2025 by Fellows Press of America, Inc.

P. O. Box 93, Keller, Texas 76244

Copyright © 2025 By Li Nanyang

All rights reserved. No part of this book may be reproduced in any form, or by any means, without permission in writing from the copyright holder.

ISBN:1-933447-70-2；978-1-933447-70-4

Published Date: July, 2025

**Compiled and Cover Designed by Li Nanyang**

Web: http://www.fellowspress.com
E-mail: fellowspress@yahoo.com
Tel: (817) 545-9866

溪流出版社出版品受国际版权公约保护，版权所有，未经授权，禁止翻印、转载、复印、改编，违者必究。

Fellows Press of America, Inc.（溪流出版社）出版的一切作品均不代表本社立场。

# 美国版序

李南央

朱正先生说过：**李锐一生著作甚丰，传世之作当属《庐山会议实录》**。父亲的这本书此前已经有过五个版本。第一版（初版）是由中共中央党校春秋出版社和湖南教育出版社共同出版的，印数一万册，内部控制发行。1989年5月印出，父亲于当月8日收到150本样书。此书冥冥之中有上天佑护，在"六•四"天安门镇压之前出版，否则将不知会推至何年何月方能面世。"六•四"之后，父亲在中顾委受到批判，为防意外，他的挚友黎澍先生的遗孀——我所敬爱的徐滨阿姨将样书取至她家存放，直至翌年父亲在中顾委解除审查予以党员重新登记，完璧归赵。

此后，1993年香港天地图书再版发行繁体竖排《庐山会议实录》，河南人民出版社于1995年1月公开出版发行了《庐山会议实录》增订本（二版），1999年6月出版发行了增订第三版。

2005年5月胡锦涛任内，李锐被新闻出版总署列入"敏感作家"名单，《庐山会议实录》在中国大陆被禁。2018年5月香港天地图书印发繁体竖排《庐山会议实录》最新增订版。

前不久，因中国境外有读者向我询问是否还可以买到《庐山会议实录》，我请香港的一位好友联系天地图书相关人员，得知尚有存货。即请朋友转告，我全部买下。不幸的是，有位热心的知名播主在她节目的置顶处预报了这一信息，我看到后立即请她撤下，但为时已晚。天地图书联系人再不回复我那位朋友的询问，查天地图书网页《庐山会议实录》一书信息，显示：无此产品。故，决心在美国由美国溪流出版社重版《庐山会议实录》，以飨读者。

此版为简体横排格式。内容拷自"增订第三版"，并补入其遗漏的"初版"个别文字，对错别字也做了更正。最后两篇附录："有关《庐山会议实录》成书的李锐日记摘录"及"钱钟书致李锐信"为本版新增内容。

2025年4月13日
（父亲李锐冥诞）

## "敏感作家"的表态
### ——香港（最新增订）版代序

"敏感作家"奇怪名，《庐山会议》眼中钉。
《大哉》评说忽传世，天下是非公众心。

这是最近吟的一首诗，为了什么呢？

近年来常听说，不佞被列名为应予封杀之人，文章、书籍不准刊出。都说是上面口头通知，最近见到了文字记载。新闻出版总署的内部资料《图书出版通讯》2005年5月20日第六期，有关"选题内容中一些倾向性问题，应引起出版单位高度重视中"，同"跟风、格调不高、魔怪、恐怖"等并列的第六条："敏感作家的选题，有的出版社今年拟安排一些敏感作家的作品，如《庐山会议实录》（李锐著）、《傅斯年》、《背影丛书》（谢泳著）、《名人笔下的名人》（余杰著），请有关出版管理部门和出版单位严格控制，严格把关。"

有关《庐山会议实录》这本书的出版情况，我简单说两句。1988年由党史出版社和湖南教育出版社内部刊行时，"出版说明"中说道："1980年讨论《关于建国以来党的若干历史问题的决议》草稿时，看到作者有关庐山会议的长篇发言后，当时主持《决议》起草的中央领导同志即建议作者写出这一段历史（在11月19日的信中说）："你是否可以写一庐山会议始末史料，写出后再找有关同志补充审定。这事很要紧，值得付出心血。万一我辈都不在了（人有旦夕祸福），这一段重要史料谁来写呢？会写成什么样子呢？""中央领导同志"是胡乔木，他感到此书影响很好，后又赞成公开出版。1992年河南人民出版社公开出版时，即发现五个盗印版，1998年出了增订第三版，2001年我收到"第四次印刷"。人们说，这本书在社会上很流行，总印了几十万上百万本了。我的第一本研究毛泽东的书（《早年毛泽东》），在50年代也发行了一百多万本。

去年我进88岁，老中青三代朋友中的"好事之徒"，为我出版了一本《米寿纪念文集》，书名居然叫《大哉李锐》，诗文作者八十多人，真使我受宠若惊。为自己的"米寿"，我做了两首诗。一首七绝："居然活到米龄年，依旧言多惹讨嫌。《近作》岂能封杀住，此生就为自由权。"另外一首七律的最后两句诗："唯一忧心天下事，何时宪政大开张。"

人类、历史、社会的发展过程，是民主同专制、法治同人治、科学同愚昧的胜负过程，尤其近三百年来斗争最激烈，发展也最快。经过上世纪第二次大战之后，现在世界上专制独裁的国家没剩下几个了。人类已走上和平与发展的时代了。但是我们这个古老的中国积重难返，现在仍是有宪法而无宪政；仍是没有最为关键的言论自由与出版自由。连《庐山会议实录》这样的书都要封杀，似不仅要封杀我这个人，而是要封杀历史了，"以史为鉴"的中国传统文化也要封杀了。从50年代、80年代至今两个时期，我一共由中央和各地的出版社公开出版了十七本著作（小册子不在内）和选集四种。第十八本《李锐近作》却只能由香港出版了。我这个人曾经被彻底封杀过二十年："六不怕唯头尚在，三餐饭后嘴难张。"改革开放后这二十多年，我的嘴巴张惯了，笔头也写惯了；为了继承和发挥民主与科学的五四精神，建立一个真正实施宪政的现代民主国家，我的嘴巴和笔头是决不愿被"严格控制"的。这是我向朋友们和我的读者的一个表态吧。

李锐

2005年5月17日

# 目录

前言 /1
引论——庐山会议的由来 /3
上庐山开会(关于我的记录本) /12
神仙会 /16
十八个问题 /21
中南组的讨论 /28
会外漫谈 /36
干部反应与社会舆论 /43
李云仲的一封信 /49
7月10日讲话与毛泽东第一次召见 /55
会议形势与毛泽东第二次召见 /67
《庐山会议诸问题的议定记录》 /77
彭德怀的信 /95
对彭德怀的信的反应与形势的变化 /105
张闻天的发言 /122
毛泽东7月23日的讲话 /130
批评与检讨 /144
对事,也要对人 /162
决定召开中央全会与毛泽东第三次召见 /174
7月31日常委会 /180
8月1日常委会 /188
两天常委会的传达 /213
中央全会召开时的讲话与文件批语 /221
揭发批判"军事俱乐部"(上) /232
揭发批判"军事俱乐部"(下) /249
关于"斯大林晚年"问题 /268

## 目录

毛泽东8月11日讲话　/287
大会批判　/300
毛泽东8月16日讲话与五个文件　/330
全会后的工作会议　/344
结束语——庐山会议的教训　/358

## 附录

读《彭德怀自述》　/369
一个一辈子讲真话的人——我认识的黄克诚　/377
重读张闻天的《庐山发言》　/389
实事求是，何惜乌纱——怀念周小舟　/401
请吴冷西给一个"说法"　/406
增订版后记　/411
增订三版后记　/413
有关《庐山会议实录》成书李锐日记摘录　/414
钱钟书至李锐信　/425

# 前言

1959年的庐山会议，已经过去三十多年了。

庐山之变影响当代中国历史发展的进程至深且巨，阶级斗争的理论与实践从此升级，引入党内，直到中央领导层，终于导致十年动乱的到来。

1980年秋，讨论《关于建国以来党的若干历史问题的决议》草稿时，关于庐山会议，我曾作过一个较长的发言（《简报》刊出两万余字）。当时就有中央领导同志催我，将这段史实尽快详细写出，否则，许多真相后代难以弄清。作为一个亲身经历者，自己也觉得义不容辞。但由于工作繁忙及种种原因，一直未能动笔。现在利用在青岛消夏的时间，将已经收集和整理过的资料编写出来。

所写的是回忆录，以自己亲身经历为主，同时也记录了许多史料，尤其是毛泽东的多次讲话，当年并无录音或正式记录（如两次常委会的批彭纪实是我记录的）。为传信存真，考虑再三，还是尽可能如原貌都保存下来，以供党史研究者参考（这对于毛泽东晚年"左"的错误思想研究，也是很有用处的）。一般读来或嫌繁琐、枯燥，这也是难以两全，无可奈何之事。

由于人为限制、保密制度和种种清规戒律，当代历史包括党史的研究，还没有真正进入繁荣时期，离自由讨论、科学探索也还很有距离。我这篇史料性的东西，其中引用的不少资料，其实在十年动乱中已由红卫兵散播开来，国外研究当代中国的学者一直在利用，应该说不再具有机密的性质了。我现在不能说自己所记的一定全部准确无误，但我还相信自己的记忆力和判断力，一生在写作方面也是一个谨慎的人，一字一句我都是负责的。如果有错误或不准确之处，希望读者指正。

庐山会议虽然是当代至关重要的一段史实，牵涉到许多"敏感"的人事，但毕竟过去三十多年了，可以到"任人评说"的时候了。我们许多老同志尤其红军老同志，写了许多有价值的回忆录，这是留给后人的一份珍贵遗产。我们的党史上有许多有争议

# 前言

之事，待做正确结论；不论怎样，直接或间接的当事人，将它写出来，尽管不完善甚或有错误，我总觉得写出比不写出好。否则，人亡事灭，说不定历史会留下空白点或竟成为千古之谜。因此，史学界所谓要"抢救活资料"，是很有道理的。在庐山时，我亲自听到彭德怀说过，"我一生不留笔记与文件"。但为了要澄清对自己多年沉重的种种历史误解（"三七开"，执行立三路线，打长沙，打赣州，会理会议，军分会指示，二次王明路线，百团大战，高饶事件，庐山会议等），他终于在待罪闲居时，写了《八万言书》以为申诉；在伤残囚居时，又如实"交代"了自己一生经历。这就是我们现在何等幸运地读到的《彭德怀自述》。

作为当事人，我提供了这样一份史料性东西，自己也觉得是了却了一件多年来的心事。

再说一句：我期待读者的批评指正。

作者
1988 年 8 月 30 日于青岛

## 引论——庐山会议的由来

　　回顾 1959 年夏的庐山会议，就不能不想起在这前后的总路线、大跃进和人民公社化运动。以全民办水利、全民办钢铁等几十个全民大办，以及神话般的农业高产卫星为主要内容的大跃进运动；以一大二公、吃饭不要钱为主要特征的人民公社化，在极短时间内席卷神州大地。但也同样在极短时间内暴露出它们带来的灾难性后果，国民经济出现了严重的混乱，导致巨大的经济损失。从 1958 年 11 月第一次郑州会议到 1959 年 4 月上海会议的半年中，不断纠正这些"左"的做法之后，为了进一步纠"左"，克服混乱现象，以便继续鼓劲，继续跃进，才又举行庐山会议。可是，当彭德怀、张闻天等对总路线、大跃进和人民公社化运动的错误根源有所批评时，毛泽东就立即将会议的方向扭转过来，要打退"右倾机会主义分子的猖狂进攻"，要动员全党、全民保卫"三面红旗"了。

　　三面红旗当然不是突然出现的，有其必然发生的历史过程。新中国成立后，为进入社会主义，毛泽东原来设想的近期目标是十五年实现国家工业化和三大改造；至于要建设成为一个强大的社会主义工业化国家，则认为需要五十年时间。周恩来也说过，中国工业化是十年、二十年的问题，欲速则不达，必须稳步前进。但是从 1955 年下半年批评农业合作化的"小脚女人"开始，毛泽东就认为各项建设事业应当大大加快，应当不断批判右倾保守思想，以农业改造速度促进工商业和手工业改造速度，并在总结苏联经验教训后，社会主义建设上开始提出"多快好省"的方针。因此，1956 年三大改造的完成就过快过粗，十五年的计划三年完成了。（实现了从新民主主义到社会主义的转变）当时对此种快速进度尤其经济建设上的加快速度，党中央领导内部的意见并不是完全一致的。1956 年年初，周恩来提出过，既不要犯右倾保守又不要犯急躁冒进的错误。1957 年的经济建设是健康发展的，国民收入有所增加，消灭了财政赤字。直到八大会议上，刘少奇、周恩来、陈云、李先念等，都对克服急躁冒进做了工作。这次会议制定了一个合乎实际情况的经济发展计划，注意到综合平衡，压缩了基建规模，控制了过高的增长速度。但毛泽东认为 1957 年的增长速度低于 1956 年的增长速度，出现了马鞍形，反冒进反错了，是属于方针路线性的错误。他还认为反冒进使右派钻了空子，将经济与政治联系起来，说这是吹了一股阴风，把多快好省、农业纲要 40 条和"促进委员会"吹掉了。于是，从 1957 年 10 月三中全会开端，不断批判右倾保守，实际上否定了八大制定的正确路线。经过 1958 年的南宁会议、成都会议和广州会议，为大跃进作了充分的思想准备和理论准备。南宁会议上，指名批评了周恩来和陈云的反冒进，认为泄了六亿人民的气，是犯了离右派不远的政治方向的错误。从此，"反冒进"的声音噤若寒蝉。1958 年 5 月，八大二次会议通过了"鼓足干劲，力争上游，多快好省地建设社会主义"的总路线。周恩来、陈云等被迫在大会上作了检讨。会上指责对大跃进、高指标抱怀疑态度的人为"观潮派"、"秋后算账派"，号召在全国"拔白旗、插红旗"。八大二次会议通过的二五计划指标，比八大一次会议通过的，工业方面普遍翻了一番以上，农业方面普遍提高了 20% 到 50%。钢从 1200 万吨提高到 3000 万吨，煤从 2 亿吨提高到 4 亿吨，粮食从 5000 亿斤提高到 7000 亿斤。这样，全党从上到下，形成一种普遍看法：社会主义革命完成后，在建设方面，"左"比右好只准反右——反保守，不准反"左"——反冒进；速度是总路线的灵魂，快是多快好省的中心环节；争速度、抢时间是社会主义建设的根本方针。从而以"苦战三年基本改变落后面貌"为口号，动员全国人民，以"破除消极平衡论"、"树立积极平衡论"为经济高速发展的理论；"以钢为纲"，"三大元帅（钢煤粮）升帐"，"两个先行官（交通、电力）开路"，大搞群众运动，"小土群"遍地开花等，成为实现高速度、大跃进的具体方法。到了 8 月北戴河会议，要求当年钢翻一番，达到1070万吨。二五指标比三个月前的八大二次会议，又普遍翻了一番以上，1962年比1957年的工农业指标，要几倍、十几倍地增长，年平均增长速度为40%以上，基建投资年增长50%以上。1962年指标，钢变为1亿吨，煤为11亿吨，粮食为15000亿斤。八大二次会议提出的七年赶上英国、十五年赶上美国的口号，到北戴河会议，就分别改为三年和十年了。

1958年年初，毛泽东就开始构想未来中国的理想蓝图。三、四月间，先后同陈伯达、刘少奇谈过"乡社合一"和公社的问题，4月间中央正式发出"小社变大社"的意见。7月1日，陈伯达在北京大学作《在毛泽东同志的旗帜下》的讲演，首次公开了毛泽东对未来中国社会的总体方案："我们的方向，应该逐步地有次序地把"工（工业）、农（农业）、商（交换）、学（文化教育）、兵（民兵，即全民武装）"组织成为一个大公社，从而构成为我国社会的基本单位。"（这个讲演随即在《红旗》杂志上发表）8月初在参观河南、山东的人民公社时，毛泽东向报社记者说了句"人民公社好"之后，全国转瞬之间就公社化了。公社是大跃进的产物，是与之相适应的组织形式，也是所谓改变旧的生产关系从而解放生产力的手段。当时确实从实践到理论都这样认为：只要不断地改变生产关系，提高公有化程度，便可以不断加快速度，大大提高生产力。北戴河会议关于建立人民公社的决议还同共产主义联系起来，明确说道，这首先是为了加快建设社会主义的速度，为过渡到共产主义做积极准备；向全民所有制过渡是三四年或五六年之事；应通过公社摸索出一条过渡到共产主义的具体途径。由于有了大公社这种政社合一，熔工商学兵于一炉的组织，决议认为："共产主义在我国的实现，已经不是什么遥远将来的事情了。"毛泽东这时正式谈到破除资产阶级法权的问题，设想公社应当实行平等的分配，无甚差别的物质生活；还谈到进城以后，改供给制为工资制是失策，是倒退，是向资产阶级让步。随后，全国一哄而起，农村大办公共食堂，实行吃饭不要钱的供给制。("吃饭不要钱"最早是由柯庆施提出来的)城市公社也认为是势在必行。

由于高举三面红旗,高指标风、浮夸风、强迫命令风、共产风等,随着很快在全国刮起来了。1958年6月份开始,河南放小麦亩产卫星从两千多斤放到七千多斤。接着是湖北等省放水稻卫星,亩产多少万斤的消息,《人民日报》头版头条作通栏套红标题予以报道。安徽、江苏、湖北、河南宣布为早稻千斤省。四川、河南、安徽、甘肃四省人均粮食产量,宣布超过千斤。随后就放钢铁卫星。日产生铁,先是河南鲁山1000吨,禹县4000吨,接着是广西鹿寨20万吨,广东87万吨,后来河南产钢3天300万吨。河北徐水县三个月苦战,基本消灭了水旱两灾。河南半年实现了水利化。有的地方40天实现绿化,实现"四无"(无麻雀、老鼠、苍蝇、蚊子)。凡事都"化":"车子化"、"滚珠轴承化"、"绳索牵引(耕地)化"、"机械化"……凡事"全民大办":全民办钢、办电、办铝、办煤窑、办铁路、办教育、办大学、办哲学、办文艺、办体育,直到全民写诗,人人当作家。建成第一座实验性原子反应堆,就说成是我国已跨进了原子能时代。总之,一切大跃进,比学赶帮超。

当然,三面红旗是由急于求成的思想而来的。急于求成是为了迅速改变中国贫穷落后的状态。穷则思变,所谓一穷二白正是大跃进的动力。中国百年落后总是挨打,"开除球籍"的危机感和紧迫感,第三次世界大战的阴影在笼罩着,强烈的民族自尊心与自信心,"人家看不起我们,主要是由于我们钢铁、机械、粮食少了",这种种因素,都驱使毛泽东和中国共产党人谋求尽快改变中国的落后面貌,同时为世界的持久和平、人类的进步事业做出应有的贡献。当年此种雄心壮志和满腔热情,确实感动了广大党员和人民群众。

新中国成立前的二十八年,在中国这样一个半封建半殖民地的东方农民大国,毛泽东领导全党全国人民取得革命的胜利,确实难而又难，尤其是要同共产国际和斯大林的错误领导作斗争，最为不易；其实践和理论的正确，举世公认。在这漫长的二十八年中，历经无数艰难曲折，可以说，毛泽东从不轻敌，始终是兢兢业业，谦虚谨慎的。如在军事上，从不言决战，直到辽沈战役之后，才准备与敌人决战。当然，这也同头顶三座大山，内外敌人强大，还有共产国际与斯大林的干预这些巨大的客观因素制约有关。这二十八年，毛泽东确实成为全党的表率，始终坚持马克思主义的实事求是精神。开国之后，内外情况起了根本变化。抗美援朝胜利，证明美帝也不过如此；赫鲁晓夫秘密报告，斯大林盖子被揭开；三年经济好转，建设顺利进行；一连串的胜利，尤其三大改造三年完成，似乎客观上失去任何制约。于是，一切困难逐渐不在话下。加之，党与个人的威信空前提高，人人由衷地高唱《东方红》。这种种主客观形势的变化，使得毛泽东开始不谦虚谨慎了，个人的独断专行日渐发展起来。一穷二白不认为是困难，反而认为"好画最新最美的图画"；革命中经历过的"一天等于二十年"，现在建设时期可以重现了；搞经济应当"势如破竹"，"高屋建瓴"，"一气呵成为好"。这样，片面夸大人的主观能动性，以为只要"政治挂帅"，就可以无视经济工作本身内在的规律。于是，随意搬用革命战争时期的各种经验，乃至将阶级斗争的方法，如大鸣、大放、大字报、大辩论，也应用于经济建设。"六亿神州尽舜尧"，六亿人口是一个决定的因素：凡是人类能够做的事，我们都能做，或者很快就能够做，没有什么事我们不能够做到。

希望革命（和建设）迅速取得胜利这种急性病，并不是从毛泽东开的头。马克思和恩格斯的著作中就反映过这种情绪：似乎欧洲的革命危机已经迫在眉睫。列宁更是论证了资本主义已经到了它的最后阶段；曾将第一次世界大战结束后在德国和匈牙利等地出现的一些革命行动，看做全欧洲革命的开端。在苏联国内战争开始时推行的军事共产主义，就包含有直接向共产主义过渡的因素。这种"过渡"方式遇到了顽强的抵抗后,才不得不转而采取"新经济政策"。列宁在《十月革命四周年》一文中总结了这个教训:"我们原来打算(或许更确切些说,我们是没有充分根据地假定)直接用无产阶级国家的法令,在一个小农国家里按共产主义原则来调整国家的生产和产品分配。现实生活说明我们犯了错误。准备向共产主义过渡(要经过多年的准备工作),需要经过国家资本主义和社会主义一系列过渡阶段。""我们现在正用'新经济政策'来改正我们的许多错误,我们正在学习怎样在一个小农国家里进一步建设社会主义大厦而不犯这些错误。"这说明,列宁确实有过直接过渡的意愿,而且列宁也并不认为共产主义的实现是多么遥远的事情。他在 1920 年讲的《青年团的任务》中排了这样一个时间表:"现在已经五十岁左右的这一代人,是不能希望看到共产主义社会了,那时候他们都死了。至于现在十五岁的这一代人,就可以看到共产主义社会,也要亲身建设这个社会。"据列宁的设想:"再过一二十年就会生活在共产主义社会里。"

斯大林 1936 年就宣布,苏联已建成社会主义社会。1939 年宣布,三个五年计划时期内完成社会主义建设,并从社会主义过渡到共产主义。1952 年又宣布,苏联已处于逐渐过渡到共产主义的时期。

马克思、恩格斯、列宁、斯大林隔得远了。外部的直接刺激是赫鲁晓夫。1957 年毛泽东赴苏联参加十月革命四十周年庆典。在这以前不久,苏联成功地将两颗人造地球卫星送入宇宙空间的轨道上,开始了人类的太空时代。《人民日报》曾称赞此事:"几十天中间,把整个世界形势的面貌改变了。"在庆典活动期间,赫鲁晓夫提出了十五年赶上和超过美国的口号。既然第一号社会主义国家要在十五年内赶超第一号资本主义国家,那么,作为无产阶级国际主义的义务,第二号社会主义国家也应当在十五年内赶超第二号资本主义国家。于是毛泽东提出十五年赶上和超过英国的口号。不但要同资本主义国家比,而且就在社会主义阵营内部,似乎也可以比一比。八届三中全会上,毛泽东就说出过这个意思:"我们是不是可以把苏联走过的弯路避开,比苏联搞的速度更要快一点,比苏联的质量更要好一点?应当争取这个可能。"后来就更异想天开,说是进入共产主义我们不抢先,进入了也不宣布为好。

希望国家的建设事业更快取得更好的成绩,这样一种良好的愿望本来无可非议,只会受到人们的赞许。而且在一定限度内事在人为,只要组织得好,避免失误,再加上机遇,社会主义社会经济发展的速度是可以比较快一些的。在这个意义上说,我们应该积极探索怎样把速度适当提高的办法。可是,速度的快慢,只能在有限的幅度内摆动,归根到底,它不能不受到原有基础、资源、技术、人的素质等条件,以及经济活动自身规律的制约。当年毛泽东完全不顾主客观条件,只凭良好的愿望,把人的能动作用无限夸大,结果只能事与愿违了。

作为大跃进的组织形式是人民公社。在毛泽东的晚年,他曾批判所谓的"唯生产力论",公社则可以看做是鼓吹"唯生产关系论"的。他对不断改革生产关系,可以说是锲而不舍地执着。公社虽然是在很短时间里突然出现的,但是它在毛泽东的思想里却是蕴蓄已久的。在《学生时代的毛泽东》一文中,我曾说过,"毛泽东在接受马克思主义之前,早年所受的芜杂的思想影响,终究是一个沉重的负担。由于思想往往是"先入为主"的,彻底清理极为不易。青年时代的思想初恋,似乎在晚年又燃起了某种"怀旧之情"。1919年12月出版的《湖南教育月刊》第1卷第2号上发表的毛泽东《学生之工作》一文,反映了这种"思想初恋":"我数年来梦想新社会生活,而没有办法。1918年春季,想邀数朋友,在省城对岸岳麓山设工读同志会,从事半工半读,因他们多不能久在湖南,我亦有北京之游,事无成议。今春回湘,再发生这种想象,乃有在岳麓山建设新村的计划,而先从办一实行社会说、本位教育说的学校入手。此新村以新家庭、新学校及旁的新社会连成一块为根本理想。"当时并不是只有毛泽东一人思考"新村"的问题。《新青年》杂志上就刊登过周作人、武者小路实笃等谈新村的文章，李大钊、瞿秋白写过介绍一些美国人办的公社的文章。但是在毛泽东的思想中，看来是更多地受了康有为的《大同书》的影响。《大同书》里对理想社会描述得十分具体：妇女有身者入胎教院，儿童出胎者入育婴院，儿童按年入学养院，老则入养老院……毛泽东在《学生之工作》中对所设想的"新村"的描述，是很接近康有为的想法的："含若干之新家庭，即可创造一种新社会。新社会之种类不可尽举，举其著者：公共育儿院、公共蒙养院、公共学校、公共图书馆、公共银行、公共农场、公共工作厂、公共消费社、公共剧院、公共病院、公园、博物馆、自治会，合此等之新学校、新社会，而为一'新村'，吾以为岳麓山一带，乃湘城附近最适宜建设新村之地也。"这似乎可以看做他人民公社思想的胚芽。这篇文章中关于"工作之事项"的规定"种园、种田、种林、畜牧、种桑、鸡鱼"，岂不也很像他后来概括的"农林牧副渔"么。

在新中国成立前夕写的《论人民民主专政》中，毛泽东提到了康有为，将他列入"在中国共产党出世以前向西方寻找真理的一派人物"，并且说，"康有为写了《大同书》，他没有也不可能找到一条到达大同的路"。对康有为关于大同世界的设想，其中哪些是应该而且可以实现的，哪些只不过是乌托邦的幻想，毛泽东在他的全部著作中，无一字评论，这里只是为康有为惋惜：未能找到通向这个理想的道路。现在到了中国人民大跃进时代，毛泽东自认为已找到了这条道路：他执掌国柄，康有为只能想想的事情，现在可以付诸实施了。在北戴河会议讨论人民公社问题时，他说过这样的话：空想社会主义的一些理想，我们要实行。当年筹办人民公社的时候，中央农村工作部的负责人，曾经把康有为的《大同书》和《哥达纲领批判》一同送给徐水县的干部。

由此也多少可以看出人民公社的指导思想有多么驳杂了。在通过《关于人民公社若干问题的决议》的八届六中全会上,毛泽东还为《张鲁传》亲自作注,印发与会者。他对汉末张鲁所行"五斗米道"中的"置义舍"(免费住宅),"置义米肉"(吃饭不要钱),"不置长吏,皆以祭酒为治","各领部众,多者为治头大祭酒"(近乎政社合一,劳武结合)等做法,也是欣赏的。看来,除了欧洲的空想社会主义之外,近世欧美日本的新村思想,中国历史上农民平均主义理想社会的思想,都给了毛泽东或多或少的影响。

回顾这一页历史,真不能不使人感慨万千。在中国新民主主义革命中,毛泽东成功地将马克思主义理论与中国的实际相结合,打败了强大的内外敌人,取得了伟大的胜利。毛泽东不愧是伟大的马克思主义者。革命胜利以后,要在贫穷落后的中国建设社会主义社会,体现中华民族雄心壮志的领袖,由于急于求成,欲求迅速摆脱贫穷落后的"挨打局面",要超英赶美,同苏联并驾齐驱,于是终于陷入了自己从来对之深恶痛绝的主观主义:竟然无视中国生产力还很低下的现实,无视马克思主义所揭示的客观规律,无视内外主客观实际情况,于是战争年代的谦虚谨慎一去不复返了,以为凭借战争时期的经验,党和个人的威信,动员起来的人民群众的冲天干劲,就可以创造人间奇迹。于是晚年的毛泽东终于陷自己于带空想色彩的理想社会主义中而不能自拔。1959年的庐山会议,实际表明也是一场为维护这种理想社会主义而进行的斗争。

## 上庐山开会（关于我的记录本）

　　1959年6月30日接到通知，上庐山开会。这天北京上山的人到居仁堂，彭真传达了要讨论的十三个问题，说是开神仙会。一起听传达的有薄一波、康生、吴冷西、田家英等。

　　我在庐山会议时用的一个黑皮记录本保存下来了。庐山会议后，在水电部受批斗时，我曾经将自己多年来的全部日记本、工作笔记本、来往信件（主要是家信）等，凡属可以反映思想动态的一切资料，统统上交了，以便组织上彻底"清算"我这个人（在延安"抢救运动"时就有过这种经验）。可是，我惟独保留了这个记录本以及在庐山时的有关资料。我觉得这是山上这场大风波的真实记录，为历史也为我自己，我应当将它们留在身边。

　　1963年12月下旬，从北大荒回京闲住两年后，我再次被下放到安徽大别山中的磨子潭水电站，当文化教员。1967年11月10日，当时安徽省军管系统来人，以负责人要找我谈话为由，连夜将我送到合肥。我当即明白是被捕了（果然第二天用专机将我送到北京入秦城监狱）。在清理我的书物时，我告诉那几位穿军服的同志，这个本子是重要之物，我特在封里写上"李锐庐山会议的记录本"几个字，以防将来找不到。1979年1月，我回到北京重新工作后，中组部的同志来退还"专案一办"为审查我而收存的全部有关资料时，却不见这个记录本。这使我想起1967年8月间的事情。北京专案组的几个人，持中央办公厅和公安部的介绍信来，要我交代同胡乔木、吴冷西和田家英的关系，特别是在庐山时的情况，并说专案组长是周总理。当时我虽已50岁，且是八年戴罪之身，却依然少年气盛。我说，毛主席周围的人，最危险的不是他们三个人，而是陈伯达，"我最不放心的是陈伯达"。于是我举出事例，以为证明。但是专案办的人不让我写材料，只答应口头转告周总理。于是我向总理写了封信。10月间，专案组的人又来过磨子潭一次，向我查问有关事情，并退还我给总理的信,说此信他们不能转交。因此,11月10日遭逮捕时,我心中明白,定是同触犯了陈伯达有关。那时此人正红得发紫。我将这个情节告诉中组部的同志,请他们设法找到这个记录本。果然,不久他们从陈伯达的档案中找到了。(这个记录本上没有像其他退回的资料一样,盖印有"专办"的编号,可见一开始就被陈伯达取走了。)

1980年10月到11月间,讨论《关于建国以来党的若干历史问题的决议》草稿时,我根据这个记录本,得以将庐山会议的情况作了扼要的介绍。当时大家对这个介绍是很感兴趣的。现在还是这个记录本帮助我完成写这本实录的任务。

记录本的第一页记有:6月30日居仁堂传达:庐山会议要谈的十三个问题,只记了前五个问题的简要内容,可能是当时觉得反正上山后会有正式文件的,其他的就没有再记,五个问题所记如下:

一、读书。中委、省、地委读《政治经济学教科书》下卷。

为基层干部、公社党委编三本书:好人好事,如王国藩,实事求是;坏人坏事,虚报浮夸,随风倒等;中央指示,加省委的一些指示。

读完要考试,在职干部要抽时间学习。不要做热锅上的蚂蚁,要做冷锅上的蚂蚁。

二、国内形势。形势好转中,何时基本好转?彻底好转?盲目性也减少了。

三、今年任务。农业、轻工业、重工业、商业、运输、劳动。

四、明年任务。

五、1962年任务,不是搞数目字,先确定方针。

(三、四、五三题,后来并为"任务"一题。)

从将要讨论的问题来看,大跃进的高温早已下降,从毛泽东到地方负责人,大家都已冷静下来,都觉得需要很好地总结经验教训，安排好今明两年的任务和各项工作。"人心思定"，许多指标需要进一步落实。

北京上山开会的人，主要是计委和工交各部的负责人，同乘一专列，于7月1日下午7时到武汉，随即乘船到九江。车上李富春召集工交各部负责人开了一个短会，研究1960年计划方针。我在发言中谈到，去年的教训在于没有了综合平衡或有了也不起作用，"万马奔腾"都是脱缰野马。经济活动本身有其规律，不论怎样"跃进"，也摆脱不了客观规律的制约。我还转告了同在车上的胡乔木的有关谈论。胡乔木也谈到对综合平衡、经济规律的意见：如天体运动，太阳系各行星绕太阳运动，有其轨道，不能失去平衡。火车、汽车运行也有车道，规律亦如车道，车子如不按车道走，就要出事故，特别是火车，一出轨就要造成大事故。

我同胡乔木认识较早。1939年夏，南方局开青年工作会议，我当时在湖南省委组织部工作，兼省青委书记；冯文彬、胡乔木代表中央青委从延安来到重庆。开完会后，胡乔木到湖南检查青年工作，我随即调离湖南撤退到延安，我们一直同行。到延安后，他将我留在中央青委宣传部工作。吴冷西是我在延安《解放日报》工作时的同事。田家英在中央政治研究室工作，有文章寄到报社，必经我手（我管评论），于是成为文字之交。在专列上，我同胡乔木、田家英有过闲谈，主要是交换各自的看法，对1958年的大跃进，都基本上持否定态度。也同吴冷西有过一次闲谈。吴说，不久前在毛主席处谈话，主席这样谈到：搞经济，我们这些人恐怕是不行了；还说，去年是打了一次败仗；又说，沉重心情5月后才开始好转。吴说，主席还谈到政治家与书生问题；书生多端寡要，抓不住时机，不能当机立断。1957年反右时，抓住卢郁文讲的话，写了《这是为什么？》，使形势急转。这使我想起田家英1958年同我的一次闲谈，谈到他有次和谭震林一起在主席处谈话，谈到经济形势和有关问题时，主席突然说起，还拍了桌子："只有陈云能管经济，我就不能管？"因此在火车上，我们四人的交谈中有一共同观点：1958年毛泽东亲自到前台来直接管经济，来发号施令，结果碰了这么一个大钉子。这时，他自己也感觉到，应当如何来转弯了。

在"江新"轮船上，遇到陶铸，他请我们吃荔枝，谈到广东因闹水灾，更增加形势的严峻，不过他还是乐观的。

经过4月上海会议，"以钢为纲"的问题也大都暴露。农业和工业两方面，因大跃进造成的后果都很严重。两次郑州会议之后，农村"五风"等问题已开始有所纠正，但对形势的总估计，从毛泽东起，一般还认为只是一个指头顶多两三个指头的问题。这时有许多省粮食已很紧张，出现成片地区挨饿甚至死人的情况。山东、安徽、湖北、甘肃、云南等省都比较严重，广东边境县已有到湖南抢粮的。

## 神仙会

研究党史的人，一般以1959年7月23日毛泽东讲话批彭德怀为界，将庐山会议分成前后两期，前期是神仙会，后期为反右倾。也有将会议分成三个段落的（各半个月）：7月2日到16日彭德怀信印发，为真正的神仙会；16日到8月1日，从纠"左"与反右的对立交锋，突然转到大反右倾；8月1日前为政治局扩大会议，8月2日到16日为八届八中全会，大批彭黄张周，最后全会通过保卫党的总路线和关于反党集团的错误两个决议，为反右倾机会主义而斗争。

为什么叫做神仙会？

1958年11月第一次郑州会议前后，就党中央和毛泽东的经历来说，除开江西和长征，恐怕是遇到了抗战时国民党封锁边区不发军饷后，从未遇到过的困难；也是解放战争三大战役后，从来未有过的紧张。大家已不断检讨，顶风迎浪苦斗了大半年。一般认为，许多问题在解决中，形势已开始好转，复杂而沉重的心情有所解脱，可以让大家来开怀畅谈，总结一下经验教训，安排好今后工作，以便继续鼓劲干下去。夏天到庐山开会，可以避暑，远离尘嚣，精神都放松一下，过一阵较闲适的生活。庐山天下名山，富历史古迹，多神仙故事，权且都来当当"神仙"吧。

我是第一次登庐山。7月4日寄出的家信中写道："1日下午7点半开船。甲板上啖荔枝，谈形势，早稻丰收在望，人们心情倒还舒畅，江风甚凉，留连甲板，12点后始入睡。2日天亮之后，庐山在望。九江曾是口岸，立过租界，岸上仓库颇密，昔日繁华当远胜长沙。一路车队爬上牯岭，共24公里，登1100余米，转400个弯道。云雾满山林，不识真面目。当年蒋介石仆仆此道，乘四人抬滑杆，一条公路也修不成。这次中央来开会，当地主人紧张动员，尽力招待。北京部长们多住在原来一所疗养院，其他散居山崖诸楼台，不辨方向。案头有《注意事项》，诸如加衣盖被之类，并云：此间空气清新，使呼吸加深，胸阔肌肉加强，血液循环增进，红血球增多，氧同化作用良好，食欲增加，发汗咳嗽减少，等等。窗外满岭松杉，烟云弥漫，清风习习，时感阵雨欲来。午饭前，看完两本《庐山指南》。午饭吃两碗半，午睡一小时，晚饭照旧，当是"空气清新'奏效。整理带来文件，阅当地报纸。预报有雨，不敢外游，夜观赣剧《思凡》、《惊梦》、《悟空借扇》，皆主席所点也。"

以下是3日所记："晚上跳舞，舞场为一小教堂。上帝有知，都进不了天堂的。一切都极安静。有戏、有舞，却消没在山风松涛之中。跟北戴河另一番滋味，那儿总是让你挂念着海，想到海中飘游整日才好；这儿是"深山养道之心"，尘嚣世俗之感皆被融化也。"

4日晨又记："清晨被阵雨惊醒。夜来风雨声，云雾知多少。至今只见窗外庐山，真面目还不清楚，讨论问题增至 18 个。先开小组会，我在中南组。"

7月10日第二封家信中写道："7月5日上午阴晴未定，同京官们登含鄱口（鏊谷正对鄱阳湖，似口含湖水也），归来得句，三、四两句甚为小舟所欣赏：

含鄱口上鄱阳含，水色天光变幻间。
高处为云低处雾，笑谈不觉失群山。

情景完全写实。"

这天同游的是哪些人已记不清楚。但一阵阵雾气扑面而来，两人对面座谈，忽然不见人影，转眼之间雾散云开，又一切重现。此种反复图像，至今如在眼前。

初上山的几天，人们游兴极高，诗风很盛，这同毛泽东的两首诗传开来很有关系。6月23日，毛泽东到湖南，24日下午畅游湘江，25日由周小舟陪同到韶山。28日小舟随同到武汉。毛泽东即乘船到九江，29日上庐山。小舟与我们同船来山。《到韶山》、《登庐山》两首诗，一上山毛泽东就写给小舟、乔木二人，附信征求意见。我与小舟同在中南组，这时他就兴致勃勃地将原件给我看，并将两首诗抄在我的记录本后面。诗中词句，同后来发表的有些出入。《登庐山》还有小序："1959年6月29日登庐山，望鄱阳湖、扬子江，千峦竞秀，万壑争流，红日方升，成诗八句。"由此可见当时诗人的松快心情和豪兴不减。《登庐山》最后两句同后来发表的不同："陶潜不受元嘉禄，只为当年不向前。"

最初几天，人们于开会空隙，游山玩水，成群结队到仙人洞看晚霞。传说唐朝吕洞宾在此修仙，系悬崖绝壁之天生石洞。7月是庐山云彩变幻最美的月份。古往今来，胜景古迹，能诗者自不免引发诗兴。我的本子上还有董老亲笔写的一首七律：

> 庐山面目真难识，叠嶂层峦竞胜奇。
> 乍雨乍晴云出没，时高时下路平陂。
> 盘桓最好寻花径，伫立俄延读御碑。
> 如许周颠遗迹在，访仙何处至今疑。

花径离仙人洞不远。周颠和御碑是朱元璋得了天下后编造的一段天人感应的故事，以说明他是真命天子。不知何故，这首诗没有收入《董必武诗选》中。也许选编时，觉得此诗尤其第一句仍不合时宜吧。在《朱德诗选集》中却有《和董必武同志（初游庐山）》一首：

> 庐山真面何难识，扬子江边一岭奇。
> 公路崎岖开古道，林园宛转创新陂。
> 行游险处防盲目，向导堪称指路碑。
> 五老峰前庄稼好，今年跃进不须疑。

不但是步原韵，意思也是回答原诗的。朱总这诗是7月7日写的，他们的诗正好反映神仙会初期人们的普遍心情：陶醉自然，忘情物外。我还记得游东林寺时，匾额为康有为所书，出寺不远，总理在寺门口向我大声问道："李锐，康有为的字是中年写的还是晚年写的？"我回头竟随口大声应道："是晚年写的吧。"我似乎记得康氏晚年才到过庐山，当时也没有细看字迹。在神仙会阶段，会议讨论是由总理主持的。

大跃进时期历次中央会议，同我来往交谈最密切的是田家英。家英也好诗词。这几天他同康生、陈伯达也有游山赋诗之举。他告诉过我他们三个人的几首联句，也抄在我的本子上：

> 三人结伴走，同上含鄱口；
> 不见鄱阳湖，恨无拿云手。
> 鄱阳忙开言，不要拿云手；
> 只因圣人来，羞颜难抬首。
> 五老牛马走，鄱阳紧闭口；
> 东海圣人来，群山齐拱手。
> 若请诸葛亮，西风去借求；
> 晴日君再来，畅饮浔阳楼。

家英对陈伯达历来有看法，曾跟我详谈过第一次郑州会议时，这位"经济学家"趋时邀宠，发表不要商品生产、取消货币的谬论，遭到毛泽东批评挖苦的情况。但家英对康生其人历来敬重，以至诗中称之为"东海圣人"（康生是山东诸城人），未能识破其阴险奸诈。这大概也同他在延安整风抢救运动中，处于安全状态有关。

关于神仙会的情况，我的《龙胆紫集》《庐山吟》九首的第一首，说得颇清楚：

> 借得名山避世哗，群贤毕至学仙家。
> 出门总是逐风景，无日能忘餐晚霞。
>
> 漫步随吟古今句，高谈且饮云雾茶。
> 林中夜夜闻丝竹，弥撒堂尖北斗斜。

云雾茶为庐山产名茶。全诗句句写实，没有丝毫夸张。

神仙会

　　7月16日,我的第三封家信还谈到:"挤时间小游山几次。此山特点在高,绵延90余座山峰,经历了第四纪冰川,高峡深谷,"磅礴五百里,奇秀甲东南"。因夹在江湖之间,云雾不断,气候变化较大。坐在屋子里,有时太阳进来,只能穿衬衫;太阳遮没,又得穿上毛背心。上山后,只热过两天。"由此可见,直到16日,我还有兴致顾到山景,心情还是愉快的。信中还写到这样重要的情节:"几天来参加起草会议纪要文件,特疲劳。主席约谈了一次,小舟、周惠同在(开同乡会也),心情甚舒畅,相机进言,颇为融洽。会议已近尾声,但具体的日子还不清楚。原来说是开到16、17号的,今天已经16了,还没有开过大会。"

　　这以后就没有再写过家信了。直到8月1日,为使家中先有个精神准备,写了这样几十个字的"报丧"书:"二十多天来,会议极为紧张。我在会议期间,由于思想上的右倾情绪,犯了错误,在作检讨,心情极为沉重、紧张,很难再写信了。还要开全会,大概10号以后,会才能结束。"

　　如果有"神仙会"的话,可以确切地说:7月16日后不几天就结束了。

## 十八个问题

1959年6月29日在船上，毛泽东同各大区负责人柯庆施、李井泉、林铁、欧阳钦、张德生等座谈，征求对形势的看法，谈了准备在庐山讨论的问题。刘少奇和朱德是6月30日上山的。周恩来是7月1日上山的。陈云和邓小平因健康原因没有上山。7月2日开过一次常委会，确定了要讨论的十八个问题。其中国际形势一题，是旅途中同周恩来通电话时，周建议加上的。

我的记录本上载明：7月3日，中南组开会，首先传达下述十八个问题；是组长口头传达，并无文件。所记内容，同别组的传达，详略与题目次序小有差异，后来我又对照别组的文本补记了一些。从文字记录看，都是毛泽东本人的口气。

一、读书。有鉴于去年许多领导同志，县、社干部，对于社会主义经济问题还不大了解，不懂得社会主义经济发展规律，工作中还有事务主义，所以应当好好读书。8月份用一个月时间来读书，或者实行干部轮训。不规定范围，大家不会读。中央、省市、地委一级读《政治经济学教科书》下卷（第3版）。去年我们把苏联一些好的经验也丢了。此书总结了苏联经验，但有缺点，如和平过渡，通过议会夺取政权之类。哪有那回事，革命必须通过武装斗争（1957年右派无一根枪，还要进攻）。去年郑州会议提出读三本书，问读了没有？读了一点，读得不多，自己也没有读。山东、河北建议：给县、社干部编三本书：一本，《好人好事》，大跃进中，敢于坚持真理、不随风倒、不谎报、不浮夸、实事求是的例子。如河北王国藩，山东菏泽的一个队。一本，《坏人坏事》，犯错误的，专门说假话的，违法乱纪的，各省找几个例子。一本，从去年到现在中央各种指示文件（加省市的）。三本书十万字左右，七天读完。读完后讨论三个星期；不仅读，还要考试。县、社领导能读《政治经济学》的也可以读。

提倡读书，给县、社党委每年有一个系统思考问题的时间，使大家冷一下，做冷锅上的蚂蚁，不要做热锅上的蚂蚁，不要整年整月事务主义，搞得很忙乱。

二、形势。是好是坏？有些坏，但还不到"报老爷，大事不好"的程度，是在两者之间。八大二次会议方针政策对不对？要坚持。总的说来，湖南省委有三句话，他们说得巧妙：成绩伟大，经验丰富，前途光明。实际是问题不少。去年以来，一年半中，许多政策执行的结果，成为一条腿走路。基本问题是：综合平衡，群众路线，统一领导，注意质量。四个问题中，最重要的是综合平衡和群众路线。要注意质量，宁肯少些，但要好些、全些（各种各样产品都要有）。农业 12 项：粮棉油麻烟茶糖菜丝果药特，都要有。工业中要有轻工业、重工业，其中又要各样都有。去年"两小无猜"，把精力搞小高炉、小转炉，其他都丢了。去年大跃进，大丰收，今年又大春荒。一路看了河南、河北、湖南、湖北四个省，大体可以代表全国。今年夏收，估产普遍偏低，这是一个好现象。

今年现在的形势同去年此时的形势比较，哪种形势好？去年这时很快刮起共产风，今年不会刮，比去年好。去年许多事是一条腿走路，不是两条腿。我们曾批评过斯大林一条腿走路，自己提出过要两条腿，反而一条腿了。大跃进中包含某些错误与消极因素，现在虽然存在些问题，但包含积极因素。去年情况本来很好，但带来一些盲目性，只想好的一面，没想到困难的一面。现在形势好转，盲目性少了。何时能彻底好转？争取明年五一节。去年脑子发热，但热情宝贵，只是工作中有些盲目性。有人问：你们大跃进，为什么粮食紧张？为什么买不到头发卡子？有些问题现在还没完全弄清楚。似乎促进派腰杆不硬了。总之，怪话不少，要让人家讲。你说得清就说，说不清就硬着头皮顶着。明年东西多了，就说清楚了。

三、任务（或分成两个问题，即今明年任务，四年任务）。

工、农、轻、重、商、交各方面，过去是两条腿，去年丢掉一条，重挤掉了农、轻，也挤掉了商。如果当时重视一下农、轻，就好了。到底如何搞法，基本建设如何安排？今年钢是否 1300 万吨？能超过就超，不能超就算了。钢明年只能增 400 万吨，达到 1700 万吨（富春插话：明年或 6、7、8 三个数：1600 万、1700 万、1800 万）。以后几年也是年增 400 万吨，2300 万吨就超过英国。定要确保质量，不要追求太多数量了。赶上英国说的是主要产品，钢太多了不一定好。今后应由中央确定方针，再交业务部门算账。粮食去年增产有无三成？今后是否每年三成，即 1000 亿斤。1964 年搞到 10000 亿斤。恢复农业 14 条。指标比原定的稍高一点，还是十二年达到。两个口号不变。十五年内主要产品赶超英国要坚持。总之，要量力而行，要让下面去超过。人的脑子是逐渐才实际的。

去年做了件蠢事，好几年的指标要在一年内达到。像粮食指标，恐怕要四年才能达到。过去安排是重轻农，现在是否改农轻重？要把农轻重的关系研究一下。过去搞十大关系，就是两条腿走路，多快好省也是两条腿；现在可以说是没有执行，或者说是没有很好地执行。过去是重轻农商交，现在强调把农业搞好，次序改为农轻重交商。这样提，不会违反马克思主义，这样还是优先发展生产资料的原则，重工业是不会放松的。这几年农业第一，农业中也有生产资料，应当成立农机部。过去陈云同志提过，先安排好市场，再安排基建。黄敬不赞成。现在看来，陈是对的。衣食住用行安排好了，就不会造反，这是六亿七千万人安定不安定的问题。什么叫造反？就是要使人们少说闲话，不骂我们，过得舒服。日子过得舒服，才有利于建设，同时国家也可以多积累。赞成成立三机部，搞农业机械，还成立农业研究院。过去土改时说过："炮是要打人的，人是要吃饭的，路是要脚走的。"现在炮没有了，第二、第三条还有，如果忘了这些，不好办事。现在实际挂帅的是农，第一应该是农业，第二是工业。农业问题，一曰机械，二曰化肥，三曰饲料。饲料要有单独政策，现在是人吃一斤，牲口半斤；过一过，要都吃一斤；再过一过，要人吃一斤，牲口吃两斤，逐渐比人多。农、轻、重，把重放到第三位，放它四年（准备犯四年错误）。不提口号，不作宣传。工业要支援农业，明年要多少化肥、农用钢材，这次会议定一下。

有两种积极性：一种是盲目的积极性，一种是实事求是的积极性。红军的三大纪律，现在两条还有用。还是要讲"一切行动听指挥"，统一领导，反对无政府主义；"不拿群众一针一线"，不搞一平二调。总的看，十年来群众生活提高了，文化水平也提高了。共产主义风格有两种：一种真搞共产主义；另一种（这占多数）是权利归他是共产主义，否则，是资本主义。山东有的地方发现抢粮之事，这很好，可引起注意。对那些摧残人民的官僚主义，就是要整一下。我们的国家是不会亡的，社会主义是亡不了的，搞社会主义是会坚持到底的。蒋介石是回不来的。美国如打来，我们最坏退到延安，但还会回来的。

四、体制。有些半无政府主义。去年人、财、商、工四权下放多了一些，快了一些，造成混乱，现在要适当收回，对下要适当控制，要收回来归中央、省市两级。强调集权，统一领导。统得不可过死，过活也不好，现在看来不可过活。

五、公共食堂。积极办好。按人定量，分配到户，自愿参加，节余归己。在这几个原则下把食堂办好，不要一哄而散，能保持30%也是好的，形式可多种多样。太分散的户不办。食堂全国有两种办法：一为河南积极维持；一为湖北号召自愿，拟从少到多，30%-50%，将来 80%。吃饭基本要钱，一部分不要钱。四川是老小不要钱。湖北是半供给制。供给部分要少，三七、四六，可以灵活。供给制不要否定。食堂与供给制是两回事。按月发工资，大部分办不到。

六、学会过日子。湖北农民批评干部：一不懂生产，二不会过日子。农村和城市，都要留余地，富日子当穷日子过，总要增产节约。今年不管增产多少，粮食按去年 4800 亿斤标准过日子。去年湖北的错误，是穷日子当富日子过了。放过卫星的县过得最差。口号是：富日子当穷日子过。

七、恢复三定：定产、定购、定销，三年不变，定多少，要多少。这次会议要定一下。增产部分征四留六。自留地不征税。

八、恢复农村初级市场。

九、综合平衡，大跃进的大教训之一，去年主要缺点是没有搞平衡。说了两条腿走路，几个并举，实际上还是没有兼顾。三种平衡：农业本身（农林牧副渔等）；工业内部；工业与农业。整个国民经济的比例关系，是在这些基础上的综合平衡。整个经济中平衡是个根本问题，有了综合平衡，才能有群众路线。

十、生产小队改为半核算单位。四川的问题在于原高级社小，现叫生产队。生产、生活的核算放在一起好，否则浪费很大，反正归管理区。一改，怕影响生产，弄个"半"字。

十一、农村党团作用。基层党的活动削弱了，党不管党，都由生产队长包办代替了。无支委会，无组织领导作用。

十二、宣传问题。去年有些浮夸，怎样说法？1959 年的四大指标定高了，现在陷于被动。如何转为主动？上海会议时，即有人提出，利用人大会议改，失了点时机。找个适当时机改过来，但改多少还摸不准。是否人大常委会开个会，把指标改过来。粮食以后是否不公布绝对数。这可以学苏联，不宣传粮食指标。

十三、工业管理特别要强调质量问题。争取一、两年内解决。煤炭的含硫量超过了允许的标准（0.07%），其他产品质量也很差，出口退货，名誉不好。

十四、对去年的估计：有伟大成绩，有不少问题，前途是光明的。缺点只是一二三个指头的问题。许多问题要等较长的时间才能看得出来。过去一段时间的积极性，带有一定的盲目性。看出问题，才能鼓起劲来。跃进公路，修了这么多也没垮台。秦朝、隋朝很快就垮了。

十五、群众路线问题。群众路线有没有？有多少？

十六、全国协作关系。破坏了原来的协作关系。搞了大的，挤了小的。大区搞体系，公社工业化，工厂综合化。协作区搞些调查研究，计委的派出机关。

十七、团结问题。统一思想，从中央到县委。河南120万基层干部，40万犯错误，3600人受处分，是个分裂。

十八、国际问题（列了个题目）。对资产阶级不易一次认清，界限要分清。同蒋介石打了十年，讲统一战线时，一切都忘了。

1958年大跃进的最高潮为8月北戴河会议：钢翻一番，1070万吨；建立人民公社；主张供给制（责难工资制）；宣传过渡到共产主义非遥远之事，等等。一整套"左"的理想或空想。从而全国大刮共产风（一平二调三收款，吃饭不要钱等）、高指标风、瞎指挥风、强迫命令风、浮夸风。为保证"钢铁元帅升帐"，基建投资增加一倍；工人增加2000万；9000万人上山炼钢铁，要为1959年产钢3000万吨奋斗。两次郑州会议开始纠"左"，强调要"压缩空气"，"冷热结合"，要搞综合平衡，要刹住一平二调三收款，要整顿公社，解决所有制，核算以原高级社为基础。上海会议后，毛泽东又给各级干部一封信：要讲真话，不要讲假话；定要实事求是；要把粮食抓得很紧很紧。尽管有这些纠"左"的措施和讲话，但依然对总路线、大跃进、人民公社"三面红旗"绝对肯定，仍坚持"以钢为纲"，对公共食堂等仍旧依依不舍，1959年还要继续跃进。总之，气可鼓不可泄。依据这十八个问题的基本估计与基本精神，庐山会议自然可能对大跃进进行根本调整。例如1959年钢的指标，从1958年12月武昌会议压到2000万吨，1959年4月上海会议压到1650万吨，庐山会议开始压到1300万吨，仍旧是完不成的高指标。因为1958年钢的实际完成数即合格的钢产量，后来只落实到800万吨。粮食指标从 10500 亿斤压到 5500 亿斤，也还是办不到的。后来的实践证明：高指标不降，大跃进等"三面红旗"不根本怀疑，实难以从根本上纠"左"；所有浮夸风、瞎指挥风、强迫命令风等也难以真正刹住。所以这十八个问题的提出，似乎不是"热锅上的蚂蚁"了，但实际也决非真正"冷锅上的蚂蚁"。何况就是对这十八个问题的看法，当时也还存在分歧，并不是上下看法都一致了。所以庐山这场风波，从发生大争论来说，是必然的；但是后来出现如此"反右倾机会主义"的可怕局面，则有一定的偶然性。

## 中南组的讨论

7月3日开始,按大区分六个组开座谈会。中央各部委同志分别参加各组。我被分在中南组。组长是陶铸。按照十八个问题,摆情况,谈看法,提意见。白天开会,晚上自由活动,星期天休息。当时讨论的情况,大概是各人根据自己的思想认识来谈。我的记录本只记了些要点,也不是每个人的发言都记,前几天记得较多,后几天记得很少。小组会并没有按照问题逐个讨论,多是一揽子发言。

关于读书,大家发表了这样一些意见:现在读书,作用极大。在北京没法读书,要看的东西太多。学习制度取消了,星期日名存实亡。几个人一组,读一个月。"一把手"没有什么离不开的。价值法则、商品经济等问题,认识上并未解决。过去不知钢之厉害,去年碰了钉子,也应当利用人家经验。不学,书记当不下去。还有千万人饿肚子的问题。觉悟有了,就需要逼着读,读完交篇心得文章,很有必要。协作区应当搞点理论协作。《红旗》应当有争论文章。关于去年秋收与炼钢之间的矛盾,还有深翻土地等问题,中央当时未能当机立断,等等。

7月3日,陶铸首先谈广东情况:今年广东洪水灾害,早稻约损失30亿斤。经过救灾与克服共产风,党群关系有改变。群众说:"共产党可共患难。"广东粮食一向宽裕,多给群众留一点,挽回在港澳的影响。去年向港澳吹过牛。共产风将副业、手工业刮掉了,商业协作搞乱了。将丝一下搅成一团,"九年惨淡经营,真是毁于一旦"。750万农户,70%以上养猪;一吃一死,都不养了。副食伤得太厉害。群众回家吃饭,听其自然,回去一个时期有好处。这样,家庭养猪能快恢复。群众懂价值法则,我们不懂(农民舍得杀三只鸡给母猪吃)。过去七年,生产资料、生活资料同步增长。去年前者大增,后者很少增,都各顾各了。手工业纷纷下马。过去供300万吨煤,今年只几十万吨,33万人又返回农村。先安排人民生活，再安排基建。不能光看这一年、半年中发生的问题，要看三五年，看长远些，看积极方面。广东有了年产500万吨煤，5万吨钢的能力，也有了水压机。去年苦战一下，不后悔，兵无苦战不行。不要光看消极东西，不要有埋怨情绪。去掉盲目性，主要是没经验。广东讲了三个月的一个指头，现在不讲了。落实指标已差不多了，仍要鼓起干劲。人们对总路线是有怀疑的，定要坚信，不能动摇。

我同陶铸在延安时就认识，接管沈阳时，他是市委书记，军管会时期，天天在一起。他对我们年轻人并不摆老资格，有话脱口而出。他为人直爽，曾经对我说过："我这个人是只左不右的。"虽然当时广东形势严峻，他还是干劲十足，只承认有一个指头的问题。

同日，刘建勋也多少讲了点广西"大势"，感觉有压力。今年很紧张，但秩序好，跟1957年散社时情况不同，说明"社会主义思想革命胜利已巩固"。去年许多措施、作风，使干群间有隔阂。缺点那么多，讲了就完了。再不搞什么八百斤、千斤省之类虚名了。给农民小自由非常重要。人心思定。政策三定，粮食归户，群众最满意。刘建勋特别强调广西煤的问题，现在只有二百多万吨，明年需要三百多万吨，也没有焦炭。周惠后来在闲谈中跟我说：刘建勋滑头，言不及义，每次发言都强调煤的问题，其他要害都不谈。

7月4日，周小舟发言，他不仅谈了湖南情况，还对总的形势提出了看法。他首先说：不可估计太乐观。去年底，湖南号称粮食翻了一番，达450亿斤，估计只330亿斤（按：后来落实到245亿斤，只增产约8%）。生铁76万吨，实际60万吨。湖南粮食情况较好，是由于我们没有搞敞开肚皮吃，但其他一样紧张。基建搞多了，县以上1000个项目，只有300个经批准，其他是自由化的，上下都想多干，工人从90万增加到134万。下面干部对经济失调，还不感觉严重。钢指标定为1070万吨的决心是好的，但安

## 中南组的讨论

排800万吨就好了。公社问题，当时似乎是因为农业、工业形势所迫而建立公社，但太快、太大，几股风一刮，越包越多。（谭震林插话："根本是把老规律打破了，不也过来了。"）现在条件下，农业、工业到底能按什么速度发展？农业不能30%，每年10%-20%还有可能。过去农业提出要赶日本，可见头脑发热程度。食堂问题，湖南的反对派有六条理由：1. 根本不节约；2. 不利于养猪；3. 破坏林业；4. 不能积肥；5. 不节约劳力；6. 吃得不愉快。我们还是努力办好。粮食定要分配到户，但只能是指标，粮要按月领，否则必过多喂猪、喂鸭，斤谷斤肉。小自由范围放宽些，不要害怕资本主义。去年变化不大，只顾了吃穿用，再没人盖房子了。现在普遍人心思定。但转弯也不宜太急，得慢慢转。

接着吴芝圃发言：河南共产风刮得厉害，虚报浮夸也最厉害，影响全国，特向各省道歉。基层干部严重违法乱纪者3600人，坚决清洗。农民的工具、树木、房子等，都算了细账，退赔了。由于得到群众谅解，已有95%的干部连选连任。春节时有几万人浮肿。由于粮食大调动，比历年春荒吃得好。人均一斤，巩固食堂，勉强支撑下来。粮食基本供给制。食堂改革炊具，用磨面机。开辩论会后，现在食堂一个未散，90%可巩固下来。多种经营好的，全省有10%发工资，从六、七元到一元不等。5%自留地，一半在食堂，一半在私人。农业大胆实验，创造了一些经验。最大变化在水利。去年600万人上山搞铁，从小土群到小洋群到洋铁厂，算是有了工业。每县有了个机械厂，可造锅驼机。每个公社有个小修配厂，车床多了。铁今年可完成60-70万吨，钢5万吨，就是质量难保证。总路线完全正确。大跃进是事实，只是步子大了，要退回来。错误已作适当检讨，怨气还不是太大。不过，党内外讲话顾虑太大。知识分子有三不讲：报上没登过的不讲；领导没讲过的不讲；同公布数字不合的不讲。这是反右的副作用。河南今后方针：一切为巩固公社、食堂、丰收和大跃进。大集体、小自由要稳定下来，计划要稳定些，年年能增产，浪漫主义变现实主义。吴芝圃讲的精神，同周小舟的显然不同。大家觉得他对河南严重形势太轻描淡写了。实际上在1958年12月河南省委召开的会议上，粮食产量虚报、干部违法乱纪严重等问题，即已发现，尤其密县已经发生浮肿病和饿死人的事件。

王任重谈了湖北许多实际情况，心情是沉重的。首先对1958年看法：成功与失败都尖锐，取得的宝贵经验，从经济与政治两方面说，都有长远意义。教训确实沉痛，比1954年大水灾情更困难。今春500万人几两粮，吃稀饭，教训才深刻。1954年没吃过12两以下。已死了1500人，15万人患浮肿病。早稻下来才能好转。这是全党全民教训，很难过。对所谓胜利估计错误，是盲目性，主观主义，冲昏头脑。粮食只产二百多亿斤，却按450亿斤过日子。今年1月还相信有400亿斤（反了浮夸，公社上报仍说有430亿斤）；3月还说有350亿斤；4月再摸，不到300亿斤；上山前由县委书记再摸，230亿斤。1957年是219亿斤。为什么增产不多？大跃进掩盖水旱灾情，500万亩只收几十斤（仍报千斤），有一百多万亩早稻失收。去年追求密植、高产，放卫星成风。领导只抓了小面积样板田，只抓了公路边看得见的。脑子发热，难于转弯。说真话真不容易，县委书记、劳模当面说假话。假象掩盖了真相，芝麻100斤可说10000斤。大半年冷不下来。大家老老实实在说假话。（刘少奇插话：不要轻信，要有具体办法，使人不说假话。去年一股风，批评右倾保守，插白旗，老在帽子威胁下，说老实话的人去年不好混。）群众批评：一不会生产，二不会过日子。年底大吃大喝时，老农已提出警告。今年不可乐观，无大灾荒，可增产，但也到不了300亿斤。粮种得多，油料就会少产。努力干，从困难处着想。去年错误对经济生活造成很大影响，决不可小视，有的要一两年才能好转。手工业搞掉了，要恢复。工厂财务混乱，超支5亿。3万吨半成品，所赔的钱谁出？说大话，吃大亏。纱厂办钢厂，用掉流动资金。各县盲目盖了些工厂，可以改办学校或变成仓库。总之，1958年有丰富经验，也有

## 中南组的讨论

深刻教训，要作充分估计，不要怕错误说多了，影响积极性。讲清楚，出点冷空气，说右倾，我也不怕。人的认识总有局限性，过程是曲线的。脑子发热，很少看到不利，困难时，又少看到有利。过与不及，永远存在。党内有互相埋怨情绪，不利于团结。

7月6、7、8、9日几天，转入讨论食堂问题和农业问题（这是地方最熟悉的问题），以及计划、任务，各省谈今明年和1962年的指标。例如湖南1962年指标较低，按人均计：粮1000斤，猪一头，油6斤。认为粮食指标过高不利，使用劳力过多，会影响其他副业。大家对林业意见很多，认为森林工业局实际是森林商业局，木材在深山搬不出来。河南再三讲开发三门峡以下梯级水库，还要大办水利。

1958、1959年两年，我以工作人员身份（毛泽东的兼职秘书）列席历次中央会议，在小组会上从不发言。鉴于当时形势，7月8日上午，我破例在中南组谈了两点意见。一是"以钢为纲"、"元帅"等口号，不再提为好。二是去年怕提综合平衡、怕提按比例发展。1958年一提出"以钢为纲"的口号，我就不以为然。一次同乔木谈及，他只说，这不过是取其谐音的"文字游戏"而已。因这口号不合经济规律，从而对于它引起的工业内部关系问题，他没有我感受得深切。关于"元帅"，他倒有过同感，说："元帅是可以发号施令的。"这时我特地细读了一遍《政治经济学》的有关章节，关于综合平衡与比例关系想得比较多。自己管电，电同国民经济各部门都有密切关系，是大跃进中最为被动而紧张的环节，电力当时虽被封为"先行官"，却根本无法先行。我在发言中还谈到钢的产量达到一亿吨，美国花了八十年，苏联花了四十年，社会主义比资本主义快一倍，但苏联人口也多些。我们可能比苏联快些，但究竟能快多少？速度要大致画一条线，在某个数字的左右，摆动的幅度要有个限度，即某种波浪式，不能偏离太大，不能打摆子，扭秧歌，尤其要有长期计划（当时毛泽东不同意定死长期计划，我几次进言无效）。还谈到工业速度由钢来决定合不合理？以什么"为纲"的口号，容易导致简单化，片面化，单打一，滑出界限。综合平衡即相对的稳定性，要瞻前顾后，要看长远一些。关于必须按比例的问题，我提到1958年《红旗》一篇否定比例的文章，似是计委的同志写的。我的这些意见，有的人很不以为然。我发言时，罗瑞卿还打断过我的话，但我还是坚持把意见讲完了。我的记录本上只写了"引起争论"四个字。

7月9日下午的讨论，主要集中于综合平衡问题，记录本上没有具体写是哪一个人的发言，记了这样一些意见：综合平衡中最重要的比例是积累与消费。积累率苏联是25%左右。其次是工业与农业、劳动力分配。工业内部轻与重、原材料与加工业等。关于轻重缓急，重重急急，六保户都失灵，专案（指必须保证的）变悬案等，大家意见甚多。认为越跃进越要有后备，越要留有余地。马克思的扩大再生产公式，共产主义社会还是需要的（列宁的话）。农业"八字宪法"也包含比例关系。主观能动性须根据客观规律办事。统计很重要，去年多假统计，因此也就导致假计划。去年规律是上有好者，下必甚焉。群众说：共产党九年半讲真话，为什么这半年如此爱听假话？1958年那种突击性决不能经常，要根据经常现象做计划。有节奏的均衡生产，鼓足干劲应当是经常的能持之以恒的干劲。领导经验不能代替农民经验，农民说，"不同意的事情，做起来手软。"衣服可以几年不做，饭不可以一天不吃。农业要很慎重，一点不能冒风险。由此可见，大家头脑基本上是清醒的。

7月4日，刘少奇参加了中南组的讨论，有不少插话，最后还讲了这样一大段话：1958年跃进，吃了1957年的库存，预支了1959年的。因此1959、1960年都要补课。领导看好的多，而且估计偏高。去年二类苗比一类苗好，过于密植，施肥不当。产量有的红旗队低，白旗队高。1958年最大成绩是得到教训，比跃进的经济意义大。全党全民都得到了深刻教训，也证明了可以大跃

## 中南组的讨论

进。另一方面又出现了这么多乱子，是破坏性的。斯大林似说过，平衡有了破坏，才知其重要。聪明人是碰了钉子知道转弯，没碰钉子就知道转弯，是难以办到的。不要犯长期性、全国性错误，暂时性错误非犯不可，犯了有好处。全党全民取得经验，同个人取得不同。全民炼钢，亲身体验。碰了钉子转弯，就是正确领导，就是马克思主义。王明路线，短促突击，损失完了，还不知道转弯，要让历史来总结。对去年问题，当前形势，毫无悲观抱怨之必要。因为有了教训，认识就大大提高了一步。有些半成品还有用。对小高炉、小转炉，吸取双轮双铧犁经验。工厂达到设计能力，要时间；快，也要时间，欲速不达。双轮双铧犁的完善，还有个过程，何况小高炉、小转炉。去年的经验教训，不是以前七、八年能取得的。大家注意，不要泄气；泄一点也难免，以不泄为好。要不要革命？革命就要出问题，不能怕出乱子。不要责备下面，所有错误和问题都由省地县担起来，省委主要担起来，干部也不要老检讨了。很显然，这时刘少奇虽然谈到教训深刻一面，仍是以"革命"的名义来为经济工作中的失误辩解。

7月6日上午，朱德在中南组讲了如下一段语重心长的话：要认识农民还有私有者这一面，对农民私有制要看得重些。办公共食堂，对生产有利，但消费吃亏。供给制是共产制，工人还得发工资，农民就那样愿意共产吗？食堂自负盈亏，公家吃总亏，办不起来不要硬办，全垮掉也不见得是坏事。现在，有些农民不安定，想进城，不盖房子，不买家具，养猪、种菜比以前少了，有了钱就吃掉，这不好。我们应当让农民致富，而不是让他们"致穷"。农民富了怕什么？要让农民自己想办法过好日子，兴家立业。家庭制度应巩固起来（按：毛泽东1958年有过废除家庭的思想，几次讲过这样意思的话），否则，有钱就花光。原则上应回到家庭过日子。如不退回到家庭，粮食够不够？食堂要吃饱、吃好，人心才能稳定。总之，要让农民富裕起来，不会成富农路线。这是有关5亿人口安定的问题。多年以来，陈云同志对粮食抓得多么紧。北戴河一高兴起来,是从粮食多了出发的。工业主要是大炼钢铁搞乱了,其他乱得不太大。苏联依靠经济核算制,商品规律,生产总是越来越多。多搞粮食,变成鸡鸭肉蛋,可以出口,换回东西。各省不要搞工业体系,但工业方向是重要的。

## 会外漫谈

　　大跃进期间历次中央会议，我同田家英来往最多，交谈也最深。我们在延安就比较熟识。1941年后，他在中央政治研究室国内组，我在《解放日报》评论部。我们对历史与杂文、诗词都有同好。从1948年起，他就担任毛主席的专职秘书。新中国成立以后，他住在中南海。1952年我调来北京，主管水电工作，跟他隔行隔山，但并未因此减少我们间的共同话题。我在悼念家英的文章中曾写道：大跃进期间的交往，就不仅限于摆摆龙门阵，或者跑跑琉璃厂了，而是经常议论时政，忧心国事，臧否人物，乃至推敲文件。这是真正的交心，当然也是危险的交心。所谓"危险的交心"，就是有时难免对主公（这是我们谈话时，他对毛泽东的尊称）有所议论。除谈论老人家独到的长处外，还谈到短处。如说主公有任性之处，这是他有次同中央办公厅负责人谈到深夜时两人的同感。他还谈到主公常有出尔反尔之事，有时捉摸不定，高深莫测，令人无所措手足，真是很难侍候。今天跟上去了，也许明天挨批，还喜欢让人写检讨。田家英还说了这样一件事：反右派前，为鼓励鸣放，当时批评了放手发动群众的阻力，有来自党内的。有次主公同民主人士谈话中，举了政治研究室副主任田家英不同意鸣放的例子。田说，根本没有这回事，自己从未反对过鸣放。给我印象最深的是，一次谈到江青的生活作风及毛泽东周围服务人员的某些情况，他很看不惯，很是厌恶。他说，他离开中南海的时候，准备向主公提三条意见：一是能治天下，不能治左右；二是不要百年之后有人来议论（这是我们不止一次谈论过的赫鲁晓夫作秘密报告之事）；三是听不得批评，别人很难进言。第三条他感触最深，谈过反右派前夕的一些情况。神仙会阶段时，我们的心情是比较愉快的，以为这次可以真正认真、彻底纠正一下"左"的东西了。我们都感觉毛泽东对经济建设太外行，去年不到前台来指挥就好了。当时，关于1958年的种种问题，我同田家英谈得最多。他还讲过这样一副有针对性的对联："隐身免留千载笑，成书还待十年闲"。我们都认为，毛泽东不如总结中国革命经验，专门从事理论著述为好。

刚上山的7月3日晚饭后，我散步路过胡乔木住处，他让我进去闲谈，实际上是火车上漫谈的继续。随后陶铸也来了，三人一起谈。

陶铸愿意参加这种漫谈，当然同他当时的思想状态有关，因为广东去年的教训太大。他在广东省委的理论刊物《上游》1958年第11期发表了《总路线与工作方法》一文（文章的摘要于7月4日作为"会议文件"印发了），对建设社会主义的速度和比例有所论述。他认为广东经济建设受反冒进影响，1957年慢了一些，而1958年下半年又过了一些。原因是没有很好掌握速度的客观法则，跃进速度是在条件允许之下一定的速度，去年将钢铁生产强调到无限制的程度。广东近两年仍要贯彻执行农业为主的方针，从去年实践来看，重工业和基建搞得过多是有问题的。今后两者发展速度，必须在确保人民的生活资料得到基本满足的前提下进行。以下这些我们三人的谈话内容，我都记在记录本上，大体上以胡乔木的意见为多：

共产风是北戴河刮起来的，也是公社化后刮起来的。会后，张春桥大肆迎合，写了《论资产阶级法权》一文，很受毛泽东的欣赏，亲自写了按语，在《人民日报》转载。因此郑州会议时，柯庆施将张带了去。但当时对共产风刹得较快，这个问题就没再谈了。毛泽东对徐水等地农民那种"铺天盖地"的劳动生活（集体劳动，安营扎寨，挑灯夜战等），极为赞赏，希望推而广之。关于钢翻一番，并非从农业生产而来（当时有不少人持这种看法）。这个意图，是1958年6月间，毛泽东在游泳池同我的一次谈话中，听到他说的，这时冶金部还毫无精神准备。我认为此事同1958年各大区安排1959年指标时，华东区首先刮起钢的上涨风，有最密切的关系。我参加了华东区的这次计划会议。华东区

## 会外漫谈

1959年的钢指标，要达到600-700万吨，冶金部曾据此计算过，1959年全国可达到3000万吨。因此，促动毛泽东下决心：何不1958年就翻一番呢。但胡乔木说，这也同他对国务院的领导不满有关，想以抓纲张目的方法，用此口号来带动其他工作，带动各方面的大跃进。从这里又谈到在去年大风大浪中顶不顶得住的问题，都认为计委有责任。陶铸还从王明路线的历史情况，谈到富春是顶不住的。冶金部的负责人，当然更有责任。在成都会议时，冶金部写的报告，强调小高炉、小转炉作用，大大受到表扬，因此就更加迎合，后来就更加无法抵挡高指标之风了。三人都谈到必须遵守客观经济规律，不论如何政治挂帅，也不能违反规律。还认为应当尊重苏联在这方面的经验，而去年刮风以来，就都避免再提苏联经验了。对毛泽东所讲经济发展的平衡是暂时的、相对的，不平衡是永久的、绝对的说法，我们表示很大怀疑。乔木除开再一次引证了天体运行的规律等外，还举了遵守战争规律的程序：先遵守战争规律，次遵守革命战争规律，再遵守中国革命战争规律。这是《中国革命战争的战略问题》中的名言，他本人似乎忘记了。计划工作必须以综合平衡为主，必须经常保持平衡，不能以此来套矛盾规律。平衡内部即包括矛盾的两个方面，无矛盾即无所谓平衡。然后又谈到上海会议。上海会议上，毛泽东大讲海瑞精神。胡乔木说，毛泽东引起海瑞说法的意图有多次，但是目的在不出海瑞；因为让海瑞出现，这实际上是做不到的。我们正在谈着，富春进来了。这种谈话也就中断了。大概是由于在火车上我转述了乔木的意见，富春特来找他漫谈的。

7月6日夜，我到田家英和吴冷西住处（他们住在一起）闲谈，胡乔木和陈伯达也在座，几个人谈得很晚。以下所记也是胡乔木谈得较多：

综合平衡的问题进一步肯定，多少米煮多少饭，人走路也是要保持平衡的。平衡是社会主义国家的经济规律，不平衡是资本主义国家的经济规律，因此才经常出现危机（其实当年我们对二次大战后西方经济情况所知甚少）。这个问题当时谈得最久，也是我最感兴趣的问题。我引经据典，举了不少例子，以说明我的观点：经济工作必须保持经常的平衡，尤其不能人为地破坏平衡。我们还从理论上搬出，平衡是否即列宁所讲的"均势"，还把书找出来了，又认为并非如此。随后谈到，社会主义经济现象总是平衡的，而政治现象才是不平衡的。富春提出"运动中求平衡"也是一种遁词。认为毛泽东提出这个说法，是为自己 1958 年的错误辩护，不肯服输。接着说到比例问题，不按比例，即无真正的速度。"为元帅让路"，去年做到极点，因而失去其他比例，结果钢铁本身也终于上不去。"以钢为纲"、"三大元帅"等提法，统统违背了按比例的规律。胡乔木又谈到，对元帅的命令是要绝对服从的，去年陈云被迫说过这样的话："乱七八糟，总要过河的。"实际是过不了河的。关于公社的由来，是受嵖岈山、七里营、徐水三地的影响，当时供给制的思想也是由此而来。公社与供给制的问题，在北戴河会议时，无人有精神准备。胡乔木还特别谈到，1958 年一反常规，毛泽东当时指示过：报纸刊载中央活动和有关言论要及时。为什么南宁会议、成都会议都没有要报道呢？可见北戴河会议前后，毛泽东的头脑发热之程度。武昌会议公布粮产 7500 亿斤时，陈云曾不同意公布，告诉了胡乔木，而胡乔木没有向毛泽东汇报。为此，上海会议时胡乔木挨了批评，称赞了陈云："真理有时在一个人手中。"这时胡乔木说，当时不汇报，是为了保护陈云，否则上海会议时，陈云也恢复不了名誉。武昌会议时，王稼祥向刘少奇说，不要公布公社决定，王不敢去汇报，刘少奇向毛泽东转告了，结果毛发了脾气。胡乔木说，王稼祥应当受到表扬。随后大家谈到，自南宁会议后，柯庆施等人受了夸奖，不久又进了政治局，于是更加发展了迎合之风。反右派运动后，整得人们不敢讲真话，养成讲假话的习惯。去年讲假话成风，登峰造极了。

## 会外漫谈

这个期间，我同田家英还有几次单独的闲谈，记得田详谈过他在四川蹲点调查的情况。关于过分密植的问题，农民很反对，他同李井泉有过很大争论。他还发现真假两个罗世发的问题（罗是四川全国人大代表，著名劳模）。罗说，过去高产是干部逼迫下虚报的。田有一个专门调查的材料，我催促他赶紧弄好，送与主席一阅。吴冷西也同我谈过，书记处开会，有些意见都是让胡乔木去反映的。

1959年五、六月间，为查看一些水电工程，我从四川、贵州、广西转到湖南（资水柘溪水电站正开工），6月初到长沙。1949年到1952年我在湖南工作时，周小舟与我是正副职关系。他是一个讲究实际的人，当年我们一见如故，朝夕相处，意气相投，凡事直来直去，建立了友谊和一定的交心关系。这次我在长沙只停了两天，小舟约我到家中长谈了一夜。他正从湘西调查一个月回来，途经湘潭、邵阳，丰富了第一手材料，曾边检查边解决实际问题。5月底开了省委常委会，他在会上，就公社、供给制、公共食堂、作业组、大队核算、怕不怕发生资本主义、人心思定、山区经济、湖区负担、粮食与钢铁指标，以及农民积极性与劳动生产率等十多个问题，作了长篇汇报。对大跃进、公社化以来的"五风"等"左"倾错误，提出了尖锐的批评，着手布置较全面的纠"左"。1981年我在怀念小舟文章中回顾了这夜的谈话。关于一年来的看法，我们毫无顾忌，交换见闻，观点一致。虽是忧心忡忡，仍然谈笑风生。小舟是一个平易而谦虚的人，并不固执己见，尤不愿谈自己。这夜的长谈，他却禁不住讲到他的先见之明。他说，湖南去年老挨批评，被插过白旗。可结果是插红旗的省粮食少些，插白旗的省多些。1958年11月郑州会议之后，对粮食估产，他跟左邻右舍有过争论：要么你是官僚主义，要么我是官僚主义，因为湖南估得低，邻省估得高。还有密植问题，有的省过密，湖南较稀。从农民的一句老实话，"做了一天活，身上有（没有）出汗"，提出农民积极性问题。他不赞成办常年食堂，办食堂浪费人力物力。说公社供给制，穷的时候不能搞，富的时候也不能搞。还谈到1958年韶山大吃偏饭，粮食也只增产14%。他的总的看法是人心思定，需要冷静下来，总结经验教训。路过长沙时，我同周惠也有过两次闲谈，觉得关于粮食安排，食堂问题，大炼钢铁等，湖南做得比较好。有三万小土炉没让点火。中央关于自留地和粮食分配到户的指示，湖南提出不同意见，中央也接受了。印象深的是，他谈到广州开会，压粮食高产指标，谭震林嫌湖南低了，被插了白旗；他同谭为此有过几次争论。

上庐山之前，毛泽东一路视察了河北、河南、湖北、湖南四省，对许多情况有了更进一步的了解。因此，前后酝酿了十八个问题。去湖南时，王任重同行，似乎也是有意让王接触湖南情况。当时湖北粮食与市场全面紧张，想向湖南借粮。到湖南后，对毛泽东来说，这大概是当时印象较好的一个省，颇为称赞，因而采纳了小舟对去年总结的三句话，作为庐山会议的基调。周惠有基层工作经验，虽然有时思想也难免"左"（反右时欠了账，后来作了检讨），但1958年粮食抓得很紧，对大炼钢铁等一套做法是怀疑的。关于粮食估产，他同广东、湖北都发生过争论。他挖苦过陶铸：广东粮多，你卖给湖南一两亿斤吧。因此，随后也通知周惠上山开会。我同周惠在延安中央青委工作时即熟识，南下湖南时又碰到一起，在山上自然也是很谈得来的。

神仙会阶段，我与二周同在中南组。我们脑子中都装了一堆问题，他们装的农业方面的多，我装的工业方面的多，正好互相补充。小组会的各家发言，自然也是我们闲谈的话题。他们认为农业的高指标是由上而下压下去的，"上有好者，下必甚焉"，根子还在毛泽东。因此，去年讲大话、吹牛皮的一些人，一个时候很吃得开。小舟认为那些拆房并居、砸锅炼铁之举，简直是反动的。周惠说，去年第一书记应当各打五十大板。我们都认为在小组会上还难以畅所欲言。例如我惟一的一次短的发言，就有人将我顶住。又听说田家英在西南组的发言，挨了批评。因此，觉得会议确实还有压力。

　　由于都是老关系，我在上述的两处闲谈，自然择其印象深而观点一致的互相沟通。小舟同乔木还有过单独的交谈。这种"危险的交心"，当时是无"危险"之感的，而且颇感我们的看法居于上风。胡乔木与田家英在华东组，其他几个组的情况大体相似，这时会议《简报》发得不多，彭德怀在西北小组的发言，是后来听说的，当时并不知道，那时也没多打听别组讨论的情况。北京来的工交各部委的人，都没参加过两次郑州会议，对综合平衡等问题的看法意见相差不多。"钢铁元帅升帐"之后，一机部同冶金部的矛盾最大，因为钢材品种特别是生铁质量不合格，一机部非常为难。上海会议时，赵尔陆同我详谈过这方面的问题，这次听说他带了几箱不合格的生铁上山，准备让会议的印象更深刻一些，后来也并没有摆出来。

## 干部反应与社会舆论

7月10日以前，神仙会阶段，发的文件不多，大体是有关速度和比例关系的资料（主要是国家计委编的），以及干部和党外人士对大跃进的看法（《内部参考》、《经济消息》、《零讯》等内部刊物所载）。这些都同十八个问题纠"左"有关，从这方面也可以看到会议原来的目的。7月23日讲话之后，毛泽东自己批发了一些反右文件，其中有《李云仲同志的意见书》及《江西省中级党校学员对人民公社的各种看法》等，还有安徽省委书记张恺帆"下令解散无为食堂"的事件。恰恰是这些材料如实反映了当年的真实情况。由此可以说明，我们几个人的会内会外议论，有着广泛的群众基础。干部和群众的许多议论，实际比我们谈得尖锐而深刻，也更全面。现在让我们来看看这些议论。

1959年5月间，当讨论郑州会议、上海会议巩固公社方针时，江西党校80个县委一级干部初步鸣放后，对1958年大跃进有如下看法：

1. 大跃进是吹起来的，是浮夸、谎报的结果；
2. 大炼钢铁是劳民伤财，是得不偿失；
3. 粮食、副食品供应的紧张，就是农副业没有大跃进的证明。

对公社化运动提出这样一些问题：

1. 是"早产儿"，"群众不是自觉入社，是被风刮进来的"；
2. 违反了客观必然性，"是根据上级指示人为的产物"；
3. 没有高级社优越，"农民只说高级社好，没听说人民公社好"；
4. 搞人民公社化根本没有条件，"公社的缺点大于优点，现在是空架子，金字招牌"。

关于中央通过的两个有关公社的决议，认为是"心血来潮",是"左"倾思想。社会主义社会就可以把两种所有制转变为单一的全民所有制,这是混淆了社会主义与共产主义两个阶段,违反了马克思主义原理。有不少人认为"共产风"是从上面刮下来的,中央、省、地三级应负责任,因为决议本身就提出先搭架子,由公社统一核算、自负盈亏;武昌会议说中国实现共产主义比苏联容易;北戴河提过工资制改为供给制等。也有人认为上下都应负责,风由上面刮起,到下面就越刮越大了。关于公社生产方针,认为工农业同时并举为时过早,原料、技术、设备、产品、销路等环节,问题极多,且影响农业生产,容易造成劳民伤财。公社仍应以农业为主,工业放在从属地位。工资制与供给制相结合的分配制度,应该取消,应增加社员收入。都认为公共食堂并非共产主义因素,有三大坏处:排队、抢食、浪费粮财;现在不要,将来也不能要。

在5月间讨论经济形势时,天津市各区党员干部对1958年大跃进有以下种种看法,部分人抱有怀疑甚至否定的态度:(1)比较一致否定大跃进。认为全民炼钢得不偿失,粮食不够吃,市场空前紧张,"破坏了社会主义经济有计划按比例发展规律,成了盲目发展,是冒进了"。(2)工业跃进了,农业没有跃进。(3)政治跃进了,经济没有跃进。经济损失很大,集中表现在炼钢上。大炼钢铁有四大害处:一、影响秋收;二、影响整个工业生产;三、炼出的铁不能用;四、国家赔了23亿,结果是劳民伤财,全面紧张。(4)生产上跃进了,生活上倒退了。(5)人民公社走得太快了。"对农民的觉悟估计过高,忽视农村的现实条件。""主观愿望超过了客观。"等等。

六、七月间,国务院秘书厅的干部在自由议论学习中,从生产关系适应生产力性质的规律看,认为办人民公社的条件根本不成熟,发展也太急太猛。吃饭不要钱不符合按劳付酬的分配原则。"全民炼钢"的口号不对,"小土群"可以不搞,1070万吨钢的指标也可以不提,因为这是领导上主观主义的规定。要算政治账，但也应算经济账，全民大炼钢铁得不偿失，赔的钱可以进口好多钢。经济效果不好，也使政治影响不好。"以钢为纲"的口号有问题，满足不了经济生活多方面的需要。"五个并举"成了百废俱兴，"两条腿走路"成了多条腿走路。

广州军区据四十二军政治部报告（这个材料是彭德怀提供的），"少数营团干部对经济生活有抵触情绪"，他们认为经济紧张是全面的，长期不能解决的。有的人讲怪话："现在除了水和空气以外，其他一切都紧张。""中国大跃进举世闻名，但我怀疑，市场紧张就是证明。"有人甚至认为我们的事业后退了，说："1956年好，1957年较好，1958年成问题。"他们否定成立人民公社的必然性和优越性，说"公社成立得太快了，太早了，不合乎规律"。"人民的觉悟没有跟上来，工人、农民和军官都对成立公社有意见"。"苏联建国四十年还允许私人有房子，我们建国不到十年，就什么都'公有化'了"。"公社的优越性是宣传出来的"。他们认为经济生活紧张是由于路线上有错误。说："去年不仅是工作方法上有问题，而是带有路线性质的错误，中央要负责任。"在少数连排干部中，也有类似情况，有位排长听战士唱《社会主义好》这支歌时，不耐烦地说："算了，不要唱了，我看这支歌非修改不可。"海南军区一个指导员说："什么敌人一天天烂下去，我们一天天好起来，我看社会主义建设倒是一年不如一年！"有位排长讲怪话："在公社劳动，还不如给地主干活，给地主干活有饭吃，还给钱。"讲这些话的人，都有名有姓有职务，汇报材料中说，这些人"政治上一贯落后"、"有一人是反右派斗争时的重点批判对象"。上述少数部队中下层干部谈的，当然主要是当时农村情况的反映。

安徽省委书记处书记张恺帆，于1959年7月4日到无为检查工作，他是本地人，战争时期长期在这个地方工作，因此了解到许多真实情况。他感到最突出的问题是公共食堂不能再办下去了。9日，他在新民公社王福大队，向队干部和群众宣布三条"三还原"：吃饭还原，住房还原，小块土地还原。当晚就要县委书记予以贯彻。到7月15日，全县6000多个食堂就"一风吹散"了，并对少数"雷打不散"的也下令统统解散。张还责令县委调查公社化前后有关劳动力、生产资料、房屋、干部作风和发病率等情况的变化。这是会议后期大批右倾时，有名的"张恺帆事件"。

6月间，国务院所属工业、农业、财经、文教十几个部委的党外人士，听了国内经济情况解释后，统战部作了一个综合反映：少数人对于这个解释，仍有怀疑和不同看法。例如，地质部副部长许杰说："1958年的成绩，说大也大，说没有也没有。"有的说："去年大跃进，还不如前几年没有跃进。"有的甚至说："现在物资供应紧张情况，比日本统治时期还要严重。"不少人对去年粮食增产仍有怀疑，"粮食增产每年绝不可能超过50%"。不少工程师说："炼钢损失了23亿，这笔钱可以建设几个鞍钢。""如果拿这笔钱向外国买钢，能把全世界年产钢都买来。""去年炼钢到街上去挖砖，这叫做一面建设，一面破坏。""给钢让路这个提法不恰当，不符合有计划按比例发展的法则。"文化部有人说："去年大跃进，可说是人民力量大检阅，是人民对党的信赖，但党也不能滥用这种威信。"一机部的工程师说："去年接近了精神第一性，有人说产量可以翻一番、两番、甚至七番、八番，只要群众说行，群众是多数，你说不行也不行，走群众路线的结果走错了。去年发生的错误，没有经验是一半，另一半是思想问题，有些人不懂装懂。"一机部一位人大代表说："我在思想上有一个矛盾没有解决，就是如何对待运动。我很怕运动。对有些意见，我思想不通，但也得干。"轻工业部副部长王新元说："不说真话，怕说真话，都是怕戴帽子。"

各民主党派的一些负责人，如邵力子、史良等，也都对去年大跃进和当前市场供应紧张情况忧心忡忡，持有批评性的看法。

章伯钧、罗隆基、龙云等，发表了许多尖锐的、讽刺性的意见，即许多"右派反动言论"。章伯钧说，1958年搞错了，炼钢失败了，食堂办不起来了，大办水利是瞎来。罗隆基说，物资供应紧张是社会制度造成的。私营工商业改造有毛病。现在人民怨愤已达极点。共产党说唯物，实际上最唯心。龙云说，解放后只是整人，人心丧尽。内政还不如台湾。全国干部数量，比蒋介石时代成百倍增加。陈铭枢说，供求相差惊人，几年之内也难恢复正常供应。要是过去发生这种情况，早就该"下诏引咎"了。他们实行的不是列宁主义，而是斯大林主义。于学忠说，共产党的政策忽冷忽热，大跃进的成绩全是假话。天安门的工程，像秦始皇修万里长城。

7月4日，毛主席批发了"几篇论述大跃进经验教训的文章"。如山西《前进》第6期社论《论社会分工与协作》，指出大跃进中，某些社会分工被打乱了，某些地区与部门协作关系中断了。当前问题是，对重点建设的要求偏高偏急，基本建设的铺点过多过宽，而有关生产和生活的轻工业和某些次要的原材料工业，则照顾偏轻偏少。有的行业为保重点，被迫转业，如陶瓷业改成耐火材料厂，许多铁器手工业集中成冶炼企业。社论认为目前阶段，各地区不应强调建立一套工业体系，决不能把人的主观能动性估计过高，对待手工业改组要慎重，在相当长时期内，它们在生活与生产两方面，仍是现代化工业的必要补充。社论还批评了在厂矿企业发展多种经营的思想（这是毛泽东在视察武钢时提出的），似乎大跃进要求社会分工越粗越好。有些厂矿不管条件允许与否，盲目发展"卫星厂"，提出"万事不求人"的口号。又如北京《前线》连续发表社论，号召注意综合平衡，不但在全国、全市应该抓紧，而且在一个厂矿企业，一个县区、公社内部，也应加注意。从而批评了在计算产品和产值中的不正常现象。在某些企业中，为了追求产值数字，甚至不惜大量投料，生产不急需产品或不能配套的半成品，浪费材料，积压了资金。产值计划虽然完成,产品计划却没有完成。这样做是本末倒置,从而影响国民经济有计划按比例地发展,为当前工业生产中主要矛盾之一。

　　从上述这些材料可以看出,广大干部和党外人士,尤其是技术人员,以他们的亲身感受、所见所闻,对 1958 年的大跃进、人民公社、全民炼钢,乃至总路线,提出了根本怀疑和否定性看法,也提出许多中肯的意见。各省市领导也或多或少地正在从思想认识上扭转过头的东西。连柯庆施也带了一些纠"左"的材料上山。神仙会初期批发这样一些材料,自然是为了澄清思想,统一认识,使庐山会议开出个比较好的结果。

## 李云仲的一封信

庐山会议后期（7月26日），毛泽东批发了《李云仲的意见书》，写了近3000字的批示（《对于一封信的评论》）。这个批示实际是7月23日讲话的继续，以推动批判"右倾思潮"。从对大跃进的看法与对计划工作的意见来说，李写的是一封极具见解而有代表性的"万言书"，其中还暴露了计委内部的有关情况。李云仲原是国家计委基本建设局的副局长，写信时任东北协作区办公厅综合组组长，他的工作岗位使他较能了解全面情况。这封长达一万多字的信，于1959年6月9日寄出，是直接给毛泽东写的。信的内容具体，观点鲜明，论证确凿，态度诚恳。开头就说："很早就想给您写这封信，一直到现在才发出……我是一个普通党员，根据个人在实际工作中的体验，我想对目前经济生活中发生的问题，联系到一些思想作风问题，提出一些意见，供参考。"毛泽东的批示说，李云仲"认为从1958年第四季度以来，党的工作中，缺点错误是主流，因此作出结论说，党犯了'左倾冒险主义'，机会主义的错误。而其根源则是在1957年整风反右的斗争中没有'同时'反对'左'倾冒险主义的危险"。"他几乎否定一切。他认为几千万人上阵大炼钢铁，损失极大，而毫无效益，人民公社也是错误的，对基本建设极为悲观。对农业他提到水利，认为党的'左倾冒险主义、机会主义'错误是由大办水利引起的，他对前冬去春几亿农民在党的领导下大办水利，没有好评。他是一个得不偿失论者，有些地方简直是'有失无得'论。"当年像李云仲这样较高级的干部，敢于直言上书，指出大跃进是党犯了"左倾冒险主义"的错误，恐怕是独一无二的。我们在会外的闲谈，至少都还不敢这样露骨地直说。信中说"问题可能是从大搞水利建设开始的"，这是事实。我在水电部工作，也有亲身体会，这股水利化的风大体是1957年冬刮起来的。李云仲的信中说："这里提出两年水利化，那里就提出一年、甚至几

## 李仲云的一封信

个月水利化,其实当时很多人都知道这是做不到的。但许多地方大量的大中型水库、灌渠、河流工程,在既无勘查设计,又无设备、资料的情况下,就大规模施工了。结果有许多工程建成后毫无效果,或者成为半成品。但是耗费掉大量的劳力和器材,这种工程我看过很多。"信中还写到,1958年1月,他去过滦县扒齿港,亲眼看到该县为了要修一条一百多里长的大灌渠,既未经勘查设计,又未经群众讨论,要挖掉即将收割的一万亩小麦。他找县委负责人谈,也未能制止住。结果这条水渠,雨季一到全淤死了。后来又参加"苦干十天"的大会,十天内养猪增一倍,扫除文盲,除掉"四害",锄完大田,等等。"竟没有一个人提出意见,反而都去应承这些根本无法实现的任务。"信中还特别提到:"大搞土法炼钢的运动,这是一条失败的经验。国家经济力量的消耗太大了。几千万人抛开一切,苦干了几个月,上亿吨的矿石,上亿吨的煤炭,上百万吨的钢铁材料,上百亿度的电力,几亿吨的运力……都白白消耗在没有效果的'生产'上了,得到的却是毫无使用价值的土铁,这是对国家元气最大的消耗。"关于公社化运动,信中谈到:"劳动力和各种资料也都造成巨大的消耗。我到过金县郊区的一个生产队,这里共有三百多户人家,去年年初有猪三百多口,但今年只剩了九口,鸡鸭去年几乎杀光了。"关于基本建设,1958年全国已施工的限额以上项目有一千九百多个,为第一个五年计划的两倍,几乎所有省、市都要安排在几年内建成一个工业体系,现在继续施工的只有几百个了。从而谈到经济工作中的本质、要害问题是:"1958年和1959年的固定资产动用系数连50%也不到。(即100元投资花下去,能动用的不到50元)上百亿投资,上百万吨钢材,几百万吨水泥、木材……被白白抛在几千个工地上,长期不能发挥效用。看到这些损失确实很痛心。这种情况本来可以避免的。"然后信中说到,由于到处大办,都要翻番,只得大量"招兵买马",去年增加2100万职工。结果不仅农民、渔民,而且售货员、理发员、手工业者也都转为工人。购买力提高了，但消费资料远未跟上去。

信的第二部分建议："在各级干部中进行反对主观主义的思想作风教育，教育全体党员坚持党的原则，加强党性锻炼。"应当说，这是切中时弊的药方，只差没说，反对主观主义应当首先从中央、从毛泽东本人做起（但说了"各级干部"）。李云仲认为八大制定的方针、政策都是正确的，问题是用什么样的思想作风贯彻。他从下面干部发生的情况这样说道："为什么主观主义可以有时在一些工作领域能畅通无阻？我觉得主要原因是：未能在党内造成一种坚持原则的气氛，在有些场合下，以小资产阶级机会主义为特征的迎合情绪却感到很浓厚。这种迎合情绪绝不能与党的组织性与纪律性相提并论。这是主观主义也就是'左倾冒险主义思潮'能够滋长的思想根源。"他举出上述滦县的例子。然后谈到他在计委工作时的情况，在局务会议上几次提出"计委一定要管限额以上的项目，这些项目的设计任务书必须经过审查，否则要造成严重后果。这个道理在当时很多人都是知道的。但既无人向计委领导反映，也无人认真研究这些对国家有决定意义的情况和问题，你提你的意见，我应付我的公事！直到武昌会议提出清查时，才感到问题的严重性。但大量的半截厂房、房架、柱子已立起来了；几十亿的投资、几百万吨的建筑材料、大量的劳动力，已经被占用在不能发挥效用的'工程'上了。几年来的经验证明，基建项目、规模的安排合理与否，往往对整个国民经济起决定性的作用。基建战线过长对当前紧张状况来说，是一个很重要的原因。"李云仲亲自参加了大炼钢铁运动，"回来对一位负责同志小心翼翼讲了几次：'矿石、焦炭、煤消耗这么多，成本这样高，炼出来的又都是不能用的土铁，可不能这样搞！'这在当时大家都知道。但这位同志却和我讲，事实上很多人当时也这样讲：'这不能算经济账。'当然，这个问题早在实际工作中解决了，不过当时老是想：为什么不能算经济账？难道社会主义不是要发展生产力？又为什么不叫人家提意见？"

## 李仲云的一封信

关于1959年计划，信中说："我们从开始就参加了这项工作，一直感到问题很大。虽然在多次会议上，并且向很多能接触到的领导同志提出意见，也整理过一些资料来说明计划中的问题，但是谁也不愿提出来。今年年初，在整理一个资料时，我又坚持把计划问题提出来，却又受到领导上的严厉申斥，甚至提出了'组织性、纪律性'的问题。为此事长时间难过极了。"这位申斥过他的领导同志，也明知"差口这么大"的严重性，后来又向人说："有些事情你就要看破红尘。"李云仲似乎不能理解当时许多高层负责同志的为难处，因此在信中说道："明明是重大的原则问题，却要大家'看破红尘'，这是什么样的人生观！我回到宿舍以后老是想来想去，共产党员对这样重大的原则问题，能采取这种态度？这些人是把党的事业放在前面，还是把个人得失放在前面？党的一部分事业，由这样的'领导'来管理是适当的吗？"

作为国家计委的计划工作人员，信中还谈到国民经济比例关系的失调，"最危险的是那种会引起阶级关系尖锐化的比例关系失调，因为这会造成全面紧张。工、农业的比例关系，还有消费和积累的比例关系，就是属于这一种"。去年增加的2100万工人，大部分来自农村（农村中的骨干劳动力几乎抽光了），连他们的家属恐有五六千万人，由生产农产品一变而为消费农产品的人。这"不是一件天大的事情呀！""关于计划工作问题，几年来是大家意见最多，也最不满意的一件事情。今年这个多了，明年那个少了；今天变过来，明天变过去；今天生产这种产品，明天生产那种产品；今年这个项目施工，明年那个项目停工……总之是，'左右摇摆，进退维谷'，真是'进亦忧，退亦忧'。一位同志跟我说：'今天很多问题，计划部门要负百分之百的责任。'这样说可能有些过分，但是作为综合性的国民经济计划机关，未给中央当好'参谋部'却是事实。"然后，信中指出近年计划工作中的主要问题有三：

1. 全面了解和掌握情况，才能做好综合平衡，但实际常常是在各单位、部门间，年度、长远间，以及材料、进度、主机、配套，以及基建项目间，顾此失彼，畸轻畸重，"有数字无措施，有计划缺检查"。

2. 这不能简单归于无经验，而是主观主义思想作风严重，特别是1958、1959两年，既缺乏全面性的调查研究，又很少进行综合性的分析、规划；每次提出的方案很少是经过多方面和自下而上的研究讨论；各方面的意见特别是具体经济计划工作人员和厂矿企业的意见，很少得到考虑；每次计划方案，下面意见很多，也知道问题很大，但就是不采纳，甚至无人听取这些。向中央提出所谓方案，往往是3000万吨是积极的，是可以争取完成的；2200、2000、1800万吨也是积极的，可以争取完成的。其实很多做具体工作的人都了解，没有充分根据，漏洞百出。今年的计划调整后，钢按1300万吨，比去年增加500万吨好钢，当然，仍然是跃进指标，但问题还很多。

3. 在大运动中，计划工作不能正确坚持党的原则，跟着人家跑，时冷时热。苏联计划工作的重要经验，就是要坚持原则。"计划机关在一个部门、地区对一些重大问题有不同意见的时候，必须从全面出发坚持原则，不能怕有争论，事实上往往由于在这方面站不稳而吃大亏。对这项经验，我们吸取得不够。"信中还谈到一个最迫切的问题（这也是我当时最忧虑并几次进言的问题）："长期计划必须尽快编制，否则许多重大问题不能解决，如基本建设和重大项目建设规模问题，大型设备的生产安排问题，部门间的比例问题，工业布局和地区规划问题，重大的技术政策问题等。"

此外，信中还针对毛泽东提倡的一个地区或一个省建立独立工业体系问题，以及去年以来，中央把工业、商业、财政、物资等管理权限下放过多的情况提了意见。他举出具体例子，说明原料与产品相互供应的横向联系中断，生产和市场都会发生严重影响，从而提出"国家穷，工业基础很弱，事实上全国只有一个工

## 李仲云的一封信

业体系",各地区在短期内都形不成一个独立的体系。是集中还是分散对国家建设有利呢?"想来想去还是集中多一些好。"信末还谈到如何树立节约与朴实的风气问题,批评近年豪华的高级宾馆、饭店建的太多,国庆几大工程也有些过分。"今年各地用在'国庆工程'投资恐怕有八九亿元之多,这可以建一个年产300万吨的钢铁企业或1600-1800万平方米职工住宅。"关于会议的伙食标准太高,请客送礼之风,以及负责干部的特殊待遇等,信中也都提出了批评意见。

毛泽东在批示中虽然说"李云仲的基本观点是错误的,他几乎否定了一切",但对他敢于直言的精神还是表示了赞赏,尤其对信中道出计划工作中的种种问题,很觉中肯。"他不稳蔽自己的政治观点,他满腔热情地写信给中央同志,希望中央采取步骤克服现在的困难。他认为困难是可以克服的,不过时间要长一些,这种看法是正确的。信的作者对计划工作的缺点的批评,占了信的大部分篇幅,我认为很中肯。十年以来,还没有一个愿意和敢于向中央中肯地有分析地系统地揭露我们计划工作中的缺点、因而求得改正的同志。我就没有看见这样一个人。我知道,这种人是有的,他们就是不敢越衙上告。"

从李云仲的一封信及毛泽东对此信的批示(尽管这个批示是发动批判彭德怀以后写的),就在当时也可感到:庐山会议本身和毛泽东本人思想的发展(两者密不可分)是多么矛盾,多么不可理解啊!

李云仲本人的命运如何,当然可以想象得到:在劫难逃。他被撤销一切职务,开除党籍,下放劳动。"文化大革命"时,他曾长期在黑龙江一个煤矿井下劳动。他的一位亲近朋友,曾特意到我家中对我说,他看了这本《庐山会议实录》(第1版)后,心情很不平静,万万没有想到这封信还会收入一本史书,并作出符合历史事实的公正评价。当然,毛泽东当年看了这封信后的复杂而矛盾的心情,以及正反两方面的评价,他也是看了这本《实录》后才知道的。

## 7月10日讲话与毛泽东第一次召见

从现在人们写的有关回忆文章中，我们得知毛泽东在7月上旬还安排了这样一件事：找杨尚奎和方志纯的夫人，7月8日将贺子珍接到山上来，同贺话旧。这件事当时我们都不知道，包括田家英在内。由上山赋诗和这件事来看，当时毛泽东的心情显然是比较轻松的。但是，由于各小组的讨论出现了一些相当不同的甚至对立的意见，不仅包括食堂这种具体问题，还包括对形势的看法不尽一致，于是7月10日晚，毛泽东召集各小组组长开了一次会，讲了一番话。下面是第二天听到的传达：

这次会议初步安排开到15日，延长不延长到时再定。会议讨论的问题，整理成会议纪要。形势、任务等问题起草成文件，由中央批发；粮食问题，大家还有什么意见，修改后，作为正式文件发。

对形势的看法如不能一致，就不能团结，要党内团结，首先要把问题搞清楚。要思想统一。党外右派否定一切，龙云、陈铭枢说我们人心丧尽，天安门工程如秦始皇修长城。说历代开国之时，减税、薄赋，现在共产党年年加重负担，所谓丧尽了，就是不仅资产阶级、地主，就是农民、工人都不赞成了。党内天津的科局长对去年有议论，大跃进是得不偿失，他们不了解全面情况。"得不偿失"，可举几十、几百上千件，无非头发卡子、菜、肉、蛋不够，有的买不到了。对这些同志要讲清道理，不要骂人，要帮助他们认识整个形势。得的是什么？失的是什么？比如，为什么大跃进之后，又发生市场大紧张？不要戴帽子，不要骂一顿了事。上海有一个党委书记，否认去年的大跃进，辩论之后，杀头也不承认大跃进好。后来到家乡调查，仍增了产。可以不杀头，进行教育。龙云多活十年好，否则到阎王处还造谣。

去年北戴河会议的时候，人心高涨，但埋伏了一部分被动。

## 7月10日讲话与毛泽东第一次召见

不论谁批评,都要承认当时有一部分缺点错误。去年四件事:1959年要搞3000万吨钢,基建1900多项,粮食翻番,办了人民公社。这四件事搞得很被动。对农业生产的确估计过高,并且据此安排生活,有浪费。工业基本建设项目搞多了,金木水火土分散了,工业生产指标过高,缺乏综合平衡。为了3000万吨钢,引起各方不满。不管右派"左"派,党内党外,要是说缺点,确实有,都承认。因为总不能说粮不紧张,肉多了,计划不高,基建不大吧。承认有些被动,但并非全面被动,也不会垮台。公社没垮嘛,垮一部分也不要紧,再办起来就是。食堂情况也并不比公社好,垮一大部分、垮一部分都好,我都支持。食堂准备留它一半,也是好事,垮了和坚持我都赞成。其实公共食堂在公社化前就有了。有人说就是总路线搞坏了,从根本上否定大跃进,即否定总路线。所谓总路线,无非多快好省,多快好省不会错。不能说1958年只有多快而无好省,也有又多又快又好又省的,要作具体分析。过去搞1900项基建,现在788个,这还是合乎多快好省的。1800万吨不行,现在1300万吨,还是多快好省。去年粮食没有翻番,但增加30%是有的。多快是一条腿,好省又是一条腿。大跃进中最大的问题,是夸大了一些,使我们被动的问题,是不该把四大指标公布。

有这么一些中国人,说美国一切都好,月亮也比中国的好。黄炎培的儿子黄万里写诗说,中国修的路,路面出水,不如美国。经过调查,美国的路面也有出水的。黄万里的诗,总还想读的。(按:黄系清华教授,当年在校刊发表杂文《花丛小语》,对北京市道路修建有违工程常识,造成损失事,小有讽刺,谓如在美国,此等事必引起纳税人抗议。文首有贺新郎《百花齐放颂》。)对苏联也是早晚市价不同,斯大林一死,什么都不好了,卫星一上天,又变过来了。农业发展,通过合作社到公社,我们总是增产的。不管增多增少,合作社、公社化总是推动了生产的。苏联集体化后,很长时间粮食减产。

现在证明一条，社会主义国家中，过去总是说农业合作化以后总是要减产，但是我们的经验证明，合作化以后不减产。人民公社，叫大合作社，或者说基本上还是高级合作社，就没有问题了，问题就是把公社看得太高了。

我们把道理讲清楚，把问题摆开，也不戴帽子，什么观潮派、怀疑派、算账派、保守派等等，都不戴。总可以有70%的人赞成总路线的。

打仗，世界上没有从来不打败仗的将军。打三仗，一败二胜，就建立了威信，如果一胜二败，就建立不起来。对去年一些缺点、错误要承认。从一个局部、一个问题来讲，可能是一个指头或七个、九个指头的问题；但从全局来讲，是一个指头与九个指头，或三个指头与七个指头，最多是三个指头的问题。成绩还是主要的（彭老总说一个指头多一点），没有什么了不起。要找事情，可以找几千几百件不对头的，但从总的形势来说，还是九个指头和一个指头。

群众路线问题。只能说一个时期、一个问题上，我们脱离了群众。算账、整社是个大问题，不要虎头蛇尾。对公社和农村广大干部，要继续整顿和教育，但要分析，要有信心。河南整社中一百二十万干部，有三分之一大大小小犯点错误；只有3600人恶劣，受了处分，占千分之三。对干部要有分析，对坏人则不讲团结。

北戴河会议后，一部分问题被动，特别是四大指标，当时不公布就好了。自己立个菩萨自己拜，很被动。当时人心高涨，心是好的，形势很好，但埋伏了被动。经过郑州会议（指第二次郑州会议）、武昌会议、郑州会议、上海会议到这次庐山会议，逐渐认识客观实际后，腰杆才硬起来；但是还有一部分软，还被动。副食品总还是不够吧，北京有一个时期每天四两蔬菜。在这些方面，腰杆子还不硬。人家对此有意见，讲得对。要认识这方面的缺点错误。这也像打仗一样，有缴获，有损失，一个连打得

## 7月10日讲话与毛泽东第一次召见

剩六七十人,有所得有所失。总账不能说得不偿失。有的问题是得不偿失,这属于缺点错误部分。斯大林讲过,关于规律,人们适应时感觉不到,一破坏才感觉到了。这句话对,但不全面。我们要从胜利、失败两方面来认识规律。去年确是破坏了一部分规律,才提高了认识。人的经验从两方面来:成功与失败。如打仗,首先从胜仗来,其次从败仗来。经济建设亦如此,要从成功与失败两方面学习,这样才能认识与掌握客观规律。我们要接受斯大林遗产,要读《苏联社会主义经济问题》这本书。我们为什么搞一套两条腿走路方针,这是鉴于斯大林走的弯路,农业长期腿短,苏联几十年没有解决。斯大林在世时,对一些大问题,多年来才得到统一认识。但有些问题仍未得到解决,如农业问题。斯大林到赫鲁晓夫,可划个界。赫鲁晓夫使农业得到恢复与发展。我们要快一点,因为我们找到了一条正确道路。发现缺点快,纠正也快。苏联的长短腿(指工业与农业)几十年没有解决,我们要真正用两条腿走路。多快、好省,也是两条腿,还有五个并举,但执行中未能全按这样来做。去年注意了多快,对好省注意不够。小洋群代替小土群,对小土群也不要全部否定。

张奚若讲的四句话:好大喜功,急功近利,否定过去,迷信将来。陈铭枢讲的四句话:好大喜功,偏听偏信,轻视古典,喜怒无常。我是好大喜功的,好大喜功有什么不好呢?去年1900个项目,搞得多了一些,现在改为788个,不是很好吗。我还是要好大喜功,比较接近实际的好大喜功,还是要的。偏听偏信,就是要偏。资产阶级、小资产阶级、无产阶级、左中右,总有所偏,只能偏听偏信无产阶级的。同右派作斗争,总得偏在一边。中国人民、中国产党没有一点志气,还是不行的。还是要偏听偏信,要偏听偏信无产阶级的,而不能偏听偏信资产阶级。再过十年到十五年赶上了英国,那时陈铭枢、张奚若这些人就没有话讲了。这些人希望他们长寿,不然,死了后,还会到阎王那里去告我们的状。

北戴河会议以来，虽然一些事情搞得不好，但总是抓工业了（按：这是就他自己和某些过去从来不大过问工业的地方领导干部而言）。一年中有很多经验，我负有责任。1953年批评薄一波，后来批评计委，这次自己负了责任。南宁会议后搞地方工业规划，听湖北汇报，说过去太保守，只有70个亿。当时说过，这可能是主观主义，但总比不搞好，因为原来没有什么地方工业，搞了点东西，就是检讨起来，也有个根据。搞经济建设，过去不过陈云、富春、一波，现在大家担当起来。过去省的同志没有抓工业，去年都抓起来了。过去大家抓革命，经济委托一部分同志做，书记处、政治局不大讨论，走过场，四时八节，照样签字。从去年起，虽然出了些乱子，但是大家都抓工业了。所以，还是湖南那三句话：成绩伟大，问题不少，前途光明。有的省，钢已超过蒋介石时代，十万零一吨就超过了。这样看，成绩是伟大的。这样的形势分析，是关系全党、全民的问题。有无信心，也是这次会议的重要问题。

一年实践，抓了工业，取得这么多经验，同过去只听"训话"，走过场，让签字画押，总算是不同了。一年来有好的与坏的经验，有成功的与错误的经验；不能说光有坏的、错误的经验。

[总理插话：副主席（按：指当时应中国邀请前来观察全民炼钢运动的苏联部长会议副主席兼国家计委副主席扎夏季科。他回国后向苏联领导人谈中国观感，有批评性意见。不知道是他没有向中国方面全部谈出他的真实看法呢，还是周恩来没有转述批评性部分）来谈两条：高速度发展，大跃进，超过苏联，对社会主义阵营有好处；缺点、错误发现快，纠正也快。苏联一教授说我们发明"大跃进"这个词好。]

《苏联社会主义经济问题》、《政治经济学教科书》，苏联经验写了书。以前他们有公社问题，斯大林讲过，集体农庄加食堂就是公社。斯大林吃亏就在说他办的事，一切都很好。从不讲缺点，听不进不同意见，所以有错不能很快改正。苏联1936年宪法，《苏联社会主义经济问题》这本书，否认矛盾，否认缺点错误，就不能前进。我总是同外国同志说，请你们给十年时间，再来看我们是否正确。因为路线的正确与否，不是理论问题，而是实践的问题，要有时间，从实践的结果来证明。应该说，我们对建设还没有经验，至少还要十年。建国后十年，第九年度在北戴河开会，第十年度在庐山开会。我们这一年来的会议，总是把问题加以分析，加以解决。大家要记住：坚持真理，修正错误。经常分析问题，脑子不要僵化，不要要求人家硬相信我们这一套。党的方针政策正确与否，不在制定之时，而在执行之后。过去的革命路线，实践证明是正确的。现在的建设路线，要再看十年。从具体事情来说，有些得不偿失问题，但总的来说，不能说得不偿失。取得经验总是要付一定学费的。（刘少奇插话：大办钢铁花了二十多亿，全民学了，值得。）全党全民学了炼钢铁，算是出了学费。

讲到报酬，要按劳付酬。把共产主义引导到平均主义是不好的，过分强调物质刺激也不好。报酬以不死人、维持人民健康为原则。这话是党内讲，对先进分子讲的。国家建设也好，革命也好，要有一部分先锋分子、积极分子。我们为革命死了多少人，头都不要了，还给什么报酬。天天讲物质刺激，就会麻痹人的思想。写文章要多少稿费，钱多了，物质刺激也不起作用了。要培养共产主义风格，不计报酬，为建设事业而奋斗。

宣传问题。关于已公布的指标改不改？两种意见：一种，这回改，1958年、1959年的都改；一种，现在不改，一律不改，明年再改，甚至等1962年计划一起改，正式发公报。也有一种意见，1958年不改，1959年就不好说实话了。到底如何改好？五年计划改改，要不要？明年拿不拿出来？我看现在难搞，经验还不够。对外来说，八大通过的，已经有过一个二五计划，实行中无非超过。可以党内搞个二五指标，此事也难以肯定，搞个发展趋势，发展方向。

今年党代表大会是否不开？经验还不成熟，缺一年也可以。党代会开不开？各级改选不？小组会讨论一下。

农业四十条，赞成搞，人代大会还没通过。单位面积产量，有人提出400、500、800斤改为500、600、1000斤（即黄河以北，以南及长江以南亩产指标），是否改500、600、900斤？高寒地区在外。不要把两广压得太重，大家考虑。有人提出除"四害"不行，放松了，还要搞。麻雀是否还要打？

粮食如果今秋确实大丰收，可以征购1100亿斤。假如不如去年，也可以减少一点，如甘肃、湖北，可以减少一点。过日子问题，要好好给大家讲一讲，有些地方去年增产不多，今年粮倒不紧；增产多的反而紧，主要是估产高了和安排不当。各地都有很多例子，要用以教育乡、社干部。"糠菜半年粮"改为"瓜菜半年粮"好，原来只是极而言之。

县级以上基建项目，原来有一万三千多个，许多根本没有动，只是列上计划。去年打了个大胜仗，把我们也打得稀里哗啦。现在是后备力量太差，明年少搞一点，增加储备。过去打了胜仗之后，人员伤亡，可以合并编制。搞经济建设，不能将两个工厂合并成一个。

从这篇讲话看到，当时毛泽东的思想虽然仍坚持大跃进还是打了一个大胜仗，总的说不过是一个指头与九个指头的问题，但确实是要大家冷静下来，要承认去年确实出现了失误，确实存在不少问题，有待一个个去解决。讲话中还提到彭德怀的看法，可见对彭尚无戒心。那时的大问题是必须将各种指标落到实处。例如7月5日，有关粮食问题的一段近千字批语，就是如此。陈国栋关于下年度粮食分配调整意见的报告，认为必须把粮食分配放在稳妥可靠的基础上，留有余地；仍应继续贯彻执行"瞻前顾后、以丰补歉、细水长流、计划用粮"的原则。认为全国约需4300亿斤原粮才能过日子。除1958至1959年度销售了1020亿斤外，历

## 7月10日讲话与毛泽东第一次召见

年销量都没有超过840亿斤,因而提出1959至1960年度销售指标855亿斤(比上海会议定的少120亿斤)。毛泽东批示,此数似乎也略多了,可否调整到800亿斤或810-820亿斤。"告诉农民,恢复糠菜半年粮。可不可以呢?""多储备,少食用,以人定量,粮食归户,食堂吃饭,节余归己,忙时多吃,闲时少吃,有稀有干,粮菜混吃,仍然可以吃饱吃好,可不可以这样做呢?""手里有粮,心里不慌,脚踏实地,喜气洋洋。"他基本上同意陈国栋的报告,要"各大区区长主持讨论,细致地讨论,讨论两至三次"。

为了弄清情况,克服困难,统一认识,在7月10日讲话以前,毛泽东还批示印发了好多份有关资料,其中或总结大跃进的经验教训,或反映市场的紧张情况和干部群众的不满情绪。如《宣教动态》上刊登的山西《前进》、广东《上游》、北京《前线》(当年各省的理论刊物)上的文章,总政转发的少数营团干部的意见,以及国家机关党外人士的看法等。其中有的意见很尖锐,直指"全民炼钢"口号的不正确,人民公社化太快。同时也批发了河南整社算账,情况好转,以及公共食堂优越性的材料。

综观7月10日这个讲话,仍是十八个问题的精神,是想使讨论尽快结束,大家取得一致意见。庐山会议原来传说开半个月左右,即7月16日大体要结束,这次讲话前后,就安排写会议纪要了。

7月11日夜晚,毛泽东找周小舟、周惠谈话,当他们谈到在小组会上我的发言被人顶住,马上就通知我也去参加。(所谓顶住,是前述中南组的会上,我的发言被罗瑞卿频频打断。后来罗在8月9日第二组的会上批判周小舟时,罗是这样说的:"我和李锐同志有点冲突,他说以钢为纲不对,政治挂帅有副作用,还说有人不喜欢讲缺点,我不同意他的观点,虽然没有展开争论,但有几次短兵相接。")我一进门,毛泽东就笑着说,"我们来开个同乡会",可见气氛之融洽。大概小舟是同情我的观点,看到我被人无理打断，而难以畅言，这样向毛泽东作反映的。谈话完全是四个人轻松愉快地交谈，有时相互插话。我的记录本上分别记了些简单要点，现照抄如下：

周小舟谈：农业是根子。粮食"高产"引起钢铁高潮（毛泽东说：也不尽然）。刮共产风不能怪公社书记，主要怪上面。哪里有什么万斤亩。上有好者，下必甚焉。（关于万斤亩，上海会议时，我问过毛泽东为何轻信。他说，钱学森在报纸上发表过一篇文章。说是太阳能利用了百分之几，就可能亩产几万斤，因此就相信了。）"书记挂帅"权力太大。去年传主席的话，有些乱传，更增加了紊乱。谭老板（谭震林）有的讲话和文件，湖南压下了，没有向下传。湖南的密植，偏稀一些，因此没有失收的问题。会议还有压力问题，还是不愿多谈多听缺点。周惠也插了话。都说许多问题应当摊开来谈，互相交锋，才有好处。谈到这个问题，我们就建议，最好将大区组打乱，各组人员互相穿插，这样更便于交流情况、交换意见，免得一个地区总是唱一个调子。这个意见毛泽东当时就欣然接受。随后就通知了秘书处，从16日以后，开会人员就打乱平分，但组长没动，仍分六个组。

南宁会议之后，我有多次同毛泽东单独谈话的机会，从未感到过拘束，心里有什么就说什么，这次还是照旧。我主要谈冶金部的问题。关于各地大炼钢铁中的情况，如指标落实及质量等问题，冶金部一点风不透，问不出消息，不如计委内部，还能及时知道点实情。今年4月上海会议之前，我就是从计委廖季立处问到钢铁若干实情（1959年2000万吨绝对不能完成），以及自己从其他方面特别是电力平衡上感到问题的严重，于是向毛泽东写了第二封信（第一封信是1958年6月华东计划会议时写的，对那次会议泼冷水），明确提出钢的产量必须下降，落实指标，这样才免于影响全局。对钢铁还提出关键是质量问题，"宁肯少些，但要好些"。关于综合平衡问题，这时我谈到苏联经验，以及列宁、斯大林的说法，随手将1959年第9期《宣教动态》（中宣部内部

## 7月10日讲话与毛泽东第一次召见

刊物）送上，请毛泽东过目。上面有一篇引证苏联经验和斯大林语录的文章，社会主义如果发生经济危机，会比资本主义严重得多，因为社会主义是集中计划体制。我说，去年是唯心主义、小资产阶级急性病大发展的一年，敢想敢干起了许多副作用。"以钢为纲"、"三大元帅"等口号不科学。毛泽东当即表示同意说，以后可不提这些口号了。毛泽东在去湖南视察时，一路同王任重发表过这样的感想：去年大跃进搞乱了，"国乱思良将，家贫思贤妻"，即指陈云而言（这句话随后柯庆施等都知道了）。我这时乘机建议，财经工作还是由陈云同志挂帅为好（南宁会议以后，陈云只担任建委主任，历次中央会议很少发言）。二周也当即附议。毛泽东于是向我们讲"国乱思良将，家贫思贤妻"，这是《三国志》郭嘉传上的话。曹操打袁绍，吃了大败仗，于是想念郭嘉。说陈云当总指挥好，陈云有长处也有短处（短处大概是指对群众运动注意不够之类，我的记录本上没有记具体内容）。

  毛泽东谈的主要内容如下：提倡敢想敢干，确引起唯心主义，"我这个人也有胡思乱想"。有些事不能全怪下面，怪各部门，否则，王鹤寿会像蒋干一样抱怨：曹营之事，难办得很。说到这里，他自己和三个听者，一齐哄堂大笑起来，久久不息。说关于敢想敢干，八大二次会议是高峰，还有钱学森的文章，捷报不断传来，当然胡思乱想起来。"许多事我都要负责，有些也真负不了。"关于公社的由来，毛泽东说：在河南七里营，记者问我："公社好不好？"我说"好"，谁知马上就都登上报了："人民公社好。"接着谈到乱传讲话，传得快。我们说，还是形成文字为好。毛泽东说，讲得不对，文字也一样不好。钢翻一番，谁知道当成了法律，党比人代会厉害得多。（他似乎忘记了，对大炼钢铁执行不力者，北戴河会议还内定了6条纪律：警告，记过，撤职留用，留党察看，撤职，开除党籍。）北戴河规定翻一番，索性登报，是薄一波和胡乔木的建议。接着谈到自己的性格，回忆起江西时代的往事。一次向毛泽覃大发脾气（或者还要动手打人），毛泽覃回嘴：共产党又不是毛氏宗祠。"我这个人四十以前肝火大，总觉得正义、真理都在自己手里，现在还有肝火。"郑州会议后，开始右倾。去年是几件事都挤在一起了（承认粮食、钢铁、公社化等几大跃进不对头）。关于下面讲了假话，可以转告大家，心情也不要那么沉重。打麻将十三张牌，基本靠手气（意指客观规律不易弄清），谁知道搞钢铁这么复杂，要各种原材料，要有客观基础，不能凭手气。（这以后毛泽东反复讲了钢的问题。我再三提到，二五计划轮廓要定下来，否则不好办事。）搞到1967年，十年计划，明后年再看，能达到2100万至2400万吨就很好了。今年1月开政治局会，关于钢指标，陈云讲2000万吨不易完成，同陈云意见原来一致，不知为什么他后来要检讨。去年的问题就是抓了个"两小无猜"，别的忘记了，这是本末倒置。去年农业是否增产了三成？还很怀疑。全国各地很不平衡，有各种灾情，有丰收有歉收，一填平补齐，三成很不易得。还谈到他自己就是个对立面，自己常跟自己打架，有时上半夜想不通，下半夜想通了。

毛泽东这夜同我们的谈话，对纠"左"的许多看法，比头天在组长会上的讲话还要明确。关于对粮食与钢铁的增产和高指标的看法，同我们是很接近的。因此，我们三人谈完话出来，都觉得心情舒畅，真正向老人家交了心。尤其小舟大胆讲了"上有好者，下必甚焉"，这句话直接批评了毛泽东，不仅丝毫没有引起反感，反而更加谈笑风生了。

这时，毛泽东似已多日没有找下面的人个别谈过话，大家都在摸风向，不知他的意图何如。我比较谨慎，许多人向我打听（包括总理的秘书），我都没吱声。刘澜波同我住隔壁房，我也没有向他透露什么。这是从田家英那里得来的经验：常有反复之变，不可轻易传话。可是后来才知道，小舟随意向人流露了高兴之情（罗瑞卿曾陪毛泽东一起到湖南，小舟向罗讲了"上有好

## 7月10日讲话与毛泽东第一次召见

者"的话），于是有的话就传到柯庆施这些人耳朵里去了，他们正在窥测方向。他们对去年的所作所为，兴风作浪，迎合抬轿，不仅没有丝毫内疚，认真检讨，反而触动不得，一触即跳，过于护短，过于护身。他们打着保卫总路线、拥护毛主席的旗帜，将"神仙会"变为"护神会"，将中国继续推向大灾大难之中。

我的《庐山吟》第三首"初登楼"，即写这晚奉召谈话的轻松愉快情景：

　　山中半夏沐春风，随意交谈吐寸衷；
　　话到曹营事难办，笑声震瓦四心通。

## 会议形势与毛泽东第二次召见

在《议定记录》和彭德怀的信没有印发之前，根据毛泽东讲的三句话"成绩很大，问题不少，前途光明"，以及十八个问题，六个大区小组会的讨论，大体上西北、东北和华北三组，较能敞开谈，成绩大讲，缺点也随便讲。但中南、西南和华东三组则有所不同，缺点多讲了一点，就会有人不高兴，甚至打断发言，护短的人还是比较多。北京来的人，因没有参加过两次郑州会议，不大知道纠"左"和开五级干部会等情况，不免对缺点谈得多一点，关心的也还主要是钢铁等指标落实，以及1959年和1960年计划的安排，也关心二五计划怎么办。

7月12日到22日，周恩来四次找国务院各部开会，讨论形势与任务，李富春、李先念都参加过，刘少奇也参加过一两次。我的记录本上，记有12日周恩来的长篇讲话，谈形势，摆问题，算细账。他认为去年是新的革命，当然问题不少，突破了旧的平衡，要解决新的平衡。北戴河会议到现在将近一年，应如何将认识与措施过程缩短。他说，这次在庐山比以前认识多了一些。如财政有赤字，是否即通货膨胀？物价只少数有变化。过去陈云总强调财政、物资、现金三个平衡，要略有节余。去年全冲乱了。主要是货币与财政不一致，银行多发行了。他将工业、农业、商业分头算了细账，单生铁，国家即补贴25亿元，商业透支了50亿，用于赊销和工农业预付。今年上半年银行支出中，工业有30亿不正常。摊子铺大了，一机部等生产任务多变动，品种不齐，不能配套，质量下降，次铁退货等。冶金部今年24亿投资，上半年已用去19亿。他认为继续跃进，过分紧张，综合平衡工作没有做好，不能这样过日子，特别是三材太不平衡，国家一定要把账算清楚。要收权，去年四权分给省市，要收到中央与省市两级，上下纳入计划。要归口管理，不能一个人四个口袋，流动资金不能当基建使用。最后说，要号召增产节约，解决商品与货币比例的正常化。大家采取积极态度，不要隐讳问题，也不要埋怨和推诿。

这天李富春讲了两个问题：（1）继续鼓干劲，采取积极措施。政治、经济、技术要三结合，现在确有指标越落实越低的情况，否则今年钢产1200万吨也不能完成。（2）工业如何过日子。要真正建立经济核算制。质量定要提高，关键是钢与铁，"两小"的质量问题。去年和今年，铁是补贴60亿的问题（去年1100万吨40亿、今年900万吨20亿）。此外，还要清理半成品，新招工人力争退回800万。

刘少奇插话：错误是大家犯的。基建今明两年统一安排，更为主动。

李先念发言：总结正反两方面经验。农业还鼓点劲。流动资金大体已堵住。问题是不该上的项目要舍得下马。滕县官桥煤矿，花了3600万，18万人上阵，没有挖到煤。提高劳动生产率与降低成本两件事，要叫得响一些，造成一股空气。全面大算账，要分期还，要逼点债，公社的积累应大部用于还债。下半年资金很紧张。

17日和18日小组会，传达了16日刘少奇和周恩来的讲话。这可能是他们16日在组长会上的发言。这天印发彭德怀的信，大概会议谈到"得不偿失"的问题。从《简报》反映，大家认为刘少奇讲的"成绩讲够，缺点讲透，鼓足干劲"，可以解决问题。只有把成绩讲够了，才能把缺点讲透。"气压下降"的情况，值得引起注意，否则，1300万吨完不成。许多人认为，大炼钢铁，也是"失少得多"。认为周恩来算的一笔账，很有说服力：虽然补贴了40亿，但是"取得了经验，争取了时间"。不仅大大提高了我国钢铁生产的设备能力，而且大大缩短了投入生产的时间。小土群为小洋群作了准备，小高炉为大高炉作了准备，"两小"充分利用了分散的煤铁资源。钢铁账要算，但既要算经济账，也要算政治账。既要算现在的盈亏账，也要算将来的盈亏账。只能两条腿走路，不能一条腿走路。很显然，这时大家都认为应维护大跃进和总路线所取得的"伟大成绩"。

我的记录本上，7月17日，记了李富春的这样几句话：关于铁的问题，是否得不偿失？算投资、时间、布点三笔账，虽然生铁补贴了40亿—50亿，但争取了时间，全国钢铁因此展开了布局，总的得多于失。这显然是在为得失之争，为全民炼钢作辩护。这是当时一般人的认识，也可说是一种情绪。不少人对1300万吨还认为是泄了气。富春说：今年1300万吨是否机会主义？要鼓足干劲才能完成。

还有刘少奇这样几句话：吃苦头有的要吃两三次，没吃过的总要吃过才行。虚报浮夸已制止否？全民力量到底有多大，去年检阅了一下。

国家计委草拟的《对于1960年发展国民经济的方针任务和速度的初步意见》，是7月16日印发的。这两段话很可能是7月16日下午，他们在周恩来主持的一次会议上谈的，组长在小组会上作的传达。总之，是自己觉得应当记下的重要意见。李富春是计委主任，这番话自有代表性。当时大家对他的意见比较多，计委内部也有不同意见。刘少奇实际是主张反"左"的，在会议的发言中没有明讲，但从许多言外之意看得出来。后来听说，他找胡乔木长谈过反"左"的问题，同武昌会议时陈云不同意公布7500亿斤一样，胡乔木不敢及时去反映。后来还听说过，八中全会的《决议》草拟过程中，刘少奇想加一段同时也要注意反"左"的话，也没能实现。

这时《议定记录》草稿已经付诸讨论，彭德怀的信刚发出。

7月16日上午，毛泽东给刘少奇、周恩来、杨尚昆写了两封信。第一封是要求当天立即排出一个新表，从第二天起照新表办事。所谓"新表"即开会的六个组不按地区分，将人员打乱重新组合，只是组长依旧。信中说："这样做，见闻将广博多了，可能大有益处。"第二封是要求通知彭真、陈毅、黄克诚、安子文及若干位部长和三委（计委、经委、建委）副主任上山，参加最后一个星期的会议。信中还问陈云病情如何，是否有可能请他来此参加七天会，请征询陈云意见。能来则来，不能来则不要来。根据这两封信，这天下午，周恩来主持一个15人的会议，有中央和各大区负责人参加，讨论今后会议如何进行。

从这两封信主要看到两点：一是彭德怀的信已印发，同彭德怀历史上关系密切的人应来参加（如安子文是七大前华北座谈会批彭德怀的重要当事人）；二是准备通过《议定记录》，一周内结束会议。

这个时候还发生过周惠闲话事件。在小组会上周惠发言，对1958年砸锅炼铁、拆房并居，批评者多，讲到激动处，冒出一句："依我看，去年各省第一书记，应当各打五十大板。"这话会下聊天时也说过。在饭桌上，周惠对广西的刘建勋说过这样的话："你们当第一书记的，一言兴邦，一言丧邦。"周惠与刘建勋私交甚深，因而话说得很直："你们广西搞'两小无猜'，炼钢放卫星，《人民日报》通栏大标题，还套了红，第一名，发文章祝贺。过一两天你又发电报，向中央说是假的，空的。反正报纸也登了，没法改了，你是又出了名，又落个讲老实话，做老实人，你这不是滑头吗？"周惠还对刘建勋说，1958年无非三种人，第一种是官僚主义，不了解下情，老老实实讲了假话；第二种是滑头，看风使舵讲了假话；第三种最坏，明知是假的还成心说谎。说这个话时，碰巧王任重进来，刘建勋又对王重复了一遍周惠的三种人的说法。这话传出去了，引起轩然大波。到7月20日，周恩来不得不为此事专门开一次会，批评了周惠。

如果要说得形象一些，当时庐山会议的形势，正是密云不雨，气压很低；或者如每天常见的窗外景观：云雾缭绕，不识庐山真面目。

正是在这个关键时刻，7月17日下午5点到夜10点，毛泽东又找周小舟、周惠、胡乔木、田家英和我五个人去谈话。其中四人是《议定记录》的起草人。胡乔木与田家英不消说，在毛泽东身边已十多年，其他三人，应当说，当时也是很受毛泽东信任的或看重的。这次谈话，还是毛泽东谈得多，也谈得很融洽，最初大家还议论了他的《返韶山》、《登庐山》那两首诗。一起吃晚饭，喝茅台，还敬了酒。下面是毛泽东谈话的要点，按记录本上一条条记的（括号中的话是笔者加的）：

关于总路线，真有 70%拥护就不得了。真正骨干有 30%也不得了了。大部分人是随大流的。

昨天晚上我谈了（指组长会上）：现在的情况，实质是反冒进，我是反冒进的头子。要有几个右派朋友。（这里讲的右派，很可能是虚的即打引号的，但也可能是实的即不打引号的。近三十年之后，写到这里，我也无法肯定是虚是实，请读者和史家来研究。据笔者回忆，当时的意思是虚指的，也许毛泽东本人当时也确定不了。当然，按照后来历史发展的事实本身来确定这种含混不清的说法，也无不可。）我是机会主义的头子。我要找唱反调的人通讯。计委这次来了反对派的人（指贾拓夫、韩哲一、宋平），正面有富春一个人就够了。只让签字不行，还得了解情况和问题。工业系统是独立王国，谁也进不去。我是成事不足，败事有余。孙悟空偷桃子，只有这个办法，开庐山会议之类。过去不懂得管理经济之复杂，革命是捣乱，而且敌人有隙可乘（这是承认管理经济比革命难）。

六个地区大组人员打乱（这是 11 日夜谈话时，我们三人的建议），使之不成体系，免得谈来谈去一个腔调，问题展不开。国务院那么多部组成的，不包括省，任何一个工厂总办在一个省。（之所以搞大跃进提出"以钢为纲"，实际上也可以说是对国务院工作不满的一种表现——抓不住"主要矛盾"。在成都会议时，乔木同我谈过这个问题。）权力集中很不容易。过去司令部、政治部有矛盾（指井冈山时期），权力好不容易集中在前敌委员会（这是说明自己为何要亲自抓经济的道理）。中央红军 8 万

## 会议形势与毛泽东第二次召见

多人，到吴起镇剩 7000 人。开干部会，说比过去强了，因为干部经过了这样艰苦的锻炼，当时许多人不同意我的看法。（说这个话的意思，还是指 1958 年虽吃了亏，但取得了经验，大家得到了锻炼。）接着反复讲 1300 万吨来之不易（这是指 1959 年落实的年产钢指标，有人说是否右倾机会主义了），就是不能完成，也不要如丧考妣。只要真正鼓足了干劲，指标没有完成也没有关系，成绩讲够很重要。他们（指各省头头们）在当家，"人为财死，鸟为食亡"，人都有保卫自己劳动果实的本能。李井泉是挑担子的人，容易有脾气。我提倡过密植，（关于密植）现在是中间偏右派。

关于密植这段话，是由田家英的插话引起的。1959 年初，田在四川他舅舅的家乡蹲点，才了解到许多真实情况。关于 1958 年稻子平均亩产千斤，原来都是一个口径。食堂经常吃稀饭，菜里见不到一点油荤。后来才查清楚，亩产只有 580 斤。这个现象在四川是普遍存在的。上海会议时，家英就告诉过我，他在家乡如何饿肚子。上海会议后，他又到四川调查，发现省委规定的"双龙出海、蚂蚁出洞"（只有行距，没有棵距）的高密植，社员都接受不了。这时正逢毛泽东的《党内通信》下达："插秧不可太稀，也不可太密。"他就据此在蹲点的公社，号召不要过于密植。在省委召开的会议上，他反对高度密植，同李井泉有过很大争论。最后省委还是决定，全省继续实行高度密植，只是让田家英所在公社可以稀一点。

早在 1958 年 10 月，田家英在河南新乡七里营公社调查时，就发现过小麦产量浮夸，食堂伙食很差，社员体质下降，劳动生产率低等情况。同时还根据修武县委书记的意见，反映了公社所有制存在的种种问题。在四川将近半年的调查，使他对农村五风的情况，有了更多的感性的了解。在西南组开会时，谈到下面受压而虚报产量这些问题时，他受到组长李井泉的批评，以致讲不下去了。上山时，他领导的工作组交来真假罗世发的材料，这些这时他都直率地谈了。毛泽东不能不相信在自己身边工作了十多年的人讲的话，但又还得维护那些最忠实地、勇敢地执行总路线、大跃进的地方负责人的威信，认为他们是身挑重担的人。

毛泽东接着说：现象与本质有时不容易看清楚。万人检查团（这是大跃进时各地流行的造声势的方法）是形式主义，不能深入了解情况，群众不会当众说真话。称赞《宣教动态》、《外事动态》办得好（这两个内部刊物都反映了1958年以来的某些真实情况），应当办《经济动态》。关于粮食产量的估计，比7月11日夜谈的更为谨慎，毛泽东说真正高产的恐怕只有5%，一般水平的是95%，而我们做工作，只能立足于95%。因此，年增产30%是不大可能的。

谈到粮食问题时，小舟又说到全民炼铁，各种高指标，其根子在粮食估产高了，毛泽东认为也不尽然。接着他又谈到平衡是相对的，不平衡是绝对的道理。谈到这个问题时，胡乔木一言未发，他是不同意这种理论的。毛泽东颇同意乔木提出的，各工业部长们下去当几年厂长的建议。说孔夫子的职业为道士，做过会计，管过田地。也同意我们说的，政治挂帅，不能代替具体的经济工作。我们又提到还是由陈云挂帅好。我还说到三委（计委、经委、建委）工作要统一。乔木说，少奇的意见，还是由陈云主管计委工作为好。他还反映了刘少奇的一个说法：有人在观测中央仍有两派（促进与促退或左与右）。毛泽东说，富春是依靠王鹤寿的。接着又谈到袁绍之多端寡要，好谋无决，不会用将。《曹操传》、《郭嘉传》中对此都有反映。

之后又谈到不要怕乱的问题。周惠说，还是学生不上街、群众不打扁担的好。毛泽东却说，乱了才好。1957年汉阳学生闹事，当时估计全国各地市一二三万学生想闹事不等，也不过几百万人吧。意思很显然：大乱了才好大治。胡乔木当场表示不同意这个说法：脓疮需要有白血球去攻，但全身溃烂了，白血球失去平衡，就不行了。

## 会议形势与毛泽东第二次召见

此时彭德怀信刚发出。毛泽东便从彭信谈到洛川会议旧事，说华北军委分委发的小册子，不同意中央在洛川会议定的游击战为主的战略方针。这个小册子曾为王明所利用。

1980年，讨论《关于建国以来党的若干历史问题的决议》草稿时，我在国务院第十组（能源系统），曾应小组同志要求，介绍庐山会议情况。谈完7月17日的召见后，大家插话说，这次谈话已经把你们几个人当做右派朋友了，你们还蒙在鼓里。当时我即不以为然。后来也曾听有的老同志谈到，上海会议时谈海瑞问题，就是"钓鱼"，就是"引蛇出洞"。我认为，"1959年的夏季形势"是否可以套用"1957年的夏季形势"，这个问题有待史学家研究。

这是7月17日，彭德怀的信刚刚印发。从这天谈话内容以及情绪来看，特别是饭桌上频频举杯，谈笑风生，应当说这时毛泽东还没有完全转向"左派"，更没有立意发起一场反击，上述两封信也可为证。但对彭德怀的信（及彭德怀本人），自然有他自己的看法。按照黄克诚后来同我谈过的，毛泽东与彭德怀两人相互成见很深，有许多历史上的疙瘩没有解开。上海会议毛泽东作报告，批评了一些人的时候，讲过这样一段话："我这个人是被许多人恨的，特别是彭德怀同志，他是恨死了我的。不恨死了，也有若干恨。我跟彭德怀同志的政策是这样的：'人不犯我，我不犯人；人若犯我，我必犯人。'过去跟我兄弟也是这样。"以此作为印证，黄克诚的说法是有根据的。记得1958年4月从武昌到广州开会时，当夜我同彭德怀住在一起，在广州又同住一层楼，他除同我谈过平江起义的情况，想专门写战史这些事外，还谈到在江西时，同毛泽东一起生活时的如何随便：有事到他屋里去，如果还睡在床上，把被窝一揭就是了。于是慨叹道：现在可不行了。彭德怀是"山野之人"，始终保持某些"游击习气"，不喜欢叫"万岁"，不喜欢唱《东方红》，也不喜欢叫"主席"。这种性格是完全可以理解的。（其实毛泽东自己何尝不更具"山野"之气,他经常穿着睡衣,靠躺在床上跟客人谈话。还在游泳池游泳时,同赫鲁晓夫会谈。)

毛泽东这次找我们几个人再次谈话,关于彭德怀的信并没有多说,只是顺便提到洛川会议,应当说是含有深意的:让我们知道,彭德怀这个人同他在历史上不一路,启发我们这些"不知世事"的人,不要倒到彭德怀那一边去。同 11 日的谈话相比较,这时无疑有变化了:在密切注意形势的发展,在防止彭德怀的信出来之后,形势可能向右发展。光几个"秀才"讲点偏激的话,讲点不爱听的话,无关大局(有时还有好处)。总之,事后细细想来,17 日找我们五个人作如此长谈,而且有些话可说是"知心话"、"私房话",其原因可能是,听到"左派"们对我们有议论,希望我们能同他一条心,照顾到各方面,以大局团结为重,这样使会议能较快圆满结束。

同我们这两次谈话之前,还没有传出毛泽东正式找过哪些人谈话。田家英同毛泽东的保卫负责人王敬先(庐山会议后被调离,"文革"中去世,时任苏州地委副书记)、英文秘书林克及机要秘书等,都关系密切,有什么动静,田家英都会知道。当时人们都知毛泽东找我们谈过两次话,都想探问,摸摸风向,这时我是守口如瓶的。

田家英从他的内线得知,毛泽东这时找各大区负责人谈话时,还说过要印发《阿Q正传》的话,意即要启发大家,不要自己的缺点毛病触动不得,像阿Q一样,一触即跳。

大概是 17 日谈话后第二天,我来到田家英住处,胡乔木、吴冷西、陈伯达都在。谈到彭德怀的信,我们都很感兴趣,觉得信的内容很好,观点跟我们一致。我还说,只有彭老总才有胆量,敢这样写。胡乔木却讲了这样一句:这封信可能惹出乱子。他大概是根据自己多年的经验和观察,而得出这个看法。后来听说,毛泽东同王任重在庐山水库划船时,谈到彭德怀信中的"小资产阶级狂热性"问题,说"现在我不发言"。此事胡乔木可能知道

## 会议形势与毛泽东第二次召见

了。

我的《庐山吟》第四首,这样记述了第二次召见:

> 登楼再度群言堂,尚在闲谈新乐章。
> 都觉畅怀言已尽,谁知一夜落飙狂。

## 《庐山会议诸问题的议定记录》

按照原来的安排，会议开半个来月，通过一个会议纪要性的文件，大家下山，各奔前程。文件起草小组，毛泽东原指定五个人：胡乔木、杨尚昆、陈伯达、吴冷西、田家英。7月13日凌晨，他致信杨尚昆："五人起草小组，建议增加陆定一、谭震林、陶鲁笳、李锐、曾希圣、周小舟六同志，成为十一人小组，先议两天，即今明两天议事，十四夜印出交我及各组同志每人一份。十五日下午到我处开大区区长会议，议修改意见，修改第一次，夜付印。十六日印交所有同志阅读，会谈，修改缺点。文件名曰'庐山会议诸问题的议定记录'。你们在几天内一定要做苦工，不可开神仙会，全文不超过五千字。"第一次碰头会，根据十八个问题和各组讨论情况，拟定了以下十二个问题：关于形势和任务、读书、宣传问题、综合平衡问题、群众路线问题、加强企业管理和提高产品质量问题、体制问题、协作区和协作关系、组织农村集市贸易问题、过日子问题、公社食堂问题和加强农村党的基层组织领导作用问题。各人分工写一或两个问题。除"形势和任务"外，每个问题写1000字，最长不超过2000字。胡乔木写总纲性的"形势和任务"，我写"综合平衡"和"加强企业管理和提高产品质量"，周小舟和田家英写有关农村的几个问题。大家知道，谭震林和曾希圣是大跃进时冲锋陷阵的带头人，谭主管农业，曾是安徽一把手，但他俩不是主要起草人。从人员组成情况来看，毛泽东无疑希望这个文件是一个继续纠"左"的文件。因为我们这几个人这次不只是当做所谓"秀才"看待，而是被认为对大跃进确有不少中肯的意见。尤其周小舟在内，说明湖南的工作被赞赏，采纳了那三句话作为会议的基调，现在进一步让湖南的做法在文件中起作用。

7月16日，根据毛泽东的指示，将原来按地区分的六个小组，将人员打乱，重新编组，组长不动。第一组组长林铁，副组

## 《庐山会议诸问题的议定记录》

长宋任穷、江华；第二组组长柯庆施，副组长廖鲁言、甘泗淇；第三组组长陶铸，副组长谢富治、谭政；第四组组长李井泉，副组长王任重、肖华；第五组组长张德生，副组长舒同、黄火青；第六组组长欧阳钦，副组长江渭清、张国华。从17日起，按新编小组开会，继续讨论形势和任务等问题。这时彭德怀的信也已印发出来，讨论中对《议定记录》谈的意见就逐渐少起来，对彭德怀信的意见就逐渐多起来。

大家对《议定记录》的意见，多集中于"关于形势和任务"部分，一般认为对大跃进所取得的伟大成绩和丰富的经验表达得不够充分有力，因而对大跃进中所产生的一些缺点和问题及今后前途，也写得不顺畅。或者认为对成绩讲得不够，会对当前形势有不利影响。或者说，成绩写得很抽象，缺点写得很具体，这样传下去要泄气的，今年计划就会完不成。"关于形势和任务"中写到的缺点只有三条，即比例失调，共产风，命令主义和浮夸风。关于产生这些缺点的原因，提到"思想方法上的主观主义和片面性"时，后面括弧中有这样一句话："对于1958年以前我国建设经验和苏联建设经验没有认真总结和研究。"这句话受攻击最厉害，有的人甚至说：看到这句话我就读不下去了。曾希圣是起草小组成员，对这一段写法也是不满意的，他在19日第三组的发言中，以安徽小高炉炼铁为例，证明大办钢铁的正确，说安徽小高炉一吨铁的成本比武钢的便宜九十多元，质量规格也可以用于建水库。武钢要八年才能做到年产380万吨，安徽今年就可出铁140万吨，所以最大好处是争取了时间。他认为安徽最大缺点是刮了共产风。下面干部对于缺点的看法，"好比玻璃上滴了一点墨水，一擦就掉了"。"至于去年工农业比例失调，我不承认。工业、农业不都是增产很多吗？工业内部的比例是有些失调，但是我的看法很乐观，不经过这样的大演习，我们受不到这样的教育。"

面对这些对《议定记录》的非难，我们几个主要起草人被逼得讲话，要起而维护。胡乔木在第二组，7月19日他作了较长的发言。《会议简报》中有摘要记载：

> 完全同意把成绩说够。《记录》（草稿）中没有把成绩说够，主要是受到字数限制，力求简要，以致只讲了原则，决不是起草的同志在看法上有什么分歧。相信绝大多数同志对于这一点是没有问题的。现在准备把成绩部分展开，篇幅适当扩大，缺点部分也决定根据各组同志所提意见改写。主席为会议出的那些题目，主要是为了总结经验，使"热锅上的蚂蚁"变成"冷锅上的蚂蚁"。当然，如果对于大跃进的成绩还有怀疑，那是不可能把经验正确地总结起来的，所以就要统一认识，在这个前提下把经验总结起来。总结经验的任务，是与肯定成绩一致的。现在的问题是会议已经开了18天，但是看来真正客观地、系统地、冷静地研究经验的空气，还不是很浓厚。会议时间不会太长，因此希望研究经验的空气能有所增加，特别是研究那些还没有引起普遍重视的问题。《记录》（草稿）中关于缺点的原因，说到思想方法上的主观主义和片面性时，括弧中有一句话说，"对于1958年以前我国建设经验和苏联建设经验没有认真总结和研究"，这样说是错误的，应该改正（按：以下接着说的，其实是说明，这样说并不错误）。原来的意思是说，许多同志在实际工作中对于过去的经验研究不够，已经总结过的在实践中也坚持不够。这个意思，是毛主席在上海会议的讲话中提出来的，现在在《记录》中指出这个事实，恐怕还有需要。例如，主席在八届二中全会小组长会上所总结的1956年的经验，许多毛病仍然在去年重犯了。值得我们回想一下，为什么这样？分析起来，我们是又有了一些经验，而又没有经验，这就是矛盾所在。大跃进当然史无前例，但是社会主义又是史有前例的。正是由于毛主席、党中央总结了过去的经验，才产生了十大关系的报告和党的总路线。在这个基础上，做具体工作的同志应该具体地总结各个工作部门的专业性的经验。总结经验，要有原则的总结，也要有具体的总结；要有政

《庐山会议诸问题的议定记录》

治的总结，也要有经济的总结。经济有经济的规律，社会主义经济有社会主义经济的规律，中国社会主义经济又有中国社会主义经济的规律，正如毛主席在《中国革命战争的战略问题》一书中所说战争的规律、革命战争的规律、中国革命战争的规律一样。为要取得经济战线的胜利，就必须深入研究经济的规律。去年下半年发生的一些问题，原因之一就是我们对经济规律和经济工作的具体经验研究得不够。在这次会议上，需要认真地总结一些经验。为此就要有利于总结经验的空气，让参加会议的人畅所欲言，不要感觉拘束，不要一提出问题，好像就在怀疑成绩，是在把缺点夸大了。缺点不应该夸大，也不应该缩小。但是，在现在的会议上，各人所见有些参差不齐，也不必紧张。总之，只要是问题存在的，就要加以正视，研究发生这些问题的原因。应该有什么说什么，不要戴帽子。如果说错了，讲清楚改过来就行了。我们讨论的目的无非是早日实现光明的前途，这一点大家是一致的。说虚夸已经完全过去了，我不能同意。虚夸的主要方面是下降了，但不是没有了。毛主席要求我们的宣传工作像过去发战报一样，确实缴了几枝枪就说缴了几枝枪，一枝都不要多。在经济统计中达到这个目的是不容易的，但是我们要为此而努力。我们党，在长时期中形成了实事求是的优良传统，现在应该恢复这个传统。

胡乔木的发言是有代表性的，他至少代表了我们这些认为缺点应该说透，认为会议还有某种压力的人。他完全没有提及彭德怀的信，但实际上是支持这封信的。

李富春也在第二组，他接着发言。他认为正确地认识形势和认真地总结经验是密切结合的。"对形势有不同看法，通过讨论求得认识统一是完全必要的。对于总结经验，认真研究缺点错误以利于提高我们的工作，也是完全必要的。1958 年以前，我们建设的经验是有一些，但是，很多具体的经验认真总结很不够，而且如何用于大跃进中来，也没有把握。就全党说，全国性的大规模的全面的建设经验，确实不够，大跃进的经验也确实没有。从去年北戴河会议到现在，十个月来，全党取得了大跃进的经验，这是过去八年经验中所没有的。问题确实不少，经验教训也很多，需要认真总结，因之就需要大家冷静下来。从我自己的经验来说，不冷静是不可能总结经验的，从去年郑州会议到现在，中央都是在不断地发现问题，纠正缺点错误，不断地总结经验。我们一方面要说，9、10、11月中发生了不少问题，以及现在还存在的和还可能发生的问题；另一方面也要看到，现在的情况与去年下半年比，已经有显著的变化，这也正说明了党掌握了批评与自我批评武器的英明伟大，也正是'前途光明'的有力保证。"同样，李富春也没有提到彭德怀的信。

周小舟也在同一个组，李富春讲完之后，他接着发言，讲了不少心里话。他同意《议定记录》关于"形势与任务"的总精神。肯定了总路线的正确和大跃进的成绩，应该如少奇说的，把"成绩讲够，缺点讲透"。主席提出"成绩伟大，问题很多，经验丰富，前途光明"的精神要大讲特讲。"我想，庐山会议是高级干部会议，所以在肯定成绩之后（这点是大家意见一致的），应该着重总结经验。得失问题，从政治、经济、文化、思想、领导总的来讲，成绩肯定是伟大的，是'得大大多于失'的。这个思想，在这次会议上是一致的。但对于总结经验、揭发缺点，从而克服缺点或者对于某些具体问题的看法，我看还不是完全一致的。我以为个人由于工作方面不同、接触的事务不同，因而看法有所不同，这是很自然的。大家一块讨论，从各方面把问题提出来，经过分析和讨论，就可以达到一致的。从具体问题来讲，得多于失，得失相等，失多于得，我看都是有的，要分别讲。比如湖南去年建了五万个土炉，有两万个炉子根本没有生过火。某些地方晚稻并秧，大大减产，这些，我看就只有失，无所得。同意《议定记录》关于缺点原因的原则分析。我们这些人都是好心想多快好省地建设社会主义，总想多搞一点，快搞一点。刮'共产

### 《庐山会议诸问题的议定记录》

风'也是想快一点搞共产主义,其结果是违反价值法则、按劳分配等某些社会主义原则,所以是错误的。我们应该把所有这些经验总结起来,引为教训。基层干部的浮夸作风、强迫命令与我们上面的计划偏高偏大是有很大关系的。我们只是鼓下面的劲,某些事情办法不具体,某些事情或者我们自己心里也是'虚'的,然而还总是去鼓劲,这当然就会发生缺点或者错误的。这种情形,我们自己当然首先就负有责任。这个经验或者说教训是极为深刻的。我的看法,这次会议把缺点讲透很有必要,只有如此,才能正确地总结经验教训。缺点少讲,或者讲而不透,是难于使我们自己正确地总结经验教训的。缺点讲透,会不会妨碍我们这些人的积极性呢?我认为正确地检查缺点,不仅不会泄劲,反而能够更鼓正确的干劲的。"小舟对彭德怀的信,最后表了个态:"彭总给主席的信,我认为总的精神是好的,我是同意的,至于某些提法、分寸、词句,我认为是可以斟酌的。"在我们几个人的漫谈中,对于"小资产阶级狂热性"等提法,我们都是觉得不大妥当的,容易引起误会。

我在第一组。作为《记录》草稿的参与者,我发不发言呢?一次散步时,同吴冷西谈及,他觉得有责任讲,应当讲。(他的发言谈到彭德怀的信,只认为是文字上的问题,后来也挨了批评。)我上山时,确实带了一大堆问题,如综合平衡、比例关系等问题。我认为关键在1958年5月的华东计划会议。那时柯庆施正进入政治局,很受宠信,头脑发热得厉害,对下骄横得很。上海工业基础较好,于是想钢铁先来个大跃进。李富春以及王鹤寿、赵尔陆、吕正操等工交部门主要负责人都云集上海,帮助华东订1959年的大跃进计划。我代表水电部参加会议,与冶金部副部长徐驰住隔壁房。华东钢的指标涨到600万吨,各大区通电话,一起看涨,因此导致1959年计划的过高指标,也推动了北戴河钢索性翻一番。我再三问徐驰有无可能性,徐答华东有此条件,别的地区恐怕不行。一机部的部长助理陈易则向我诉苦。当时一机部同冶金部矛盾已开始尖锐起来，主要是钢的品种太少，质量也有问题，如发电设备主机的大轴，即远不能满足需要。会议期间，我到闵行参观过制造发电设备的三个大厂，厂长告诉我：指标是柯老硬压下来的，会上无法提意见。汽轮机厂厂长还向我做了一个手势：这玩意是会飞的。即大轴出了问题，发电机可以发生大事故，乃至厂毁机飞，历史上上海出过此种事故。于是华东1959年的大跃进计划，万事俱备，只欠东风。我在会议上顶住了，电力无法保证，我有账可查、可算。柯庆施甚为不满，给我们放上海大跃进记录电影看，还让我去参观上海三大跃进厂：江南造船厂、一个变压器厂和永鑫钢管厂（后两个厂都是里弄小厂）。临走时，我给柯留下一封短信：奉命去看了这三个厂，很受教益，但不能解决电的问题，电仍无能为力。其实，当时江南造船厂"三个月下水"的一艘5000吨轮船，我上去看了，只是一个空壳壳的船体而已，主机和内部其他设备装修都还没有赶上。这个情况我不便在短信上反映。华东计划会议后，我将这次会议情况及我的疑虑，于7月7日向毛泽东写了第一封信，信中主要谈到电力设备等情况：根据华东需要推算，1959年全国共需生产发电设备900万千瓦（各国最高年产千瓦，英国为400万，苏联750万，美国1370万），相当于1958年的10倍。发电设备的复杂，还在变压器、开关、仪表、电缆以及电动机等配套，大小几千种，特别是铜、铝原材料不够。电与一切工业生产有直接关系。1958年全国发电量达不到300亿度，按华东计划推算，1959年全国缺电100亿度以上。因此，全国工业必须分轻重缓急，很好排队。否则会出现整个国民经济失调，财政收入减少，反转来影响重点建设。大家都全面跃进，一切都感不足，需要强调协作和照顾全局精神。信中最后有这样的话：有些事可以蛮干，有些事蛮干不得。大家确实鼓足了廿四分干劲，但是在计划上很少听见"留有余地"。这封信长达3000字。后来证明，在北戴河会议以前，毛泽东并没有重视这封信，武昌会议时才予以重视，特别找

## 《庐山会议诸问题的议定记录》

我详谈了一次。7 月 20 日,我在小组会上的发言,就先讲了华东计划会议的事。现在将《简报》上刊登的照录如下:

> 去年大跃进的成绩是极其伟大的。产生了总路线和整套方针。在许多方面特别是在速度上突破了苏联的经验,突破了许多不合理的规章制度的束缚,技术革命收获很大,在群众路线上也有发展。成绩是根本的。缺点虽然是一个指头,但有些问题是比较严重的。对缺点和问题要讲透,不能讳言,目的是为了今后更好地跃进。
>
> 去年许多东西都是正确的,主要是有的过了头,超过了客观可能性,因而出了问题。关于钢的指标,八大二次会议所提,比较接近客观实际(1959 年 1200 万吨,1962 年 2500 万吨至 3000 万吨)。二次会议后,华东 600 万吨带头,就想得过高了,远远超过客观可能。主席提的某些指标曾是当做问题提出的,应该独立思考,讲清情况,慎重回答。冶金部的思想解放过了头,只根据炼钢能力提出过高的指标,对上下左右内外前后,照顾考虑太少。计委主要是根据冶金部这种不可靠的指标,作为整个计划的依据,没有很好综合平衡。关于综合平衡问题,曾经在思想上发生紊乱。武昌会议之前,人们只讲打破平衡,打破比例(《红旗》1958 年 12 期的社论可为代表),不大敢说比例关系、定额计算。成都会议上,主席所提的均衡的有节奏的生产,有劳有逸,留有余地,波浪发展等等,很快都忘记了。有不少正确的东西过了头。例如敢想、敢干、规章制度的打破,对苏联经验的看法,权力下放,等等。去年安全工作有很大的忽视,据统计伤亡 15 万人,其中死 5 万人(按:这是中南组开会初期,罗瑞卿提供的数字)。也有些事情简单化了。如下达计划采取压的办法;插红旗、插白旗的不够慎重(在农业上,插白旗者问题少,插红旗的反而问题多),放松了传统的由点到面的经验。过去发表主席和中央领导同志的言论是很严格的,去年在这方面也有轻率之处。如王任重在《七一》(湖北省委理论刊物)上发表的《毛主席在

湖北》一文，是不够慎重的（按：其中有毛泽东讲粮食多了怎么办这类话）。又在三峡科学研究几百人的会议上（可能有非党干部）讲话：成都会议的决议都是促进的，惟有关于三峡的决议是促退的。中央工业各部在计划指标涨风中，虽然具体情况有所不同，但基本上是一齐抬的。当时连纸面上虚假的平衡也是片面的。当前突出的问题，钢铁是数量与质量的矛盾，这也是冶金部同一机部和其他各部的矛盾。过去说，没有数量就没有质量，现在应当说，没有质量就没有数量。要下决心，宁可少些，但要好些。

去年还有一个比较大的问题，是某种空气与压力的问题，对于提出某些怀疑和反面意见的人，轻易戴上观潮派、算账派、促退派的帽子，压力是很重的。对1959年3000万吨钢发生怀疑，曾认为是立场问题，离开总路线问题。《经济消息》今年第3期发表了关于完成2000万吨钢所存在的一系列困难，即受到批评，听说当事人还作了检讨。去年6月到今年年初，确实有些反面意见很难提出来，很难展开讨论。

这次庐山会议仍有不愿谈缺点、不愿听缺点的情况。一谈缺点，就可能是否定成绩，这种压力还多少存在。对于《议定记录》草稿"关于形势和任务"部分的批评，有些是过重了的。彭总的信把一些意见提出来作为对立面，引起大家深入讨论，这种精神是好的。（按：本来我也讲了"小资产阶级狂热性"，这种提法值得考虑。修改记录稿时，我删掉了这句话。）紧张形势是存在的，总的说来不是很快就能完全解决的。虚夸的问题也还没有完全解决。

我发言之后，同期《简报》上刊有同组其他人的发言，大抵都是针对我的发言说的。如关于形势问题，大家认为是完全可以好转的，现在浙江、河南、河北都有好转，有些地方群众干劲更踏实了。对紧张要分析是什么性质的紧张，究竟紧张到什么程度。工业方面，无非是原材料紧张，经过调整平衡，加上增产节约，也是能够解决的。庐山会议，大家没有感到有怕说缺点的空气。对缺点不是不讲，不在讲多少，是要弄清它的性质。我们的缺点或错误不是方针路线性的，是在执行正确方针路线中产生的。对《议定记录》草稿，大家提出不同的意见，只是表明不同的看法，不是不许说缺点，更不是对起草人的意见等等。

还记得这样一件事：当时浙江同志的发言讲农村情况已大有好转，市场供应鸡蛋已很丰富。叶季壮（外贸部长）一听说鸡蛋多了，马上兴奋起来，只盯住浙江同志问，鸡蛋能调出多少，因当时外贸太困难，完不成合同。当然问不出结果。

北京来的人大都住在一座楼上，记得刊有我发言的《简报》出来之后，遇到贾拓夫、韩哲一和宋平三人，他们一起向我作揖，说是代表他们发了言。"文革"期间住秦城监狱时，还有外调韩哲一历史的人，要我为此事写材料。

7月20日前后，小组会上对《议定记录》发表的意见逐渐减少，较多的意见集中在彭德怀的信上了。但上述周小舟和我的发言，则成为7月30日以后批判我们的主要根据。

7月20日，政治局正式讨论过一次《议定记录》稿。当然，随着风云突变，这个《记录》就无人提及，流产了。7月23日刘少奇听了反彭讲话出来，曾约乔木到他住处谈话，以为下面还是必须纠"左"，《议定记录》定稿能否争取仍发下去。乔木认为已不可能了。后来在全会《决议》中也未能写上继续纠"左"之意。1962年七千人大会后，听田家英说过，乔木曾经提出，要为《记录》平反。

现将《议定记录》中被人们责难得最厉害的"关于形势和任务"，关系较大由我起草的"综合平衡问题"，这两部分全文并其他十个问题摘要如下：

## 一　关于形势和任务

（一）必须肯定成绩。去年和今年的大跃进，成绩是伟大的。

党的鼓足干劲、力争上游、多快好省地建设社会主义的总路线和一整套两条腿走路的方针,大大地展开了干部和群众的眼界,空前地激发了人们的积极性和创造性,改变了工业每年只能增长百分之十几、农业每年只能增加百分之几的局面,用事实证明我国国民经济可以用跃进的速度向前发展。这对于我国的社会主义建设有伟大的历史意义。

大跃进是党的各级领导机关真正管理经济工作的开始,大跃进使党和人民在短短的时间内获得了丰富的经验。

人民公社化运动加速了我国农村经济的发展,对农村整个面貌的改变指出了远大的前途。在现阶段上的人民公社,基本上是农业生产合作社的大联社。由于它的一大二公,政社合一,便于加快农林牧副渔和工农商学兵的综合发展,并且为农业机械化创造了有利的条件。在纠正了公社化运动中某些暂时性的偏向以后,人民公社的优越性将在长时期内发生作用。同时,公社化运动对于将来农村中集体所有制转为全民所有制、社会主义转为共产主义的过程,也提供了良好的组织形式和宝贵的经验。

(二)大跃进中也产生了一些缺点和问题。主要是:(1)国民经济发展的某些比例失调。(2)公社化运动中的"共产风"。(3)命令主义作风和虚夸作风的发展。

产生这些缺点和问题的原因,主要是由于缺乏经验(一般的建设经验不足,特别是对于大跃进缺乏经验),部分的也由于思想方法上的主观主义和片面性。(对于客观的经济规律的意义估计和认识不足;没有完整地有计划地执行总路线;对于1958年以前我国建设经验和苏联建设经验没有认真总结和研究。)

对于这些缺点的一般估计:(1)是局部的、暂时性质的,就全局来说,是"一个指头"的问题。(2)在史无前例的大跃进的最初阶段,这些缺点多数是难以避免的。(3)对于这些缺点发现得较早,克服得较快。(4)农村情况、市场情况、工业品质量和建筑工程质量等,已经先后开始好转。只要重视存在的问题并且

## 《庐山会议诸问题的议定记录》

抓紧组织措施，完全可以缩短解决问题的过程。（5）但是也应该认识，还可能有未发现的问题。在今后的继续跃进的过程中，也必然会出现新的问题。

（三）对于当前形势应该采取的态度：（1）在全面地、正确地认识当前形势的基础上，团结全党和全体人民，继续鼓足干劲，采取积极态度，抓紧组织措施，努力巩固和扩大胜利的成果，缩短克服缺点的过程。全党同志必须同心同德、和衷共济、充满信心地艰苦奋斗，反对任何畏难、泄气、否定成绩、互相埋怨的消极情绪。（2）认真总结大跃进以来的经验，不论是正面的经验和反面的经验，都要作系统的、科学的总结。在肯定成绩之后，对于工作中的缺点，必须加以充分的重视，不要怕说缺点。为此，必须在全党干部中间提倡说老实话，提倡实事求是的讨论。由于各人的工作经验和工作岗位不同，对于有些问题的认识一时可能有些参差不齐，只要大家在实际行动中遵守纪律，那么，这种现象是完全正常的，允许的。应该通过真正同志式的交换意见逐步达到一致，不要采取粗暴武断的办法，不要随便扣帽子。全党干部都必须认真地学习政治经济学，切实把对于经济工作的认识水平和领导水平提高一步。（3）要坚决贯彻执行党的群众路线，彻底纠正过去一个时期中某些脱离群众的倾向，把当前的形势和任务向群众讲清楚，依靠群众来解决工作中的问题。

（四）今年下半年主要任务：

（1）在工业上抓紧时机，继续开展增产节约运动，努力按质按量按品种地完成和超额完成6月间调整后的生产计划和基本建设计划。特别要抓紧煤炭、木材、钢材、水泥的生产、分配和运输工作。对于调整的基本建设项目，不论是继续施工的还是停建缓建的；对于工厂中积压的产品，不论是制品、半成品还是次品和废品，都必须迅速分别情况，妥善安排和处理。

（2）在农业上抓紧粮食作物和经济作物的秋田管理，力争粮食有较大的增产，力争经济作物的丰收，及时做好秋收工作，细收细打，并按时完成交售入库任务。在总结去年今年经验、适合明年国民经济计划要求的基础上，切实做好秋耕秋播和明年的生产准备工作。在农村中完成整社工作，深入贯彻执行郑州会议以来中央的各项政策。

（3）在市场方面，保证副食品、手工业品和轻工业品供应的增长，管好农产品的收购和粮食、煤炭的供应。在全国城乡大力解决学会过日子的问题。切实实现中央6月1日紧急指示中压缩购买力的各项措施，妥善完成减少职工800万至1000万人的任务，并且迅速加强信贷的管理。

（4）根据去年以来的经验，修订各种经济工作和计划工作的管理体制。在各个企业中切实解决建立必要的规章制度的问题。

（5）编好1960年计划，同时着手研究第二个五年计划的问题。

（6）在宣传上适时地转入主动。

（五）明年的任务和四年的任务：

明年的任务，应当是在1958年和1959年跃进的基础上，按照必要和可能，继续和有系统地调整国民经济各部门的比例关系，大力加强农业战线，争取国民经济全面、平衡的发展，并且为1961年、1962年的更好的跃进准备条件。

明年的发展速度要适当放慢。考虑工业增长20%左右，农业增长10%至20%。

在1961年和1962年，应当在做好综合平衡工作的条件下，实现稳步的跃进。

在整个第二个五年计划期间，根据初步设想，工业可以平均每年递增25%左右，农业可以平均每年递增10%至15%左右。

1962年比1957年，工业可以增长两倍左右，农业中的粮食可以增长一倍左右。在1962年，我国将在钢铁等主要工业产品的产量方面赶上英国的生产水平，并且使全国人民的生活得到适当的改善。

## 二 读书

中央委员到县委书记，都要读《政治经济学教科书》第 3 版下册。县级主要干部还要另读《中央的政策和有关工作方法的文件》和《大跃进以来工作中的正面经验和反面经验》两本书。读书的目的在于使同志们改进思想方法和工作方法，在工作中走群众路线，调查研究，讲政策，讲老实话。

## 三 宣传问题

在最近期间，采取适当的步骤和方式，公开宣布去年粮、棉总产量的核实数字和今年落实的计划指标，并动员全国人民鼓足干劲，进一步开展增产节约运动，实现今年的继续跃进。

关于人民公社，亦应当在适当时机，根据郑州会议、上海会议和这次会议的精神，公开宣传整社的结果。

报刊、通讯社和广播电台，应当根据党中央和国务院的指示和公开文件，对我国建设的伟大成就，对当前的任务，对目前存在的某些困难和克服这些困难的办法，进行有领导的、有计划的、有分析的、有分寸的宣传，既要理直气壮，鼓足干劲，又要实事求是，反对虚夸。

## 四 综合平衡问题

去年经济工作中的一个教训，是放松了综合平衡的工作。这是引起目前国民经济比例失调的原因之一。

国民经济中的各种比例是客观存在的。各种比例关系是互相联系和互相制约的。随着国民经济的发展，各种比例关系是不断改变的；但是社会生产在其发展过程中，各个部门必须遵守一定的比例关系。只有掌握和运用有计划按比例发展的规律，才能使整个国民经济多快好省地发展。因此，就要在计划工作和经济工作中掌握综合平衡的方法。

国民经济的平衡，最基本的是安排好生产资料和消费资料的比例关系，以及与此相适应的积累和消费的比例关系，这也就是国家建设和人民生活的关系。为此，就要做好以下各种具体的综合平衡工作。工业和农业，重工业和轻工业，原料、燃料、动力工业和加工工业，生产和运输，建设规模和材料设备，生产和建设，建设速度和建设能力，劳动工资、人民购买力和商品供应，财政收支，现金收支，生产力的地区分布和地区产销，劳动力和技术人员的训练和分配等等。在国民经济各个部门的内部，也存在比例关系的问题，要求做好综合平衡。例如粮食作物和经济作物要按比例发展，农、林、牧、副、渔要综合平衡。

综合平衡可以概括为这样四句话：统筹安排（国民经济各部门），供需协调（人力、物力、财力），瞻前顾后（年度和长期），合理布局（地区、资源）。

在综合平衡工作中，必须注意计算经济效果。多快好省是经济效果的综合表现，也是政治、经济和技术结合的表现。综合平衡不仅要反映社会主义基本经济规律和有计划按比例发展规律的要求，而且要符合其他社会主义经济规律的要求，如劳动生产率不断提高的规律，按劳分配的规律，价值规律等。

在国家计划的统一领导下，每一个部门、每一个企业、每一个地方（从省、区、市、县到公社），都要注意综合平衡的工作。自上而下与自下而上相结合，才能有比较正确的反映客观实际的全国综合平衡。

根据去年和今年的经验，今后的综合平衡工作还应特别注意以下几点：

一、保证重点要与照顾一般相结合，防止重点过分突出所引起的失调。

二、根据现有的可能物质技术条件，同时充分估计人的积极性和各种潜力，进行积极平衡，而不是消极平衡。一般应采用平均先进定额作为平衡计算的依据。

三、要注意不断克服薄弱环节，经常做好调整工作。在物资、财政、劳动等方面，掌握一定的后备。

四、中央与省、市、自治区共同负责，贯彻全国计划"一盘棋"的方针。在计划之内，留有机动，没有统一的计划，就不可能实现综合平衡。

五、在制定 1960 年计划时，必须很好考虑同 1961 年、1962 年乃至以后年份的计划相衔接。

## 五 群众路线问题

各级干部必须继续注意虚心倾听群众对于工作的各种不同意见，使下情充分上达，反对强迫命令、打击报复、压制人民内部不同意见的做法；必须继续注意鼓励群众和下级干部敢于反映真实情况，说真心话，使我们的工作能够进一步落实，反对虚夸作假的歪风。上级干部应该以身作则，打掉官气、暮气、阔气、骄气和娇气。中央、省、自治区、市、县各级党委的领导同志，特别是管理工业和农业的同志应该每年分批下厂下乡当一个时期（一个月或两个月）的工人或农民或基层干部，要在群众中有一批知心朋友。

对于工业、农业和其他方面的一切新措施，都必须通过群众，进行试验，然后逐步推广。

## 六 关于加强企业管理和提高产品质量的问题

去年的企业管理工作有了重大的改革，促进了生产的大跃进。但在改革的过程中，出现了企业生产管理中某些混乱现象。去年第四季度以来，很多企业的产品质量的下降、成本的提高以及事故的增多，都同这种混乱现象有关。出现混乱的原因：一是有些企业在精简管理机构和改革规章制度时，过分追求简化，不适当地推行所谓无人管理或工人自我管理等方法，把不应该取消或合并的机构，也取消或合并了。二是领导思想比较普遍地注意了多快，忽视了好省；同时生产秩序的混乱，没有得到及时的整顿。

为了加强企业管理和提高产品质量，老企业在今年下半年，新企业在明年上半年，应当逐步建立一套既便于发动群众积极性、又便于集中领导的管理制度。应该抓紧三个环节：（一）加强对产品设计的管理。（二）严格执行工艺规程及操作规程。（三）加强质量检查，把群众检查与专职检查结合起来。

### 七 体制问题

从1957年到1958年，中央和国务院曾经决定改进财经工作的管理体制，下放了管理权限。由于当时经验不足，管理权限下放得多了一些，在一定程度上削弱了国民经济的计划性。现在应当收回和重新调整那些下放得过多的权限，在中央的统一领导下，集中到中央和省、自治区、直辖市党委两级，以利于提高国民经济的计划性。关于计划、工业、商业、财政、劳动工资的管理权限，都作了明确的划分规定。

### 八 协作关系和协作区问题

去年以来，地区、部门、企业之间各种原有的协作关系，由于许多复杂的原因，时常被单方面地废弃，这对国家经济建设事业是极为不利的。应当在国家计划统一安排之下，充分发挥协作力量，恢复原有的协作关系和建立新的协作关系。

### 九 组织农村集市贸易问题

管理农村集市贸易的原则是，活而不乱，管而不死。进入农村集市进行交易的公社、生产队和社员，只限于出售自己生产的产品和购买自己需要的产品，不得进行商业贩运，不得开设店铺。根据农副产品和工业品的类别，作出具体的贸易规定。

### 十 过日子问题

在全党全民中，首先是在各级领导干部中，进行一次学会过日子的教育，以求普遍树立起"富日子当做穷日子过"的观点。具体措施：继续实行粮食定产、定购、定销政策；减少职工800万至1000万人，城市继续实行粮食依人定量的办法；农村的每个公社和生产队都应当对全年所需要的粮食、瓜菜、饲料、燃料等作统筹安排。

《庐山会议诸问题的议定记录》

## 十一 公社食堂问题

公社食堂，凡是有条件办的地方，应当坚持办下去，并且努力办好。如果条件较差，困难较多，可以缩小，成为一部分人参加的食堂；可以把常年性的食堂改为临时性的农忙食堂；也可以暂时不办。

## 十二 加强农村党的基层组织的领导作用问题

为加强基层党组织的领导作用，必须注意解决以下几个问题：（一）要克服认为任务重，党的工作可以暂时放松的错误想法，建立任务越艰巨，基层组织领导作用越要加强的思想。（二）要把整党工作和党的经常建设工作密切结合起来。（三）所有基层组织要严密党的组织生活，要按期开会，要按照党章办事。（四）各级党委均要由专人管理党的工作，加强对基层组织的领导和帮助。（五）要加强党的教育。

三十年过去了，这个《议定记录》已被人们忘记，甚至参与起草的人如笔者自己，也已忘记还写了"关于加强企业管理和提高产品质量的问题"这一节。这十二个问题都是当时亟待解决，直接关系"三面红旗"如何继续坚持下去的问题。现在看来，它提出的速度无疑还是过高，还没有摆脱急于求成、急于过渡的总设想。但不论后来的实践如何，当时如果通过了这个《议定记录》，庐山会议及时结束，则当代中国可能是另一种面目。真是"伤心往事知多少"！有什么办法呢，回顾历史，我们只能这样感慨系之而已。

## 彭德怀的信

在1958年初刚提出大跃进口号时,彭德怀是有怀疑的,当时他在文章中用的字眼是"大发展"。参加3月成都会议时,听了毛泽东关于破除迷信、解放思想、高屋建瓴、势如破竹的几次讲话,以及与会者的发言和讨论之后,他就接受了大跃进的提法,并在自己的发言中由衷地赞扬:"南宁和成都会议的伟大收获,不仅是对多快好省地建设社会主义的方针有了比较深刻一些的认识,而且对于解决个人与集体、局部与整体等矛盾的方法,也有了正确的措施。这是马克思主义在中国共产党领导的6亿人民中建设社会主义、共产主义事业的一个新发展。"并且还深有感触地谈到自己的"思想长期落后于客观形势"。在北戴河会议结束后的三个多月里,同其他中央领导同志一样,彭德怀也是怀着极其兴奋的心情,深入部队和农村,先后到东北、西北和华中十多个省进行了考察。在东北视察途中,他看到了火光冲天的大炼钢铁的动人场面。在写给中央的报告中,也同其他许多领导同志一样,反映过极为乐观的情绪。如赞扬军事工程学院"打倒奴隶思想,埋葬教条主义后,基本树立了'以我为主'的大胆创造的思想。已经设计出不少新式武器和战斗器材,有些达到了或者超过了国际先进水平"。对这个学院的实习工厂说1959年能生产4500台28马力的拖拉机,也信以为真。随后他又去西北地区考察。到敦煌县时,全县8万人已组成一个公社,贫农要求割资本主义尾巴,富农不肯将生产资料全部交出,有的把毛驴杀掉。他就对县委书记说,一县一社不一定是方向,要注意避免发生破坏生产资料的事,不要影响生产的发展。

他对棉田散落的棉花和菜地乱堆的白菜,很是惋惜。对公社食堂都吃面糊煮土豆,表示了怀疑。到兰州听到省委负责人说,当年粮食特大丰收,人均可达1500斤。洮河引水工程完成后,黄土高原可以不再靠天吃饭。还看了近郊雁滩公社的兴旺景象,不

## 彭德怀的信

禁发生今昔对比的感慨。他谈到解放兰州时，在城外察看地形，到过一农民家，男女老少五口人赤身蜷缩在一个炕上，因全家人只有一条裤子，谁出门谁穿。到西安和延安后，他已感到有些问题值得重视，对粮食高产有了怀疑。

当时大跃进运动也影响到军队。下面干部反映，军队也应当改为公社，实行供给制，也有要求大炼钢铁的。对这些脱离军队本身业务太远的做法，彭德怀是未予同意的。1958年11月的郑州会议，他只参加了最后一天，听了毛泽东反对"共产风"的讲话。武昌会议时，他参加西北小组，讨论当年粮食公布数字，有的说可报10000亿斤，有的说9000亿斤。他说粮食没有那样多，即受到谭震林客气的批评："老总呀，你这也怀疑，那也怀疑，怎么办呢？"彭德怀回答："公布的数字少些，将来追加比较主动，公布多了就被动。"后来他也同意了毛泽东定的7500亿斤，但心中仍有怀疑。武昌会议后，他到了湖南，由周小舟陪同，先到湘潭乌石（他的家乡）、韶山和株洲。在乌石看到为搞居民点，有的房子空了，有的房子拆了，煮饭的锅都砸了。在自己的旧居开调查会，了解到基层干部打人骂人、训斥体罚很严重，安排劳动，不照顾妇女生理特点。还看到有千把人在一丘20亩的田中，搞深翻地。又到一丘亩产1000斤的丰产田，数一兜禾苗有多少稻穗。在"幸福院"看望老人，得知他们每餐只有二三两米。在韶山了解到，那个大队吃了偏饭，1958年也只增产14%。随后他到了平江（这年正好是平江起义三十周年）。周小舟预先介绍：这是个刮"共产风"比较严重的地方，干部的强迫命令作风也厉害。在平江参观工农业生产展览馆时，他发现一个造假：将1957年的粮食高产数字公布为1958年的产量，1958年的低产变为1957年的。有一位红军时期残伤的老战士，暗中递给他一张纸条，上面写着后来被广为传播的民歌："谷撒地，禾叶枯，青壮炼钢去，收禾童与姑，来年日子怎么过，请为人民鼓咙呼！"他不能不感到：这是群众多么沉痛的呼声。在株洲，恰与薄一波相遇，他感到粮产决没有公布数字高，认为当年征粮 1200 亿斤很危险，建议薄一波向中央反映。后来还是他自己发了一个电报，说只能征购 900 亿斤。

在湖南同周小舟一起活动的三天中，小舟谈到当时感到的一些问题和工作中的缺点。彭德怀在闲谈中涉及一些历史情况，特别谈到他对毛泽东的伟大，是在长期接触中逐渐认识清楚的。庐山会议后期逼迫小舟交代同彭德怀的关系时，小舟谈了彭德怀这时向他讲的两件事：一是朱德部队在湘南失败，毛泽东动员井冈山部队去迎接时，只准说好，不准说坏，以利团结，可见毛泽东的伟大深远精神。二是洛川会议关于运动战与游击战的争论，说很久以后，才认识到自己的错误和毛泽东的正确。

经过第二次郑州会议和上海会议，已经强调要"压缩空气"、"冷热结合"，要搞综合平衡，要继续纠"左"，解决公社存在的一些问题，并下降钢铁和粮食两大指标。但由于同时继续批评对大跃进和人民公社的怀疑观点，各主要指标仍然是偏高的。1959 年上半年，市场空前紧张，各种弊端暴露得也就越来越多越深。这两次会议，彭德怀都参加了，因忙于处理西藏反动集团叛乱，虽参加了小组会，却没有作什么系统发言。在上海会议期间，他和陈云同住同餐，饭后常一起散步，交谈过不少问题，对大跃进中高指标等问题，两人看法比较一致。在上海七中全会大会讲话中，毛泽东批评了一些人，重提历史旧事，哪些人曾反对过他。其中说到同彭德怀的关系时，说"彭德怀恨死了我的"。这是一句很重的话。同时，又夸奖了一些人，赞扬陈云不同意公布 1958 年的粮食指标，主张钢铁指标下降，说"真理有时掌握在少数人甚至一个人手上"。在这个长篇讲话中，毛泽东还谈到明朝故事，号召大家要敢于提出不同意见，学习海瑞精神，敢于批评嘉靖。说明朝皇帝对臣下严酷，廷杖致死，还是堵塞不了言路。"无非是五不怕，不怕撤职，不怕开除党籍，不怕离婚，不怕坐牢，不怕杀头。"因此上海会议结束之后，彭德怀到

## 彭德怀的信

东欧各国访问前，找来了有《海瑞传》的那一卷《明史》，有半个月的时间，这本线装书常置案头。

上海会议后，4月29日，毛泽东向全国各级干部发出的《党内通信》中，继续发挥他在上海会议上讲话的精神，又着重谈到讲真话的问题："包产能包多少，就讲能包多少，不讲经过努力实在做不到的而又勉强讲能够做到的假话。各项增产措施，实行'八字宪法'，每项都不可讲假话，老实人，敢讲真话的人，归根到底，于人民事业有利，于自己也不吃亏。爱讲假话的人，一害人民，二害自己，总是吃亏。应当说，有许多假话是上边压出来的。上面'一吹二压三许愿'，使下面很难办。因此，干劲一定要有，假话一定不可讲。"彭德怀在国外就听人转述过这个通信，回国后，又特地找来细读。

在匈牙利访问时，同国防部长的谈话中，他了解到匈牙利事件的深刻教训在于：除了反革命分子利用了群众的不满情绪外，主要还是由于肃反的扩大化和经济工作中"左"的错误所致。卡达尔接见，谈到匈牙利事件时，彭德怀曾感慨地说道："敌人并不可怕，最怕的是党的路线不正确和党的作风脱离群众，这是我们最深切的体会。"在罗马尼亚时，他给黄克诚打电话，专门询问了国内的经济情况。回国后，在一次中央常委会和赴庐山的火车上，他都谈过匈牙利人均每年吃40公斤肉，还出了匈牙利事件。在火车上，他还随意跟人讲过这样的话：要不是中国工人农民好，也会要请红军的。（后来批斗他时，这话被当做一个极其严重的政治问题提了出来。）回到北京的第二天，顾不上在国外五十多天的疲劳，马上同黄克诚谈了一个上午，了解到有些地区缺粮和春荒情况，尤其是甘肃严重缺粮，使他大吃一惊，感慨万端。于是决定紧急动用军队运输工具，帮助向灾区运粮。据保健人员说，彭德怀在去庐山的火车上，吃饭极少，保健工作人员问他："为什么吃这么少，是不是在车上睡眠不好？"他用手向窗外指了指说："看看外边，这叫人怎么能吃得下去。"原来远处站着许多人，衣衫褴褛，蓬首垢面，手把栅栏，呆望着车厢。显然都是灾民。当时我们同乘一趟专列，却没注意到这一情景。彭德怀幼年过着极其贫苦的农家生活，逢年过节，老祖母常带着小弟弟出外讨饭，他的一个弟弟是活活饿死的。终其一生，他不忘本，保持艰苦朴素的生活作风。

由于出国的疲劳，彭德怀原不准备上山开会，后来还是黄克诚的敦促，他才上山的。前面谈到，神仙会阶段，人们游山赋诗，雅兴不浅。彭德怀却没有这番心情，除开会外，整天关在房内阅读文件。在会议后期查清，彭德怀在 7 月 3 日到 10 日西北组的小组会上共有七次发言（或插话），几经校对，印发出来。这些零碎的发言，谈了一些情况和问题，有的措辞较严厉。如谈了韶山只增产 14%。江西现在还讲去年增产 67%，这是脱了外裤，留了衬裤，要脱一次脱光，免得被动。说去年忽视了《工作方法六十条》中的"一切经过试验"这一条，吃饭不要钱那么大的事，没有经过试验。农村四个月不供油，事实上办不到，这完全是主观主义。他问地方同志：你们提了意见没有？抵制过没有？他认为去年出问题有一个原因，就是新中国成立以来，一连串的胜利，造成群众性的头脑发热，因而向毛主席反映情况只讲可能和有利的因素。在大胜利中，容易看不见、听不进反面的东西。他也谈到自己的四次错误：打赣州、百团大战（还没作结论）、西府战役打宝鸡、朝鲜第五次战役。他还提了一些全局性的、尖锐的意见，归纳为 8 条：

1. 人民公社办早了一些，高级社的优越性刚发挥，就公社化，而且没有经过试验，如果试验上一年半年再搞，就好了。2. 北戴河会议以后，搞了个"左"的东西："全民办钢铁。"这个口号究竟对不对？3. "全民办工业"，限额以下搞了13000多个，现在怎么办？4. 每个协作区、省要搞个工业系统，这不是一两个五年计划能办到的事情。5. 我们党内总是"左"的难纠正，右的比较好纠正。"左"的一来，压倒一切，许多人不敢讲话。6. 成绩是伟大的，缺点是一个短时间（9至11月）发生的，而影响则不止三个月。7.换来的经验教训是宝贵的，要把（认识）问题搞一致，就团结了。要找经验教训，不要埋怨，不要追究责任。人人有责，人人有一份，包括毛泽东同志在内。我也有一份，至少当时没有反对。8.现在不是党委的集体领导作决定，而是个人决定。第一书记决定的算，第二书记决定的就不算。不建立集体威信，只建立个人威信，是很不正常的，是危险的。

此外，这时在毛泽东主持的一次中央常委会上，他郑重地讲到：要高度重视粮食生产，东欧人民生活水平比中国高得多，还出了匈牙利事件。又讲全民炼铁，国家与地方补贴共五十多亿，比一年的国防开支还大，用这笔钱去买消费物资，堆起来怕有庐山这么高呀。毛泽东说，不会有庐山这样高。彭德怀说，那就矮一点吧。

这个期间，周小舟曾找彭德怀两次谈话。第一次是7月5日。小舟谈了关于湖南情况的十来个问题（后来在8月3日的第二组会上，作了较详细的交代）：如人心思定，农民怕变。供给制只能占1/3，假如去年公社没搞供给制，现在不一定搞了；刘少奇也认为必须有限度，这属于社会保险性质。食堂问题，决不能大办，劳民伤财，应自愿为主。公社基本核算单位的大队，主张稍大一些，约500户左右为宜。劳动生产率下降，同供给制过大有关，同时管理和分配方面都有问题。去年湖南粮产还是估计过高了，今年也只能争取300亿斤（上海会议时加到450亿斤）。农业跃进推动了钢铁跃进，农民要机器，于是生铁原计划30万吨，后增加到70万吨。湖南小土群，搞了五万多个，有两万多没点火等等。彭德怀除了重述他在西北小组的发言外，还谈及今年1月，毛泽东召集几个人讨论钢铁指标，陈云就认为2000万吨不可能完成。说毛泽东以个人名义直接写信给基层组织和干部，不知是否经过中央。从欧洲回来向毛泽东汇报，说起铁托左右有几十人跑到阿尔巴尼亚去了，此时毛泽东脸色顿然发红。从而谈到中央常委之间有些问题不能很好展开讨论，有的是不便说话，有的是不能说话，有的是不多说话。他自己对某些工作缺点，倒是敢于说话的，并且还常给毛泽东送上些反面材料，例如这次送的广州军区材料。说毛泽东凡事总要一竿子插到底，否则，不愿转弯或回头。有些意见想找他谈，又怕讲错，引起不满。由于自己性格，言词生硬，容易"顶撞"，容易"戳"一下，弄不好会引起误会。不过，"犯上"了，顶多撤职，也不要紧，黄克诚可以当国防部长。第二次是7月12日上午，毛泽东找我们三人谈话后的第二天，小舟体会毛泽东是愿意听人谈缺点的，周惠鼓动小舟再去找彭德怀谈一次，告知毛泽东跟我们谈话的精神。小舟于是向彭德怀介绍了这次谈话的情况，关于会议多谈缺点还是有压力；"上有好者，下必甚焉"；"国乱思良将，家贫思贤妻"；以及蒋干故事等等，双方都谈了。说我们讲话很随便，毛泽东都听进去了，希望他能去找主席谈谈。彭德怀说怕谈不好，有些意见还不成熟，在西北小组会上没有谈。有些谈了，《简报》上也没有登，因此想写一封信。小舟很赞成写信，说将那些发言加以整理充实，就很好了。彭欣然同意，还对小舟说："你当了我的参谋。"

在庐山时，张闻天的住处同彭德怀很近，早晚散步常见面。由于观点相同，张闻天到彭德怀的住处交谈过多次。张闻天对小土群炼铁特别不满，认为浪费人力、物力太多，并影响秋收，归结为"得不偿失或损失很大"。彭德怀则认为"有得有失或有失有得"，搞得太多，有很大浪费，但也发动了群众，取得了经验，还普查了地质。中国太落后，他赞成大中小并举和土洋结合的方针。张闻天认为今年钢产1300万吨很难完成，造假报告，夸大成绩现象仍然严重。报纸上公布的超过国际水平产品，实际是仿照人家的样品。有些产品质量不好，出口后不仅赔偿损失，而且影响国家信誉。张闻天还谈到庐山会议压力很大，只能讲好，不能讲坏。彭德怀则说，西北小组情况还好。俩人也议论到，政治局开会，大事缺乏充分讨论，为琐事占去时间太多。由于大跃进后出现的紊乱情况和紧张形势，张闻天还谈到对毛泽东的看法，话很尖锐：很英明，但整人也很厉害，同斯大林晚年差不多。从中国历史学了不少好东西，但也学了些统治阶级的权术。彭德怀则有不同看法，说毛泽东同斯大林晚年不同，解决了社会主义时期两类不同性质的矛盾问题，而斯大林是否认有敌我矛盾的（宪法规定过取消死刑），后来又把主次颠倒了。说毛泽东对于中国历史的熟悉，是党内其他任何同志远不及的，说历代开国之君都英明而厉害，无产阶级领导也要厉害才行，同皇帝有本质不同。说列宁很英明，对资产阶级则很厉害。彭德怀还对张闻天说，上海会议时，毛泽东批评了一些人，包括对他的批评，他是不满意的。说毛泽东自己犯了错误，不认账，不检讨，反而责备别人。两人都谈到由于革命和建设的胜利，有些被胜利冲昏了头脑，毛泽东也有些骄傲了等等。

由于 1962 年初七千人大会时，仍认为彭德怀在党内"背着中央进行派别活动，阴谋篡党"。彭对这种莫须有的罪名实在难以"领受"，这年 6 月间，曾向中央写过八万言书，以澄清在庐山会议时的种种人事来往，以及自己的整个历史情况。在写到上述同周小舟、张闻天的这些交谈内容后，他认为"并没有什么不可告人的秘密和其他阴谋目的"。"别人有不正确的意见，自己听了有时不作声，不表示反对，这是一种严重的自由主义态度，我认为这只是缺点或错误，并没有什么反党阴谋。"

就在 7 月 12 日下午，彭德怀还到毛泽东住处去了一次，觉得写信不易，还是当面谈谈算了。可是毛泽东正在睡觉，没有谈成。（如果见面谈开了，不发生写信事件，人们又要叹息这种历史偶然性了。）这时传说会议可能几天内结束，于是决心还是写信。13 日中午，彭德怀手持拟好的提纲，向随从参谋口述了详细内容。记录整理后，他亲笔修改两遍，参谋誊抄两次，于 14 日下午送与毛泽东。后来追逼这封信起草过程时，都怀疑周小舟参与过其事。为了避免连累身边工作人员，彭德怀一口咬定是他自己一夜之间写出来的，从来不讲随从参谋作记录之事。

这封后来传播很广的信，内容分两部分。第一部分是"大跃进的成绩是肯定无疑的"。列举了工农业增长数字，增长速度，"突破了社会主义建设速度的成规"。基建项目过急过多了一些，"基本原因是缺乏经验"。关于公社化发生的问题，经过中央一系列会议，"基本已经得到纠正"。关于全民炼钢，多办了一些小土高炉，浪费了一些人财物力，虽然付出了一笔学费，但也是"有失有得"的。在第一部分中，后来被指责为"否定大跃进"或"别有用心的"，是"有失有得"四字。（"为什么要把'失'字写在前面呢？这还不是'司马昭之心路人皆知'吗？"）以及谈到基建项目与计划安排时的一句话："国家计委虽有安排，但因各种原因难予决断。"

被攻击得最厉害的是第二部分，即"如何总结工作中的经验教训"中的这样几段或几句话：

"现时我们在建设工作中所面临的突出矛盾，是由于比例失调而引起各方面的紧张。就其性质看，这种情况的发展已影响到工农之间、城市各阶层之间和农民各阶层之间的关系，因此也是具有政治性的。"

"我们在处理经济建设中的问题时，总还没有像处理炮轰金门、平定西藏叛乱等政治问题那样得心应手。"

"过去一个时期，在我们的思想方法和工作作风方面，也暴露出不少值得注意的问题。这主要是（1）浮夸风气较普遍地滋长起来……浮夸风气，吹遍各地区各部门，一些不可置信的奇迹也见之于报刊，确使党的威信蒙受重大损失。（2）小资产阶级的狂热性，使我们容易犯'左'的错误。在1958年的大跃进中，我和其他不少同志一样，为大跃进的成绩和群众运动的热情所迷惑，一些'左'的倾向有了相当程度的发展，总想一步跨进共产主义，抢先思想一度占了上风；把党长期以来所形成的群众路线和实事求是作风置诸脑后了。""政治挂帅不可能代替经济法则，更不能代替经济工作中的具体措施。……纠正这些'左'的现象，一般要比反掉右倾保守思想还要困难些，这是我们党的历史经验所证明了的。"

关于当时各地"左"的倾向还在继续和发展，彭德怀掌握了很多材料，他并没有都在信中反映出来。如相当多的地方还在搞大兵团作战，不分强弱，不计报酬。由于拆房建居民点，有些群众无处栖身；不少地区抢着实行"园田化"（即耕地、休耕地和种树栽花各 1/3，这是 1958 年愁"粮食多了怎么办"，毛泽东提出过的设想），加上农村劳力极端不足，1959 年春播全国比 1957 年少 9000 万亩。由于基建项目过多，资金材料等过于分散，造成了限额以上项目窝工待料等严重后果。以及市场的紧张等，信中都没有写。可见彭德怀在写信时，还是留有余地的，并未感情用事，而是考虑到收信人的接受程度的。他曾估计，即使采取有效措施，至少也要两年才能恢复到 1957 年的正常情况。这些都是他当年在庐山的一个笔记本中写到的。

为什么要写这封信？《彭德怀自述》说道："我当时对那些'左'的现象是非常忧虑的。我认为当时那些问题如果得不到纠正，计划工作迎头赶不上去，势必要影响国民经济的发展速度。我想，这些问题如果由我在会议上提出来，会引起某些人的思想混乱，如果是由主席再重新提一提两条腿走路的方针，这些问题就可以轻而易举地得到纠正。""所以我 7 月 14 日给主席写信的目的，就是为了尽早地纠正当时存在的那些问题，也正是为了维护总路线、大跃进和巩固人民公社，并没有什么'阴谋篡党'、'反对毛泽东同志'的目的。那封信，只概括地提出了几个比较突出的问题，并没有论述那些问题产生的原因，同时我也论述不出许多的原因。我想，横直是写给主席自己作参考的信，他会斟酌的。"由此可见，这封信确实是写给毛泽东本人参考的。不论动机与内容，写信人应是无可指责的。

## 对彭德怀的信的反应与形势的变化

7月16日重新编组之后,彭德怀的信也分发下去了。从17日起,开新的小组会。头两三天,对《议定记录》稿与彭德怀的信的意见,发言者如有涉及,大体是同时谈到的。后来两三天,即到22日下午为止,如果涉及,就只是对信的评论了。但总的还是在"形势与任务"这个范围内来谈的。这时总理正召集各部开会,讨论计委提出的今明两年的计划安排,落实各项主要指标,通过《议定记录》,以便结束会议。

会议原来还是比较平静的,虽有不同意见,在一些问题上有所交锋,但并不很尖锐,没有根本性质问题的争论,也少长篇大论。所有的发言,包括我们几个认为会议还有压力的人的发言,以及《议定记录》和彭德怀的这封信,都是从根本上肯定和维护"三面红旗"的。可是,一石激起千层浪,彭德怀的信发出之后,突然起了这么个作用。发言中对信有意见,或多或少,或轻或重,主要集中在第二部分,即对大跃进、全民炼钢、人民公社化等缺点、错误的评价,是什么性质的错误,如何看待1958年的经验教训问题。关于对这封信的看法,彭德怀后来在自己的笔记中是这样估计的:多数同志基本上是同意的,但其中不少人认为,某些字句值得斟酌。有些人对第二部分意见较多,认为讲得过于严重了。完全同意或根本反对的则是个别人。还有许多人没有发言。这个简要分析,大体符合实际情况。

前面已录下了胡乔木、周小舟和我的发言,是很支持彭德怀的信的。下面录出的一些人的发言,对这封信,有的是明显的支持或反对的,有的没有直接表态,言内之意也好,言外之意也好,究竟是支持或反对,读者可以自加体会。

黄克诚是17日上山的。18日一早参加国务院会之前,周小舟和周惠约我去看望他。我们都谈到会议有不能多说缺点的压力。黄克诚说,在书记处会议上他也说过:我黄克诚总算一个敢讲点

## 对彭德怀的信的反应与形势的变化

话的人,但现在也不大好讲了。谈到彭德怀的信,黄克诚说粗看了一下,有漏洞,有问题,还有刺。照实际情况,还可以说得重一些,但这话不能对彭德怀说。后来传说周恩来有这样的话:黄克诚早上山就好了,这样,彭德怀写信之事就可能不会发生。20日在周恩来处开会,批评周惠时,黄克诚曾同谭震林大吵了一顿。19日,黄克诚在第五组发了言,没有谈彭德怀的信。他说,他同意主席讲的三句话和少奇讲的"成绩讲够,缺点讲透"。现在争论的主要点是中间"问题不少"这句话,两头是一致的。他说:检查缺点使我们前进,不会使我们后退。毛主席教育我们要天天扫地、洗脸,检讨了缺点,我们就会更加健康,就会干劲更足,更踏实。他同意《议定记录》中讲的三条缺点,再补充以下几条:1.对农业生产成绩估计过高;2.比例失调;3.1959年计划指标过大。头一条起了主导作用,后两条与之有联系。北戴河通过公社决议时,黄克诚就对陶铸、周小舟等人谈过:公社挂个牌子算了。黄克诚是一个遇事尤其重大之事惯于多想困难的人,这是大革命失败后他自己的艰辛经历,包括乞食千里才回到苏区,以及多年在残酷的战争环境中,在党内斗争特别是打AB团等错误肃反政策的教训中,使他养成的一种思考习惯。他在党内是有名的"老右倾",受过多次打击和处分,但他不以为意,该讲的还是讲。可惜陶铸也好,周小舟也好,谁也挡不住公社大挂牌子。这时黄克诚在发言中谈到公社问题时说:"我在考虑这样一个问题,对不对请大家研究,去年搞好还是不搞好?我想,搞也可以,不搞也可以。从长远说,搞了好,从短时说,不搞更主动些。北戴河决议的领导作用,赶不上七里营、徐水那一套。"谈到作风问题,他补充一点,即只能讲成绩,不能讲缺点。举出高扬反映河南炼铁中问题的例子。当时中央工交工作部副部长高扬带了一个工作组,到河南登封、禹县、鲁山等地了解炼铁情况,这是大放卫星的地方,发现质量不好,产量不实,向中央写了封信,提出看法。材料转到河南省委后,河南省委大发雷霆。这就是讲好的高兴，讲缺点不愉快。黄克诚认为有缺点不可怕，可怕的是有缺点不讲。在发言中，他还指出去年兴了铺张浪费之风。中央出来开会，也很铺张，我虽然也吃了玩了，但很不舒服。带戏班子的办法不好。对群众讲勤俭持家，几个月不吃肉。干部吃那么好，行吗？最后谈到缺点造成的影响：1. 粮食紧张是解放以来没有的。基建材料、市场副食也紧张。2. 党与群众的关系受到影响。3. 党在国际上的威信也受到影响。毛主席也讲过开动脑筋，放下包袱；缺点不讲，总是个包袱。

赵尔陆（一机部部长）和陶鲁笳（山西省委第一书记）都在第四组，他们21日的发言，都积极地肯定了彭德怀的信，后来都引起非难，受到批评。

赵尔陆说，过去一个短时期经济生活上的脱节现象，不能不说已使党中央和毛主席的威信受到些微的影响，造成一定的被动。作为高级干部，由于自己缺乏经验，头脑发热，向中央反映了一些不确切的情况和资料，应该感到沉重。从这种心情出发，对彭总的信感到同情，彭总的精神值得学习。建议书值得斟酌的是有个别问题的提法（如说缺点的性质是具有政治性的），分析不够，容易引起误会。大跃进期间，部门之间工作矛盾最严重的是一机部同冶金部。可以这样说，冶金部在大跃进中存在的问题，包括产品的质量、数量等问题，最后主要都落实到一机部，由一机部来承担。

陶鲁笳直率地说：我们目前需要彭总这样的精神，信中的某些词句容易引起误会，可以不必争论，主要应看精神。过去一个时期经济生活上的比例失调，引起各方面的关系紧张，是相当严重的，现在虽然已大体纠正了，但完全解决还要做很多工作。缺点的性质问题，从理论上讲，如有缺点错误，必然非右即"左"。大跃进中主要的倾向，肯定不能说右，当然就是"左"。彭总并未说党的路线"左"了，只说缺点的性质属于"左"的范畴，这是对的。问题是处理的方法，目前可以不公开

## 对彭德怀的信的反应与形势的变化

提出反"左",以免挫伤群众的积极性。但将来一定时间,把执行总路线中右的和"左"的经验教训总结出来,还是必要的。

贾拓夫(在第三组)也觉得彭德怀的意见书总的是好的,总的精神是同意的,这会推动大会的讨论。上山时,自己脑子装了很多问题,在西北组讨论时,感到缺点讲得不够,应该在肯定成绩下把一个指头的问题讲深讲透,从而得到教训。这些问题搞不清楚对今后的跃进是不利的。同时,既然已经分清了九个指头与一个指头的关系,把缺点讲透不会吃亏,否则还会吃亏的。后来贾拓夫受到严厉指责,认为他给彭德怀的信提供了炮弹(材料),批评他把阴暗面看得大了,在重大关键问题上,嗅觉不灵敏,有点摇摇摆摆。这是后话。

还有万毅等人的发言也是基本同意彭德怀信的内容和精神的。

7月22日上午,欧阳钦任组长的第六组,继续讨论形势和任务问题时,关于缺点和经验教训,大家仍继续发表了许多意见,《简报》有如下较详细的反映:

缺点和问题:1. 不会过日子,误以为粮食已经过关,失收的损失约占10%到20%,以致有些地方发生浮肿、夏荒。2. 刮"共产风"虽时间不长,但很危险。3. 少种、高产、多收乃长远方向,没有经过试验,就过多、过早地实行,结果少种了一些地,造成损失。4. 比例关系失调,市场紧张,紧张的时间较长,影响很大(这是针对其他组有人发言,认为市场紧张已经或很快就会过去而说的)。

产生缺点的原因和经验教训:1. 经验不足,确有些问题不可避免,但也不要把什么事情都说成经验不足,说成发展过程中难免的。2. 知识不足。3. 官僚主义这一条,应写到文件中去,有些虚假现象是不了解真实情况所致。4. 虚报浮夸的作风一度滋长。5. 夸大主观能动作用。如"人有多大胆,地有多大产"的"增产无限论"等。当时有的技术人员说,"你们在搞精神第一性"。

6. 有骄傲自满情绪。对外国专家的意见不虚心听，不学习先进经验，在国外的留学生也一度翘尾巴。7. 对于重点与一般，注意重点忽视一般，多快好省贯彻不全面，没有真正实行两条腿走路。注意多快，忽视好省。8. 没有掌握毛主席久已强调的"一切经过试验"，"由点到面"的逐步发展的工作方法。9. 有抢先的思想。如"吃饭不要钱"的口号，北戴河有人提出是作为今后考虑的（按：这个口号，柯庆施在八大二次会议时就提出了），有的抢先实行。报纸一宣传，就普遍推开。争着放卫星，互相攀比之风泛滥全国。10. 提口号不慎重，如"粮食基本过关"，"放开肚皮吃饭"等。

关于今后如何鼓足干劲，必须解决四个问题：1. 解决政策问题，认真贯彻郑州会议以来已公布的各项政策，农民就怕变。2. 一切重大措施要经群众讨论。3. 把人民生活安排好。4. 改进领导作风。中国是个大国，必须注意多留后备，生活资料、生产资料都应有必要的积蓄和储备。

这个组在 17 日、19 日和 20 日三天的讨论中，发言涉及彭信的，只有个别人批评了"得不偿失"论，说"有得有失"不能并列，而且得多失少，不同意工农业失调是"具有政治性"的提法。也有人说，目前主要不是浮夸风，而是"指标越低越落实"的泄气思想。谷牧、戎子和、邓洁的系统发言，都一致认为大跃进的成绩必须说够，同时缺点也要说透。不要隐瞒缺点，但也不要把一个指头说得又大又粗。谈缺点的目的是为了有利于改进、提高工作和有利于全党的团结。邓洁说，刮"共产风"那一时期，有骄傲自满情绪，有的不可一世，以为超英赶美不在话下，对苏联也不放在眼里。有的滥用党和毛主席的威信，说的是政治挂帅，实际是主观主义挂帅，如说白水可以煮成酒等。对于缺点不要怕痛，怕痛将来还要犯错误，已经花了"学费"，就要把经验教训总结出来。戎子和对大炼钢铁很是怀疑，小高炉炼出的生铁含硫太高，不仅不能炼钢，用于浇铸都不行，老百姓都不要。

## 对彭德怀的信的反应与形势的变化

这种生铁成本高,调拨价也高,冶金部向财政部要补贴 20 亿元(后来实际补贴了 40 亿元)。谷牧分析了钢铁形势,1959 年可产铁 50 万吨以上的省有 10 个,产钢 50 万吨以上的省有 6 个,生铁合格率已达 70%。还对比了八大规定的 1962 年各项主要工业指标,同 1959 年预计完成的相比,即两年完成了原来的五年计划,确是大跃进。他还说,从某些具体问题看,缺点可能是两个、三个、四个、五个指头的问题,说它是一种"左"的倾向也未尝不可。但是从总的形势说,主要是缺乏经验和思想方法上的主观片面性以及官僚主义,纠正过程中转得很快,以不提"小资产阶级狂热性"和"左"的倾向为好。

这个组 22 日上午的讨论,万毅说,彭德怀同志把自己考虑到的问题提出来,对于此次会议深入讨论有推动作用。提出意见,精神是好的,是赤胆忠心的。从肯定成绩、提出问题到纠正缺点,基本精神都是对的,但是有的问题说得简单一些,如果再多说几句、多加分析就清楚了。万毅还批评说,在大跃进中虚报浮夸的作风在滋长,夸大主观能动作用,如"人有多大胆,地有多大产"的"增产无限论"等,是搞精神第一性。对于重点与一般、多快与好省贯彻不全面,没有真正实行两条腿走路;注意重点忽视一般,注意多快忽视好省。万毅说,没有认真掌握主席久已强调的"一切经过试验"、"由点到面"逐步发展的工作方法。有的有抢先思想,比如"吃饭不要钱"的口号,在北戴河会议上有人提出是作为今后考虑的。但是有的就抢先实行,加上报纸一宣传,就变成较普遍的行动。放卫星你比我高,我想比你更高。有的口号提出不慎重,如有的说"粮食基本过关","放开肚皮吃饭"等等。有的人说,从实际工作执行中,从一个时期发生的具体问题看,如刮"共产风","一平二调三收款"等,说它是政治性的问题也未尝不可。有的人说,有些问题热得过火,如有的县提出"两年进入共产主义"等。类似这些问题,说它是小资产阶级狂热性也不算过分,但这是局部的暂时现象,不要说成是普遍现象。有的人说,说我们处理经济建设问题不像处理平定西藏叛乱、金门打炮那样得心应手,指我们这方面还缺乏经验,也是可以的。

从18日到21日,第三组的讨论中,对彭德怀的信持不同意见的主要有陈正人、程子华和贺龙。

陈正人不同意信中"由于比例失调而引起各方面的紧张"这一点。他认为大部分地区的粮食并不紧张,只有小部分地区紧张,市场情况也是如此。而且,紧张情况正在逐步好转。好的现象多,坏的少,虚夸现象过去是存在的,现在已大力改进了。现在的问题是另一方面的,即发生瞒产现象。陈正人同柯庆施等住一栋房子,当时很受柯的影响。我们都在一个饭厅吃饭。记得在23日前,不同观点紧张交锋的几天,也许出于好意,一天饭后,陈正人把我拉到一边说:"小资产阶级狂热性"指谁?为什么说"有失有得"?"失"放在前面,"得心应手"这些话也是有所指的。

程子华认为"认识过迟"的说法,不符合实际情况。从北戴河会议到现在,许多重大问题都已得到解决,并非认识过迟。"对粮食产量估计过大,造成了一种假象。"这种估计,实际否定了农业大跃进的成就。也不能把工业、商业上的缺点,都推到农业上去。"小资产阶级狂热性",这是说的错误的思想根源。可是总路线三句话,"十五年赶上英国",以及破除迷信、解放思想、敢想敢干等,都是推动大跃进的动力。广大群众要求很快改变"一穷二白"的面貌,并不是小资产阶级狂热性。"把党的长期以来所形成的群众路线和实事求是作风置诸脑后了",也不符合实际。去年群众路线有很大发展,商业战线也搞起了群众运动。"这种情况的发展,已影响到工农之间、城市各阶层之间和农民各阶层之间的关系,因此也是具有政治性的。"这种说法不恰当。就是对食堂不满意的,也只是少数人。对全民炼钢估计上,结论是"有失有得",也不恰当。发生一些缺点,有的不可

## 对彭德怀的信的反应与形势的变化

避免，有的由于没有经验。最重要的是，因此取得了宝贵经验，不能把得、失并列相看。

贺龙认为，我们的缺点还不到一个指头。这么大国家，这么多人，工作上有一点缺点、错误，有什么奇怪的？而且缺点、错误很快纠正。这是中央和毛主席的英明领导。回想博古、王明路线的错误，"整个湘鄂西苏区，被承认为党员的只有关向应、卢冬生、夏曦和我。提起这些事，我真痛心。而王明到现在还不承认错误。像这样的路线错误是难以纠正的。而我们去年出现的一些'左'的偏差，也只是在克服了右倾保守错误，执行总路线取得了伟大胜利中，工作方法上有些缺点所产生的。既是这样，就谈不上什么小资产阶级的疯狂性和什么难于克服的错误。因此，我对彭总给主席的信，觉得在总的估计上是不恰当的，是把问题说得过于严重"。接着贺龙揭发了一件事："我记起彭总在火车上曾说过：'如果不是中国工人、农民好，可能要请红军来。'"这当然把问题说得更过火了。这就是毛泽东23日讲话中，关于"解放军不跟我走，我就找红军去"的由来。

余秋里的发言中，也对彭德怀的信提了两点不同意见：第一，说"浮夸风吹遍各地区各部门"，不同意这种说法。他认为，浮夸作风在某一个时期，某一个地点是有的，不能说是吹遍各地区各部门。同时，成绩的确很大，并不是谁瞎吹。对于吹，要有分析。第二，"确使党的威信蒙受重大损失"，不能这样说。我们有缺点错误，群众固然有意见，但是群众也的确承认我们去年的成绩了不起，群众是高兴的。

柯庆施17日的发言，根本没有对彭德怀的信正面提任何意见。就得失关系，只是说，就某一部分来说是有失，但就整个情况来说，不仅不是"得不偿失"，也不是"有得有失"，而是"得多于失"。说1959年华东428万吨生铁任务，就是要靠去年建设起来的"小洋群"设备完成的。群众对缺点的意见，并不是像有些人所说的那么严重。正如上海工人说的："只要向我们说清楚,我们哪里是要捣国家的蛋。""不要说当这个大家不容易,我当这个小家也不容易,还经常买葱忘了买姜的。"说农村粮食真正紧一点的是山东济宁,但济宁现在基本上稳定了。华东其他各省尚有小部分地区的粮食曾有不同程度的紧张,都已作了安排,没有发生什么大问题。我们正在切实改正缺点,同群众的关系不像有些人谈的,那么紧张得了不得。

在柯庆施这个组的张仲良(甘肃省委第一书记),不点名地批评了彭德怀的信中的观点。他说,从甘肃去年的大跃进情况看,是"得多于失"。甘肃去年的粮食落实数字 120 亿斤,比 1957 年增长 41%。粮食真正紧张的有 7 个县,主要是不会过日子,疏忽大意,对粮食问题抓得晚了,对仓库也没有管好。由于粮食方面发生了问题,有的同志就怀疑到去年大办钢铁对不对?说炼钢任务大了,划不来。这些看法虽然不是多数人的,但是有一定的代表性,必须在认识上统一起来,才能达到团结。张仲良举了甘肃的例子,说 1957 年甘肃铁一吨不产,去年钢就炼了五万多吨,建设了一批小高炉,培训了一万多技术人员和工人,这样既炼了铁,又炼了人,不花点学费,是办不到的。他说,这些成绩没有去年的大跃进,没有去年的群众运动,是办不到的,花再多的钱也是买不到的。最重要的是争取了时间,加快了社会主义建设的速度。这些成绩说明"得不偿失"的观点是错误的,"有失有得"的看法也是不对的。大跃进的成绩和缺点不能等量齐观。

李井泉也没有对彭德怀的信发表意见。但在后来批判彭德怀的时候,我听到他说过这样的话:你们有一个俱乐部,我们也有一个俱乐部,来对付你们那个俱乐部。20 日的小组会上,《简报》反映,他只谈了公社问题。他是从供给制这个角度,评价公社优于高级社的。他认为发生的问题,主要表现在所有制和"吃饭不要钱"两个问题上。把队的小集体所有制,很快变为公社的大集体所有制,步子迈大了一些。"吃饭不要钱",看来全国普遍实行也有问题。北戴河关于公社决议中,"一大二公"、"政

## 对彭德怀的信的反应与形势的变化

社合一"和工农商学兵五位一体的精神,仍然保持着。他认为高级社的评工分制度虽可以提高劳动生产率,但社员收入悬殊很大,有30%超支户,需要救济。这是干部、群众容易接受供给制和"吃饭不要钱"的社会基础。"我对于这点寄以极大同情。有的高级社不按国家计划,偏重种植价值高的经济作物,这也是高级社所有制的缺点。因此,应当承认半供给制是多数农民赞成的。四川实行包两头,对老人和小孩实行粮食供给制。公社经过整顿后,占人口多数的贫农心情舒畅,劳动积极。食堂对组织生产确实起了很大作用,出勤率可增加10%至20%,劳动时间增加一个半到两个小时。"半供给制和食堂尽管还有缺点,"我是很留恋的"。

22日下午,陶铸在小组作了长篇发言。他谈问题的基调同会议初期有了不同,认为成绩是主要的,用不着丝毫怀疑。去年粮食增产30%,工业增长66%,古今中外所无。大搞群众运动,是我们党在历史上从来未有过的局面,而人的精神面貌的巨大改变,其价值更是难以估量的。有些问题本来可以避免,是工作没做好,如广东不该提倡吃三顿干饭,土炉炼铁可以不搞,公社化应尽量少搞平均主义等。我跟陶铸比较熟,闲谈时他跟我说过:"我这个人历来是敢打冲锋的。"陶铸确实是一个痛快人,心口如一:"我们在下面做工作,脑子确有点热,因此,出一点乱子是完全可以理解的。"他不同意不让讲缺点和有压力的看法:"事实上,不仅在中央的会议上我们不怕讲缺点,就是万人大会要我们脱掉裤子,狠狠地打自己的屁股,我们也干过了。"他说,搞运动开始时是要一点"压力"的,运动起来后,就要善于倾听反面意见。省一级领导在制定政策、措施时,要因地制宜,严格遵守一切经过试验的原则。还要认真读点书,真正懂得政治经济学的基本规律,并能运用它。农业要发展,主要靠机械化;逐步改善农民生活,搞平均主义是不行的。这次会议总结经验很重要,是在肯定伟大成绩的基础上来总结。"如果中央和省的主要领导干部看法表面一致,实际上有分歧,对下面影响就大了。下面在等待庐山会议出'安民布告'。"最后,他谈了对彭德怀的信的看法:"彭总的信对这次会议深入一步展开讨论,起了好的作用。党内应该提倡彭总的那种不隐讳自己的意见,大胆讲出不同意见的精神。彭总的信的问题,不在于个别措词用字的不当,而在于总的看法有问题。讲成绩与缺点也是九个指头与一个指头的关系,但从通篇精神看,对缺点的看法决不止一个指头。这封信里把去年工作中的一些缺点、错误,看成好像把整个阶级关系搞翻了似的,看成为'小资产阶级狂热性'的表现,看成为去年一度出现的'左'的偏差,比反掉右倾保守思想还要困难些,是不正确的。""这实际上会引导到怀疑党的总路线的正确性,怀疑去年大跃进和伟大的群众运动以及所取得的伟大胜利是否可靠。从我党的历史上看,如果真正是由于'小资产阶级的狂热性',所产生的'左'的错误,那确实是难以纠正的。而难以纠正的错误,也就决不是如党中央和毛主席所屡次指出的是一个指头的缺点、错误。这样,就要得出这样的结论:我们去年下半年一度出现的'左'的偏差,不是一个指头的错误,而这种错误现在我们并未纠正,因此目前党的主要任务是反'左'。这样就会把事情搞坏。虽然大家忧国忧民来提出问题,结果一定会适得其反。"

在陶铸发言的同时,王任重在第四组也作了发言。他同意赵尔陆的意见,对自己犯的错误沉重一点,可以多想点问题。(讨论中有人对赵尔陆所说"对缺点、错误应该检讨,应该沉重"不以为然,认为检讨是应该的,但不必那样沉重。)过去总喜欢听好的一面,对坏的一面则不那么容易听得进去,或是听了之后心里不如听好的那么舒服。而下面的同志对我们缺点的批评是非常谨慎的,有的害怕提了意见给戴帽子。中央部门有的同志下来看到了问题也不公开对我们提出批评。省级机关下乡检查工作也是多说成绩,不大肯说缺点,这是值得我们省委负责同志注意的。

## 对彭德怀的信的反应与形势的变化

他说，无论是总结经验，说透缺点或调整比例，都不能把冲天干劲减少。湖北省委接受去年"说大话，吃大亏"的教训，提出"立大志，建大业"的口号，仍然需要强调鼓足干劲，力争上游。关于"左"和右的问题，在执行总路线当中发生的某些方面的缺点和错误，如刮"共产风"，是带有政治性的，是"左"的，但不能一般化地讲"不'左'则右"。计划或高一点或低一点，任何时候总是有的，所以一般的计划不准，不能认为是"左"或是右的问题。在经济建设中，究竟是"左"的危险是主要的，还是右的危险是主要的？从长期看来，主要的障碍可能还是右倾保守。王任重表示不能同意在经济建设中纠正"左"的现象一般要比反掉右倾保守思想还要困难些的说法。关于"得不偿失"的问题，王任重说"得不偿失"的说法必须批判，大跃进具有伟大的历史意义，总的说来，成绩与缺点是九个指头与一个指头的问题。从1958年造成了大跃进的局面的历史意义来说，缺点错误则不成比例。一个指头的问题今后还会有的，什么事情都不可能百分之百的正确。王任重还说，经过几年努力实现"吃饭不要钱"是可能的，也是必要的。他说，办食堂是个正确方向，但可以根据地区的不同，灵活执行，不必强求一致。他不同意有的同志提出的"根据条件，可办可不办"的方针，认为"积极办好，自愿参加"的方针是对的。

北京来的同志多关注计划安排和一些具体问题。这些方面比地方的同志体会深，也谈得深。

19日，聂荣臻（在第六组）就小高炉和大型钢铁企业问题，对于地方同志还在吹"两小无猜"，有针对性地发表了意见。首先，认为小高炉目前还有一定的生命力，如容易建设，适合生产铁合金等，但要调整、提高，并且要形成原料基地。大型骨干企业如武钢、包钢，必须引起足够重视。这样大的国家，发展工业，没有大型企业做骨干是不行的，它们是全国性的，下放到一个省管理是困难的。今后大型企业的建设，因时间长，必须作规划，选择基地更具有决定意义，不能随意修改设计标准，那种只注意"省"而不注意"好"的现象要纠正。大型企业的发展应当是向现代化、机械化、自动化的方向前进，而不是搞土设备、土机床。其次，还谈到增加钢的品种和提高规格质量问题。今后必须注意提高质量。目前我们钢的品种只有300多种，而世界上钢的品种已达3000多种。应该对钢的品种规定出一定的比例，特别是合金钢最低应占10%以上，而现在只有3%。现在有的特殊钢厂为了完成任务数量，在炼普通钢。此外，还要大力抓一下化学工业，现在化工很薄弱，远远不能满足需要，特别是酸、碱最感缺乏，应对化工原料生产规定出一个必须达到的指标。聂总没有提彭的信。他所谈的问题，北京同志都感到是最切中要害的。

18日，王鹤寿就冶金部的工作作了简要检查，说关于钢铁方面所发生的种种问题，主要由于存在主观性和片面性，没有注意到钢铁同各方面的平衡，这应由冶金部负责，跟各省无关。鹤寿同我一个组，我曾将毛泽东跟我们的谈话，"两小无猜"、"曹营之事难办"等，同他谈了，暗示他作点检讨为好。

李先念在第四组，20日的小组会，李井泉发言之后，他有针对性地谈了几个具体问题：1. 食堂要坚持自愿参加的原则。分别不同情况办常年的、季节的、临时的、一部分人参加的食堂。食堂的好处是节约劳力，但有三个问题要考虑：是否多吃和浪费粮食？360斤口粮肯定不够，在家吃饭可以糠菜半年粮。燃料问题，北方用煤要增加，今年预计要销八九千万吨。副食品的商品率是否会下降（有人插言，肯定要下降）？2. 公社问题，步子走得快了点，对农民的觉悟和干部的水平估计过高。3. 综合平衡问题，这是大跃进中一条主要经验教训，无论如何不能离开有计划按比例发展的法则。要注意三方面的平衡：各部门内部的平衡，如搞多少钢，不能只看有多少高炉、平炉和转炉，还要看矿山、轧钢能否跟得上；左邻右舍的平衡；最后集中在物资、综合财政和劳动力的平衡。去年计划工作在这三个方面都有缺点。4. 小高炉问

## 对彭德怀的信的反应与形势的变化

题,需要整顿,否则不能坚持。去年搞小高炉贴了 40 亿,也不可惜。但有些同志认为 40 亿搞 1000 万吨铁的生产能力,比武钢用 15 亿搞 300 万吨并没有多大不合算,这一点要研究。小高炉的账要细算。

20 日,农业部部长廖鲁言(在第二组)也作了检讨性的发言:去年报粮产 7500 亿斤,现在 4800 亿斤,高了 1/3 多;棉花报 6700 万担,现在 4300 万担,也高了 1/3 多(后来查明的实际数字都更低,粮食只比 1957 年增产 2.5%)。这种工作中主观主义的原因有二:1. 总想多搞一点,对困难条件看的少,有利条件看的多,脑子发热,愿听好的,不好的听不进去。2. 官僚主义,对下面数字缺少核对。现在要更正,弄得中央很被动。"我的心情是沉重的。我们主管部门应该负主要责任。"关于农村工作方面的缺点、错误,谈了五条:1. 混淆了社会主义与共产主义。2. 混淆了集体所有制与全民所有制。这两项都是郑州会议后才纠正过来。3. 过早否定了高级社小集体所有制。第二次郑州会议才解决。4. 对社员统得过多,如劳动时间、副业生产、集体生活等管得过死过多。这些问题,中央、主席很快发现,连续发了好几个文件,及时改正。5. 具体工作当中的错误甚多,如强迫命令、技术措施一般化和乱推广等。"但搞错了的毕竟是少数,如果多数搞错了,又为什么大增产?"关于群众路线问题。强迫命令,一度有发展,这不能全怪下面,上面指标高,不切实际,下面就不免强迫命令。但群众路线也都有发展。同自然界作斗争,怎样搞群众运动,也应该加以总结。廖鲁言认为市场是紧张的,猪和蛋要到明年夏天才能缓和。最后谈到彭德怀的信:"我认为彭总的精神、态度是很好的,把问题直截了当提出了,引起大家讨论,这已经起了很好的积极作用。这种精神,我们应该学习。至于信的内容,有些问题的估计,例如'基本证实总路线是正确的'、'浮夸风吹遍了各地区各部门'、'小资产阶级狂热性'等,不能同意。"

刘澜波也在第二组的讨论中作过类似发言。他主要是谈电力工业的情况，说我们也有指标过高、不切实际的地方，如曾设想过今年装机 1000 万千瓦，这不是实事求是的。在提出装机指标时，对制造发电设备所需钢材品种、机械制造能力等未认真研究，总想多搞些，不愿落后影响别人。你可以，我也可以，大家团团转。如果认真研究以上情况，感到不可能时停下来，问题也就暴露出来了。电力工业的计划指标过高，我们是有责任的。刘澜波还谈到彭德怀的信："关于彭德怀同志给主席的信，有意见就说的精神是好的，主席讲过多次，要大家有话就说，应当提倡这种精神。"

20 日上午，朱德（在第三组）在发言中，再次强调帮助农民建立家务的重要性，并且说，不论在工矿企业和公社中，都要加强经济核算，个人也要有核算，这样，日子就好过了，生产和生活就可以安排好了，也就可以形成建设社会主义的制度。毛主席号召我们读书，就是要把建设社会主义的规律搞通。

彭德怀在第四组。就在 21 日讨论到他的信时，有一段很重要的插话，说到他写信时的心情：大跃进的成绩是伟大的，任何人（包括反对派）也推翻不了，一些缺点也已经基本纠正了。但有些思想作风上的毛病，还需要经过艰苦的努力才能克服。因此，在肯定了成绩之后，必须正视缺点，认真总结经验教训，教育全党。他听说 15 日要闭会，有些意见未讲完，心里放不下，仓促写了这封信，文字上、逻辑上有些缺点，没有能准确表达本意。建议会后把他的信收回。这个插话虽短，但写信的本人听到许多反应之后，已感到不安，感到信有缺点，怕引起不好影响，要收回他的信，以免再向下散。按理说，即令对这封信和写信的人抱了成见，本人有此声明，也可以不再追究了。可是这段话，后来也认为是假的，不是本意。

以上扼要地记录各组讨论情况，尽管对彭德怀的信看法不一，甚或有各执一端的，但总的说是正常的发表意见，不过有了

## 对彭德怀的信的反应与形势的变化

更多的、甚至较尖锐的争论。应当说,这是很好的也是正常的现象。其实,当时大家最关心的还是安排好今明两年计划,有个"安民告示",快点通过《议定记录》,以便下山去抓工作。会议已经开了 20 天了,都想快点下山。可是,会议形势的变化,不在会场上,而在会外的活动。譬如:有天刘澜波告诉我,柯庆施向他说,主席跟柯庆施谈到对乔木的观感,说乔木跟他一二十年,总还是一介书生。这使我想起 1958 年 4 月广州会议时,毛泽东谈到要善于听不同意见和反面意见时说过的话:我们身边有个胡乔木,最能顶人,有时把你顶到墙上,顶得要死。我连忙将柯庆施的话告诉田家英。田家英跟我谈到他们的估计:"左派"司令部由柯庆施、李井泉等挂帅,他们组织人攻击《议定记录》,攻击彭德怀的信,也攻周惠。他们知道彭德怀同毛泽东之间有历史上的宿怨,说这封信的矛头就是针对毛泽东的。"小资产阶级狂热性","个人决定","政治性问题","纠"左"比纠右难","不那么得心应手",这些话都是指着毛主席说的。说犯了路线错误,自己是不能改正的。还有传言,彭德怀在拉队伍。说书记处成员,一半对一半(有一半拉过去了)等等。彭德怀在西北小组说的,华北座谈会"操了我 40 天娘",以及反对唱《东方红》,反对喊"万岁"的话,都传出来了。同时,在小组会对彭德怀的信有看法而不表态的人,有的到毛泽东处谈了自己的意见,或者反映现在会议一个劲在泄气,指标越低越好,大跃进再搞不起来了。这些事实,从以后两天的常委会上批彭时,毛泽东的谈话中也可以看得出来。

因此,导致 7 月 23 日毛泽东那篇讲话的原因,除开他本身的主观原因外,还有众多的客观原因。毛泽东当时除找我们几个人谈过话外,当然还找各大区负责人谈过话。究竟柯庆施等人怎样在毛泽东面前攻击彭德怀以及我们这些"右派"的,详情虽不得而知,但上述这些传言,肯定都是或多或少讲过的。在 22 日之前,毛泽东同中央常委同志,肯定没有交换过有关 23 日讲话内容的意见。我的记录本上，记有 7 月 20 日刘少奇提的三个问题：1.1958 年是"左"倾错误还是右倾错误？2.去年三个月时间，是否犯了路线错误？3.1300 万吨是否右倾？3000 万吨是否"左"倾？

7 月 19 日或 20 日，晚上跳舞时，我坐在周恩来的旁边，我有意问道：你看彭总的信怎么样？周恩来说：那没有什么吧。意思指这是一种正常的情况。周恩来一直在主持国务院会，在抓计委，急着安排好今明两年计划。7 月 22 日下午，政治局还开会修改《议定记录》草稿。

彭真上山后，7 月 22 日，由彭真接替周恩来，主持庐山会议的讨论工作。

## 张闻天的发言

大概在北戴河会议以后，张闻天对总路线大跃进这一整套做法就开始怀疑。他对经济问题有过研究，也深感兴趣。在延安，离开中央领导岗位之后，1942年1月，他率领一个调查团，到陕北神府绥米四县和晋西北的兴县等地，对农村、城镇进行长达400天的全面调查，收集大量有关经济和社会的材料，自己或指导其他同志共写出很有内容的19篇调查报告，从而更加养成坚持求真知的科学习惯。解放战争期间在东北工作时，他曾着意研究经济问题。1948年到东北局任常委后，常率领巡视组深入基层，对东北各种经济成分的历史和现状进行过多次调查，并用很大精力研究过新中国成立后的经济建设方针。主持东北城市工作会议时，他为东北局写过《关于东北经济构成及经济建设基本方针的提纲》，科学地分析了当时东北存在的5种经济成分（国营、合作社、国家资本主义、私人资本主义和小商品）及其相互关系，并据此提出了党对经济建设应该采取的方针路线。这个《提纲》受到中央重视，其中许多思想被吸收到1949年3月召开的七届二中全会的文件中。到1949年7月这个期间，他还先后就供销合作社的方针，土改后农村经济的发展方向和对待私人资本主义政策等问题，向中央和东北局写了四个文件。其中允许新富农的存在和一定程度的发展等意见，曾受到过非难，但他并没有轻易放弃这些经过深思熟虑的意见。

1951年后任驻苏大使期间，张闻天十分关注国内经济建设，一直将介绍国外经济情况及经验作为使馆的首要工作。1952年，他曾给中央写过《关于中国工业化问题》的建议书。其中提出两个重要思想，一是"拿来主义"，即国外于我有用的先进东西都拿来；二是"稳步前进"，不要离开中国现有条件去加速工业化，否则就是急性病。

1956年反冒进后，张闻天就在驻外使馆谈过，国内有冒进，供应紧张，原材料不足，盲目追求高速度，是主观主义。他对毛泽东讲的社会主义建设时期不准讲反冒进，是有抵触情绪的。按照他自己后来写的"检讨"说：八大二次会议后，对社会主义建设总路线，开始也是拥护的，也兴奋过。但看到一些缺点、错误后，就发生了动摇，以至怀疑总路线，即对毛主席这一套建设社会主义的新方法是否行得通，有了怀疑。外交部机关炼钢，由于没有原料，他就下令停止。据张闻天的秘书萧扬回忆："外交部党委开会时，有时也会谈起国内形势，与会者对当时'左'的错误都很不满，陈毅对浮夸风、'共产风'等批评得尤其尖锐。"（《忆庐山会议前后的张闻天同志》）1959年3月在两广参观时，张闻天作了很多调查，注意到劳动力的紧张，许多小高炉并未点火，粮食与副食紧张的情况更是触目惊心。在庐山会议前的两次政治局会议上，他一再陈述自己的看法和意见，尤其认为宣传中要承认缺点和错误，说我国的国际威信已经受到影响。发言时被人顶了回去。他同彭德怀在会前和会议期间，以及各自在东欧访问碰面时，都有交谈，观点比较一致，他是赞成彭德怀写信的。

会议前期，他还找计委和财贸部门的负责同志了解情况；也找周小舟谈过，同样感到会议不能畅所欲言，谈缺点还有压力。张闻天对"三面红旗"有一整套看法，确是为党为国忧心忡忡的。他过去犯过严重的"左"倾错误，对"左"的东西自然特别敏感。他有经济理论修养，能抓住问题的本质，对苏联建设的经验也比较了解。他是中央政治局候补委员，在这样重要的历史关键时刻，自然感到有责任向中央阐明自己的看法。

在彭德怀的信印发之后，我们几个人在田家英住处聚谈的那次，正谈到信的内容时，张闻天进来了，同我们一起议论起来。记得我还开过一个玩笑，说我们这是"低调俱乐部"。（抗日战争初期，汪精卫、陈公博等人持悲观论调，自称为"低调俱乐部"。）所幸者，这个如追究其出典就不得了的玩笑，在后来批

## 张闻天的发言

斗高潮时,未揭发坦白出来。胡乔木马上接着说:不是,不是,我们这是马克思主义俱乐部。这个细节可以说明我们之间谈话的倾向。这是在庐山会议时,我同张闻天主要的一次接触,因为我们没有编在一个小组。

张闻天的长篇《发言》是 7 月 21 日在第二组作的(组长是柯庆施),距离 7 月 23 日毛泽东讲话只有两天。这时对彭德怀的信的非难已经很多,说这封信的矛头主要是"针对着毛主席"的种种吓人说法,都已传开,形势比较紧张。就在张闻天将要发言的早晨,得悉风声已紧的胡乔木,打电话关照,要他少讲些缺点,尤其不要涉及全民炼钢和"得不偿失"的问题。可是,作为一个彻底的唯物主义者,张闻天以鲜明的态度、确凿的事实、科学的语言,冒险犯难,直言极谏,完全支持已遭非难的《议定记录》稿和彭德怀的信,作了长达三个小时的发言。在他发言时,组长柯庆施和好几个人不断插话,表示不同的意见。他毫不让步,按照自己的提纲,侃侃而言,直抒己见。后来批斗他时,说他的发言对彭德怀的信作了"全面系统的发挥",是"进攻总路线、大跃进和人民公社的反党纲领"。小组会的发言,《简报》一般只刊要点。7 月 23 日之后,这个"副帅"的《发言》记录稿就全文印发下来。(这个记录稿不完整,现在《张闻天选集》所载是根据原始记录重新整理的。)批判时,让秘书作了统计:全文八千多字,而讲成绩只有二百七十余字。用了 39 个"但"字,"但"字以前虚晃一枪,以后便大做缺点的文章",13 个"比例失调",12 个"生产紧张",108 个"很大损失"(或"损失"),以及"太高"、"太急"、"太快"、"太多"等一大批"太"字。《议定记录》对缺点及其原因没有展开论述。《发言》说是对《记录》所谈缺点补充一些意见,实际是关于大跃进的一个比较全面的分析和总结:对暴露出来的严重缺点及其后果,以及产生缺点的原因,作了系统的论述。对政治与经济的关系,三种所有制的关系,民主与集中的关系等根本问题,作了理论的探讨。

最后归结到党内民主作风的重要。

当时各小组讨论中，有一种较为普遍的意见，即发言多说缺点，就会泄气，会打击群众的积极性。《发言》针锋相对地说，缺点定要讲透，缺点要经常讲，印象才会深刻。我们从前犯过盲动主义，毛主席总是经常提及，对缺点不要轻描淡写，要采取郑重态度。马克思主义者鼓励积极性靠真理，我们现在觉得有些虚，就是真理不够。增产数字报了那么多，实际上没有那么多。马克思说过，革命时容易办蠢事。列宁也说，要正视这些蠢事。

《发言》指出，缺点的原因可以讲得具体一些：比例失调是指标过高，求成过急。"共产风"主要是所有制和按劳分配两个问题。虚报浮夸、强迫命令是不允许讲话，不允许怀疑所致，否则就扣"怀疑派"、"观潮派"等帽子。讲缺点还应讲具体后果，这样才能取得经验，针对后果提出纠正办法。如钢铁指标过高，其他指标也被迫跟着上，造成全面紧张和比例失调；基建战线太长；"三边"（边勘测、边设计、边施工）做法浪费太大，工程质量也差；新增工人太多，招两千多万，人浮于事；企业产品不成套，任务朝令夕改，不能实现价值；原材料缺乏，经常停工待料；产品质量下降，技术水平下降，不注意设备维修等等。从而造成大量资金和物资浪费、积压，市场供应紧张，物资储备减少，财政结余用光，外贸出口不能完成等恶果。全民炼钢不单赔了50个亿，最大问题还在9000万人盲目上山，使农业生产受到损失，丰产也不能丰收。去年什么事都提倡全民，甚至要求"全民写诗"，搞得老百姓不胜其烦。

从毛泽东起，当时大多数人还是要保食堂，认为这是社会主义乃至共产主义的一个标志。报纸上曾大批"资产阶级法权"，批按劳取酬。《发言》建议取消"吃饭不要钱"，改为实行社会保险，照顾少数丧失劳动力的人。同时明确提出：我们不能搞平均主义，还是要按劳分配，现在有些人把供给制、公共食堂等同于社会主义、共产主义，其实这完全是两回事，社会主义并不一

## 张闻天的发言

定要采取供给制、公共食堂这种办法。社会主义要贯彻按劳分配，就要强调保护消费品个人所有权，这到共产主义社会也是存在的。对于穷和富的观念要慢慢改变。劳动好，对国家贡献大，所得报酬就多，生活就富裕，富是由于劳动好。由于不爱劳动，好吃懒做而生活穷苦，是活该，是可耻的。《发言》还精辟地谈到当时流行的"共产主义风格"的宣传问题：共产主义风格，为集体牺牲个人的思想，这些可以宣传，可以用来要求少数人、先锋队、先进分子，但不能当做制定现行政策的根据。如果社会主义不能满足个人物质、文化需要，就没有奋斗目标，社会主义也就建设不起来。

关于产生缺点的原因，《发言》同意《记录》说的，主要是由于缺乏经验。但不能以说到此处为满足，而应该从思想观点、方法和作风上去找原因，这样才有利于总结经验教训，避免今后重犯错误。这也是张闻天发言的主旨所在。关于主观主义和片面性，《发言》专门作为一个问题提了出来：强调主观能动作用是对的，但强调过了头，以致不顾实际可能性，这就成了主观主义。好大喜功也是好的，但要合乎实际，否则就会弄巧成拙，欲速不达，好事变坏事。从主观主义进而谈到政治与经济的关系：领导经济光政治挂帅不行，还要根据客观经济规律办事。有的人根本看不起经济规律，认为只要政治挂帅就行。有的人公然违反客观经济规律，说是不用算经济账，只要算政治账。这是不行的。今天总结经验，尤应从经济规律上进行探讨。

综合平衡的问题，当时也是很有争论的。有的人以"平衡是相对的，不平衡是绝对的"这一哲学范畴的法则，为大跃进出现的严重失调辩护，甚至认为就是要冲破平衡，不平衡是好事。《记录》中"综合平衡"一节是我起草的，内中有四句话："统筹安排，供需协调，瞻前顾后，合理布局。"因字数所限，没有展开讲透。《发言》明确地说，经济建设就是要找出相对平衡，按照相对平衡办事，利用相对平衡制定经济计划，要使之大体是个平衡的计划。遇到某一个方面被突破，便要做到及时平衡，这就是所谓积极平衡。还建议在《记录》草稿中加一条"经济核算"：任何产品，都要讲成本，要算账，这跟"算账派"是两回事。用毛主席的话说，经济工作要越做越细，就是要精打细算。不算账，社会主义是建立不起来的。有一个时期，我们的建设有不计成本、破釜沉舟的偏向，说是要算"政治账"，而"政治账"同"经济账"是统一的，不能把它们对立起来。《发言》认为，我们国家还是一穷二白，资金有限，必须根据节约原则，严格控制资金使用，最合理地使用每一块钱。因此，毛主席要大家学政治经济学。领导经济建设，不懂或不熟悉经济规律是不行的。中国经济建设有其特殊性，但是有关的普遍规律仍然起作用，问题在于两者相结合。政治经济学，不仅高级干部要学，广大干部也要学。

大跃进时期，不按科学办事的事情太多，报纸上放肆地报道，随便吹牛，放卫星，超外国，引起很大的混乱，国外影响也不好。庐山会议前夕，在外交部的务虚会上，张闻天就讲过不要吹，说有些东西我们自己认为是正确的，但究竟正确与否，还有待实践证明。因此，《发言》强调，必须学习科学技术知识。许多东西我们缺乏常识，不能随便把原有的行之有效的东西推翻，更不能随便吹牛。生产技术措施没有科学根据，光用土办法蛮干不行，蛮干是要死人的。对于已有的科学成果要重视，"一切经过试验"，试验确实成功了，再推广不迟。但实验室里成功了的，还不等于在生产中也已成功。赶超世界水平之类的话，要谨慎，的确比人家高明，再讲也不迟，而且以自己不讲、让人家替我们讲为有利。

《发言》针对性极强，如此明快而尖锐，几乎毫无顾忌。最后说到根本关键还在健全党内民主生活时，尤其如此。上海会议时，张闻天在小组会议上曾说过党内民主生活不正常问题。《发言》中有这样一段话："主席常说，要敢于提不同意见，要舍得

### 张闻天的发言

一身剐,不怕杀头等等。这是对的。但是光要求不怕杀头还不行,人总是怕杀头的,被国民党杀头不要紧,被共产党杀头还要遗臭万年。所以问题的另一面,是要领导上造成一种空气、环境,使得下面敢于发表不同意见,形成生动活泼,能够自由交换意见的局面。"《发言》还特别欣赏《记录》草稿中的一段话:"必须在全党干部中提倡说老实话,提倡实事求是的讨论。对于有些问题的认识一时可能有参差不齐,只要大家在实际行动中遵守纪律,那么这种现象是完全正常的、允许的。应该通过真正同志式的交换意见,逐步达到一致,不要采取粗暴武断方法,不要随便扣帽子。"《发言》说:"这个问题对我们当权的政党特别重要。我们不要怕没有人歌功颂德,讲共产党光明、伟大,讲我们的成绩,因为这些是客观存在的事实。怕的是人家不敢向我们提不同意见。决不能因为人家讲几句不同意见,就给扣上种种帽子。是否提错了意见,就一定是观潮派、机会主义、右派呢?这也不一定。一个人是否真有问题,要经过一定时间观察。对一个人,经过长期观察其言论、行动,证明他确实是右派或观潮派,再扣帽子也来得及。这样做,对团结干部有利,对工作有利。总之,民主风气很重要;要造成一种生龙活虎、心情舒畅的局面,才会有战斗力。过去一个时期就不是这样,几句话讲得不对,就被扣上帽子,当成怀疑派、观潮派,还被拔白旗,有些虚夸的反而受奖励,被树为红旗。为什么这样呢?为什么不能听听反面意见呢?刀把子、枪杆子,都在我们手里,怕什么呢?真正坚持实事求是、坚持群众路线的人,一定能够听,也一定会听的。听反面意见,是坚持群众路线,坚持实事求是的一个重要条件。毛主席关于群众路线、实事求是的讲话,我认为是讲起来容易做起来难,真正要培养这种风气不容易。"

《发言》的最后,才提到彭德怀的信,认为信的中心内容是希望总结经验,本意是很好的。针对有些人对信中某些措词的挑剔,《发言》为之辩解。特别是关于最敏感的"小资产阶级狂热性"提法,为最受攻击之处,就是赞成彭德怀的信的精神的人,也无不多少表示不同意见。惟有张闻天一个人是这样说的:"这个问题不说可能更好一点,说了也可以,究竟怎样,可以考虑。但是,刮'共产风'恐怕也是'小资产阶级的狂热性'。"

促使毛泽东作 23 日讲话的原因很多,张闻天的这个长篇尖锐的发言,可能是最后一付催化剂。

# 毛泽东 7 月 23 日的讲话

7 月 23 日早晨，通知大家开会，听主席讲话（据传，其他常委也同大家一样，是临时得到通知的）。动身之前，我曾同刘澜波谈到对毛泽东讲话的一种估计。

刘澜波和我住隔壁房，我们不在一个小组。我在会外的活动以及毛泽东找我们两次谈话，我都避免跟他交谈。我们在延安就认识，1952 年我转业主管水电工作后，我们之间先后是上下级与正副职的关系，我视他如兄长，能谈点私房话。在怀念刘澜波的文章中我曾写道："7 月 23 日之前，柯庆施等率领的'左派'很活跃，刘很担心我卷入被攻击的靶子中。当时对于彭德怀的信有各种谈论，'左派'认为彭的矛头是对着毛主席的。他和我一起估计形势的发展，问我的看法。我说，主席讲话，可能是'左、右两边各打五十板子'。我当时心情很沉重，还有点愤激的情绪。刘也表现得跟我一样心情沉重。"

下面是毛泽东讲话的全文，当时我作了详细记录，现在参照别人的记录予以整理。

你们讲了那么多，允许我讲个把钟头，可不可以？吃了三次安眠药，睡不着。

我看了同志们的发言记录、许多文件，还跟一部分同志谈了话。感到有两种倾向：一种是触不得，大有一触即跳之势。吴稚晖形容孙科，一触即跳。现在有些同志不让人家讲坏话，只愿人家讲好话，不愿听坏话。因之，有一部分同志感到有压力。两种话都要听。我跟这些同志谈过，劝过他们，要听坏话，好话、坏话，两种话都要听嘛。嘴巴的任务，一是吃饭，二是讲话。既有讲话之第二种任务，他就要讲。还有人长了耳朵，是为了听声音的，就得听人家讲话。话有三种：一种是正确的，二是基本正确或不甚正确的，三是基本不正确或不正确的。两头是对立的，正确与不正确是对立的。好坏都要听。

现在党内党外都在刮风。右派讲，秦始皇为什么倒台？就是因为修长城。现在我们修天安门，搞得一塌糊涂，要垮台了。党内这一部分意见我还没有看完，集中表现在江西党校的反应，各地都有。邵大个（江西省长邵式平）你不必着急，你们搞出这个材料，实在好，今天就印出来。所有右派言论都印出来了，龙云、陈铭枢、罗隆基、章伯钧为代表。江西党校是党内的代表，这些人不是右派，可以变就是了，是动摇分子。他们看得不完全，有火气。做点工作可以转变过来。有些人历史上有问题，挨过批评。例如广东军区的材料，有那么一批人，对形势也认为一塌糊涂。这些话都是会外讲的话。我们这一回是会内会外结合，可惜庐山地方太小，不能把他们都请来。像江西党校的人，罗隆基、陈铭枢，都请来，房子太小嘛！

不论什么话都让讲，无非是讲得一塌糊涂。这很好。越讲得一塌糊涂越好，越要听。"硬着头皮顶住"，反右时发明了这个名词。我同某些同志讲过，要顶住，顶一个月，两个月，半年，一年，三年五年，十年八年。有的同志说"持久战"，我很赞成。这种同志占多数。在座诸公，你们都有耳朵，听嘛！难听是难听，要欢迎。你这么一想就不难听了。为什么要让人家讲呢？其原因在神州不会陆沉，天不会塌下来。为什么呢？因为我们做了一些好事，腰杆子硬。那些听不得坏话的人，他那个腰杆子有些不硬。你如果腰杆子真正硬，坏话你为什么听不得？我们多数派同志们腰杆子要硬起来。为什么不硬？无非是一个时期猪肉少了，头发卡子少了，又没有肥皂，叫做比例有所失调，工业农业商业交通都紧张，搞得人心也紧张。我看没有什么可紧张的。我也紧张，说不紧张是假的。上半夜你紧张紧张，下半夜安眠药一吃，就不紧张了。

说我们脱离了群众，我看是暂时的，就是两三个月，春节前后。群众还是拥护我们的，现在群众和我们结合得很好。"小资产阶级狂热性"有一点，不那么多。我同意同志们的意见：问题主要是公社运动。我到遂平详细地谈了两个钟头。嵖岈山公社党委书记告诉我，7、8、9 这三个月，平均每天 3000 人参观，10 天 3 万人，三个月 30 万人。听说徐水、七里营也有这么多人参观。

## 毛泽东7月23日的讲话

除了西藏，都有人来看了。到那里去取经，其中多是县、社、队干部，也有省、地干部。他们的想法是：河南人、河北人创造了真理，有了罗斯福说的"免于贫困的自由"。就是太穷了，想早点搞共产主义。现在听说这些地方搞了共产主义，那还不去看看。对这种热情如何看法？总不能说全是"小资产阶级狂热性"吧，我看不能那样说。有一点"小资产阶级狂热性"，的确是狂热。无非是想多一点、快一点，好省那时谈不到，总而言之是多快。这种分析是否恰当？三个地方三个月当中，有三个30万人朝山进香，这种广泛的群众运动，不能泼冷水，只能劝说：同志们！你们的心是好的，但事实上难以办到，不能性急，要有步骤。吃肉只能一口一口地吃，不能一口吃成一个胖子。你吃三年肉也不一定胖。比如林彪同志，我看他十年还吃不胖。总司令和我的胖，也非一朝一夕之功。这些干部率领几亿人民，至少30%是积极分子；30%是消极分子（即地、富、反、坏、官僚、中农和部分贫农）；40%随大流。30%是多少人？是一亿几千万人。他们要办公社，办食堂，搞大协作，大规模耕作，非常积极。他们要搞，你能说这是"小资产阶级狂热性"？这不是小资产阶级，是贫农、下中农、无产阶级、半无产阶级，随大流的这也可以那也可以，不愿意的只30%。总之，加40%为70%，三亿五千万人在一个时期内有"狂热性"，他们要搞。到春节前后，有两个多月，他们不高兴了，变了。干部下乡都不讲话了，请吃地瓜、稀饭，面无笑容。因为刮了"共产风"，"一平二调三提款"。对刮"共产风"也要分析，其中有"小资产阶级狂热性"，这是些什么人？主要是县、社两级干部，特别是公社干部，刮大队和小队的，这是不好的，群众不欢迎。我们说服了这些干部，坚决纠正。用了一个多月时间，今年三、四月间，就把风压下去了，该退的退，社与队的账算清楚了，队跟群众的账有些地方也算清楚了，未算清的再继续算。这一个月的算账教育是有好处的，极短的时间，使他们懂得了平均主义不行。听说现在大多数人转过来了，只有少数人还留恋"共产"，还舍不得。哪里找这样一个学校、短期训练班，使几亿人、几百万干部受到教育？不能说你的就是我的，拿起就走了。从古以来没有这个规矩，一万年以后也没有这个规矩，也不能拿起就走。拿起就走，只有青红帮，青偷红劫，明火执仗，无代价剥夺人家的劳动。这类事，自古以来是"一个指头"。宋江立忠义堂，劫富济贫，理直气壮，可以拿起就走。那个我看是可以的，他劫什么人？劫土豪劣绅。宋江劫的是"生辰纲"（按：此处记忆有误。劫生辰纲是晁盖等人干的，此时宋江还没有上梁山），是不义之财，取之无碍，刮自农民归农民。我们长期不打土豪了，打土豪，分田地，都归公。那也取之无碍，因为是不义之财。现在刮"共产风"，取走生产大队、小队之财，肥猪、大白菜，拿起就走，这样是错误的。我们对帝国主义的财产还有三种办法：征购、挤垮、赎买，怎么能剥夺劳动人民的财产呢？只有一个多月就息下这股风，证明我们的党是伟大的、光荣的、正确的。今年三四月或加五月，有几亿农民，几百万干部受了教育，讲清了，想通了。主要是讲干部，不懂得这个财并非不义之财，而是义财，分不清这个界限干部没有读好政治经济学，价值法则、等价交换、按劳分配。没有搞通几个月就说通了，不办了。十分搞通的未必有，九分通、七八分通。教科书还没有读，要叫他们读，公社一级干部不懂一点政治经济学是不行的，不识字的可以给他们讲课。梁武帝有个宰相陈庆之，一字不识，皇帝强迫他做诗，他口念，叫别人写："微令值多幸，得逢时运昌。朽老精力尽，徒步还南岗。辞荣比盛世，何愧张子房。"他说你们这些读书人，还不如老夫的用耳学。当然，不要误会，我不是反对扫除文盲。柯老（柯庆施）说，全民进大学，我也赞成，不过十五年不行，恐怕得延长一点，几亿人口嘛。南北朝时有个姓曹的将军（按：梁朝的曹景宗），打了仗回来做诗："出师儿女悲，归来笳鼓竞；借问过路人，何如霍去病？"还有北朝的将军斛律金，这也是个一字不识的人，他有《敕勒歌》："敕勒川，阴山下，天似穹庐，笼罩四野。天苍苍，野茫茫，风吹草低见牛羊。"（按：此歌乃敕勒民歌，"本鲜卑语，易为齐言"，是一篇翻译作品。）一字不识的人可以做宰相，为什么我们公社的干部、农民不可以听政治经济学？我看大家可以学。不识字，讲讲就懂了，现在不是农民学哲学么，工人学哲学么，他们比我们，比知识分子容易懂。我们这次议事日程就有读书这一项。我也是个没有学问的人,这个政治经济学教科书,我就没有看。略微看了一点,才有发言权,也是怕大家来考我,我答不出怎么办?要挤出时间读书,全党来个学习运动。

他们(指省以下各级地方干部)不晓得作了多少次检查了,从去年11月郑州会议以来,大作特作,六级会议、五级会议都要检讨。北京来的人哇啦哇啦,他们当然听不进去:我们作过多次检讨,难道就没有听到?我就劝这些同志,人家有嘴巴嘛,要人家讲嘛。要听听人家的意见。我看这次会议有些问题不能解决,有些人不会放弃自己的观点,无非拖着嘛,一年二年,三年五年,八年十年。无非两个可能,一个可能放弃,一个可能不放弃,两者都可以,何必怕呢!我找大区区长开了一次会,我就是这么讲的,对不对?没有扯谎吧。听不得坏话不行,要养成习惯,我说就是硬着头皮顶住。无非是讲得一塌糊涂,骂祖宗三代。这也难。我少年时代、青年时代,也是听到坏话就一股火气。我就是人不犯我,我不犯人,人若犯我,我必犯人,人先犯我,我后犯人。这个原则,现在也不放弃。现在学会了听,硬着头皮顶住。听他一两个星期,劝同志们要听,你们赞成不赞成,是你们的事。不赞成,无非我有错误。有错误嘛,还是真有错误?假有错误?真有错误,我作自我批评,再来一次;假有错误,那是你们的事。你们弄真成假,本来不错,你们说嘛。

第二方面,我劝另一部分同志,在这样的紧急关头,不要动摇。据我观察,有一部分同志是动摇的。他们也说大跃进、总路线、人民公社都是有的,正确的,但要看讲话的思想方向站在哪一边,向哪一方面讲。这部分同志是我讲的四种人里头的第二种人,"基本正确,部分不正确"的这一类人,但有些动摇。所谓四种人是:完全正确;基本正确但是部分不正确;基本不正确但部分正确;完全不正确。有些人在关键时是动摇的,在历史的大风大浪中不坚定。党的历史上有四条路线:陈独秀路线,立三路线,王明路线,高饶路线。现在是一条总路线,在大风浪时,有些同志站不稳,扭秧歌。蒋都不是叫我们做秧歌王朝吗?这部分同志扭秧歌,他们忧心如焚,想把国家搞好,这是好的。这叫什么阶级呢?资产阶级还是小资产阶级?我现在不讲。南宁会议、成都会议、二次党代大会讲过，对于 1956 年、1957 年的那种动摇，对动摇分子，我不赞成戴帽子，讲成是思想方法问题。也不讲小资产阶级，也不讲资产阶级。如果现在要讲有"小资产阶级狂热性"，反过来讲，那时的反冒进，就是一种资产阶级的什么性？狂热？资产阶级它不狂热，是冷冷清清凄凄惨惨切切的泄气性、悲观性了。我们那个时候不戴帽子，因为这些同志跟右派不同，右派不搞社会主义，那些同志是要搞社会主义，没经验，一点风吹草动，就以为冒了，于是反冒进。（讲到这里，偏过头对坐在旁边的周恩来说）总理，你那次反冒进，这回站住脚了，干劲很大，极大，是个乐观主义了。因为受过那次教训，相信陈云同志来了，他也会站住脚的。那次批周、陈的人，一部分人取其地位而代之。有点那个味道，没有那么深，但是也相当深，就是不讲冒了。不讲反冒进，可是有反冒进的味道，比如"有失有得"，"失"放在前面，这都是仔细斟酌了的。如果要戴高帽子，这回是资产阶级动摇性，或降一等，是小资产阶级动摇性，是右的性质，往往是受资产阶级影响，在帝国主义、资产阶级压力之下，右起来的。

一个高级社（现在叫生产队）一条错误，七十几万个生产队，七十几万条错误，要登报，一年登到头也登不完。这样结果如何？国家必垮台。就是帝国主义不来，人民也要起来革命，把我们这些人统统打倒。办一张专讲坏话的报纸，不要说一年，一个星期也会灭亡的，大家无心工作了。马克思讲，莫说一年，就几个星期停止工作，人类也要灭亡的。只要你登 70 万条，专登坏事，那还不灭亡啊！不要等美国、蒋介石来，我们国家就灭亡。这个国家应该灭亡，因为那就不是无产阶级党了，而是资产阶级党了，章伯钧的设计院了。当然在座的没有人这样主张，我这是夸大其词。假如办 10 件事，9 件是坏的，都登在报上，一定灭亡，应当灭亡。那我就走，到农村去，率领农民推翻政府。你解放军不跟我走，我就找红军去，我就另外组织解放军。我看解放军会跟我走的。

这是一方面。我劝一部分同志，讲话的方向问题要注意，讲话的内容，我看基本正确的，部分不妥。列宁讲，要别人坚定，

## 毛泽东 7 月 23 日的讲话

首先自己要坚定；要别人不动摇，首先自己不要动摇。这又是一次教训。这些同志现在据我看，他们还不是右派，是中间派，也不是左派。我所讲的左派，是不加引号的左派，是真正的左派，马克思主义者。我所谓方向，是因为一些人碰了钉子，头破血流，忧心如焚，站不住脚，动摇了，就站到中间去了。究竟中间偏左偏右，还要分析，我现在还没有想清楚。他们重复了 1956 年下半年、1957 年上半年犯错误的同志的道路，他们不是右派，但是他们把自己抛到右派边缘去了。我那时讲，你们自己把自己抛到离右派 30 公里，接近 30 公里了，因为右派很欢迎这种论调。现在他们这种论调，右派一定欢迎。不欢迎才怪，距离右派不过还有 30 公里。这种同志采取边缘政策，相当危险。我这些话是在大庭广众当中讲的，有些伤人。但现在不讲，对这些同志不利。

我出的题目中加一个题目，本来十八个题目，加一个团结问题。还是单独写一段，拿着团结的旗子：人民的团结，民族的团结，党的团结。我不讲，对这些同志是有益还是有害？我看有害，还是要讲。我们是马克思主义政党，第一方面的人要听人家讲，第二方面的人也要听人家讲，两方面的人都要听人家讲。我说还是要讲嘛。一条是要讲，一条是要听人家讲。为什么只有你讲得，我讲不得？别人讲不得？但是我劝许多人不忙讲，硬着头皮顶住。我不忙讲，硬着头皮顶住。我为什么现在不硬着头皮顶了呢？顶了 20 天，快散会了，索性开到月底。马歇尔八上庐山，蒋介石三上庐山，我们一上庐山，为什么不可以？有此权利。

食堂问题。食堂是个好东西，未可厚非。我赞成积极办好，赞成那些原则，自愿参加，粮食到户，节约归己。如果在全国能保持 1/3，我就满意了。我是讲全国范围。我这一讲，吴芝圃就很紧张，生怕把你那个食堂搞掉。还有一个四川，一个云南，一个贵州，一个湖北，还有一个上海（上海有 11 个县），90%以上还在食堂里。试试看，不要搞掉。不是跳舞有四个阶段吗："一边站，试试看，拼命干，死了算。"有没有这四句话？我是个野人，很不文明。我看试试看。1/3 人口对 5 亿农民来说，多少人？一亿五千万，坚持下去就了不起了，开天辟地了。第二个希望，一半左右，如果多几个河南、四川、湖北、云南、上海等等，那么，一半左右是可能的。要多方面取得经验，有些散了，还得恢复。《红旗》登的一个食堂，败而复成，这篇是我推荐的。食堂并不是我们发明的，是群众创造的。并不是公社发明的，是合作社发明的。湖北有个京山县，京山县有一个合作社，那个合作社就办了个食堂。河北1956年就有办的，1958年搞得很快。曾希圣说，食堂节省劳力。我看还节省物资，包括粮食油盐柴草菜蔬，比在家吃得好。如果没有后面这一条，就不能持久。可否办到？可以办到。我建议河南同志把一套机械化搞起来，如用自来水，不用人挑水，这样可以节省劳力，还可以节省物资，节省粮食。我跟你们谈，你们说可以嘛。现在散掉一半左右有好处。总司令，我赞成你的说法，但又跟你有区别。不可不散，不可多散，我是个中间派。河南、四川、湖北等是"左派"。可是有个右派出来了：一个科学院调查组，到河北昌黎县，讲得食堂一塌糊涂，没有一点好处，攻其一点，不及其余。学那个宋玉的办法，写《登徒子好色赋》（接着就讲这个故事的原委）。我讲食堂，走了题了。科学院的调查，攻其一点，不及其余，食堂哪没有缺点，无论什么事都有缺点，无论什么人都有缺点，孔夫子也有错误。我看过列宁的手搞，改得一塌糊涂。没有错误，为什么要改？食堂我看可以维持，可以多一些，再试试看，试它一年，二年，估计可以办得下去的。人民公社会不会垮台？我看现在这样大风大浪里头，没有垮一个，将来准备垮一半，还有一半，垮七分，还有三分。要垮就垮，食堂、公社办得不好，一定要垮。共产党就要做工作。办好公社，办好一切事业，办好农业，办好工业，办好交通运输，办好商业，办好文化教育。

　　许多事情根本料不到。以前不是说党不管党吗？计委是计划机关，现在却不管计划。还有各个部，还有地方，一个时期不管计划，就是不管综合平衡。不要比例，这一条没有料到。地方可以原谅。计委和中央各部，十年了，忽然在北戴河会议后不管了，名曰计划指标，等于不要计划。所谓不管计划，就是不要综合平衡，根本不去算，要多少煤、多少铁、多少运力。煤铁不能自己走路，要车马运，这点真没有料到。我这样的人，总理、少奇同志这样的人，根本没有管，或者略略一管。我不是自己开脱自己,我又不是计委主任。去年8月以前,我同大多数常委同志主要精力放在革命上头去了,对建设这一条没有认真摸,也完全不懂,根本外行。在西楼时讲过,不要写"英明领导",根本没有领导,哪来什么英明呢?

看了许多讨论发言,铁还可以炼。浪费是有一些,要提高质量,降低成本,降低含硫量,为真正好铁奋斗。共产党有个办法叫做抓,共产主义者的手,一抓就抓起来了。钢铁要抓,农林牧副渔,粮棉油麻丝茶糖药烟果盐杂,农中有十二项,要抓。要综合平衡,不能每一个县都一个模子,有些地方不长茶,不长甘蔗,要因地制宜,不能到回民地区去买卖猪。党不管党,计委不管计划,不管综合平衡,根本不管,不着急。总理着急。无一股热气、神气,办不好事。李逵太急一点,列宁热情磅礴,可以感染群众,实在好,群众很欢迎。

有话就要讲,口将言而嗫嚅,无非是各种顾虑。这个我看要改,有话就要讲。上半个月顾虑甚多,现在展开了,有话讲出来了,记录为证,口说无凭,立此存照。有话就讲出来嘛,你们抓住,就整我嘛。成都会议上我说过不要怕穿小鞋。穿小鞋有什么要紧。还讲过几条,甚至说不要怕坐班房,不要怕杀头,不要怕开除党籍。一个共产党员,高级干部,那么多的顾虑。有些人就是怕讲得不妥挨整,这叫明哲保身,叫做什么病从口入,祸从口出。我今天要闯祸,祸从口出嘛。两部分人都不高兴;一部分是触不得的,听不得坏话的;一部分是方向危险的。不赞成,你们就驳。你们不驳,是你们的责任,我交代了,要你们驳,你们又不驳。说我是主席不能驳,我看不对。事实上纷纷在驳,不过不指名就是。江西党校那些意见是驳谁啊!始作俑者,其无后乎。我有两条罪状:一个,1070万吨钢,是我下的决心,建议是我提的。结果9000万人上阵,补贴40亿,"得不偿失"。第二个,人民公社,我无发明之权,有推广之权。北戴河决议也是我建议写的。我去河南调查时,发现嵖岈山这个典型,得了卫星公社的一个章程,如获至宝。你讲我是"小资产阶级狂热性",也是有一点,不然为什么如获至宝呢?要上《红旗》杂志呢?我在山东,一个记者问我:"人民公社好不好?"我说"好",他就登了报。这个没关系，你登也好，不登也好，到北戴河我提议要作决议的。"小资产阶级狂热性"有一点，你们赞成了，也分点成。但始作俑者是我，推不掉。人民公社，全世界反对，苏联也反对。中国也不是没有人反对，照江西党校这样看，人民公社还有什么意思。还有个总路线，是虚的，实的见之于农业、工业。至于其他一些大炮，别人也要分担一点。你们放大炮的也相当多，如谭老板（谭震林），放的不准，心血来潮，不谨慎。关于共产要共得快呀，在河南讲起，江苏、浙江的记录传得快，说话把握不大，要谨慎一点。他是唱戏的，不然为什么叫谭老板。长处是一股干劲，肯负责任，比那凄凄惨惨切切要好。但放大炮，在重大问题上要谨慎一点。你说我不放大炮吗？我也放了三个：一个人民公社，一个大炼钢铁，一个总路线。彭德怀同志讲的，张飞粗中有细，他说他粗中无细。我说我也是张飞，粗中有点细。公社我讲集体所有制，到全民所有制要有个过程。当然那个过程，现在看起来，可能过于短了一点，我讲大体两个五年计划。要进到全民所有制，现在看来，可能要大大地延长，不是两个五年计划，而是20个五年计划也难说。要那么久？还是不要那么久？

  要快之事，马克思也犯过不少错误。我搬出马克思来，使同志们得到一点安慰。这个马克思，天天想革命快，一见形势来了就说欧洲革命来了，无产阶级革命来了，后头又没有来，过一阵又说要来，又没有来。总之，反反复复。马克思死了好多年，列宁时代才来。那还不是急性病？"小资产阶级狂热性"？马克思也有啊！（刘少奇插话：列宁也有，讲世界革命很快就要来了。）世界革命，那个时候他希望世界革命来援助，他也搞和平民主新阶段，后头不行了，搞出一个一国可以建成社会主义，这在以前也讲过吧？（刘：是一国可以胜利，一国可以建成社会主义没有讲。）一国可以胜利，到这个时候，不建怎么办？只有一国。（刘：依靠自己本国的农民可以建成社会主义。）依靠农民。巴黎公社起义之前，马克思反对。季诺维也夫反对十月革命，这两者是不是一样？季诺维也夫后来开除党籍，杀了头。马克思是否还要杀头？巴黎公社起义爆发之后，马克思就赞成了，但他估计会失败。他看出这是第一个无产阶级专政，哪怕只存在

## 毛泽东 7 月 23 日的讲话

三个月也好。要讲经济核算的话,划不来。我们还有广州公社,1927 年大革命失败,等等。我们现在的经济工作,是否会像 1927 年那样失败?像万里长征那样,大部分根据地丧失,红军和党都缩小到 1/10,或者还不到?我看不能这样讲。大家也是这么个意见。参加庐山会议的同志都毫无例外地说有所得,没有完全失败。是否大部分失败了?我看也不能讲。大部分没有失败,一部分失败了。就是所谓多付了代价,多用点劳动力,多付了一点钱,刮了一次"共产风",可是全国人民受了教育,清醒了。现在要研究政治经济学。过去谁人去读《政治经济学教科书》?我就不读。斯大林的书(按:指《苏联社会主义经济问题》)我读了一遍,根本没有味道。那个时候搞革命,搞什么社会主义经济。唉,一到郑州,我就读了两遍,我就讲学,就有资格讲学了,不过刚刚在火车上读了两遍。我讲了两章,没有造谣吧。现在不够,现在要深入研究,不然我们的事业不能发展,不能够巩固,不能够前进。

如果讲到责任,责任在李富春,责任在王鹤寿,其他部长多多少少有点责任,农业部有责任,谭老板有责任。主要责任应当说在我身上。过去说别人,现在别人说我,应该说我。过去说周恩来、陈云同志,现在说我,实在是有一大堆事情没有办。你们看,"始作俑者,其无后乎"。我无后乎?中国的习惯,男孩叫有后,女孩不算。我一个儿子打死了,一个儿子疯了。我看是没有后的。一个大炼钢铁,一个人民公社。大跃进的发明权是我,还是柯老?我同柯庆施谈过一次话,我说还是我。你那个属于意识形态,你有没有责任?(按:柯曾在 1957 年 12 月上海党代会作过一个长篇报告《乘风破浪,加速建设社会主义的新上海》,内容重提多快好省,要十五年赶超英国,具有鼓足干劲,力争上游的大跃进精神,极为毛赞赏,成为南宁会议的先声。)钢铁你要搞 600 万吨(按:1958 年 6 月华东计划会议,确定华东 1959 年钢铁指标为 600 万吨,引起全国 1959 年指标全面高涨,也影响到 1958 年钢铁指标的变化),我要搞 1070 万吨,北戴河会议发公报,薄一波建议,也觉得可行。从此闯下大祸,9000 万人上阵。始作俑者是我,应该绝子灭孙。补贴 40 亿,搞小土群、小洋群。

"得不偿失"，"得失相当"等说法，即由此而来。我劝同志们，自己有责任的，统统分析一下，不要往多讲，也不要往少讲，都吐出来。无非拉屎嘛，有屎拉出来，有屁放出来，肚子就舒服了。今天不再讲别的，因为还要睡觉。你们要继续开会就开，我就不开了。讲了好久？不到两个钟头嘛。散会！

这个讲话，对我们这些"动摇分子"，"离右派30公里"的人来说，无异于晴天霹雳，闷头一棒。散会后，我们离开小会场不远，回头看见彭德怀挡着毛泽东在说话。（后来知道，是彭德怀申明，这封信只是供主席个人参考的，没有准备印发给大家。）

我们四个人：田家英、陈伯达、吴冷西和我，沿着山边信步走去，心中都是沉甸甸的，没有一个人讲话。"怀念田家英"文中，我记下了这一情景：走到半山腰的一个石亭中（大概是小天池），大家停下来，还是没有人吱声。亭中有一块天然大石，上刻明人王阳明诗句：

　　昨夜月明山顶宿，隐隐雷声翻山谷。
　　晓来却问山下人，风雨三更卷茅屋。

刻诗者是否预知我们要到这个亭子来？诗意跟我们此时心境有某种暗合。（此诗是不久前偶然碰到的，在秦城做诗时怎么也想不起来了，当年是背得的。）在亭中，远望长江天际流去，近听山中松涛沉吟，大家仍无言相对。见到亭中几个石柱无一联刻，有人提议，写一副对联吧。我拣起地下烧焦的松枝，还没有想好联句时，家英抬手写了这一首有名的旧联：

　　四面江山来眼底，万家忧乐在心头。

写完了，四个人依旧默默无语，沿着原路，各自回到住处。我的《庐山吟》第五首，回忆了这一凄凉时刻：

　　信步无言山路旁，大江天际去茫茫。
　　明诗刻石已难记，亭柱书联却未忘。

## 毛泽东 7 月 23 日的讲话

中午饭吃不进去。下午就开小组会，讨论毛泽东讲话。晚饭后，千不该万不该，又到小舟和周惠的住处去了。这当然是由于思想不通，满肚子意见要发泄，去找他们谈谈，平息一下情绪。小舟同我一样，比较激动。他怀疑毛泽东的这篇讲话，是否经过常委讨论。按照讲话精神发展下去，很像斯大林晚年，没有真正集体领导，只有个人独断专行，这样，终将导致党的分裂。我们都同意这种看法。周惠也感到毛泽东对一些问题的决定，反复变化太快。谈到斯特朗的谈话，她曾当面称赞毛泽东超过马恩列斯，而毛泽东没有答话。感觉多年来的顺境，毛泽东确实骄傲起来了。我认为毛泽东确是喜欢高指标的（这是我这一年多来的接触和个别谈话中，深深感觉到的），只喜欢柯庆施那样一些吹牛说大话、奉承迎合的人（柯是个手拿大棒，随时准备整人的人）。当然，谭老板放炮不准，但勇于负责，还是很喜欢的。黄克诚这样比较偏于稳重、多看困难的人，就很不喜欢。我又说，这样的讲话不是"翻云覆雨"吗？小舟也认为这个讲话，是"一百八十度转变"，使人转不过弯来。他特别激动，想三人一起到毛泽东处辩论一顿，争吵一顿也好。我认为从讲话来看，正在气头上，去也没法谈，于是小舟要去找黄克诚谈。这时，我倒有个心眼，觉得这样去谈不就变成"小组织活动"了？会授人以柄。周惠也不想去。但拗不过小舟，他拨通电话，黄克诚不同意我们去。由于小舟的坚持，黄克诚只好说："你们要来就来吧。"于是就发生了非常不幸的"二十三夜事件"。

当然，黄克诚也是思想不通，心情极为沉重的。开完会回来后，他和彭德怀都吃不下饭，也都没说话。小舟将斯大林晚年的话讲了，说袁世凯称帝前，围着袁那些人，专门印一种报纸给袁看，意谓毛泽东受了蒙蔽。我说了一句很愤激的话：他不能一手遮天。黄克诚劝我们不要激动，说毛泽东又不是慈禧太后，中央集体领导很好。自己有错误，多想想，可以作检讨。黄克诚最后劝慰我们，有意见还是当面去见主席谈谈。周惠很少说话。这样，我们才平静下来，小舟又谈了些湖南当前抗旱等一些工作问题。这时已经近10点钟了。将起身走时，彭德怀到黄克诚的房间来了。他们住在一栋平房的两头。小舟见彭德怀进来，即说：老总呀，我们离右派只有30公里了。彭说，着急有什么用。我见房内无多余的椅子，都站起来了，就催小舟：太晚了，该回去了，我们三人即走了出来。由于住处方向不同，我单独一人走了。回头看见小舟正在路边碰见罗瑞卿，向罗瑞卿打招呼。

在秦城狱中，回忆庐山旧事，常常怀着自责的心情，7月23日夜发生的事，更追悔无已。《庐山吟》第六首，记"7月23日夜"：

山中夏夜鬼缠身，号角鸣金耳不闻。
心事满腔何处诉，已无缘再让交心。

## 批评与检讨

7月23日下午开始,六个小组开会讨论毛泽东上午的讲话。7月26日之前,发言的人态度都还是比较冷静的,语气也比较缓和,会议的气氛还是比较正常的。对彭德怀的信的批评也基本没有脱离信的本身。不过说法轻重不同而已,只有少数人调子比较高。许多人的发言还着重做了自我批评。

还有一个情况,可说明讲话后仍在按正常程序办事。就在23日上午散会后,周恩来召集几位副总理谈话,其中周恩来同彭德怀的对话很能说明问题,周恩来还在谈形势的困难,还在安慰彭德怀。

周:9000万人上山,1070万吨是一个革命。2700-3000万吨则根据不多,现在落实到1300万吨。

彭:我写的"有失有得",是讲小土群这一点,只讲这一点,根本没讲小洋群。

周:把"失"放在前面是有意识的,应把落实同泄气区分开。

彭:1070万吨,脑子热了一下,他是有一份的,但总的路线不能动摇,而且他比较冷得早,10月底就冷下来了。这次会议,我为什么要写这封信供主席参考?我有个感觉,共产党有不敢批评的风气了,写个东西要字斟句酌,我实在忍不住了。

周:主席说了,基本上是好的,方向不大对。当然,他没指名,要注意,也没什么了不起的,你还没有到反冒进那个情况,有那么个趋势。你到此为止,认识了,就是了,这个批评也很好。

彭:共产党里不能批评,这违反共产党的基本原则。

周:钢、铁、煤的计划不能完成,比较紧,还有运输是个大问题。木材、化肥、粮食继续紧张。更重要的是基建。还有机械、财政、金融、外贸……上海的煤只有七天的储备。六个月的存粮只有 310 亿斤。去年增加了 2080 万人。按"一五"经验，1 元货币比 9.6 元物资，市场就正常一点。1956 年，1:8.8 就紧张了。

彭：这些情况为什么不到大会上讲一讲呢？

周：开始就讲这些困难，像诉苦会了，误会成泄气不好。

彭：你们真是人情世故太深了，老奸巨猾。

周：这是方法，不是 1956 年犯了反冒进的错误吗？当时是冲口而出的，没有准备好，跑到"二中"全会讲了那么一通。应当谨慎，吸取教训。今年你替了我了。其实，你有鉴于我，还写了总路线基本正确，没写"冒进"字眼。但我那时说话，也是这样两方面都说了的。

这是周恩来当时真实的心情，这里还可以插叙这样一件事。周恩来对钢铁生产的情况是一直不放心的，怀疑指标是否真落实了。上庐山之前的 5 月 19 日，他派陆定一和他的秘书许明并一位专家，沿津浦线南下到上海，一路实地考察。陆定一在《怀念人民的好总理——周恩来同志》（刊《光明日报》1979 年 3 月 6 日）文中回忆道："从北京出发，经济南、薛城、枣庄、徐州、南京，到达上海，然后经苏州、无锡、常州回京。在这些地方，我们亲眼看见所谓用'小土群'或'小洋群'办法炼钢铁是极大的浪费。炼铁要焦炭，没有炼焦炉，就堆在地上烧，结果大部分炼焦煤被白白烧掉，只有中间一小部分能作为焦炭用。所谓'小高炉'，很多是用砖砌的，炼不出铁，炼出铁来也不合格，已经弃置不用。开矿的民工有的很苦，吃的是地瓜藤子，没有地方住，在地上挖个方坑，在坑里铺上地铺，被褥都是湿的。弄虚作假的现象也很严重，例如，炼出的铁含硫量高，不能用，却充好铁计算生产数字。我们到了上海，当时上海市委书记兼市长柯庆施和市委管工业的书记马天水不敢见我们。他们派了一个人向我们说大话，说 1962 年上海要年产 1000 万吨钢。我们一计算，单是为了运输煤炭、矿石和生铁，上海的车站和码头就不够用，且不说其他了。"回到北京向总理汇报时,"总理只是仔细倾听我的汇报,没有谈他的看法,也没有批评我思想右倾。"陆定一曾同我在一个组,他较少发言,只记得大家批判我时,他只有一句较重的话:"只见树木,不见森林。"大概这也是迫于不得已说的。在文章中,陆定一还谈到,从北京去庐山的火车上,他同彭德怀谈话时,也把对总理的话对彭说了。于是在山上也有人说他右倾。

26日这天,传达了毛泽东新的指示:对事也要对人。印发了《李云仲的意见书》及长篇批示。会议就进一步升级加温,就不只是信的问题,而且是人的问题了;就不是无组织,无准备的了,而是有组织,有准备,有纲领地向党进攻了;而且还是"军事俱乐部"、"湖南集团"的问题了。

23日下午,朱德参加第一组,他第一个发言。说大跃进是靠热来的,热是革命的基础。他还谈粮食紧张的原因,"主要是吃大锅饭吃掉了"。"如果不能节约粮食,小食堂就比大食堂好。农民私有制惯啦,分散消费,还能节省一些。"又谈到手工业问题,去年挤掉了一些,很多升了级,一升级国家背上了包袱。"没有私有制不行。按劳分配,多劳多得,各自生活,这也是个经济核算制。"25日,他在第四组作了较长的发言,才谈到对彭德怀的信的看法。首先说:高级干部有不同意见,无论如何要搞清楚。把问题搞清楚了,统一了认识,以后的事情就好办了。主席过去批评我空洞的乐观主义,现在可以说是落实的乐观主义。彭德怀的信虽然没有直接说出悲观失望,但是他把缺点错误说重了,这不合乎事实。彭总的一个特点,是容易固执己见。如果是正确的,当然要坚持;是错误的,就要接受批评,改正错误。彭德怀的信起了好作用,但看法是错误的,应当利用这个机会,好好检查一下自己,对某些缺点看得太严重。他最后说:"彭总有一股拗脾气,今后应该注意改掉。彭总在生活方面注意节约,艰苦卓绝,谁也比不过他。彭总也是很关心经济建设的。只要纠正错误认识，是可以把工作做得更好的。"朱德同彭德怀是三十来年的战友，相知很深。看得出来，这时他非说这番话不可，但还是很尊重彭德怀的，总怕过分伤了老朋友的心。

这时许多人在发言中，都不同程度地作了检讨。谈到彭德怀的信时，作这样一些表态：开始只当做一般文件看待，并未引起重视，听到主席讲话后，才感到问题的严重性；对信的认识，有个变化过程。开初只觉得有些提法、词句不当，但精神是好的，没有意识到这是根本方向问题等等。原来发言基本同意彭德怀的信的精神的人，当然更要作较明确的表态。

要说彭德怀这次是有准备、有组织地反党、反毛泽东的活动，这个弯是不容易转的。

谭震林在第五组，26日黄克诚检讨之后，他接着发言。说主席讲话之后，他思想沉重。自己重犯"一触即跳"的老毛病。他认为去年刮"共产风"，"这是我要负责的，过去作过的检讨一律不算，要追究责任，要给处分，都是应当的，我毫不推脱这个责任。这一条，毛主席不仅无过错，而且作出了伟大的贡献。"两次郑州会议，"主席严厉地批评了这种'左'倾错误。问题就得到了彻底的解决"。其次谈到去年农村工作确实有一个大错误，就是估产偏高，又没有抓好过日子问题。相反还提倡"放开肚皮吃饭"。"这个错误我应该负责任，要批判，要处分，应该由我承担。"随即说，认识了错误，又改正了错误，可不可以将"功"折"罪"呢？或者说"戴罪立功"呢？最后谈到，心头还有点火气，并非检讨不诚恳，就是因为彭德怀的那封信。"这封信是烟幕加毒气。彭德怀同志是一个忠心耿耿，为党为国的好同志。他为革命事业是立下了不朽的功劳，这些谁都是无法否定的。我决不因为这封信，就不承认他的过去。他的为人也是正直无私的。他勇敢地写这一封信，引起争论，是一件大好事。但是，我不能因为他过去的一切功劳而原谅他。在这个原则问题上，我是要和他斗争到底的。这种斗争并不妨碍我尊重他的过去，也不妨碍我尊重他在将来再作出的成绩。"

谭震林对彭德怀的信严重性的看法，虽然同朱德有质的不同，但这两位井冈山时代同彭德怀一起浴血苦斗过来的人，在这种时刻，对彭德怀的过去和为人的耿直，仍然作如此评价，是很能说明问题的，也是代表了许多人的心声的。可是过了两天，当人们批评他讲的这段话时，慑于外来的压力，心直口快的谭震林，不得不收回他讲的这番话。而且说："我看他不像张飞，倒有点像魏延。"

7月23日下午，李井泉在小组（第四组）作了检讨。他说，并不怕讲缺点，只是对把缺点讲得过分有点抵触。他承认去年头脑确有发热，也有官僚主义。钢铁说有把握完成，实际没办到。农业产量上报数字过多，农村劳动力也动员过多。但"以钢为纲"，一马当先，带动万马，今天看来仍是正确的。主要是钢铁质量问题，但对于小土群加小洋群是不怀疑的。毛主席在公社化和全民办钢这两件事上，有着具有历史意义的贡献，不是两条大罪状，而是两条大功劳。他这次发言还没有谈到对彭德怀的信的看法问题。26日，李井泉对彭德怀的信作了长篇批评发言。他说，彭总信本质上的错误，是没有站在1.5亿至3.5亿的贫苦农民和9000万办钢铁群众的感情与要求方面来看问题。说彭总没有一点群众观点也不是事实，但彭总在伟大的群众运动中，对运动的看法是有问题的。主席常教导我们应从阶级分析看问题。去年党的八大二次会议上曾听到主席说过我们党的阶级基础是无产阶级、半无产阶级。我认为无产阶级、半无产阶级既是党的阶级基础，又是社会主义建设中最可靠的阶级队伍，也是我们观察问题的落脚点。在执行总路线中出现的群众性的两件大事（一是大办钢铁运动，一是公社化运动），是历史上空前没有过的，而彭总的信中批评的锋芒恰好针对着这方面。很明显，对去年大跃进的看法，如果从同情1.5亿至3.5亿贫苦农民和9000万大炼钢铁群众的态度出发，那就会做出正确估计；如果离开了他们，那就一定会做出错误的结论。主席批评那些方向错误和动摇的人，本质上的错误，就是离开了伟大运动中的群众。彭总信的错误也在此。李井泉还谈到彭德怀对人民公社和大办钢铁的看法：彭总多次说公社不办、迟点办更好，很不赞成"吃饭不要钱"的口号。这是对生产关系要适应生产力发展认识不足，特别是对贫苦农民要求解决贫困的迫切心情缺乏同情感，因而对公社化的看法也是错误的。彭总信对小土群的看法，前后在意见书中也有错误的。信中一段话的主词是在前面肯定了浪费，而把巨大的成就却估计得不够。后面只说虽是浪费，是"有失有得"，这种估计是不恰当的。彭总这封信只能使人们感到我们在公社化、大跃进中犯了一个了不起的大错误，甚至犯了路线性质的错误，实际上起了否定总路线的作用。

柯庆施在24日、26日两次长篇发言，《简报》一次刊出时，约五六千字。他说，"我决不是不承认缺点、错误的人，但即使在一两件事情上有怕痛、护短的情况，也是不应该的。""现在有人只衷心高兴第二句话（问题不少），到处扩大缺点。"他着重谈了对彭德怀的信的看法："这封信的整个内容，应当肯定是错误的。"尤其是信中说的工、农各阶层间关系紧张是政治性的，浮夸风吹遍各地，"小资产阶级狂热性"使我们易犯"左"的错误，纠"左"比纠右难等，实质上否定了大跃进，否定了总路线的正确。于是谈到路线错误问题："从党的历史上看，只要路线错误，就非要改造党的领导机关不可，因为历史证明，凡是路线错误，自己是不能改正的。"柯庆施的这两次发言，是开始批斗彭德怀时，小组讨论中最早的"画龙点睛"之笔。

王任重在24日的发言中谈到了如何对待群众运动中的"偏差"问题。他说，建设中的群众运动有其不同的特点，但一切群众运动都是一样，要么就不起来，冷冷清清，要么起来了，就出些"乱子"，出些"偏差"。对于这些乱子和偏差，应当怎么看法，怎么解决，这在我们是有过无数次教训的！抗战期间有过反

## 批评与检讨

"左"泼冷水的教训。1947年的土改出过"左"的偏差,主席及时纠正了。三反、五反、镇反都有过某些"左"的错误,也都及时纠正了,没有泼冷水。1956年跃进刚起来,来了个"反冒进",主席批判了反冒进的错误。1958年是更大的跃进。这样大规模的群众运动,出些偏差是不可避免的。问题是采取什么态度,是肯定成绩、纠正错误、巩固胜利、继续跃进呢?还是泼冷水?王任重说,关于全民大办钢铁和人民公社化是两大功绩,不是两大罪状。执行当中有缺点错误,是暂时性质的。有许多问题都是事先预料不到的。碰了钉子知道回头,挨了饿学会过日子,不值得大惊小怪,忧心如焚。右派攻击我们是"卫道者"、"歌德派"、"教条主义者",我们就是要保卫总路线,歌人民之功,颂人民之德,绝不能动摇。

我20日的发言,曾点名批评了王任重两件不慎重的事。23日讲话之后,他向大会秘书组写了一封信,刊登在《简报》上。他说:"李锐同志在小组会的发言中,说我在三峡科学研究几百人的会议上讲,成都会议的决议都是促进的,惟有三峡的决议是促退的。我要说明我没有说过这样的话。中央关于修建大坝的决定,我参加过讨论,我是十分拥护的。我只是说过有的同志希望时间更提早一些,要求科学家们鼓足干劲,想办法能使三峡大坝的修建提前完成。我写《毛主席在湖北》一文是不够慎重的。但是我决不会在那样的场合说中央的某一个决议是促退的。那样说是违背党的组织原则和纪律的。"由于形势的发展,我没有就此事再饶舌了。不过,"促退"之话是确确实实说了的,这是参加会议的机械部主管电机制造的负责人告诉我的,当时他们被将军将得很厉害。

康生在第四组,24日也作了长篇发言。他说:"主席提到立三路线、王明路线、张国焘路线、第二次王明路线、高饶事件等历史教训。我昨晚初步回想了一下,在立三路线时,没有犯错误,在第一次王明路线时,我是执行过这个路线,犯过错误的,在第一次整风时曾经作过检讨。张国焘路线时，我不在国内。在第二次王明路线、高饶事件、整风反右以及现在执行党的总路线中，由于在主席和中央的直接领导下，没有动摇过，没有犯过大的错误。"在这一番表白之后，康生说："我认为主席所说大炼钢铁和人民公社的两大'罪状'，是从反面来讲的，是从敌人、右派、党内反党分子的看法来讲的。从我们、从全党、从全国人民来讲，这不仅不是'罪状'，而是两次伟大的功绩。这不仅是对加速中国社会主义建设的两大贡献，而且，历史将会证明，这对世界社会主义阵营和共产主义运动，也是重大的贡献。在具体工作上有一些缺点错误这是暂时的、局部的、难免的，而且是不难纠正的。实际上，从去年郑州会议以来，即已经得到纠正。把我们经济生活上的某些比例失调现象，夸大成为影响整个社会各阶级关系的错误，这种说法，显然是错误的。对大跃进中的某些缺点错误，我们做具体工作的同志应当多负一点责任。譬如说，主席提到十五年内让所有的人进大学的想法问题，这个问题，不仅不应由主席负责，而且也不应由柯老负责，主要应当由我们管教育工作的同志特别是我自己要负责。北戴河会议关于教育工作的决议中虽然提到这个问题，但也不是说让所有的人都进大学，而是说在普及中学后，凡是有条件的青年和成年能够受到高等教育。同时规定了十五年普及，十五年提高，共需三十年时间。现在看来，十五年普及可能要求过急了一些。但这种问题的性质，并不属于'小资产阶级狂热性'那一类。"关于彭德怀的信，康生说，"首先引起的一个感觉是'彭总为什么要写这封信'？觉得意见书前后矛盾，不合逻辑。前面肯定，后面否定；前面说'是'，后面又说'不是'。看了这信，会引起人的思想混乱。意见书不是文字问题，而是思想方向问题"。康生还说彭德怀不要一再解释说，这封信原来是只给主席看的，没有想到会印出来。

24日，曾希圣、陈正人（都在第三组）的发言，都谈到当前

## 批评与检讨

资产阶级动摇性,其实质是阶级斗争在党内的反映,贯彻执行总路线的斗争,是同现阶段继续存在的阶级斗争分不开的。贺龙的发言,提到洛川会议问题,说对毛主席的抗战战略方针,有人不坚决执行。这时对彭德怀还没有作过多的批评。

这里可以提一下陈伯达其人在庐山的表现。我们的闲谈他参加过,观点是比较一致的。因此有前述23日主席讲话后四人散步之事。7月18日、19日,在第三组,他曾两次长篇发言,认为不能忽视大跃进的副产品,要对事不对人,要摆事实,讲道理等等。他说"我和陈正人同志开了一次火":中央农村工作部应作检讨。因为陈正人认为农业并没有多大问题,粮食只是小部分地区紧张。又说到他受骗、吃苦药之事:"我去年在河南遂平、山东范县(按:范县曾宣传两年进入共产主义)所看到、听到的一些东西,有一部分是不真实的,是下面干部预先布置的。最近《红旗》杂志的同志到那两个县,把一些情况查清楚了。我把反映这些情况的信,给舒同和吴芝圃同志看了。他们两位都很难过。"庐山会议前,陈伯达回过福建家乡作调查,"因为是本地人,我自认为比较了解到一些真实情况"。他反映了许多福建的问题。23日之后,在小组会上,陈伯达自然成了被批评的对象之一。他着急修改原来的发言稿(《简报》刊出时删掉一些),又连忙长篇大论批判彭德怀的信,并且摆出理论家的架势:"彭德怀同志的意见书基本上是错误的。从意见书中,说明彭德怀同志的主要观点是错误的。彭德怀同志形容大跃进的情况,表现为'资产阶级的狂热性',就是很明显的错误。在大跃进当中,人民群众的那种冲天干劲很感动人。冲天干劲,是马克思先用过的句子。主席在讲话中,说到巴黎公社的例子。马克思就是用冲天的英勇精神,来形容巴黎公社的革命行动。列宁在他的言论中,发挥了这种精神。1905年革命以后,列宁同普列汉诺夫发生了根本分歧,他经常用巴黎公社的例子来批评普列汉诺夫。巴黎公社是无产阶级专政,难道可以说巴黎公社是什么'小资产阶级专政'或什么'小资产阶级狂热性'的专政吗？我们去年大跃进的行动，是在中国工人阶级领导下全国人民的冲天的英勇精神。用巴黎公社的例子同大跃进相比，是两种不同的事情，但是也有相同的地方，就是无产阶级的冲天干劲是相同的。我完全同意主席讲话的看法。去年我到遂平、范县，又到广东、福建，是被广大群众的那种冲天的英勇精神所感动的，所吸引住的。对群众的冲天干劲，我是没有怀疑的，虽然我说了我们工作中的缺点。去年的大跃进，是有深厚的群众基础的，是非常广泛的群众运动，决不是少数人凭自己的主观想法搞起来的。彭德怀同志说这是'小资产阶级的狂热性'，并且说'把党长期以来所形成的群众路线和实事求是作风置诸脑后了'。我认为，这个估计是错误的。"陈伯达还说彭德怀意见书里边的观点，一个对形势的估计，一个对倾向的估计，都是错误的。"意见书既然说'这样的增长速度，是世界各国从来没有过的'，可是又要使大跃进'四平八稳'，那就难了。列宁在临死前最后一篇文章中，曾经引证了拿破仑的一句话，来驳斥第二国际的没有文化不要搞社会主义革命的观点。拿破仑说过：'首先要投入真正的战斗，然后再看分晓。'列宁说：'我们为什么不能首先在我国创造这种文明的前提，如驱逐地主，驱逐俄国资本家，然后开始走向社会主义呢？'（这句话见《列宁选集》第4卷第692页）我们搞大跃进也是这样的。可是彭德怀同志的话却自相矛盾，他既承认工农业增长的速度史无前例，又要不发生一些毛病，那怎么可能呢？这是缺乏马克思主义的分析，是片面性。意见书中说：'浮夸风气，吹遍各地区、各部门'，这个估计也过分了，是言过其实。彭德怀同志的意见书中又说：'现时我们在建设工作中所面临的突出矛盾，是由于比例失调而引起各方面的紧张。就其性质看，这种情况的发展已影响到工农之间、城市各阶层之间和农民各阶层之间的关系，因此也是具有政治性的。'彭德怀同志把我们的情况和存在的问题，提到这样政治性的高度，显然是完全错误的。对阶级关系紧张的看法，也是完全错误的。我们在计划工作中，有些比例失调是事实，市场情况，有个时期也相当紧张。这是在大跃进当中发生的一些困难，是暂时的困难，前进中的困难。我们的困难已经渡过了高点。小麦收下来了，早稻收下来了，困难的顶点就过了。当然这不是说没有困难了。可是彭德怀同志却把困难夸大了，说全国都是紧张状态，甚至阶级关系很紧张，这种估计是错误的。"

由于在郑州会议上刚挨过毛泽东的严厉批评，人们对这位理论家就不大留情面了。不论他怎样表态，怎样长篇大论，引经据典，人们还是不放过他。田家英告诉我：在8月初最紧张、尖锐的斗争开始后，"这位老夫子就躺倒装病，不参加会议了"。接着在10月间，这位理论家就发表了他的长篇论文：《资产阶级的世界观还是无产阶级的世界观》，来清算"同路人"彭德怀"民主、自由、平等、博爱"的老账了，来批判"彭、黄、张、周反党联盟"的资产阶级复辟欲望了。

张闻天在第二组。就在23日下午讨论毛泽东的讲话时，张闻天还在小组会上说："为了总结经验，指出缺点，原是符合中央方针的，但可能把缺点讲得多了，讲走了边。"24日，柯庆施指责张闻天在发言中提出多从主观主义、片面性方面来检查总结大跃进，"不是实事求是的态度"之后，他还是坦然的，发言时仍讲出心里的话："由于工作岗位不同，站在不同的角度看问题，对问题的看法，也就不完全一样。我没有经验，是从旁看的，与整个群众运动联系得不够。同时，觉得你们不大愿意听，我们要讲缺点，你们要讲成绩。这主要是看问题的角度不同。大家把不同的看法，不同的意见，经常讲出来，经过争论，认识一致了，问题就解决了。这样的会开得很有味道。现在有顾虑的人还是不少的。彭总写了一封信，引起大家争论，能把问题看得更清楚，柯庆施同志今天就讲了好几条，这样交换意见是很好的。不怕扣帽子，不乱扣帽子，不怕争议，有话就讲，大家认识一致了，没有负担了，这就是心情舒畅。有什么讲什么，就没有什么紧张了。我有时也想，不关我的事，我讲不讲，我是搞外交工作的，讲了以后还有些后悔，我何必讲呢。紧张状态的确是存在的，养成民主风气很重要。这里都是负责同志，下面更严重些。"

在 7 月 26 日的小组讨论会上，张闻天再次作了检讨。他首先还是重申，参加庐山会议以前，"对党的总路线的正确，大跃进的伟大成绩，以及缺点是十个指头中的一个指头，向来是没有怀疑的"。然后谈到，参加庐山会议后，逐渐有些不满，是因为感觉到：似乎有些同志只是喜欢讲成绩，一讲到缺点，就要讲成绩，一讲缺点，似乎就对大跃进的成绩估计不足。"因此在小组会上，在肯定了大跃进和总路线以后就大讲了一通缺点，还批评了一些不愿意讲缺点的论点。我当时自以为这样做是出于责任感，目的是为了帮助同志，并不怀疑自己的立场有什么问题。""对彭总的信，当时也以为基本上好，对大跃进的成绩和总路线的正确是肯定的，只是对于缺点的有些提法还可考虑，但也关系不大，只要把问题提出来就好，也不认为有立场问题。"即便是主席 23 日讲话后，开始时对主席所说的立场问题、动摇问题体会也不是那么深刻。"现在，经过同志们的帮助和自己反复考虑，才认识到主席提出这个问题很深刻、很重要。"可见，张闻天思想的转弯受着外部的巨大压力和内心的痛苦折磨，但他这时还是没有"上纲上线"地责备自己。只是检讨说："对某些同志们怕讲缺点、怕自我批评的疑心，是不合实际的，是不对的。""有些缺点和问题，是有那么一些事情的。但是我片面地强调了或夸大了这些缺点，使人得到印象是问题很多，成绩不大。事实上，我所提的许多问题和缺点，许多已经解决，有的正在解决，有的正要去解决。"张闻天向自己提出一连串的"为什么"："为什么不去研究什么是当前形势的主要问题？为什么不强调全面地去总结经验，首先是正面的经验？为什么不强调当前的主要危险是右倾思想？为什么不强调要继续鼓足干劲力争上游，而偏要片面地强调或夸大缺点，强调总结反面的经验？"对"左"的错误有切肤之痛的张闻天，根本无法解开这些"为什么"，只好归结为：对大跃进伟大成就估计不足，对总路线还有某种程度的摇摆，积极支持不够，干劲不够，表现不够坚定。他承认："主席说到立场问题、动摇问题，我是有这个问题的。""看到了我的问题，我也就想到彭总的信，也是有这个问题的。我认为主席在这方面的批评是完全正确的。"张闻天提到错误产生的原因：首先是没有直接参加大跃进运动，对群众的思想感情体会不深，对国内当前的主要政治动向认识不清；其次是由于思想方法上的片面性，教条主义，夸夸其谈的老毛病还没有完全克服。在结束检讨发言时，张闻天表示：愿意撤回在上次小组会上带有错误偏向的发言。

26日，经过两天反复思考，黄克诚（在第五组）作了检讨。他说，自己19日发言的缺点，还不在于多讲了已经过去了的缺点，而在于对当前党内思想的主要危险完全没有涉及，根本原因是嗅觉不灵。听主席的讲话，受到极大的、深刻的启发和教育。去年具体工作中的那些缺点，应由全党来负责，绝不应该由主席负责。"我是中央书记处的一员，有我应该负的责任。"上山后，才看到彭总的信。我同他说：你有意见写信告诉主席，是好的。但信中对某些问题的提法和用词不妥当，特别是关于"小资产阶级狂热性"的提法很不好。对信中所述意见的错误性质认识则不明确，没认识到其思想具有当前开始露头的右倾代表性，总的精神是错误的。黄克诚最后谈到他曾经反复考虑过建设速度的快和慢的问题，认为在没有掌握建设经验的时候，虽然慢点可能少出些乱子，快点可能多出些乱子。但根据主客观形势和条件，宁可承担些乱子，把速度放快点比慢点好。自己在思想方法上有一个极大的毛病，一个问题或一件事物到我面前的时候，常常把困难和不利方面想得多，对有利方面想得不够，因而在实际行动中，常常谨慎有余，进取不足。这也是对党内发生某些"左"的现象比较敏感，对右倾偏向嗅觉不灵的重要原因。

周小舟在第二组，直到 27 日，他才作长篇发言，他的"觉悟"较慢，他仍较多地回顾去年湖南的具体情况。因此，人们频频插话，柯庆施更不断质疑，追问周小舟对彭德怀的信的看法。周小舟则讲他对总路线从未动摇，也没有在困难面前低头，自问没有把三句话割裂开来。主席讲话，自己毫无思想准备。对彭总的信，原说总的精神是好的，同意的，某些提法、词句可以斟酌。听了主席讲话，才认识到是方向问题，立场问题，才感到这封信是不对的。最后承认上次发言是错误的。人们对周小舟的发言极为不满。

23 日之后，彭德怀就再没有到餐厅同大家一起吃过饭，他的心情自然非常沉重。23 日晚上散步时，他遇到聂荣臻，聂荣臻问他对毛泽东讲话的感想，他说："是非曲直由人断，事久自然明吧。"这是他对过去许多历史误会一贯持有的态度。聂荣臻劝他认真考虑，要作检讨，对党有利。他反复考虑，毛泽东讲得那么严重，不作检讨是不行的，否则弯转不过来。但要全部否定自己，也觉得不合实际。因为信中并没有反对大跃进和总路线，许多问题讲得并不错。24 日下午在第四组的讨论中，彭德怀有一些插话。他说："对总路线、人民公社、大跃进的正确，我是不怀疑的。对小土炉问题，我本意是想批判'得不偿失'的说法，但未写清楚。我也想把工业搞得快一点，但看到范县的文件，感到搞得急了，又听说山东耕牛死了 1/4，济宁专区的灾荒我也很关心，在捷克时还打电话回国问情况，对这些情况，我又确有点忧虑，思想上发展了片面性，失去了主要的方面。"谈到写信的事："开初，对把信印出来有点不高兴。我曾想：我与主席是学生和先生的关系，这封信是写给主席一个人看，请他指示的，如要印发作为意见书，我就要仔细斟酌一下。晚上想想，发下来作为反面教材有什么不好。另一方面，也暴露了我自己，让大家斗一下，把模糊的东西搞清楚一点。争论印不印，是不对的。我的

## 批评与检讨

这封信，印出来有好作用，也有坏作用。坏的方面，如果领导不强，会有很多人被迷惑，会打击积极性。当然，由于有毛主席的领导，是不会发生这种情况的。信中缺点写得很多，缺乏分析，意思没写清楚，不是因为仓促，是思想方法有问题。"彭德怀还说："为什么写这信给主席？华北会议我得到一条重要的教训：我这个人是旧军官出身，有小资产阶级和农民的无政府主义思想，容易犯上。有了那次教育，对此有所警惕，所以有一些想法就写信给主席。"这些插话半是检讨，半是解释，他显然希望得到大家的谅解。

彭德怀请了两天假，反省过去的种种问题。尽管内心矛盾重重，26日，他还是违心地作了检讨，承认思想方法上有片面性，信中对如何肯定大跃进的成绩，以及研究经验教训的看法，是有错误的。关于写信的原因，他说："我写这封信时，是希望在这次会议上能够深刻地研究和总结一下经验教训，使我们的建设工作搞得更好一些。这是出发点和动机，因而就过多强调了困难和缺点方面，对于全国情况缺乏具体分析，提出了一些错误的看法。这种错误的看法，可能引起在经济建设中快和慢的摇摆。""我的思想落后于实际，对全国情况了解甚少。当时只感到截至13日的小组会中，对经验教训探讨得还很不够。从会议的《简报》上看不到反面的意见。空气有些沉闷。思想上有点急躁情绪，担心有些缺点可能要重复，不利于今后的跃进。为了提起主席注意这一情况，就在13日写了一封给主席参考的信。那时又听说小组会在15日就要结束，使我心情更加急切。我感谢主席的严正批评，纠正了我的错误。"他坚持说："这封信，当时考虑只是供主席参考用的。信中不合逻辑、字句不妥之处甚多，提出了一些问题，也没有交代清楚。如信中的'有失有得'，'由于比例失调而引起各方面紧张，是具有政治性的'，'小资产阶级狂热性'等提法，都是不妥的或错误的。"他最后说："这次会议意义十分重大。对我教育很大。现在会议快要结束了，建议会后收回我 7 月 14 日给毛主席的信。存入中央档案,作为我今后思想检查的资料。"

彭德怀发言之后,在场的朱德放下心来,宽慰地说道:"彭总发言的态度是好的。我相信他是畅快的。彭总的发言中有一句话,'江山易改,本性难移',这是农民意识。在座的天天向前进,哪有不改的。他的主观性、片面性就是这样来的。大家对彭总的批评是对的,彭总今天对大家的批评也比较听得进去了。过去就谈不进去,谈起来就吵。我相信,经过这次会议,统一了思想,统一了认识,就不会把错误当做包袱背起来了。"

可以说,当时大家都把事情看简单了,都以为只要当事者基本承认了错误,问题就可以告一段落,还以为会议就快结束了。殊不知更大的风暴,更激烈的"阶级斗争"、"你死我活"的斗争还在后面。

彭德怀后来在笔记中追叙了当时的心情:"7 月 26 日。我出席了小组会。对我 7 月 14 日信内'小资产阶级狂热性',作了检讨。主要说明这个提法是对革命群众泼了冷水,对浮夸风吹遍各地区、各部门,'比例失调'也讲得严重了些。其实这些检讨是言不由衷的。""我在小组会上作了言不由衷的检讨之后,心情十分不安,多么难过啊!真像万箭穿心似的。"他的难过,并非个人得失,而是担心这样下去,对国家经济形势的发展,将会产生更加严重的后果。他真想再去找毛泽东当面辩论一次:当前形势决不是什么一个指头的问题,切不可由于他作了检讨,而放松对缺点、错误的纠正。由于主客观悬殊之势已成,他也只能这样想想而已。这些思想痕迹,他都在后来追记的笔记中保留了下来。彭德怀万万没有料到的是,26 日的检讨如万箭穿心,今后还必须作比这更十倍违心、十倍万箭穿心的检讨啊!

我是列席会议的工作人员,可是也被作为重点,在小组会上受到严厉批评。我在第一组,有北京的几位部长同在一组。20 日的发言,我曾谈到钢铁翻番和 1959 年高指标,同华东计划会议有

## 批评与检讨

关，这当然刺痛了柯庆施。小组会上有人揭发我在火车上说过：1958 年大跃进出了轨，翻了车。我这是转述胡乔木的一种比喻，我的发言和我当时的思想，也决不是这个意思。这时我就一口咬定，这是我自己打过的一种比喻（从而撇开了乔木，有延安的经验，有事自己承当，不牵连别人）。我说车不按轨道走是要出轨的，只是讲综合平衡中出了问题。这位揭发的同志当时并不在火车上，我就追问，那么是听见谁说的呢？他说是柯老说的。我就说，这更奇怪了，柯老又不在火车上。当时这位同志就收回了"李锐说大跃进翻了车"这句话。当时我太不冷静，太少年气盛，不该接着说这样伤人的话："我同你今后只能谈风花雪月。"从此，"李锐说去年翻了车"就讲不清了。那时我必须极力辩明自己是赞成总路线、大跃进的。我跟柯庆施"结怨"，还有这么件事：1958 年 3 月成都会议时，冶金部的报告很受毛泽东的赞赏，柯庆施在南宁会议很得恩宠，是当时的大红人，也急着想写一篇东西，以便在会上印发。他找我起草，但他谈不出多少东西，我难为"无米之炊"。只记得他有过这类豪言壮语：十五年内，全国人人都要当大学生，那时他正应聘为复旦大学讲课。我费力凑了两千多字。结果此文没有在会上印发，他大失所望。后来田家英告诉我，柯庆施向他埋怨：李锐的文章没有写好（以后中央开会，他必带张春桥，庐山会议也带了去）。这天中午吃饭时，柯庆施知道了我们小组会的情况，就斟了一杯葡萄酒，走过来要跟我干杯。我就大声说：柯老，你是看见过列宁的人，何必跟我们后生小子过不去。满餐厅几桌人都听见我这句话，见到这个场面：我硬不干杯，转回餐桌不予理会，使得这位柯老下不了台。这个细节一方面说明，我这个人何等"少不更事"，同时也说明当时的情况，还只对事没对人，会议的空气还允许我如此放肆。但柯庆施这个人我是忘记不了的。《龙胆紫集》"戊己辞"九首最后一首：咏某"战友"，就是写此人的：

"人皆学士"此雄心，福至心灵沐主恩。

应命捉刀难补意，语人落第乃输文。

未能合唱法螺调，因得常攀牛鬼亲。

一跌风波吾老矣，盖棺"战友"典型存。

26日，我作第一次检讨（《简报》都刊出的），首先检讨了上次态度的不好。随着简单说到一年多来的思想情况：从我本身的工作（水电）来说，从来是觉得可以多快好省的（长期为此争取过），对总路线、大跃进是认真贯彻执行的。去年以来，同主席的接触和向主席写过三封信，主要是谈当时钢铁指标定得过高，其他难以平衡，以及对计划工作等方面的意见。总的精神是如何更好地实现大跃进和贯彻总路线。对鹤寿同志（王鹤寿也在第一组）和冶金部的意见，从来也只是说指标定得过高了，左邻右舍有困难。对于把"成绩说够，缺点说透"，我有一种想法，认为像庐山这样的会议，主要是总结经验教训，更重要的是把一些缺点和问题谈清楚。对于彭总的信，我是有过同情的。刚一看到时，感到作为对立面提出来是好的，当时还同别的同志说过，彭总伟大（果然后来有人揭发）。以后又看了一遍，也只是感到一些词句和一些提法上，例如"小资产阶级狂热性"等问题，上次我讲了（记录没有写上）。至于资产阶级的动摇性，对总路线的怀疑、摇摆，由于自己的思想状况，根本没有这样的嗅觉。听到主席讲话后，对许多问题比过去看得深了一步，受到很大教育。

大家认为我没有敞开思想，有的人对我的发言不满意，我那时还完全没有意识到大难即将临头，还把我在小组会上同别人争论的情况，以及不跟柯庆施干杯之事，得意地告诉周小舟和周惠。他们听了，也颇为高兴。

## 对事，也要对人

7月26日是庐山会议的一个关键日：反党定性，批斗升级。犯错误的同志不单是思想认识问题，而是有组织的反党活动问题。这天各小组都传达了毛泽东的几句话，我的记录本上是这样记的：事是人做的，对事，也要对人。要划清界限。问题要讲清楚，不能含糊。话只有这样几句，各种传闻就复杂多了。

7月23日夜，我们三人到黄克诚住处这件事，被传播开来，传到了毛泽东耳中。我担忧的人家会怀疑是"小组织活动"竟然真的出现了。黄克诚和彭德怀又是住在一起的，人们自然疑心：你们听了讲话后，晚上还聚到一起，究竟要干什么？

26日印发的作为7月23日讲话的续篇《对于一封信的评论》（即对李云仲信的批示）有的放矢，说得极为清楚："现在党内党外出现了一种新的事物，就是右倾情绪、右倾思想、右倾活动已经增长，大有猖狂进攻之势，这表现在此次会议印发各同志的许多材料上。这种情况远没有达到1957年党内外右派猖狂进攻那种程度，但是苗头和趋势已经很显著，已经出现在地平线上了。这种情况是资产阶级性质的。"《评论》号召那些"得失相当"论的中间派，不要再摇摇摆摆。"我们不怕右派猖狂进攻，却怕这些同志的摇摆。"《评论》最后说："我们党三十八年的历史，就是这样走过来的。反右必出'左'，反'左'必出右，这是必然性，时然而言，现在是讲这一点的时候了。不讲于团结不利，于党于个人都不利。现在这一次争论，可能会被证明是一次意义重大的争论，如同我们在革命时期各次重大争论一样。"

关键就在"右倾活动"、"猖狂进攻"8个字，谁还敢"摇摆"呢？谁还敢当"中间"派呢？

就在发出对李云仲信的批示的第二天，毛泽东还批发了另外两个材料，一个是《国务院秘书厅学习简报》，一个是《江西省中级党校学员对人民公社的各种看法》。这两个材料的内容，前面已作过介绍,都是对大跃进、人民公社的不同意见。

我的记录本上,还记有7月26日上午周恩来的一个长篇讲话的要点,是向北京来的各部委负责同志苦口婆心作关照:要接受当前这个突然发生的他也没有料到的严峻形势,怎样渡过今后难关——既要反右倾,又要把工作做好。要点如下:

谈政治方向与工作态度两个问题。弄清政治方向,划清界限。思想问题,路线问题,如对后者有所怀疑,就是根本立场问题。两者有联系,又有区别。会议形势的发展,事前我也无思想准备,也许有人感觉到"山雨欲来风满楼",许多人是"不识庐山真面目"。四个星期会议的发展,大家慢慢懂得了,不是简单的经验总结,而发现是方向问题,是一场政治斗争。党内思想动态不能不反应党外思想动态,到了时机成熟时,主席才讲明这个问题。主席一开始就讲过"得失论"。

去年是一场社会主义革命。总路线为群众所掌握,9000万人上山,食堂遍及全国。怀疑者认为得不偿失,党外以龙云为代表,党内有天津干部、江西党校的议论,东北李云仲的信。会内是另一种形势,怀疑总路线,左、中、右,站在哪一方。彭总的信是右的代表。

主席论十大关系,1956年提出多快好省,已经奠定了总路线的基础。现代方法,简易方法,不断发展、转化,两条腿走路以前者为主导。不能单算经济账,还要算政治账。局部与全局,还有当前与长远,得失要算总账。去年绝非得不偿失、得失各半,而是得多失少。

是投身于群众运动的热潮,还是对之泼冷水?每一个单位炼钢、炼铁得不偿失,都登报,行不行?算总账,划得来。说"左"了,实际是说"左"的人右了。

总路线同群众要求必须结合在一起。说总路线"基本正确",是怀疑总路线。现在要回答的问题是:总路线是否正确?

补贴几十亿划不划得来?这是李先念提出来的,我说划得来，李先念是不怀疑总路线的。落实指标，落到可靠程度，是否是机会主义？大家"焦头烂额"、"精疲力竭"，算了四个礼拜的账，是否是机会主义。（周恩来在会议期间，一直抓计委和各工交部算细账，落实1959、1960两年的主要指标。）

落实以后继续前进，决不是机会主义。这就是政治态度。泄气思想是动摇总路线。我们只是去掉一部分虚气。

动摇总路线有两种表现：基本肯定，得失各半，都是泄了气，没有看到广大群众的积极性。

另一种偏向是，尽说些空话，看到许多问题不去解决，熟视无睹，放心得下，这同样是右倾。表面积极，总责备下面，光说空话这实际是帮助了怀疑派。否认失调，否认紧张。这也是一类工作态度。

到底是否有赤字？是否通货膨胀？

会议初期要回答这些问题。会议中期，许多意见提出来了，怀疑、动摇出现了，中央领导同志中也出现了，引起了大家注意。

23日讲话之后，会议进入第三阶段。究竟站在什么方向。是采取批评、团结的方针。彭总在主席处讲过匈牙利事件（李井泉同志警告过他），个别地方可能出现，但整个国家决不会出现，出了偏差，中央马上纠正了。

综合平衡，苏联搞了二十多年，农业几十年未能平衡。

执行总路线过程中发生的偏差，不是路线问题。鼓足干劲，力争上游，是主观、客观相结合。今年850万吨钢材，最后算账只700万吨。也不要被此吓倒。不要沉溺在小洋群中，两条腿要走稳当，如意算盘不能打得太多，不要拍王鹤寿的桌子，各部是否有这类事？

几十万条错误，不能动摇总路线。问题只是偏差与不力，有的人碰到一个问题出现，就又怀疑一番。只看到个别现象，又忘记了全局和真理。我焦心如焚，置身其中。

另外一种态度,是站在局外指手画脚,做旁观者,中间派。尽管有的指责是对的,但根本问题是方向,包括立场与目的。两种目的,两种态度,定要弄清政治方向,才能划清界限。各人按自己的思想情况作回答。北京来的人占一半多,当此紧急关头,要表态。北京来的人,在会议中哇啦哇啦。

第二个问题讲工作态度。要正确算账,把账算清楚。地平线上出现了右派进攻,还不到猖狂程度。公布了落实的指标,最高国务会,人大常委会开后,必定议论纷纷,会发生各种怀疑,甚至反对总路线。郑州会议后,纠正了许多偏向,局部地区还有夏荒问题。

6月13日分配了850万吨钢材,加进口52万吨,但国内实际只有700万吨,将影响多方面的工作。对这些问题,应当采取既严肃又积极的态度,不要被吓倒了。

财政信贷、物资、劳动三平衡,即货币总发行额同商品总额相除,这是公式,不是教条。一切要同中国实际结合。面对客观事实,提出解决办法。商品跟货币流通的矛盾,承认商品、商场的紧张。去年不仅吃多了,也用多了,因而要大力提倡节约。

我不安了半年,并非对总路线动摇,但决不可盲目乐观。钢材订货,找不到厂长,心里着实难过的。总之,积极负责,不说空话,面对铁的事实。从武昌会议至今已八个月了,大家在小组会上要作适当自我批评,不要怪地方。

基建用钢材要减32%,共250万吨。生产用钢材减52万吨,减9.2%。

从不切实际到切实际。对远景,要增强信心。要保持二五跃进速度,实干、苦干、巧干,落实各项指标与措施。大家想办法,同心同德,不埋怨、不畏难。

周恩来是当家人,他不能空谈总路线正确,空谈九个指头与一个指头,在庐山自始至终务实。他知道北京来的人的心理:着急的是今年指标如何落实、如何完成,他对此是一直不安的,也可说是忧心如焚的。这篇讲话，言词之间，可以见到内心的矛盾。值此批斗升级、对事又对人之际，他一方面要保卫总路线，遵从毛泽东的指示和意图，另一方面要保证工作正常进行。既要务虚，又要务实，既要正视困难，又不能为困难吓倒。他已感到即将出现他不愿出现的巨大风暴，要大家把工作做好。

周恩来讲话，最后才谈到血淋淋的事实：当年钢材要砍掉302万吨！这是那些煽动斗彭反右的人，不屑顾及的区区小事。

"党内右派在猖狂进攻。"毛泽东一声令下，"要划清界限"！于是不论过去有没有表过态，或讲得重讲得轻的，都起而踊跃发言，大家直接对着彭德怀、张闻天等开火。

——开始联系历史上的几次错误路线：立三路线、一次王明路线、二次王明路线、高饶事件，认为凡紧要关头彭德怀都是动摇的，总是站在错误路线方面。这次反对总路线，有其历史根源。

——思想上是个人英雄主义。说彭德怀自以为"有骨气，不信邪"，以犯上为荣。百团大战是无组织无纪律。还有人提到会理会议，反对毛主席的军事指挥问题。

——重提延安华北座谈会总结的彭德怀的四大错误：抗战战略方针上反对毛主席，打百团大战，执行王明的一切通过统一战线，历来对群众运动泼冷水，闹独立性。

——彭德怀、张闻天、李云仲等共同特点，都是说党内不能讲话。

——彭德怀说，他批评的具体对象是冶金部、农村工作部和宣传部，这三个部恰恰是主席抓得最多的。张闻天说"好大喜功"，这指的是谁？还不是毛主席。

——猖狂进攻已经到来，不仅是立场问题，动机不是为了党的利益，而是别有用心，是要在党内掀起一场斗争，反对总路线，攻击毛主席。彭、张等看到气候已经合适，认为抓住了辫子。要向毛主席和中央算账。

——而且还有个组织问题：此次彭德怀是元帅，张闻天是副帅。一封信，一个发言，都带有反党纲领性质。锋芒指向党中央和毛主席，是向党的挑战书。

——毛主席在八大二次会议、上海会议上都讲过，要防止党的分裂问题。是有所指的，指的就是彭德怀。

——"第一书记说的算，别人说的就不算，不建立集体威信，只建立个人威信是不对的，是不正常的现象"，还有"什么都是第一书记挂帅"。彭德怀这些话是讲毛主席的，他对毛主席攻得厉害。他在小组会上还讲过"脱裤子"，"要脱大家都脱"。

——周小舟、周惠的思想与彭德怀是一根红线串起来的。有的人还质问周惠：你是拥护总路线、毛主席，还是拥护周小舟？因为这时人们对周小舟的检讨很不满意。周惠还为之说了公道话。

——"是否同国际朋友的影响有关系？""是否到国外取了什么经回来了？"这一类所谓"里通外国"的问题，也开始有人提了出来。

最为严重的是小组会外的种种议论和传言，"湖南集团"和"军事俱乐部"的说法传开了。总之，空气越来越紧张，人人都在摩拳擦掌，投入战斗。周恩来讲的"工作态度"问题，再没有人顾及了。

除了对彭德怀、张闻天等开火，那些赞成和基本赞成彭德怀意见书观点或同彭德怀看法接近的人，在小组讨论中也无不遭到严厉指责。27日的第二组讨论中，有人发言指责陶鲁笳"态度不老实"，说他前几次的发言实际是同意彭德怀的意见的，并且有所发挥。在食堂问题上，他的态度甚至可以说是猖狂的。他不同意"积极办好，自愿参加"的方针，还另外提了他自己的一条方针；在某些问题上为彭德怀的意见书作了补充和说明。还说陶在紧要关头有摇摆，至今仍掩盖自己的错误根源，躲躲闪闪，隐蔽自己的政治态度。同一天第四组的会上,有人提出黄克诚的问题:黄的发言是与彭德怀有共同之点的,基本精神是完全一致的。他的第二次发言已经作了初步检查,并且讲到彭总征求他的意见,这是诚恳的。但有一个矛盾使人难以了解,一方面说他当时对彭德怀的若干观点,表示有不同意见。另一方面,他在发言时,差不多与彭德怀意见书的精神相同,而且对人民公社问题讲得很突出,认为可办可不办时不如迟办几年,认为农业成绩估计过高是造成紧张的主导原因,并且把目前紧张情况及党的威信估计得过于严重。对于这些问题黄克诚在第二次发言中没有谈到,也就是还不接触思想。这个组讨论中还点了田家英,有人说田家英几次为彭德怀解释,并替彭德怀意见书中所说的阶级关系发展成为政治性问题找根据,要求田家英谈谈自己的思想。

前面谈到,26日的小组会上,有人对我的检讨发言不满意,大家认为我没有敞开思想。27日、28日的小组会,在批评彭德怀意见书的同时,仍继续提到我的问题,除了追查讨论中的发言,还查到了火车上说的"比例失调,好像火车出轨"等话。28日小组讨论一开始,就要我检查三件事:发言中说过毛主席提出1070(钢产量翻番)的任务后,王鹤寿曾表示为难。还说过从主席提出"平衡是相对的,不平衡是绝对的"以后,北京在去年很长时期人们只讲突破平衡,不敢说平衡,是什么意思,关于"综合平衡,比例失调,好像火车出了轨"的说法。讨论中,又扯出了在中南组发言时说的"以钢为纲"这句话是否不用为好的话,以及说过的感觉会议有压力,"像空气一样看不到,摸不到"的话。我在讨论中作了些解释,被说成"思想方法没有摆对",要我"不要一句一句地对",意思是不要去对说过的话一一作说明。从《简报》上得知,其他组在讨论中也牵扯到我。第五组27日的会上,罗瑞卿插话:"李锐同志曾向我们——在座的有柯庆施、李井泉、陶铸、刘建勋、周小舟、周惠、李锐,和我提过这样一个问题:今年第二次郑州会议关于所有制问题,如果不是毛主席而是别人提出来，会不会戴右倾帽子？李锐同志这样提出问题不知是什么意思？据我看，李锐在会议前一阶段表示了很多错误观点，而且发展到了相当狂妄。"28日有人发言说："还要对几位同志提些意见，如张闻天同志、李锐同志等，读了他们的发言深有物以类聚、人以群分之感。他们以彭总意见书为纲，有的加以发挥，有的遥相呼应。""这些同志或从人民公社和农业估产偏高入手大做文章；或从大炼钢铁造成所谓比例失调发议论，把紧张说成像老虎一样吓人！这无非使人相信，工农业并举这条两条腿走路的方针搞坏了。他们共同之处是：口诛笔伐，火气旺盛。但都喊着有'压力'、'不能畅所欲言'。但不论怎样说，毕竟市场有限，人们相信主席的话，嗅出这正是在内外敌人夹攻的紧急关头党内一些人的摇摆罢了。"

当时受到指责的还有贾拓夫。他在26日第三组作检讨，说对彭德怀的信原觉总的精神是好的，没有想到是路线问题。就有人插话：彭德怀的信上说，国家计委虽有安排，但难以决断，是不是计委的个别同志向彭德怀诉过苦？会外的传说，是贾拓夫向彭德怀提供了炮弹。因此贾拓夫一直较紧张，后来在全会批彭德怀时，他把去过彭德怀家几次这些生活琐事都被迫作了交代。万毅也曾经表示基本同意彭信的意见，也感到会议上谈缺点时有压力。26日作长篇检讨时，他还是解释为什么感到压力问题，是由于邓洁发言谈缺点时，组长即说，专找缺点一千条、一万条也有，使人难于讲话。

7月23日到29日之间，我同周小舟、周惠还是有些来往的，田家英也悄悄跟我联系。有天晚上，田家英来到我的住处特意告诉我，在起草反党集团文件，周小舟在内，让我通知二周，加倍小心谨慎。田家英还告诉我，问过总理，没有我的名字，这期间，田家英还告诉我一些重要情况；在毛泽东住处召开的大区负责人会上，有人说彭德怀就是纳吉。毛泽东独自在房间时，林克（英文秘书）在旁，对林克说：朱德是老右派，张闻天也是，李

## 对事，也要对人

锐这次也是个右派。

这种狂风暴雨的党内斗争，周小舟大概是第一次经历，他有一种很悲观的思想，同我谈过，很想"挂冠"，去搞个农场，甚至说，不如"出家"。修改自己的发言稿时，他改不下去。谴责彭德怀的信，"良心上过不去"，欲哭无泪。周小舟已感到此次在劫难逃，同周惠谈到伤心处时，他向周惠托孤，惹得周惠也大哭一场。周惠特别不满意柯庆施等整我们这些"小人物"，同我谈过，认为我们这次太无防人之心，"防御工事没做好"。周小舟也曾想一人去找毛泽东，交代清楚"二十三日夜"之事，同黄克诚、周惠、李锐三人无关。我向二周转告了田家英的关照之后，觉得必须作最坏的打算了。约定三人之间所谈的种种"危险"的东西，如同烧掉一般，任何情况之下不要再提了，免得情况说不清楚，搞得越来越复杂。

这个期间，为了"挖彭德怀的墙脚"，毛泽东还找周惠单独谈过，大概是觉得周小舟已"无可救药"，而周惠尚可"争取"吧。周惠没有承认自己是彭德怀的"墙脚"，但也承认"是有点翘尾巴"。后来在8月11日的大会上，毛泽东果然对周惠区别对待，说"这个人据我看，与'俱乐部'的人只是沾了一点边，你说他是'俱乐部'的正式成员，我不相信。周惠这个人有缺点，但是比小舟好"。

为了促动彭德怀作检讨，毛泽东让聂荣臻、叶剑英去进行劝说。7月30日上午，两位元帅来到彭德怀的住处，在彭德怀后来写的笔记中，记下了这件事和他自己当时沉痛的心情："他们来劝我着重反省自己，即使有些批评不完全合乎事实，只要于党于人民总的方面有利，就不要管那些细节。他们说，你不是常讲一个共产党员要能任劳任怨，任劳易任怨难嘛。今天当着自己作检讨时，就要表现任劳任怨的精神。大约谈有两个小时，最后热泪盈眶而别，感人至深。我非常感谢他们对我的帮助，决心从严检查自己。但他们走后，我内心还是痛苦的。今天的事情，不是任劳任怨的问题，而是如何处理才会有利于人民和党。反右倾机会主义的结果不会停止'左'倾，而会更加深'左'倾危险。比例失调会更加严重，以致影响群众生产的积极性。我给主席的信，不仅事与愿违，而且起了相反的作用，这将是我的罪恶。"（三十年之后，我抄完这段话，不禁潸然泪下。）

8月3日在小组会上，聂荣臻谈到这次劝说时的情况："我们都提到他的桀骜不驯。剑英同志说：毛泽东同志健在时，你就这样，将来党内谁管得了你。剑英同志说时，都激动得掉泪了。"

尽管庐山会议已经转向，由纠"左"变为反右，尽管7月26日开始批判升级，既对事又对人，作为总理，周恩来还是一直在抓指标调整的工作。26日这天，他召集各部部长、副部长开座谈会，中心仍然是落实上半年一直在酝酿调整的指标。

周恩来说：6月13日中央定了这个方针数字（1300万吨），我们6月13日分配的指标，钢材850万吨，国内只能是700万吨，进口52万吨，就是752万吨。"二五"计划商品生产要增加，主席在郑州会议上说了，战术上要用认真的态度对待困难，克服困难。现在，不只市场问题，在钢材上有问题，想不动摇1300万吨钢的指标，昨天才知道钢材700万吨、商品630亿元。主席今天的信上也说克服困难继续前进纠正缺点。缺钢材150万吨要研究。我们的缺点是武昌会议、上海会议，6月13日以后有一部分放心的心理。不出半年，我不是对总路线动摇。怎么这么安心？既然数字下降，总是有虚的、不落实的地方。我作为一个总理，我总有点责任。生铁、钢材问题，所谓小洋群、转炉也不可能出那么多钢。毫无准备就参加上海会议，连个文件都没有，讲话时叫主席问了一些问题，回答不上来。4月以后陈云同志摸了，才定了6月13日指标（1300万吨）。在座的在小组会上应作些自我批评，责任不在地方。6月15日才下放的，不到一年，如少150万吨钢材，基建要减少32%，这完全是粗线条的，让大家想这个问题。生产钢材三五牌，基建250万。现在基建减80万。这只是钢材，这样一减，基建影响较少，对生产影响较大。总希望这个指标在月底定下来。主席说过数字少点不要紧，数字是我们画的，我们要确保总路线执行得好。我们今年耽误了八个月，不像主席纠正公社和农业的偏差。市场，主席在上海也抓了一下，工业交通抓得不紧，就耽搁了，现在只剩五个月了。现在庐山必须把方针定了，再有措施。本来应今年速度放慢一点，但因没有经验，去年只有四个月大跃进。我们设想农业增一倍，工业增两倍左右，大大超过八大建议。1957年工业产值704亿元，增两倍2100亿元；农业（产值）537亿元，增一倍1074亿元。我们要为总路线胜利努力，要实干、苦干、巧干，这三个口号对我们具体业务关系更大。要采取这样的工作态度。主席说十年来没有一个人向他提计划上这么多困难，这难道是说的计委？我做总理的不能这样想。我们都参与计划，我们是计划的一部分，大家有责，为什么不把困难提到主席那里？这次庐山会议我们取得了经验教训。

两天后，7月28日，周恩来再次召集国务院各部委负责人开会，讲了七个问题，内容还是落实指标。

一、落实问题。钢铁指标，基建项目过大，出现一些不平衡，出现一些比例失调现象，所以现在削下来。上半月开神仙会，主要是总结经验教训，反对"得不偿失"论，反对好像落实就是泄气的想法。7月16日以后出现新的意见（比如彭总的信），小组会争论起来，现在到白热化了，这就使落实增加了力量。

二、钢材的安排，应努力达到898或894（万吨），但不等于都分配，还按870（万吨）分配。三道防线，生产900万吨，分配860（万吨）加进口60万吨。结果国内生产800万吨，减少30万吨就是770万吨，争取力保550万吨生产。

三、生产会有些参差不齐。要同心同德，不要指手画脚。你们7月底回去。

四、基建，788拿到投料，拿不到等着。

五、品种。

六、在反右斗争下，在落实的基础上提三个口号：实干、苦干、巧干。实干是实事求是，同心同德，不再作检讨。

七、组织工作。要在这里搞好再下山，准备 30 日开全体会，我还要讲。秦始皇专政讲半年多了，还是专得不好。第一书记挂帅，还没挂得很好。

总理是当家人，尽管他也谈到彭德怀的问题，但他最关心的还是如何将降下来的指标落实下去的问题。当然在一片"反右倾"的批判声中，他的声音显得微弱，他的努力显得艰难。

## 决定召开中央全会与毛泽东第三次召见

这时最后一批中央委员已经上山。7月29日开了大区负责人会,研究会议形势。毛泽东大概讲了不要压来压去,要允许相互交锋的话,决定立即宣布召开八中全会。大区区长会开完后,开了大会。毛泽东讲了下面这篇短话:

考虑召集一次中央委员会全体会议的问题,正式中央委员已到者过半数。会议开了近一个月,是政治局扩大会议,做了两件事:

一、更改指标,上海会议改得不彻底。武昌会议定的指标达不到,但人代会通过了。为更改指标,应由八中全会作决定,向人大常委会建议通过。去年的事情,全世界议论纷纷。苏联无非三种人,觉得有些可惜,改了为好。应当用一切力量来帮助我们完成。历来不相信讲怪话的。西方早说达不到,并说去年实际产量没那么多。英国和日本比较讲了些实话:并非大丰产。同我们现在议论的一套差不多,我们跟这些资本家有某些相通。

二、路线问题,究竟采取哪一条好?扯了很久,开全会再扯几天,差不多了,双方都开门见山,不搞外交辞令,横直讲老实话。疙瘩不解开,不好工作,多少时候了,不解开,当面不扯。解开了,以利团结和工作。

此外,还有些业务问题,到8月1日搞完。

《议定记录》文件,已改到第三稿,合乎实际,有利团结、工作。起草是个过程。一稿被攻倒(主要指"关于形势和任务"部分),二稿作者本人不满意,现在三稿准备发表(实际上后来打入冷宫了)。全会发表个公报,修改指标,下半年要鼓劲。公社怎么办,解散还是维持?用公报的形式来回答。内部扯的一套,不上公报。每天《简报》这么多,有些问题不宜发表。形成一个全会决议。

有些同志发议论,民主不够,谈得不充分。想把民主搞够一点。一个月开次中央全会也难,一年四季,一季开一次完全可以。有些事没有充分说,确有问题。8月上旬开全会。全会方式还是分开开小组会。

当时各小组讨论中，有人追问23号晚上我们三个人到黄克诚住处之事。"湖南集团"的指责即由此而来。为了消除毛泽东的疑虑，田家英转告胡乔木一个主意，让我给毛泽东写一信，以释去23号夜晚的猜疑，即"右倾活动"。胡乔木大概是考虑到毛泽东原来对我的好感，刚开过的上海中央全会上，因为我又给他写了一封信（第三封信），我还是受到当众表扬的人。

30日一早，得到通知，毛泽东找黄克诚、周小舟、周惠和我去谈话，谈了一个上午。应当说，气氛还是比较缓和的。毛泽东首先说，他过去不了解黄克诚的历史，不了解彭黄之间的关系。谈了一些一军团与三军团的历史问题，还提出人们惯言他们两人是"父子关系"。黄克诚谈了他在三军团工作初期的一些情况，在江西被怀疑成AB团，几乎遭杀害时，是彭总救了他。因此，同彭的私人感情关系始终很好。由此就谈到，尽管如此，但在某些政治或思想问题上，同彭常有争论，有不一致处。毛泽东就说，政治、思想、感情是统一的东西，"我自己的理智与感情总是一致的"。随后毛泽东又谈到"政治参谋长"问题。黄克诚说，我这个总参谋长，当时是主席，是你提名要我当的，并不是彭德怀提名的，"我同彭总的工作关系是正常的"。毛泽东于是说，这些疙瘩要解开（意指过去不大了解黄克诚的历史及彭黄关系）。后来就提到人们有"湖南集团"的说法，同我们几个人不通心，同周小舟尤格格不入，希望周小舟"不远而复"，快点回头。我们又都谈了些会议情况，当前空气太紧张，许多问题难以分辨。毛泽东说，要容许交锋，容许自由辩论。我们对"湖南集团"的说法，很不以为然，这样，一些老熟人的往来，都成为问题了。毛泽东说，这是一种误会，要我们不必介意。然后又跟我们谈长征旧事，在遵义会议之前，怎样先将张闻天和王稼祥争取过来，否则遵义会议也难开好。还讲到张国焘逼迫南进时，幸亏叶剑英接到电报，先告诉中央，"要永远记住剑英这一功劳"。

## 决定召开中央全会与毛泽东第三次召见

毛泽东找我们四人谈话，无疑是要我们不要再受彭德怀的影响，谈起长征旧事，意味尤其深远。这一点，我当时也不是完全没有意识到。

谈完话出来，遇见田家英，我颇有点轻松之感，将"解疙瘩"、"湖南集团"是误会等告诉他。田家英说：决不要轻信，大难还在后面。当然他们知道内情，我也不便多问。这时，田家英还告诉我他们的几点看法：彭德怀是政治局委员，政治局没有开会讨论，就让小组去批斗，太不应当了。慨叹毛泽东这样独断专行，晚节不终。他们还担心总理也被牵扯上。田家英还激动地说：这些党的元勋，应当受到保护。由于《议定记录》草稿同时挨批，他们也有自危之感。

28日第一组的小组会，仍集中批评我，主要还是追究"出轨、翻车"之话。这时，彭涛谈了此事的经过："在火车上的议论，记得当时李锐同志这样说：比例失调有两种情况，一种是一般的不平衡，好像开车的开得有点歪。一种是严重失调，就好像出了轨。出轨与翻车实际上是一个意思。后来你在小组发言，还引用苏联政治经济学教科书的话说，资本主义经济失调，受害的只是少数资本家；社会主义经济失调，就要影响工农关系。这些话代表你对大跃进的看法。认为大跃进出了轨，认为比例失调已经影响到阶级关系。"这种批评还是近情理的。批评我反对"以钢为纲"这些言论时，也还没有戴大帽子。

这天我作了第二次检讨，承认迷失了方向，承认20日的发言精神不对头，"实际上对彭总的信可说起了呼应的作用。习仲勋同志说我是中间派，这说得轻了，我是中间派偏到右边去了的。"说自己会议初期读书，看材料，搞比例关系，钻综合平衡问题，以及大跃进到底以何种速度为宜等问题，"这完全是一种书呆子气息"。

关于1070万吨钢的问题，我谈到去年6月"主席找我去谈问题，问到钢的情况，我说钢不够用。主席说，既然不够用，今年钢能不能翻一番呢？第二天遇见王鹤寿同志，把主席意见转告，鹤寿同志当时感到有些困难。"下面是王鹤寿的插话，也刊在《简报》上。这是一段重要史料：

> 有这么回事。开始我们计划1958年搞800万吨。后来，我们看到各省很积极，各省干起来啦，感到有办法，就是搞小土群，认为搞土铁没有问题，能上得去。铁上去了，炼钢搞小转炉。所以，后来主席问我时，我说，行，上得去。因为我当时确实认为能够上得去。这个事情由我负责。我还找到林铁同志说，华东能搞600万吨，你华北条件好，更应多搞点。我确是认为行，并不是认为不行，故意说行。主席对这事很慎重，曾经几次问我。这事主要是我们缺乏经验，对问题估计不足，反映情况有片面性，应由我们负责。

30日晚上，反复考虑之后，接受胡乔木的意见，向毛泽东写了下面这封信。当然"斯大林晚年"等要害问题，我隐瞒了，而且用"政治生命"这样的重话作保证，想取得他的相信。现在回忆，仍觉得是终生恨事。

今天上午您同我们谈话后，心情仍十分沉重。

一年多来，我参加了多次中央的会议，直接听到您的许多讲话，许多指示。您还同我作过好多次谈话，我应当比一般同志更多了解中央的方针，更多领会您的精神。可是，这次庐山会议期间，我同情彭总的信，在小组会的发言，精神和方向不对头，还乱讲了一些话。这暴露了我思想上的右倾根子和严重的自由主义。一想到我是以您的"秘书"的身份来参加中央的会议，犯了这种错误，更是痛疚无已。

您今天谈到交心的问题，过去我常觉得我是愿意将一些想法，不管成不成熟，片不片面，直率地向您提出的。从您第一次找我谈话起，我就觉得我在您面前并不拘束，没有什么害怕的心理。我深感您很愿意听也很尊重下面干部意见的。因此，提意见逐渐更随便一些，有些话还是脱口而出的。现在检查起来，一方

## 决定召开中央全会与毛泽东第三次召见

面,我过去对您讲过一些错话;另一方面,我是不是还有些意见,有些想法,有些怕讲错了的话,没有向您讲出呢?当然还是有的,这方面也还有顾虑。今后我当做到,心里有话,只要认为有必要,就向您讲出。但我也请求,如果有些话讲错了特别是错得厉害时,您能够及时指出、纠正甚或处分。还想说明一下您今天提到的"湖南集团"的事。这件事最使我心情沉重,无刻能安。下面讲一下同我有关的情况:

我同彭总是不熟悉的。去年4月同车去广州开会,他才认识我。彭总历史上的问题,我只知道百团大战这样的事。

在湖南工作三年多,我对黄克诚同志是尊敬的、信赖的,敢同他说一些心里话(譬如1950年、1952年我曾两次大胆地向他谈过对高岗的意见)。到北京后,每年要到他家里去一两次。自从兼任您的"秘书"名义后,我没有到他家去过。这次他上庐山后,大概是7月18日早晨,总理召集大会,大会之前,小舟、周惠和我三人去看望他,他们谈了些湖南的事情。临出来时,彭总来了(彭总同黄住在一栋房子)。记得黄老谈到彭总的信,说内容上有些问题,就一起去开会了。

听了主席23日讲话后,我的心情紧张起来。晚上到小舟、周惠处扯谈,周小舟也很紧张,想去找黄老谈谈。电话约后,三人就一起去了。谈了下我们的心情,黄老要我们不要紧张,有错误老老实实检查好了。说彭总的信一细看,问题很多。周惠又谈了一些湖南粮食等情况。临走时,彭总进来了,我们都站起来(房中没有多余的凳子)。彭总讲了一下他写信的过程,没谈几句,我们就走了。(出来时在山坡上望见罗瑞卿同志,小舟二人过去打招呼,我从另一条路回我的住处——说明这一细节,是听说有小组追问这件事。)

我同小舟是在湖南工作熟识的,平常能在一起扯谈。同周惠在延安中央青委就认识。这次开会,三人原都在中南小组,对于这次会议总结经验教训,将一些问题和缺点摆清楚,对于所谓压力问题的感触,气味是相投的。

情况就是如此。请主席相信我是以我的政治生命来说清楚这件事。如不属实,愿受党纪制裁。

这封信由毛泽东的保卫副官王敬先连夜送与毛泽东。也许这是 7 月 31 日常委会让我们四人列席旁听的原因之一。因为会议一开始,毛泽东就说:李锐的信已送与常委看了。

《庐山吟》九首中的第七首,即是写的"三登楼"后,当时自己的一种迷惘心境:

不似东风不似春,山中风雨与风云。
永怀不远而复语,扑朔迷离假与真。

# 7月31日常委会

　　1980年秋，讨论《关于建国以来党的若干历史问题的决议》草稿时，我的关于庐山会议的发言，内中简要谈到的8月1日常委会，实是7月31日常委会，那时我还没有找出8月1日的另一个记录本子，而误以两次常委会为一次。两次常委会都由毛泽东主持，参加者：刘少奇、周恩来、朱德、林彪，以及彭德怀、彭真、贺龙、黄克诚、周小舟、周惠、李锐四人旁听。7月31日上午10点50分开到下午5点，8月1日上午10点开到下午5点，中午没有休息，吃的包子。地点在毛泽东住处的楼上。开会时无人作记录，彭真要我作记录。我们四人都坐在一圈沙发的后面，是普通靠背椅，旁边亦无茶几，我没有带自己平时用的记录本和钢笔去，随手在房中找到两个信笺本和铅笔（这是开会时一般房间都备有的）。根据我的记忆，第一次常委会的记录，回到住处后，我将要点抄录在自己的记录本上（与随后逐日记的其他记录时序是衔接的）。而第二次常委会记录，由于时间关系或心绪不佳，没有将要点再转录。因此，第二次常委会记录的用铅笔的信笺本，得以另外保存下来（信笺本已交中央档案馆保存）。这也就是第一次会记得简略、第二次会记得详细之故。第二次会虽记得较详细，但由于当时心情关系，字迹极为潦草，又是自己惯用的简化语词，难以辨认的只得从略。这两次会议，为彭德怀的"错误"性质定了调，算了彭德怀的历史总账。

　　前一部分，毛泽东漫谈上井冈山以后，几次历史路线，军事斗争情况。然后说：李锐的信已收到，转发常委看了。现在是保护群众革命性问题，要反右倾机会主义。

　　（编者注：以下的会议发言处理是发言者名字黑体字加下横线，其下的内容即使是多段落也属于该发言者。下一章也依此例。）

**彭德怀**：出乱子时担忧。有个思想方法、立场、屁股坐在哪一面的问题。信中所反映的是局部问题。

**毛泽东**：失、得之说，反映灵魂深处如何？（又回顾了党的历史上的几条路线。）小土群方针，不伤心。9000万人上阵炼钢，比6000万人要好。有一点损失，我也一点不痛心，横直没有经验。从根本上说，是得多于失。没有失，哪来的得？总的失少得大。9000万人上阵，表明了它的全民性，建设速度大大提高了。军队靠纪律化。每个单位都去责备，不能解决问题。总的估计是：胜败兵家常事，尤其是打败仗之后，要鼓励，不能泼冷水。否则官兵都不满。我就打过好几次败仗，如水口战役……所谓败仗，就是说没有解决战斗。立三路线，要打南昌、打九江，说要切断长江。长江又如何能够切得断？周以栗来，厉害得很。

**彭德怀**：王明博古路线，1934年一二月间，我自己就已经转过来了，认为仍旧由老毛领导好。这是过去事实证明了的。这话我同黄克诚说过。

**毛泽东**：抗战时华北局受长江局领导，你是听王明的话。李立三多长多大，你也不知道，我是知道的。高饶事件你陷得很深。纠"左"比纠右难吗？（意思是说纠右同样难。）从历史看，提到原则上来，共有五次右倾路线：陈独秀、罗章龙、张国焘、第二次王明路线、高饶事件。王明至今不认错。高岗自己死了。瞿秋白的"左"倾错误较轻。立三路线持续也只几个月，白区受到损失，苏区可说是没有损失，红军在这期间还发展了。你说得漏洞百出，自相矛盾。当然，说"百出"是夸大之词。建党三十八年以来的经验：右倾联系资产阶级，"左"倾联系小资产阶级。说整右容易，请包办整王明。高饶能改？伯恩斯坦、考茨基、普列汉诺夫能改？"左"倾成为路线了，也不容易改。路线本身不能改，要让别人来改。五次右倾路线，三次"左"倾路线，自己都不能改，因路线已经成了系统。刮"共产风"是容易改的。比例失调，调整的时间要长一点。有人分散资财，也不要紧，物质不灭嘛。建设项目确定为788项，明年投资总额200亿以上，今年不应搞大跃进了，再搞也不恰当。在几次路线中你都摇摆，由于挨了整，心里恨得要死，今后也很难说。

（彭德怀插话：我61岁了。）

[我的记录本的顶端记有毛泽东以下一句话：杀猪放铳，记忆深得很（这大概是指彭德怀当年缺乏建设根据地的思想）。]

**毛泽东**：你彭德怀不愿上落后地区，不愿上山。1956年跃进很有必要，但同时也必定带来各种不协调，不用反冒进就好了，收缩是对的。今年基建148个亿减到127个亿，第二年的日子好过。今年上半年摊子铺大了，刮"共产风"，比例失调，是在大群众运动中发生的。群众兴高采烈，叫下马，血淋淋的，群众想不通。气可鼓不可泄，人而无气，不知其可也。

**彭德怀**：我对此领会不深。（林彪插话：气难鼓易泄，泄了便难鼓。）

**毛泽东**：虚气要泄，鼓实气，在鼓气之内。前途光明，暂时回家。"一平二调三收款"，三收款不过两个亿。群众不满的主要是一平二调，搞平均主义，太性急了。无非是想早一点进入共产主义，拿来作为资金。人家的东西，不按等价交换，谁愿意干？去年11月前没有划清这条界限。全民所有制和集体所有制，共产主义和社会主义，是两条线。以为反正是集体的，几级所有制，随便破坏，不堪设想。我脑中的印象：高级社还是生产单位，不会破坏的。春节前后才暴露出粮食不够。反瞒产有理由，站在农民这一边，就不能反瞒产。你无代价调拨，不瞒产，生活就危险。山东吕鸿宾社，翻箱倒柜也找不到粮食。戴保守主义帽子也不怕，认为这是黔驴之技而已。一张布告就是一把钥匙、一张楼梯，就解决了问题：让瞒产的下楼，经过冀鲁豫三省，召集今年2月郑州会议。我说民心不安，军心不安。会议中第二批六省一来，似乎不懂世事：社员瞒产私分合法吗？痛苦一晚，第二天想通了，"左"倾问题几个钟头就解决了。过去说北方没有马克思主义，道德品质低，南方有马克思主义，道德品质高。我是不相信的，冀鲁豫三省已经同意改变所有制了。3月份集中整顿人民公社。参加了两次六级干部大会，那一个月我写了将近两万字。4月份没有管，开人代会。接着西藏问题来了。6月15日北京开会，21日从北京出来。对于右倾，我也给了些影响，我说过食堂留一半、留1/3也好的话。出现了两种传话，先念传达的是1/3，吴芝圃传达的是100%。到郑州，还有人以为我是不主张办食堂的人。食堂未可厚非，平江一个大队书记下令解散，第二天群众又自动集合办起来。赫鲁晓夫很不喜欢公社，总有一天给张楼梯让他下来，出一张布告。赫鲁晓夫讲公社，是讲苏联的历史。所谓办公社的物质基础问题，西方国家物质基础雄厚，波兰等国家也不错，但他们要办食堂、办公社就难。赫鲁晓夫只讲物质条件，不讲政治条件。我们的物质条件就是人。因为一切都太少，就要组织起来。他们物质条件好，但不出政治觉悟。中国人多，挤得很，东部有几亿人，土地少，对组织社会化，农业合作化，比较容易办好。如果稀稀拉拉就难办。苏联地广人稀，如入无人之境，从莫斯科到列宁格勒，一路上都是这个印象。去年北戴河会议，高兴中埋伏了不高兴。去年11月后退，今年5月停止后退，指标不能再落了。比例问题，5月份已经解决。现在是集中搞（限额以上）788项，计划外的项目也作了安排。共产党一条，就是开会，抓，形势就较快改变。军队的经验，头天开会，无结果，睡一觉，办法就出来了。人的认识是逐步发展的，不可能如同孔明那样，事先安排定锦囊妙计。原来谈十八个问题。没有提反右倾。北京就有人说情绪越落越低，气越泄。彭德怀的信和《会议记录》稿，很有功劳。小舟等人主要锋芒，对着除自己以外庐山会议所有的人，要发牢骚，要出气，要讲失调原因。被插了白旗。你们一点气也没有？

**周小舟**：并不是出气问题。

**毛泽东**：谁笑在最后，谁笑得最好。不能说湖南没干劲。

**彭真**：湖南的干劲后一步跟上来。

**毛泽东**：湖南工作不错。可是政治、情绪上感觉压抑，同大多数省情绪不同。讲点苦水，即被攻击，感觉有压力。不许人家讲话不好，高干会嘛。开会方法要改变，不能压来压去（昨天大区区长常委会也谈了，大会我只讲了 15 分钟，没气力了），这是不正常情况。

**彭德怀**：批评陶鲁笳有品质问题（指陶在小组发言，支持彭德怀的信，后要求修改发言稿），伤感情。我 61 岁了，不要紧，耳已顺了。

**毛泽东**：胡琴拉得太紧，弦要断。文武之道，一张一弛。弛就是右倾、保守。弓箭时代，弦要解下。开弓如满月，箭发似流星，拉紧不能太久。文武之道，是辩证法。休息两天，换换空气。不要一句话不对，就是什么、什么。要容许申辩。思想不通，服从组织，实行党章很不容易。（有人插话：闲谈总有走火的。）要听对方意见。

**彭德怀**：我讲话都要先写个稿子，怕讲错了挨整。

**毛泽东**：（面对着彭德怀说）我同你的关系，合作、不合作，三七开。融洽三成，搞不来七成。三十一年，是否如此？

**彭德怀**：政治与感情，你结成一体，我没有达到这个程度。你提得那么高，我还没有了解。跟不上，掉队远，这种分歧多。许多历史事件，我一生无笔记，文件全烧了。对立三路线我是动摇的，1929 年曾向中央写万言报告，主张建立罗霄山脉铜鼓、万载间根据地，向南昌包围。

**毛泽东**：王首道那么小个，攻得好厉害，那么大神气，要打长沙（第二次打长沙），不赞成的就说是机会主义。

**彭德怀**：他们要打武汉，我赞成根据地建立在铜鼓、万载之间。

**毛泽东**：湖南是吴尚，地方武装很厉害；江西是朱培德，客军好对付，你也喜欢江西。

**彭德怀**：去打武昌，无法渡湖，后来转打岳州后，乘虚攻入长沙。上井冈山同红四军会合，我在五军讲话有决定性。同四军会合后，我当副军长，没有争论。后来三军团，内部不纯，没有经过古田会议整顿。二次打长沙后就有分裂。我入党是1928年，原以为党内纯极，这才知道党内有名堂。邓乾元很不好，说我有五大罪状。当时的争论，使得滕代远哭了。统归一方面军时，三军团内部有分歧，我是少数派。打吉安、九江，我并不太积极。要我负责找渡船，其实这事完全可交别人去办。我没有参加会，以为是毛决定的。当时三军团有人说，过赣江是右倾路线；我说先过了，再争论，我一个人也要过。在平江时，有人问：何时革命胜利？我说：胡子白了总要胜利，因而挨斗。我对执行立三路线并不那样坚决，但也没有反对。我主张同时扩大，同时深入。富田书记说：打吉安，不打九江，是断送革命高潮，我对此说很怀疑。（以下谈到富田事变）张辉瓒搞反革命布告，散传单，"打倒毛泽东，拥护朱彭黄"，我断定是反革命搞的。我没有整套的战略思想和策略方法，现在难学了。主席过去曾经送我两本书《"左"派幼椎病》和《两个策略》，批语都记得，一直带着。（接着又谈打赣州事。）

**毛泽东**：镇压反革命，杀100万，极有必要。1957年右派进攻，反了右派，反造不起来了。打蒋介石十年，打红了眼。抗日一来，蒋介石突然漂亮了。不知道这是暂时朋友、不久以后的敌人。

**林彪**：平型关吃了亏，头脑发热，是弼时作的决定。

**毛泽东**：一些同志认为日本占地越少越好，后来才统一认识。让日本多占地，才爱国。否则变成爱蒋介石的国了。国内有国、蒋、日、我，三国志。

**彭德怀**：黄绍竑很早意识到了。

**林彪**：百团大战是大战观念。

**毛泽东**：三个师只三万二千人，号称四万八。当时打大战观念转不过来，本应该分散发动群众。

**彭德怀**：百团大战后，才搞武工队。这一仗是帮了蒋介石的忙，但对以后整伪军有好处。华北会议，斗了我，以后对守纪律比较注意。我入党以后是赞成统一的。"张飞"这个绰号是主席取的。在团结知识分子方面，看做关公投降，无礼貌。在敌我斗争时，我是坚决的。思想路线容易动摇，马克思主义没有学通，盲从也不行。我是是非各半的人（同主席关系对半开），有农民的无政府思想，叫"主席"都不习惯。进北京后，跟主席处打过八九次电话，找不到，面谈机会少，得不到具体帮助。多年养成孤僻性格，无事不登三宝殿。

**毛泽东**：抗美援朝，如果打败了，哪一天我也可以打过去，这样主动。另一决心，建立在南朝鲜伪军身上；美国军火力量也调查了一下。方针应以大打小，集小胜为大胜，持久战。斯大林反对这个方针，要求大打。我们吃小仗饭，吃伪军饭。

**彭德怀**：为了打汉城，追向南朝鲜这事，同朝方有很大争论，争了一晚。

**毛泽东**：抗美援朝，对朝鲜三原则：尊重朝鲜人民，尊重朝鲜党和金日成同志的领导。他们路线正确：打击美帝国主义，建设社会主义，讲国际主义。

**彭德怀**：这次我向主席写的信，强调了局部缺点。

**毛泽东**：总路线有所修改，你还满意的。照信的后部分估计，前部分是动摇的。

**彭德怀**：我对土高炉的损失有点顾虑。

**毛泽东**：你说发表你的信你不高兴，不一定吧。写这信的目的就在于争取群众，组织队伍。（林彪插话，完全同意这个看法。）

**彭德怀**：《内参》有影响，对工作中的缺点错误看得较重。

**彭真**：国际上，兄弟国家不谈公社，就是对我们的怀疑。

**毛泽东**：多次重要时期，你从没有写过信，为什么这次要上万言书？挑拨性的话要顶回去。一个山头内部说话融洽。山头主义，即山寨主思想。这一回反映了你对待困难的态度问题。

**彭德怀**：过去在江西时，对中央也上过万言书。社会主义建设过程中，要有思想革命。

**毛泽东**：会议交换意见，取得认识一致，要有个过程。

**彭德怀**：我这次的事，同过去有联系，要搞通。群众起来之后，如何保护其积极性的问题，认识很不够。抗战时华北的群众运动，三次都是从反右开始，反"左"结束，冷冷清清。片面性同立场有关，出了点乱子就动摇，要慢慢深入，弄清思想。

**毛泽东**：别人意见有讲得不对的，要硬着头皮顶住。

**彭德怀**：重温教训很重要。（接着毛泽东又讲了中国农民容易合作化的道理。）

**彭真**：去年公社化等不到由点到面。

**彭德怀**：一定说我代表中农，难以接受。还是对农民，老贫农，9000万人上阵发生的问题，出了点乱子，不可避免的偏差、缺点等，看得过于严重。一定要站在保护的立场，采取保护的态度。这是教训。

**毛泽东**：罢工失败了，不要批评，不要泼冷水。《内参》不可不看，决不可尽信。有人民大学林希翎事件为证，《内参》是专搞黑暗的。

# 8月1日常委会

8月1日常委会，仍然大多数时间由毛泽东讲话，进一步清算彭德怀的历史总账。毛泽东讲的内容很广泛，从江西到庐山，从军事到哲学，从马克思到列宁，几次路线斗争等等。彭德怀在谈到一些历史情况特别是关键问题时，有不少对话。周恩来只问过一件事，他们一起同斯大林谈话后，送彭德怀出门时，斯大林跟彭德怀说过什么话。刘少奇也只问过长征时在三军团一件不关紧要的事，直到最后才讲了一篇话。彭真解释过延安整风时，平江暴动士兵委员会成员受审查事，表示歉意。

第一个发言的是朱德，态度比较温和，只是就信的内容而谈，当然，没有"击中要害"。还没有讲完，毛泽东即将腿抬起，用手指搔了几下鞋面，说："隔靴搔痒。"弄得朱德脸一红，就停止了发言，直到散会，只是最后讲了几句话。接着是林彪发言。（我的记录本上没有朱德的发言，也没有林彪最先讲的几句。也许是当时没记，也许是前面丢失了一两页。）林彪是7月17日上山的，当然是搬来的"救兵"。可能已决定让林接管军委工作，但这次会上还没有同意彭德怀辞职。林彪开始只讲了几句话，可谓"击中要害"。为整个即将召开的全会和斗彭纲领定了调子。林彪说，彭德怀是野心家，阴谋家，伪君子，冯玉祥。中国只有毛主席是大英雄，谁也不要想当英雄。他讲这几句话时是声色俱厉的。

**毛泽东**：无动于衷，不懂世事，麻木（这几句话大概是对朱德发言"一般化"说的）。收那么点材料（指彭德怀的信）。李锐怕"湖南集团"，我加入。（对彭德怀说）老死不相往来，这么多隔阂。结疙瘩要解开，办法是谈开，倾箱倒柜而出。整人，目的是要三五七天睡不着觉，不触及灵魂深处不行。中央苏区整我，也睡不着觉。整我狭隘经验主义，山上无马克思主义，这是第一次反"围剿"后,我们这些人早几天也在城市的。邓(小平)毛(泽覃)谢(维俊)古(柏),毛、谢是炮筒子,他们对教条主义起名"洋房子先生"、"本本主义"。而土包子,是毛派。但整狭隘经验主义,给我很大刺激,因而读了几本书,到后来说我一贯右倾,机会主义,这是政治结论。

(对彭德怀)交心要交足。你通不通?不通,以后再通,我们不是苏联那一套(指党内斗争),我们有自己的一套。

昨天没有讲完。你这个同志(指彭德怀),经验主义,承认的?就是不是马克思主义,华北座谈会后,也想搞点马克思主义。我的"狭隘经验主义"称号,是任弼时加的,对我有很大帮助,读了几本书,很感谢他。德波林的《欧洲哲学史》,就是打水口期间读的。原来不懂辩证唯物主义、历史唯物主义是什么东西,两者就是马克思主义的理论基础。基础不懂,必出乱子。你是另一种世界观,经验主义也是一种世界观、方法论。辩证唯物主义、历史唯物主义首先是世界观,也是方法论。客观存在决定主观意识。客观物质世界经过自己大脑,形成概念、判断、思维、理论,政治纲领。客观影响主观。人的思想从哪里来的?你不懂,也许懂几个名词。不承认这一条(客观存在决定主观意识),永世搞不好。客观世界要不断反复,才能进入主观。如商品的二重性,人们天天买东西,几千年,天天买,等价交换,形成社会关系。这在马克思主义哲学诞生以前即形成的。商品是对立统一,价值与使用价值的统一。客观世界决定主观世界。客观世界是第一性的,客观独立于人的意识之外,不受人的意识影响。精神是第二位的,辩证唯物主义观点用于社会,即历史唯物主义。经济基础与上层建筑关系,经济基础即生产关系,两个对立面相统一。人与工具,劳动力与生产手段,构成生产力,生产力再和生产关系统一。生产关系有三部分:所有制,人们相互关系,分配关系。(对彭德怀)你这个同志事务繁琐,事务太多。我也如此,读书少,后来养成读书兴趣,一拿就是历史、小说、

## 8月1日常委会

笔记,这些较柔和,理论书太硬。《政治经济学》我就没读过,陈伯达也没有读过。要养成读书习惯,各种书都读,包括文学、历史、法学、心理学、李森科、摩尔根。李森科又恢复名誉(赫鲁晓夫吹的),不能不预闻它。政治局委员不懂些理论,做工作难。你这个同志,世界观是经验主义,非马克思主义。世界观又名宇宙观、人生观、社会观,总名历史唯物主义。有社会世界,还有自然世界。辩证唯物主义讲自然世界。物质世界包括人类,统名客观世界。开始从自然世界起,然后形成统一,客观主观对立应用于人类,就有了历史唯物主义。

(谈到这里,刘少奇进来。)

我说彭对马克思主义理论哲学基础不懂,经验主义是马克思主义哲学的敌对体系。你如果承认是经验主义,那就是同马克思主义敌对,是马克思主义的对立面。现在好像讲经验主义舒服点,但这是宇宙观、方法论,不好随便承认的。如任弼时讲的,说我是狭隘经验主义,我就不承认。你如果承认,但还不知道经验主义是何物,以为做点工作,有点经验就叫经验主义,但在哲学体系上,并不是这样理解的。不懂得经验主义是指马赫唯心主义经验论。《唯物主义与经验批判主义》这本书,就是列宁批判马赫的,不容易读,然而必须读。此书反对波格丹诺夫、卢那察尔斯基,他们悲观失望。1905年党涣散,列宁自己长期研究多少年,才写出来的。因为理论基础不一致。我也不懂多少理论,不是教授,只是知道一些。教授要读很多书,我书读得少,是些什么意思,大体懂一点。如杜威主义,不懂,太复杂,简单意思懂一点。柏格森主义、无政府主义、唯心论、哲学史,看过一些,没有作过深入研究。看书和研究是两回事。冯友兰有研究,才写出《中国哲学史》。看了,不等于研究。因此,马克思主义、辩证唯物主义、历史唯物主义你并不清楚,即基础不懂。根据这个基础的另外一些学问,也就不了解。

(彭德怀又谈到在江西时,主席送他的《"左"派幼稚病》

和《两种策略》两本书，至今还保存着。）

这两本书是阶级斗争作品。阶级斗争是历史唯物主义范畴。从古代讲到现在，这是历史唯物主义。推翻封建主义、帝国主义，是近代的事，又是一门学问。考茨基专门写过《阶级斗争》，翻译是恽代英的功劳，但译得很不好，读了很得益。考茨基是大马克思主义者，同普列汉诺夫差不多，后来变成反革命，同伯恩施坦不同。伯恩施坦跟恩格斯做事，是银行小职员，无理论修养，得到恩格斯信任，逐步发展，站在马克思主义旗帜下。恩格斯死后，他背离马克思主义，为第二国际首领。伯死后接替的是考茨基。列宁同考茨基决裂，成立第三国际。

马克思、列宁是闹独立性的。马克思从青年黑格尔派分裂出来后，同资产阶级哲学决裂，创造了无产阶级的哲学。列宁领导下的社会民主工党从第二国际中分裂出来，这种独立性是必须闹的。第二国际变成资产阶级政党，是背叛了马克思主义的政党。如果我们现在闹独立性，则是同马克思主义政党闹。党即使有错误，也是部分错误；即使有路线错误，也应采取合法态度。历史上党同陈独秀、罗章龙、李立三、王明等作斗争，都是合法斗争。王明路线一定时期在党内占优势，我是少数派，保留意见，服从组织，严格执行组织纪律。你（指彭德怀）不那么严格，党性、组织观念、纪律观念差。你有个理论：为了革命。多次听你讲过，井冈山时期，一二三次反"围剿"都听见过。有利于革命，专之（专擅）可也。如打朱怀冰，不可能请示，没有办法，专之可也。各根据地除重要问题外，次要问题不必事事请示，不然应当统一。特别是发生争论时，领导集团意见不对时，只好自己吃苦。如中央苏区，一个谣言，想开除我党籍，开会时插进去。当几个月民主人士。写信给中央，开除党籍不对，现在何等时候，讲不清楚，不要开会。后来遵义会议，是合法斗争。四与三之比（指通道会议到黎平会议间的争论），洛甫、王稼祥做了好事。洛甫是理论家，这次犯错误。洛甫那时几次动摇，后来被

## 8月1日常委会

说服。每次开会，四比三，我服从，不同第四人谈。到黎平，才改变了战略，争取群众，公开讲，博古赞成（这以后长征才避免了逃跑主义）。采取合法手段、合法态度解决问题，等一等，比采取非法手段好。这是讲领导机关犯了错误情况之下，要改变其错误而言。六大后的中央委员没有几个：周恩来、毛泽东、任弼时、朱德、项英、李立三、邓发（补的）、陈潭秋、关向应、张国焘、瞿秋白（按：朱德、陈潭秋不是六大选出的中委），后来有四中全会选的，五中全会选的，王明提议六中全会补选的。中央主要领导班子还是四中全会、五中全会选的。王明提拔的人，多数转变过来。如果没有相当的时间和适当的政策，就不行，转不过来，从遵义会议到七大，用了十年时间。政策是从团结的愿望出发，惩前毖后，治病救人，否则转不过来。杨家岭大会，陈奇涵建议不要选王明、博古，还有王盛荣的揭发（王明、博古宗派）。但不选王明，势必团结不起来。洛甫、任弼时解除武装，靠《六大以来》、《两条路线》。《两条路线》一摆出，即解除武装。那些文件我许多没有看过。会理时期，华北时期，（对彭德怀）你闹独立性，有电报，重大问题自己干自己的，可执行可不执行。可执行者，自己意见同上级相同的；不执行者，即不相同的。（谈到会理会议时，因当事人面对面，林彪不能不说实话：他当时写信给中央，要毛、朱、周离开军事指挥岗位，由彭德怀指挥作战，事前并没有同彭德怀商量过，与彭德怀无关。这使彭德怀得到点安慰：总算澄清了二十多年的一个误会。）洛川会议作了决议也不服从中央方针，到华北军委分会另发指示。军委是一个部门，不能闹独立，不服从可以申述理由，何况华北军分会作的是根本违背中央方针的决定。我对军分会小册子批的话，首先给彭看，后给王明看，讲文件本身责任由军分会负，总而言之不对。

解决党内问题，一万年都要讲合法方式。没有铁的纪律，无产阶级的任务不能完成。这是一条规律，写在《"左"派幼稚病》内。如何能形成铁的纪律？列宁讲了三条：一条是政治路线正确，打败仗就难说了。一条是善于联系群众。你跟人的关系搞不好，10个元帅，除自己外，都对你有意见，工作怎能做好？对于元帅，你如此看待，一个也不佩服，不在眼下。哪个在眼下？10个大将更不在话下。这种观点同马克思主义政党、阶级斗争，党的学说格格不入。党的内部关系、党与人民的关系，你没有搞清楚，解决的办法只一条：自己革命。你说：一半对一半（毛泽东说，同彭德怀的关系三七开，彭德怀坚决不同意，说对半开），总有点功劳。就搞这一条，你多次讲过，为了革命，专之可也，决策不请示。各人都用此理论，那怎么办？现在有无线电、电话、汽车，还可以步行，骑马嘛。封建时代，将在外君命有所不受，因相隔太远，遇紧急措施，专之可也。马援打常德五蛮、水苗，年老了，一定要打，害了病，毫无办法，少数民族厉害得很。汉兵无纪律，内部矛盾，将领之间，硬无办法，只好妥协。用皇帝诏书宣抚，讲和，赦免。洛阳太远，假传圣旨。这种事可做，所谓矫诏。对此历史家有各种评论，可以，不可以。没有可能请示时，可以矫诏，用上级命令名义。

　　同在北京城，十年九次电话，一年不到一次。我的责任是官僚主义。比较注意及时或隔一时间答复。九次无下文，我有我的不对。积九次，老子跟你不往来。（彭德怀插话：你可以写个条子。）条子也是个办法。黄克诚两次想找我谈，（在前两天毛泽东找黄克诚、周小舟、周惠、李锐谈话时，黄曾谈到，南下湖南前在北京等候，两次请毛泽东约谈话，终于没能如愿。）没有下文，这是我的责任。香山住三天，有些忙，应当通知你再等一下。我毛病不少，警卫员说未起床，睡晏觉，你于是拂袖而去。闽西时我有责任，那时个别谈得少，公事公办，好像一切真理都在我手中。别人讲得不多，违反原则事即斗，必须立即当众回答。横直公事公办，那时方式太生硬。后来慢慢学会一条：谈话。现在方法又少了。谈话，小型会议，像这次庐山会议，少了,要么大型会议。华北座谈会几十人,事先没有好好谈通。在延安劝过贺龙,跟一些将军搞不来,互不喜欢。向他建议,办法是沿门拜客,如伯承、德怀、林彪、向前,他都拜了。灵得很,沿门一拜,是个好方法。我也不沿门拜。延安也拜过,如少奇回来,我拜过。到北京,做大官,不拜了。也有难处,10人拜5个,其他5个不高兴。总司令全拜,10个人都拜。后来就官僚主义,一个都不拜。(彭德怀:我也一个不拜,孤僻。)不交换意见,跟你谈过,孤僻,林彪更如此,贺龙好些。(彭德怀:贺、叶好,林也好些。我无事不上三宝殿。)积了许多问题、疙瘩,互相不通。许多形式主义,召集开会,由我包办。应开这样的会,有开腔的可能。腔不开,有什么办法。人一多,讲问题去了。今天这样的会就好。

马克思主义理论基础,许多学说、政党、阶级斗争、经济学说、政治、上层建筑、政法、意识形态(哲学、文学、艺术、宗教等等),你根本不大懂,站在马克思主义原则基础上处理工作就难了。

韩进(抗战时在华北局工作,做过彭德怀的秘书)跟你写一通,是封建主义思想,用你的名义发表申明。讲统一战线,"王子犯法,与庶民同罪","己所不欲,勿施于人",还讲自由、平等、博爱,教育宗旨等。"王子犯法,与庶民同罪",是旧社会流行的成语,是封建主义骗人的,从古以来未有过的事。统治者与被统治者犯法不同,哪有什么同罪?这是不懂历史唯物主义,阶级斗争学说也不懂。孔夫子说"己所不欲,勿施于人",也是在同一阶级朋友之间适用,对立集团不适用。蒋介石与冯玉祥之间,己所不欲,要施于人,互相消灭。军阀混战一场,有什么"己所不欲,勿施于人"?这一资本集团与那一资本集团之间,也是你我要相互整垮,这一公司与那一公司之间,无产阶级与资产阶级之间,无不如此。同蒋介石抗日联合,是暂时的,同国民党两次联合(第一次是同孙中山)是暂时的,互相利用,暂时同盟。原则恰恰相反：己所不欲，要施于人。求生存，扩大，这是己之所欲，难道要资产阶级也扩大？恰恰相反，己之不欲，自己不生存，不扩大，自己消灭，当然不是，要扩大，而且施之于人，不愿国民党扩大，准备条件消灭之。对民族资产阶级亦是如此。公开讲有条件，给定息，让做事。罗隆基听不进去，发火了，1957年发了"五一"整风指示，"梁上君子，皮己不存，毛将焉附？"帝国主义、封建主义、买办官僚资产阶级、民族资产阶级、小资产阶级所有制，五皮不存，统统灭亡。已灭三张，剩了民族资产阶级和小资产阶级也正在灭亡。经过合作化，三大改造，剩下不多了，皮已不存。知识分子靠那五张皮吃饭，毛乱飞，到梁上变君子，栽种一样栽毛，国有制，集体所有制。天天梁上君子，听过之后，右派猖狂进攻。说未打招呼，我是多次打了招呼啊。

你阶级分析也不会，此次错误，也是不会这一条。如三亿五农民、一亿五老贫农，总数占70%。一亿五较贫苦，9000万人炼钢，也有老小上阵，主要是男女劳力壮丁，牵动人可多了。

昨天讲的有不妥当。讲"小资产阶级狂热性"，你主要是向着中央领导机关，并非向省，更不是向群众，这是我的观察。讲"得心应手"这话，是指领导机关。其实讲这个，锋芒是攻击中央。你不承认，也可能承认。我们认为你是反中央，信是准备发表的，以争取群众，组织队伍，按照你的面貌改造党和世界。你的经验主义、宇宙观、世界观，你的政策，同我们是两个政策。要修正总路线，你想搞另一个，还没有提出来。你的方法是，信的前半部分说总路线正确，其实毫无感情，全部感情在后部分。就是说你这人有野心，历来有野心。你的说法，是说过参加革命做大事。说我是先生，你是学生，这都是客气话。先生，学生，是讲集体、劳动人民是先生。尊劳动人民为先生的思想，你没有建立。华北群众运动三起三落。刘建勋讲得很好，是马克思主义的。小舟的话闪闪烁烁，马克思主义不多。

## 8月1日常委会

历来要用你的面目改造党、改造世界。有各种原因,未得到机会,这次从国际取了点经(不能断定)。首先是去年冬天郑州会议你未参加。武昌会议,乱子一出,出去考察,到了湖南。三个月"共产风",比例失调,只发现在农业、轻工业,至于重工业、基建方面的问题,到上海会议才暴露。上海会议重心批李富春,捎了你一句。去年八大二次党代会讲过,准备对付分裂,是有所指的,就是指你。总司令可能闹乱子,但他只是个招牌(组织不起队伍)。我同你历史关系,这么多次,你每次动摇,昨天朋友,今天敌人。根本不认识,就跑过去了。李立三照片都没见过,后来追上来,新来乍到。这回重心是彭,不是总司令,总司令这回态度好。

我66岁,你61岁。我快死了。许多同志有恐慌感,难对付你。很多同志有此顾虑。

6亿人中最高明的是你,(说我是)先生(你是)学生,是假的。我们的合作是三七开。(一、二、三次反"围剿",反张国焘,抗战,解放战争合作。)但整个抗战八年,难讲是合作,其他时间你独立自主。个别原则问题,如对朝鲜劳动党关系,有次战役,电报打了(战役已开始),照你的办。(这时彭德怀插话,讲到朝鲜战争5次战役教训,是听从主席的命令。)总起来三七开。英雄所见,大体略同,合作大概是这种时候。历来觉得你这人大可改进,不能同张国焘比,是劳动人民出身,有阶级基础。立三路线闹别扭,一了解,我们一拍即合。朝鲜战争谈得来。北京军事整风(整萧克、粟裕),找我谈,并没冲突起来。有时互相客客气气。萧克的事合作很好,这因为跟你有利,需要帮忙。(彭德怀:这不是我个人事。)你是军委负责的。这几个同志犯大错误,应予处理。这回萧克、粟裕可能有功,他们发言权不多。

基本话就是这些。不能强加于人。你可能接受那些哲学基础,那是虚的。特别是野心家难以接受。以自己的面目改造世界，这是一个侧面。另一侧面是可以改造，要把这一面扩大起来，洗脑筋，错误的东西慢慢刮掉，刮起来不容易，很痛。"横眉冷对千夫指，俯首甘为孺子牛。"要做到这一条，这句话源于齐景公的一则故事。齐景公 70 岁了，小儿子七八岁，同他玩耍，学牵牛，拿条绳子。娃娃拉一端，齐景公用口咬住另一端。小孩子摔了一跤，齐景公掉了几颗牙。"孺子牛"故事是这么来的。

**彭德怀**：出国，实在不想去。国防部长也不想当。说我出国搞了资本吗？（毛泽东：闻了人家对大跃进、公社看法的气味。）在罗马尼亚见了国防部长，我谈了公社是集体所有制，还有少数个体所有制，五保户（还有超支户、分空户）。谈了分配制度，喂鸡属个人。他们了解，但担心共产。罗国防部长来过中国，谈话时大使参加。除此以外，都撇开了，没谈。在保加利亚谈，说对他们有帮助的，手施人畜肥。他们地多，气候好，有粮，对方也是国防部长。有关政策问题只谈这些。

昨天一谈，心情也不大舒服。出国每天宴会，也不愿讲话。

我那封信，有两方面不成熟：说"小资产阶级狂热性"，工农等几种关系，是政治性问题，并没有把握。写信时，没有同任何人商量过。（7 月 23 日后的小组会，都追问写信是谁帮的忙，主要怀疑周小舟。彭德怀最怕牵连别人，一直坚持说是他一人连夜写成的。）开始是写主观主义，片面性，从哪里来？小组发言也是谨慎的，正需要鼓劲之时，因此信的作用不好。对局势，我是乐观的，信的前一部分也有感情。你看出右倾苗头，我看是乐观派。过去经验，认为应好好总结。乐观还是悲观两个角度看局势，这是我们之间的距离。（毛泽东：信公开发表，所有反动派欢呼。）信是交给你的，觉得会议就要结束了，写个信，此件请审阅、批示。我写信原意是，有无参考价值，请斟酌。

**毛泽东**：此话不真实，张飞是我封的。你认为不好说的，你不交心。一个心交，一个心不交。人们只看到你简单、坦率、心直口快，初交只看到这一面。久了，就从现象看本质。弯弯曲曲，内心深处不见人。人们说你是伪君子，像冯玉祥。真伪有矛盾。不能说全部假，对敌斗争是真的。心中很严重的东西不拿出来。

**彭德怀**：上海会议是观察时期。西藏问题一来，搞西藏去了，这是真事。平时琐事多，忙于事务，大事确未考虑，听听报告而已。

**毛泽东**：观察从郑州会议、武昌会议开始。

**彭德怀**：武昌会议我有书面发言。

**毛泽东**：逐步形成你这些观念。你不是乐观，是悲观的。

**彭德怀**：过去的事可检查一下。

**毛泽东**：当前突出矛盾是什么？"共产风"，指标落空，项目下马，浮夸风，这些都已解决。现在是另一种论点取而代之：越少越好，是新的右倾在发展。言为心声，你就是右倾机会主义。照信的后一部分讲，领导与党就不行了，你要打无产阶级的旗帜。

**彭德怀**：我是直接写信对你讲的，没有搞非组织活动。

**毛泽东**：有右倾活动。

**彭真**：你在西北小组讲：人人有责，包括毛主席，个人威信不等于党的威信。说毛主席的话乱传一气，盲目服从。说到处第一书记挂帅，削弱集体领导。1070万吨钢的指标是个人决定。说下毛毛雨，送材料又不看。这些箭靶子射谁？

**毛泽东**：你这人拉拉扯扯，一打一拉。没有看见？小舟，你上了当，搞合股公司，拉过去了。

**周小舟**：我对彭总说，有意见，应同主席谈，但莫起冲突。讲了三遍，不能起冲突。

**毛泽东**：你还说不是。散布空气，无民主自由。我们讲了九个月，批判了九个月。你们批判的那些，难道超过了我们讲的？放卫星好，放了许多假卫星，还要放的。大放假卫星，有极大好处，无假哪里来真？有假卫星，才有真卫星。真理与假理比较，才有真理。无谬论,哪有真理?

**彭德怀**:百分之九十九你对,也有一回不对。为了带号兵,挨骂,过去了好多年,还记得。(这大概是当年江西反"围剿"打仗初期的事。)小资产阶级意识,黄克诚批评我对主席有成见。华北会议批评,忍了几年。

**毛泽东**:邓小平在你面前有顾虑,对你并非没有意见。

**彭德怀**:小平几次不当军分会主席,说我有英雄主义。

**毛泽东**:是说资产阶级英雄主义。无产阶级英雄主义是好的。个人英雄主义很危险,野心即出在这里。拉拉扯扯,一打一拉,要组织队伍。

**刘少奇**:李井泉也感觉你在拉他。说四川没放卫星好。

**彭德怀**:问题提出后,各人有各人的感觉嘛。

**林彪**:打得猛,拉得猛,先打后拉,先拉后打,旧军阀的办法。

**贺龙**:对主席成见深,信中有历史成见。

**林彪**:发泄积愤,市场也不大。

**毛泽东**:是否小舟永远被拉过去,看小舟的态度,这个人不觉悟,"小资产阶级狂热性"、"紧张"他都接受。"得失相当","'左'难纠",这就是没有马克思主义观点。小舟,你马克思主义观点少一点。这是对领导,不是对群众说的。有些事你不知道,信的目的何尝不知道,可以原谅。同意纲领不简单,是气味相投。什么"小资产阶级狂热性",这是几亿人民的群众运动,此乃马克思主义。项庄舞剑,意在沛公,你不知道?我同省委书记,同任何一个人非议过彭德怀没有?同我讲彭不好的,统统挡回去,要当面讲,不当面讲非英雄豪杰。如罗瑞卿,要当面讲。

**周小舟**:联系过去那些历史看,我不了解彭过去如何对抗。同意他的信,是我思想幼稚。

**毛泽东**:重点在此,思想有共同性。

## 8月1日常委会

**周恩来**：方向是对总路线进攻，站在右倾立场，信的锋芒指向总路线。

**毛泽东**：出十八个题目，就是要总结经验。不能畅所欲言，就是湖南派；7月20日组长会上，反映有同志说，现在不能畅所欲言。

有人对彭信23日前没有表态，只对常委谈。他们对大炼钢铁、公社化、比例失调不满，可能比你们还多。如计委，从不下毛毛雨，四时八节逼着签字，十年改不过来，横直不让了解情况。"设计院"不在常委、书记处，而在财经机关，那些人脸皮之厚可观，出来的东西使人看不懂，自己也不懂，像那些教授。这种批评还要继续下去。信中说，"种种原因，虽有安排，难于决断"，这些话呼应一大批人，说责任在上面。计委有什么安排？5月已经作了决断，计委官僚主义厉害，难推脱，但计委拉不过去。计委没有安排？历来用一大本，一千多页，从来不请求来谈谈。

政治挂帅，无产阶级、马克思主义观点，即党的领导。你就是说中央闹了乱子，得检讨，郑州会议等不算数。

直接向下面写信（彭德怀曾批评毛泽东以个人名义向全党写信，不甚妥当），以后还要用此方式。

田家英历来比较偏右，如批《红楼梦》、《正确处理人民内部矛盾》，学生闹风潮，《零讯》启事等。其实他讲给林克（毛泽东的英文秘书）听，林克又讲给我听的。"双百"方针，长期共存，田不赞成（形"左"实右）。我同李济深讲，党内有人不赞成，用田来吓民主人士。10人中可能7个或9个不赞成处理内部风潮，没有几个省委书记赞成。一同准备作思想斗争，准备闹事。就是牛鬼蛇神不让放。说我们无民主，只独裁。让放，还不民主？只你这省（指湖南）提出，六个问题难办，中央通知，不适合情况可顶回，紧急的先斩后奏。

自我批评了九个月，没起瓦解作用。你是立场不同，多年的党员，还是政治局委员。洛甫的马克思主义哪里去了？你们要瓦解党，这回是有计划、有组织、有准备，从右面向正确路线进攻。上次（7 月 23 日讲话）说得不准确，说是无计划、无准备、无组织，跑到右派旁边，只差 50 米了。

李锐动摇，去年 11 月到苏联，同留学生谈话，说大跃进搞糟了。（按：这是外交部反映的一个材料，同事实有出入，我当时向会议秘书处写了说明，但《简报》不发表。）

有过教训，这回又搞这一手。而且这些事都办了；纠正了，批判了九个月。为什么搞这一手？其目的，在瓦解中央领导，瓦解总路线，以为有大批群众集合于你的旗下。

（周恩来插话：主席讲了话，还听不进去。）

船要沉了，老鼠赶快离开船。批"小资产阶级狂热"，另搞一套。大跃进你们没有参与，没有责任？北戴河会议没有反对，武昌会议、上海会议时都赞成的。

对计委绝不原谅，十年了，还说没有经验。挖掉墙脚，证明没有经验，完全做官。王鹤寿那个部，八个月搞计划，鞍钢还搞计划，不着急。要切实批判，毫不要妥协，一句好话也不讲。当然还不是反革命，还是想把经济搞好。光是动口，矛盾不动手，横直拖拉，团团转，互相依靠（指计委与冶金部），都靠不住。南宁会议后，承认我挂帅。（在江西时）司令部惹不得，党委不能讨论，不然叫越权。经过长期斗争，古田会议后，逐步形成党委可管大事。还是旧军队东西，名为前委，只能管政治，不能管军事。打到一个地方，以鸡吃尽为原则，吃光再走，根据地建立不建立不在乎，无建根据地思想，叫流寇主义。现在经济部门即如此。蒋门神一派，不能收税。我当武松。军委对中央敷敷衍衍，搞形式。情况如何，没展开讨论，我也有责任。抗美援朝后，没有管军委。对政治的理解（不懂政治挂帅），经验主义，只习惯老一套。这种运动（指大跃进）不会搞。相信群众的觉悟程度，要保护积极性。批评可以，但不能挫伤，从实践中得到教育，阶级斗争靠广大群众。革命标志：单靠先锋队觉悟不够，还要有阶级觉悟，还要同盟者，小资产阶级过不下去，这是马克思主义起义的原则。中国革命，民族资产阶级、小资产阶级都已经惶惶不可终日，条件完全成熟。

你还是缺政治挂帅，却批评政治挂帅，不是政治家。（彭德怀：军种、技术科学那样复杂，不胜任。辞职现在不提，过去提过好多回。）党委抓起来，要有政治空气，技术服从政治。

**彭德怀**：中央的东西，军委由总政传达。

**林彪**："小权集中，大权下放。"人家就是这样形容军委的。

**毛泽东**：大权独揽，小权分散。参加中央的会，等于没参加。周瑜是政治家，程普开始不顺从，他是老将军，同当右军都督。你为何不能容纳这些元帅，无非乱中求治。（贺龙：元帅老的还交换意见，并不是拆你的台，大家扶起来。）没有周瑜那种气概，年龄比周瑜大，经验也多。其他元帅经验不见得比你多，也没有程普那么老。元帅团结在自己周围，疙瘩解开。8个元帅有意见。也不能搞倾盆大雨，发生逆流。（彭德怀：发脾气多得很。）（周恩来：想用此压服。）对别人要求民主，对自己要求独裁。"共产党不是毛氏宗祠。"（按：此语是毛泽东当年对毛泽覃大发脾气，要打人时，毛泽覃说的。几天前，同周小舟、周惠、李锐谈话时，毛泽东曾谈到这个故事。）学我1927年，搞彭氏宗祠。要实行民主，这回决定开中央委员会。华北座谈会操了40天娘；补足20天，这次也40天，满足操娘要求，操够，大鸣大放。《简报》是中字报。今天谈这些，并非几天就能了解的，有的也许不适合你的情况，我这不是个人意见，而是相当多同志的意见。甚至庐山会议后，你还可保留。批评不能接受，可以顶回。论点不能接受，就不接受。交头接耳，扎根串连，都可以。

**刘少奇**：根本问题，是自己思想上有一种想法，革命要革的，社会主义要搞的。但如何革法，过这个革命关，社会主义如何搞法，脑子所想的社会主义与党是否完全一致，值得考虑。总是有些不同。对我们的搞法，总是不满意，至少不全是像我们这样的党。积极要求实现自己的愿望，批评人，然后也合作。我们长征中认识，认为你爽直，对同志、友邻部队都照顾，感觉政治开展，也注意政治。一件事感觉不好：会理会议前，批评军委，很不守纪律，我听不下去了。建议打电报，不要这样讲。我要打电报，话都是彭的。写好电报交彭和尚昆，彭不签字。会理杨、刘电报，是彭的意见。不签字不对，并不勇敢。从那以后，觉得此人不简单。（毛泽东：电报张飞会打，曹操不打。）（林彪：有意见向下讲，不向上讲。组织原则问题。）以后想极力合作，求同一性，差别性少提，但搞不好。同彭这样的人，难搞成朋友。（毛泽东：交不亲的朋友。）一下冒犯了，打击时，是敌对态度，当然也不总是采取敌对。（毛泽东：对抗性有几种：横直不合作，敌视，有意见不讲。另一种即敌我阶级斗争。前者意识形态不同，观点不同，谈不来，客客气气敷衍，谈得来无所不谈。）高岗事件前，对我有七八点意见，有些事同我毫无关系。如一件事，召集华北座谈会。（毛泽东：这是我建议的。因彭要到党校作报告，怕作不好，对他不利。小范围扯清楚，使彭得到了解，再去作为好。有人要求彭去党校讲讲，何必去党校作报告。不开会，也势必作不好。华北会应开，人家这么多意见，同中央关系如此恶劣，而你名之曰操 40 天娘。）账挂在我身上。另一件事，同去看关向应，关流着泪说："彭总，你不要反对毛主席，闹派别。我是快死的人了。"觉得我没发表意见，对我不满。高岗事件前，讲了对我很多不满的话。这种话，我沾不到边。（毛泽东：关向应讲中了，你这人是搞派别活动的。）值得反省。有些不满并没有讲出来，延安整风审干，也不满意我。（毛泽东：这是我的责任，好、坏都负责，九条方针没有照办，相当长时期下面未执行。北京后来审干反右，自杀也几十个。还是犯"左"的错误，罗瑞卿他们负责的。）感觉彭的思想有自己的一套，同意主席讲的有野心，要按自己面貌改造党和世界。根本问题在此。当面讲这些话。

**林彪**：不少人说你讲假话，有野心。（毛泽东：以真话形式出现的假话。）长征时讲过，入党前，救中国舍我其谁。入党后，情形不同，应该谈出来。在党内也有藐视一切的思想，好犯上。有个东西杠起，有思想、愿望、目的，总觉自己行，有个路线、纲领、世界观，自视很高。（彭德怀：也有自卑感。）弱点，是腰杆不硬。应利用此弱点，慢慢转过来。你看风使舵，没有张国焘蠢，是聪明人，看到不行，采取主动转弯。六中全会时，你赶快撇开了王明。六中全会你很不愉快。王明船快沉了，赶快上岸，拿石头打船，以示区别。黄老是老实人，你如果变了，为何不在党委干部会上讲，只给黄老一个人说（指拥护主席的话）。一个东西不对，一定要批，马日事变要来的，统一战线要破裂的。韩进起草的东西要批。疟疾原虫没根绝。根本问题从世界观解决，经验主义世界观，虽无著作。马克思主义世界观没有接受。（周恩来：相反，很骄傲，犯上。俯首甘为孺子牛，这是辩证法。要脱胎换骨。我多次错误，认识不全面。难道检讨了就没有骨头？）是另外一个党性、派性。（周恩来：驯服就没骨头？所有领导同志都要驯服，否则如何胜利？你的骨头是犯上。）鲁迅是马克思主义者，"横眉冷对千夫指，俯首甘为孺子牛"，两句话合乎辩证法的。你混同了资产阶级思想体系。个人野心，政治方向，灵魂深处，没有脱胎换骨，危险在此。是个不驯服的党员。三七开，如何形成？入党后即独立为王。滕代远是老党员，你说了算，长期独断专行。从平江到长征，党的生活中很大独立性。陕甘支队一年，（毛泽东：出腊子口到岷县，几次想打，急躁情绪，简单概念。）对上级、同级不尊重，对下看不起。项羽封了楚霸王，目空一切。这不是从理性角度看，是直感。组织观念、党的观念一套，你没有建立起来。革命的动机是否全为群众服务？这种成分有，但想在革命事业中成功成名，出风头，也有的。长期笼统印象，是旧内容，新形式，旧的，也有新的。个人主义是旧的，新的有革命内容。好名，揽权，要指挥全局，大场面掌握在手。换个名词，就是野心，派头气势有的。形式上有很多迷人东西，说你张飞，实际上并不是张飞。你自己走火说过，老奸巨猾，老于世故。内容、形式不统一，很用心的人，又似乎无心。（刘少奇：不好敞开谈。）前年同我谈话，简直像准备好发言稿，机关枪放了，走了，非同志式谈话，有戒备。（毛泽东：形式主义的，并非征求意见。）平时以二杆子、张飞出现，一句话不走火，并不随便，是假张飞，不是真张飞。一贯跟刘谈不来。利用坦率形式迷惑人。用很没有成见的形式对人，但仇解不开，如对罗瑞卿，实际记仇，实际是老奸巨猾的本质。（毛泽东：内有二心，外似张飞。）装好意，说信不准备发表，而是准备发表的。这样多的话要说，为何不来谈。信有一二三稿（指有人帮忙起草信稿，当时传得很广），想定案，党内外刮风。（彭德怀：就是一稿。）大跃进与副作用，账没有算清。没有大跃进，没有总路线，领导就成问题了。正面作用与副作用没有弄清楚。国内外都刮风，以为好时机到了。这些（副作用）事情已经过去了，庐山不应再泼冷水。去年全做错了，很着急。（彭德怀：老实话，成绩是肯定的。）（毛泽东：马后炮不灵了。）一方面肯定成绩基本，缺点次要，思想里却是缺点基本，成绩次要。矛盾有两面，哪面主要？（毛泽东：挂一笔账，你们错了。有此一信。抗战时独立王国，你搞你的，并没有写信，抗美援朝也没有信，北戴河、武昌、郑州会议都没有信。这次抓到一个机会，打着无产阶级旗帜，攻击"小资产阶级狂热性"，以为万无一失。国内外、党内外议论纷纷，乘此机会。你是个投机分子。）表面似好意，实际要抓辫子。地下档案，控告书，告党状。发表以争取群众，不发则存档。表面似好意，而用意很深，是坏意，表现个人单独政治见解。内容与形式总相反，采取迷人办法。事实证明是右倾，动机是从个人野心出发，捞一笔。几十年不写信，哪有如此简单，（毛泽东：经过小舟造空气，说什么讲话不自由。）攻击主席，今后动机搞单纯一些，相信党、相信毛主席，增强党性，把相信自己减少些。做法人家知道的，内容与形式都知道。要靠老实办法，学毛主席著作。马克思主义著作与毛主席著作是联系实际的。政治上不再搞另一套，自以为有正确东西。只有中央和毛主席一套正确，用这一套正确指导革命。不搞理论，兴趣不高，也非嗜好，这不是文化程度问题。哲学、世界观、政治、要学现在一套，自己搞一套不行。加强组织观念最重要。抛掉个人过分自信，抛掉个人英雄主义。只有毛主席能当大英雄，你我离得远得很，不要打这个主意。我有暮气，但没有这个野心：搞大局面，自己一套拿出来。这种雄心、信心没有，缺点是有暮气。主席讲元帅中有暮气。这样大局面，理论知识、精力、威望，只有毛主席有。（毛泽东：66岁了，随时准备打交道，准备后事。）都是丘八，就是那么个材料，那么大作用。都要注意，最要紧防止自信，个人英雄，否则就不能尊重党，尊重马克思主义，更不能相信元帅。骂儿子样骂干部，似本能，你是这么个人。个人英雄主义，有新有旧，迷惑手段。相处过多少人，总觉你特别，威风气概，不易接近，不平等味道，自负太大，刚愎自用。这些思想根子不去掉，内心根本东西不去掉，就是个特殊人物。

**周恩来**：一改二帮，那一套都改掉。要交心，你不易交心。

**刘少奇**：表面讲的不是真心话。要挖一下记仇、记恨事。高岗事件后，本想找你谈一次，怕扯开一谈，谈不进，没有谈，怕挡回去。

**毛泽东**：两次声明，要收回信，《简报》上说的，我不相信。

**彭真**：开始对你信仰高，慢慢感觉不对头，跟中央不对头。抢先思想，组织观念得要。为何要对全国性、世界性的问题讲话？（毛泽东：发了这个指示？）发现闹独立性，动摇对你的信心。1937 年开始我逐渐信仰毛主席，感到你那套不对。首先是你的党性，同中央抢先。1937 年 12 月传达王明的东西，我强调夺取领导权。这次在火车上讲匈牙利事变。（毛泽东：思想之混乱可观，我们怎么能同匈牙利比？）信是个纲领，一条路线，重点在后一部分，目标是毛主席。

**毛泽东**：从打击斯大林后，佩服赫鲁晓夫。

**刘少奇**：两个歌子，反对唱《东方红》。认为中国也有个人崇拜，中国很需要反个人崇拜。党章中毛泽东思想领导一条，七大有，八大没有。原起草时，就不赞成写毛泽东思想领导那一条。八大决定不要，又反对。

**彭德怀**：你们这样推测，就难讲话了。阴谋，两面性。每回唱三个歌……

**周恩来**：感情问题。

**彭真**：反对个人崇拜，有无此想法？你有大功劳，但一切功劳离不开党和群众，否则，顶大当个唐生智、程潜。毛主席的路线已得到证明，基本上已证明总路线的正确，也应服从。（刘少奇：彭的功劳也是来自这条路线。）反过来，过去几次路线按照你的办，现在可试验，原来是狂热性，可以设想是什么结果。这样一提，个人东西就去掉了，同主席谈就拗起来。迷惑人，小舟也被迷惑了。同志在一起，应肝胆相照。这么多元帅支持你，是由于主席，但换不出你一条心。张飞，能换心的。归根结底，宇宙观和党性的根本分歧。

**黄克诚**：这都是赤胆忠心帮助。我们相处久了，被另外一种感觉模糊了。也看到些毛病，提过意见。今天这样讲，谈及个人品质，使我认识更全面。回去好好想想，非一下子能解决。个人英雄主义有感觉，也感到想表现自己。华北同志意见很多。我们之间谈话交心，扯过很多问题，如历史上中央苏区的问题，关于主席的问题没有谈过。谈过请毛主席出来领导。六中全会放炮，被模糊了。1938 年后，觉得对毛主席态度有改变。到北京后，具体表现的对毛主席的不满，也谈过。我要他到主席处谈谈。心是否都对我交了？还不敢说。对干部关系有成见，对罗瑞卿，我批评过他。对贺老总，没同我讲过好或坏。对干部一拉一打，有些个别现象；是否整个如此，还难判断。交心问题，从前考虑过，不能完全讲出来。（林彪：是伪君子。）也可以这样批评，装模作样，并非完全内容与形式那么一致。（毛泽东：全部伪不是，有真有假，寄希望于两面，有一面有希望，有做工作的可能。）常委这样苦口婆心，应当感动，不是主席领导，多少年采取组织决定，怎么能有今日局面，这样教育、帮助，应当感动，是帮助。

**毛泽东**：历来估计两面。好的一面扩张，可能改。也有可能不能改。（黄克诚：好好检查，虽然 60 岁了。）不看僧面看佛面，看人民群众，关系好一点，改改，一时改不好不要紧。

**林彪**：不是打倒，不是今后不信任，工作要你做。要整风、洗脑筋。

**彭德怀**：改造思想赞成。总路线拥护。工作有消极面。

**毛泽东**：我们党是三山五岳，是个联合会。

**彭德怀**：管军队要纯的人。我没提过任何一个人，无任何私人来往，也没有私人信件。了解了为何又不愿干？军委应当掌握在一个得力同志手上。（我下来）这次不公布，提议一人去主持日常事务。国防部同外国不同，外国是一长制。

**毛泽东**：现在不谈此事，还是你干。

**彭德怀**：也不是以此来抵抗。朝鲜回国后，就不想干。军队复杂，科学技术，不摸也不行，不好下决心。早有此意，并非不服从，希望谅解。承认要思想改造，学点马克思主义。读书没读通，具体事务一来，学习又放下。三十二年来，没有真正坐下读过一本书。英雄主义思想还有根源。今天讲的事，好多忘了，当年事，容易忘。军队要培养新人，准备打仗。我这人随便，越熟越马虎。这次会本不想来。个人英雄主义，还加无政府主义思想。华北会议作过检讨。洗脑筋不容易，还要发作的。不守纪律，现在好一点。这次写信，说"小资产阶级狂热性"，没同别人谈过。是否是备个案，是否如大家讲的如此系统，现在还难接受。说我想发表，不能接受。我是赞成总路线、大跃进的。看到困难，动摇摇摆是有的。讲我不要这两个东西，没有的事。这样说，发展下去就危险了，小资产阶级夺无产阶级的权。主席 23 日不讲话，会发生混乱（有 1/3 人动摇）。承认思想混乱，立场不稳，有摇摆。

**毛泽东**：历来摇摆，直到高饶事件，但能摇过来。这一次又可摇过来，看环境形势。对你寄托希望。

**彭德怀**：这两天两次谈话，很感谢。不抵触。

**毛泽东**：可以继续申辩。平时不往来，是一种观察现象。本质如何，现象不一定准确。会理时，我毫无顾虑。那时靠剑英，不忘记（剑英大功劳）这一条。否则，中央当俘虏。三次反"围剿"战争，我们非常融洽。后来年纪大起来，积累了许多东西。

**彭德怀**：信中也讲无产阶级，也下了决心的。

**毛泽东**：你出身劳动人民，感情站在革命方面，对群众有感情。问题是经验主义。

**彭德怀**：经验主义肯定，靠自己几十年经验办事，林彪同志容易接受新东西。我只读过两年旧书，装的很多东西，都洗尽不容易。是被动地跟着干社会主义建设。没有这次会议的话，走到另一条路，也不会的。

**毛泽东**：采纳你的意见，会混乱一时期，又要来纠正。

**林彪**：会出现大马鞍形。

**彭德怀**：三句话，出在第二句，问题不少。

**毛泽东**：现在右倾情绪，右倾增长，不是刮"共产风"、压指标那些问题。我是因你的信才有觉悟。鹤寿谈有松劲情绪，也不摸底。这 10 天，较有底。问题不少，不在老问题，现在是新问题，是指标越落越好。以信为代表，以及相当部分人同情你的信，省是陶铸、周小舟。新问题是要反击右倾进攻。很多人是盲目性，城门失火，殃及池鱼。

**周惠**：看不到信有问题，还是坚定不坚定问题。湖南要鼓劲，矛盾情况，下面新的右倾也早发现。对谭老板我提得尖锐，要反"左"防右。食堂问题，谭主张解散。（毛泽东：谭老板也摇摆。）小舟来电报，也偏右，与谭老板谈，算账，松劲，要反"左"防右，我的思想情况不是右倾的。

**毛泽东**：吴起镇讲话，长征胜利，取得经验，有7000骨干，前途光明，当时只7000多人。很多人不赞成这样讲，说吹牛皮。

**周恩来**：华北又闹独立自主。回延安三年格格不入。解放战争合作。抗美援朝，回到军委，不大靠拢了。

**刘少奇**：元帅心情，不好合作。我也有此心情。难道都怪这些人，你就那么好？中间有个问题，把你那套丢开，服从党，野心抛掉。是大家的野心，无产阶级改造全世界的野心，不是个人野心。党内好好合作，求同存异。原则问题要斗争，团结——批评——团结。

**毛泽东**：9个元帅、10个大将，围在你周围岂不好？人少好还是人多好？

**刘少奇**：还要一个改造过程。

**彭德怀**：40天来，有两面，有恨，也接受。当元帅不行。当副手，刚愎自用。

**朱德**：顺着无问题，不顺成问题。投降无产阶级，永不反水，但要防止反水。永远跟着毛主席。名利思想，名是要的，正确也是个名的问题。

**毛泽东**：做真正马克思主义理论家，考茨基、普列汉诺夫，政治犯错误，变成反党，拥护祖国。将来是好遗产。都可搞错的。心里虽是马克思主义，总有部分不纯，以无产阶级之名引诱彭，不一定行。

**朱德**：好话，叫骂娘，听不进去，怎能改正？都希望你彻底改。

**毛泽东**：一下改不可能。洗脑问题，照顾他的特点，不能急于求成，不能急功近利，包括黄老，有缺点，慢慢改。

**彭德怀**：近几年有些改。意见不合，强迫实行，抵触厉害。主观还想搞什么，则不是。命令对，自己不通，不盲从，执行时动摇；碰死钉子，进步一点。打赣州后，还要向西，中央局合拍，不易那样改变。有人说我投机，很反感。话可以讲，实际问题一来抵触大。打会理也不愿意，伤兵没法处理。

**毛泽东**：张国焘一条好处，慢。

**彭德怀**：十一、二岁看牛，十三、四岁开矿，十七岁当兵。40天会议，又感激又不感激，一生没吃过亏。

**毛泽东**：井冈山，中央苏区，枪杆子主义。对我帮助大。

**林彪**：自信心太高，不合乎客观。伟大英雄，其他看不起。几十年本能反映，自信太高，过分自负，想当个大英雄，个人英雄主义不改。

（记得谈话的最后阶段，彭德怀还急得讲过这样三句话：可以放心，不会自杀，不会当反革命，可以种地参加劳动。记录本上未记下。但不是最后讲的。）

两次常委会后，毛泽东都把我们列席的四个人留下来，又谈了一阵。让我们列席会议，当然是为了教育我们不要再受彭德怀的信和彭德怀其人的影响。毛泽东对周小舟"争取"看得重一些，希望他"不远而复"，"迷途知返"，不要"走远"了。毛泽东问他，是不是当了彭德怀的宣传员？8月1日晚上，毛泽东给周小舟写了一封信，并给他寄去了《丘迟与陈伯之书》。8月2日夜，周小舟给毛泽东写了一封感情激动的信。这信第二天就印发了。他在信中从自己的出身和思想、立场，分析为什么同情彭德怀的信，承认为彭德怀提供了材料，当了义务宣传员。

这两次会后谈话，我的记录本上什么也没记下来。我那时还很天真，以为真是还"允许交锋"，可以"继续申辩"的。于是

## 8月1日常委会

在同毛泽东对谈时,我竟说:1958年钢搞800万吨就好了。毛马上说,你这个人太斤斤计较,你的发言,倾向不好。这样,我才没继续讲了。这一细节,是从《简报》上别人批评我的发言中,我才记起来的。

这两次常委会的场景,我终生难忘,当时毛泽东、彭德怀和各人的神情,乃至某些动作,我都记得。特别是彭德怀,对话时他并没有激动过,似乎过于冷静,面部表情非常严肃,痛苦的感情藏得很深,但还是使人能感觉到一点,我就坐在他的斜后面。我的手常不听指挥;心里非常痛苦,主要还是为彭德怀痛苦。因此字迹潦草得至今看来有的如天书。

在秦城做怀旧诗词,这《庐山吟》第八首,题目为《记八月一日会议》,是专写毛泽东批彭德怀的:

> 山雨已来风撼楼,重温旧事溯源流。
> 轻看游击藐边界,急欲兴师下省州。
> 延水岸边无舸橹,太行脊上有山头。
> 春秋三十匆匆过,风雨来时不一舟。

## 两天常委会的传达

　　8月2日毛泽东在全会的讲话比较简短，提到张闻天旧病复发，没有具体谈彭德怀的情况。参加全会的中央委员和候补委员，最后一批是8月1日才上山的。他们只知道会议形势的大致变化，并不知详情，尤其不知道两次常委会批彭的内容。8月4日晚上，根据毛泽东和中央常委的意见，由刘少奇主持，几位常委参加，向晚上山的人传达这两天谈话的情况，说明哪些人参加了会：是常委和彭真、贺龙，"找彭、黄、周、周、李谈话"。首先由林彪讲话。

　　林彪说，他前一段没参加，是半路上山的。会议半中腰出现新的思想上的分歧，路线上的分歧，中央决定展开这个争论。要做思想斗争，在思想领域里开战。"我是先到的援兵，你们是最后到的一批援兵。"大家都看到彭的信，骤然一看，还不大容易看得出其精神和用意。信发出来后，在会议中引起了思想上的不一致。过细一读，有很严重的错误。除信以外，他还在小组会里讲了很多暴露观点的荒谬言论，还有会外的活动。总的方面是右倾的，是反对总路线的，反对大跃进的，反对人民公社的。他是夸大缺点，否定成绩的，对于大办钢铁、办人民公社，都持否定态度。他散布的情绪和言论都是泼冷水的，松劲的。他虽没有提出毛主席的名字，但是在前前后后，会内会外的讲话，字里行间，攻击的目标非常明显，就是反毛主席，反对党的领袖。对于总路线，他只是讲"基本正确"。党内习惯用法，说基本对，那么就还有不对。这样的话绝不是冲口而出，而是很有分寸的。在这些话里，埋伏要修改总路线、动摇总路线、推翻总路线的观点。我们说总路线正确，大跃进成绩很大，办人民公社、办钢铁办得好，这中间当然在某些具体措施上面有些不恰当的地方。从去年9月起，一次一次的中央会议，毛主席的信，这些部分不妥当的地方，中央都及时纠正了。可是他却认为我们认识过迟了，而

## 两天常委会的传达

且没有及时调整。这些问题的发生，他不认为是我们一些机关工作的责任，而把责任完全推到党中央身上。他有很清楚的句子："计委虽然有安排，但是由于各种原因，难于决断。"这个话就有伏笔。计委之上还有谁呢？领导经济建设的当然是毛主席，所以他在这里很显然是影射毛主席。他还说"有失有得"，哪里是有失有得呢？他说的其实主要是失。我们说主要是得，部分损失。所以他这样倒过来说，是有文章的。他在小组会中很多插话都是散布右倾思想，觉得还不够，所以要写信。说庐山会议讨论不够，民主不够，他要发动讨论。实际上他在会外讲，华北座谈会操他40天娘，这次他不可以操20天娘吗？所以总的目的是为了操娘，为了骂党，骂中央，骂毛主席。他把我们一时的局部失调，夸张得很大，认为影响到城乡之间、工农之间、各阶层之间、什么、什么之间的关系，而且是政治性的，是政治路线的错误。他夸大了各地的浮夸作风和所受损失。对于去年我们广大的群众运动，他认为是"小资产阶级的狂热性"。实际上这样广大的群众运动是中国一穷二白的真正产物，是广大人民在党领导下想翻身的一种产物，这是必然的产物。他是打着反对"小资产阶级的狂热性"的旗帜来向党进攻，向毛主席进攻。还说我们只搞政治挂帅，不讲经济法则，认为我们目前的主要任务是反对"左倾"，反对"小资产阶级狂热性"。他这样看法同事实恰恰相反。我们有部分失调的地方，已经纠正或正在纠正，基本形势已经好转了。现在的问题是右倾抬头，无论党内党外，以至国外，都有这种反映。如果按照他的方向反"左"，那就不是鼓足干劲，而是泄掉干劲；不是鼓气，而是泄气。如果这种思想传播下去，不但要产生马鞍形，而且要产生很大的马鞍形，那就会动摇总路线，影响今年指标的完成。党在群众中的威信，领袖在群众中的威信，就会大大受到损失，受到挫折。他说1070万吨的指标没有经过中央讨论就决定了，这显然是反对毛主席的。他还说，公社化引起的问题，是主席应该负责的。他还说，我们得意忘形,头脑发热,毛主席在上海也作了检讨的。他说庐山会议有压力,大家不敢讲话。他说,几个月不供给油,是主观主义的。他还说,第一书记挂帅,这也挂帅,那也挂帅,他实际上是反对第一书记挂帅,反对党的领导。他不仅仅是指的各省,实际上也是指的中央,指着毛主席。他发信之前,跟人说,这封信对毛主席是有刺的,可见,他主要是要刺激毛主席。他说很多同志在会议中不勇敢发言,这是软弱。照他的意见,照他的办法,就是要拼命向党进攻,不向党进攻,就是软弱。写信正是为了公布他的政治纲领。所说要提倡勇敢讲话,是要提倡赫鲁晓夫的精神,要脱裤子,并且要自己脱,不要人家脱。以上就是他在信内、会内会外所表现的东西。

林彪接着说,常委同彭谈话时,主席、少奇、恩来、朱德、彭真、贺龙发了言,我也讲了一点。主席讲话的内容,林彪作如下概括介绍:

主要是讲他的世界观。主席说,他有另外一种世界观。发现他有另外的政治纲领、政治路线,另外的革命方法,另外的搞社会主义的办法,另外的建党的办法。而且发现他参加革命有另外的用意。无论从他的思想意识上、思想方法上、还是政治纲领上,都有另外的一套,而这一套是隐藏着的,没有暴露的。他的世界观就是一种经验主义的世界观,狭隘的经验论的世界观。经验主义表现的另外一种形态,就是实用主义。在政治方面,少奇也讲他有另一套纲领,另一套做法。社会主义他是干的,革命也是干的,但是他有另外一套。共产党他也是要搞的,但他是搞家长式的党,他要用自己的面貌来改造党。他自己的面貌是资产阶级思想体系的反映,是要用资产阶级思想体系来改造我们的党,改造党的路线,改造党的作风。

林彪说,我们几个人的意见大体差不多,就是揭发他思想意识方面的东西,他个人品质方面的东西,包括组织观念方面的东西。他是个人英雄主义的思想意识。我的直接印象,这个人非常

## 两天常委会的传达

英雄主义，非常骄傲，非常傲慢，瞧不起人，非常目空一切，对人没有平等态度。不但对他的下级当儿子一样，随便骂，就是对上级，也很不尊重，可以说是傲上慢下。他野心很大，想大干一番，立大功，成大名，握大权，居大位，声名显赫，死后留芳百世。他非常嚣张，头昂得很高，想当英雄，总想做一个大英雄。他参加革命，包含着很大的个人野心。毛主席才是真正的大英雄，他觉得他也是个大英雄。自古两雄不能并立，因此就要反毛主席。这是事情的规律。毛主席无论在天资方面，学问方面，事业的成就，工作能力，马列主义的水准方面，更何况思想意识，在哪方面他能比得上呢？但是他太自不量力了。他这个人是功归于己，过诿诸人。他平时摆出张飞的面貌，坦率的面貌。在生活上比较朴素，比较检点，这是他的长处。大家看问题容易从小的方面看，在这方面，他是迷惑了人的。毛主席说，跟他的关系是三分合作，七分不合作，三七开。我在长征时看得很清楚，当时他一肚子意见，到处同人讲，同他的政委讲，在司令部讲，还同底下的人讲。要他报告中央，写好电报，他又不签字。毛主席说，他是老于世故。他说自己有时说话走火，也说自己是老奸巨猾。

毛主席这次对他的问题，他的思想，看得很重。他的这一套在这次会议暴露出来，是我们党内一种右倾的政治危险，发展下去是极其危险的，那会动摇、破坏我们的总路线、大跃进。另一方面从长远来说，他是我们党里面的一个隐患。毛主席说，去年5月间讲党的分裂问题，主要是指他。

这个晚上的通气会，从7点30分到11点，林彪讲话占了一多半时间，通篇没有称呼一个"彭德怀同志"，只以"他"代替，其他三个常委都称"彭德怀同志"。从这个细节，可见林彪把界线划得何等分明。关于彭德怀是野心家、阴谋家、伪君子、冯玉祥，这是林彪在常委会上定的调子。这时却不直接讲出，而是说，其他常委有这样的看法。

朱德接着讲了约 10 分钟的话，说会议前一段是要把成绩说够，缺点讲透，好安排工作。原以为可以散会了，不料发生了这封信的问题。说自己原来估计不合适，不大完善，认为彭德怀同志写这封信是临时想到的，现在看来并非如此。我们常委开了两天会、跟他算了一个账。主席跟他算账，三十年，是三七开，三成合作，七或不合作，不是完全拥护中央，拥护主席。主席把这个三七开，前前后后讲得很清楚。英雄主义，经验主义，现在彭自己也承认了。现在毛主席还在，反对毛主席，毛主席让位，我看谁也不赞成的。德怀同志对总路线动摇，最基本的问题是不认识群众，不认识党。他的最大错误在这里。

周恩来的讲话也比较长。主要介绍了庐山会议的经过，前后两个阶段的情况，说大跃进搞了一年，大家都很忙，很辛苦，到庐山来总结经验，顺便也休息一下。主席根据湖南省委的三句话，将"经验很多"改成"问题不少"，提出"成绩伟大，问题不少，前途光明"这样概括的三句话，并提出了十八个问题。前 15 天分组开会，有时开点汇报会，准备解决十一、二个问题，起草一个会议记录，不叫决议。工业方面指标比较落实了，但是具体布置还有些问题如铁、钢、木材、运输、粮食等，在山上顺便同部长们解决。当然还有个别失调，部分紧张，一定要解决，抓紧起来，大家努力，就会好转的。

关于"得不偿失"的议论，山上山下，党内党外，都有这种说法。我们说成绩是主要的，驳右的说法。会议中有一种苗头，就是要多讲缺点，夸大缺点，以彭德怀同志为代表。他在火车上就谈到若不是中国工人、农民好，会出匈牙利事件。7 月 7 日在主席那里汇报时，他也谈了这个看法，我们听到就不以为然。第二次在主席处汇报，他又说，工业的大跃进，是农业的浮夸搞起来的，归罪于农业，也是不对的。大跃进是工业跃进在先，农业是主席直接领导的。他攻击谭震林，也是项庄舞剑意在沛公。原来的安排，确是想把十几个问题解决好，写入会议记录，15、16 日下山的。德怀同志写出一封信，就影响了一些人，形势就起了变化。

常委会找彭谈，认为这封信是有计划、有准备、有组织、有目的的活动，是一个反党中央、反总路线、反毛主席的活动，是一个纲领性的东西。彭在政治局会议上总是冷言冷语，大家也未在意。他的意见是逐步形成的，到下面找缺点，搜集材料。在主席处两次汇报，关于公社问题，主席顶了他，说当然公社不办，迟几年也未尝不可。但是现在办了，就应办下去。别人也有同他争的，他觉得他的话总是有人听，所以在西北小组放了一些暗箭，也俘虏了一些人。他觉得他的话有市场，有影响，有右倾保守思想的人，就跟着走了。毛主席说的军事俱乐部，首先是一个国防部长、一个参谋总长，总是密切合作的了。黄克诚同志是同林彪同志一起上山的，17 日下午我们一起谈时，林彪同志驳了"得不偿失"。黄也感到信中有刺，但他第二天在小组会上，就是批"左"的东西，还气势汹汹，跟谭震林吵架。张闻天同志急于表态，7 月 10 日以后，找粮食部、银行和商业部同志了解情况。他讲了三个钟头，"武文合璧，相得益彰。一文一武，国防、外交，省上有周小舟同志，他也是打着无产阶级旗帜向"小资产阶级狂热性"进攻。

正如主席在 8 月 2 日全会开幕时说的，原来设想的问题不少，是说大跃进、公社化、总路线伟大成绩中有个别偏差和不好的地方，那些已基本纠正了，只是留有一些问题没有完全解决，大家上山来，谈一谈，解决一下。比如市场问题，上山后，马上批了一个文件下去，粮食问题，马上讨论解决。财政、工交方面的问题，都在讨论，以求逐步解决。这是原来的设想。彭信一出来，问题性质变了。所谓问题不少，不是这些问题了，变成松劲、泄气、悲观这类东西，是纠"左"之后，右倾机会主义露头了。山上山下，党内党外，国内外都有。彭德怀同志是这一危险的右倾机会主义的主要代表。所以这次全会毛主席提出来，全会的任务，就是要为保卫总路线，反对右倾机会主义，反对党的分裂而斗争。问题的本质是这么一件事。

关于彭德怀同志错误的根源。彭做过许多有益于人民的事，这要肯定。首先是思想根源，这方面自觉性很低，常从实际利益中认识，不是从思想上认识党的路线和政策。凡是党内发生路线错误时，他几乎都跟着走了一段，然后又分开。分开常常是突然的分开，不是从痛苦的认识中，把思想弄清，以后避免不犯或少犯。拿我来说，也犯过两次比较大的路线错误：一次王明"左"倾路线，一次王明右倾路线，在延安整风时很痛苦，深刻地反省，长期地检查，认识了思想根源。主席上山，第一条叫我们读书。彭是从利害关系看，没从思想上挖根。抗战初王明的右倾路线，他在华北是宣传了的。一到 1938 年，在桥儿沟六中全会时，他一上台就反王明，话讲得最尖锐，主席那时觉得不必要那么尖锐。他的经验主义根深蒂固，还有二元论思想，认为主客观可以并列。如对毛主席、对领袖、对党，他说思想通了，感情不通，思想、意志与感情总是统一的。他说他逐步服了主席，但不盲从。他对主席讲，他对主席就是不服，如反对个人崇拜，说偶像崇拜不对。他在政治局说，不要唱《东方红》。他没有领袖观点，自己也说，有无政府主义。华北座谈会说他是个人英雄主义，他骂娘，不服。说操了他 40 天，他现在要操 20 天。主席说，好，予以满足，咱们现在也来个 40 天。他没有俯首甘为孺子牛的精神。他对待群众，也是二元论思想，群众起来之后，站在外面，指手画脚。

关于历史根源，彭德怀同志自己承认入党前有个人英雄主义，入党以后改了。他说在旧社会敢于犯上，在党内也敢于犯上，不是无政府嘛。他敢犯上，叫有党性。他对别人说，你们不敢写信，没有骨气。你有党性，有骨气，他要把旧社会的骨气带到党内，犯上作乱。主席自己说得很感慨：我现在 66 岁了，要准备后事了，如果我有三长两短，谁还管得住你？主席说这话时，

## 两天常委会的传达

他是不动声色的，不受感动的。他说他孤僻、刚直，有离群索居的味道，这是反集体主义的。说他欣赏彭玉麟，别号为彭刚直，对党刚，而不是裂。这些根子要挖，否则难改造。德怀同志承认了四点：思想体系经验主义；有个人英雄主义；同主席关系三七开；这次动摇总路线。但有四个不承认：不承认要拿他的面貌改造党、改造世界；不承认是个人野心家；不承认是伪君子；不承认这次是有计划、有准备、有组织、有目的的活动。我们认为前四个承认和后四个不承认是相关联的。

不仅对彭德怀同志，对同他接近的人，都要帮助。过去觉得黄克诚同志不错，人很好。这回也要刺痛他。这次黄同彭的关系，表现他对人不公，党性不纯，如他同谭震林吵了架，到处讲。张闻天同志，主席说他是楚太子的病。他在小组会的这篇检讨，还是让别人念的。

刘少奇最后讲话不长，讲了些三军团的历史情况，说彭德怀同志发生这样一件事情，不是偶然的。1945年彭有篇检讨，谈到党内发生错误路线时，他要跟着走一段，但走不到底。小组会的发言里，有同志说，他有魏延的反骨，他有异己性，总是有刺，有时候就发牢骚，就骂。毛主席看出他的问题，因他是政治局委员，过去没谈过。这次在常委会上，毛主席讲，你这个人就是要闹分裂的。去年5月讲防止党的分裂，就是指彭德怀同志，说，这个人那么难于合作。主席讲三七开，是这样讲的：一、二、三次反"围剿"是合作的；长征中反张国焘，除个别问题外，是合作的；解放战争时，基本上是合作的；抗美援朝，除开有些问题外，基本是合作的；整个八年抗战是不合作的，有些时候是合作的。彭德怀同志有可能改造过来，他有动摇性。他这次要算大跃进的总账，不讲就不讲，一讲一大堆。因此，这次对他算总账，很有必要。

## 中央全会召开时的讲话与文件批语

两次常委会批判彭德怀,定性为野心家、伪君子、阴谋家,算历史总账,挖根子,三七开,招兵买马,组织军事俱乐部等,很快就传开了。

8月1日晚上,周恩来召集大家开了个短会,宣布8月2日开全会,由毛主席讲话。周恩来的讲话,我的记录本上只有这么一小段,大概只讲这么一点:

彭德怀、张闻天的《意见书》出来后,"问题不少"已出现右倾思想,怀疑和动摇总路线,会议动态逐渐明朗。"问题不少",即右倾机会主义向党、向党中央、向毛主席、向总路线进攻。他们打着所谓无产阶级旗帜,向所谓"小资产阶级狂热性"进攻。这有深刻的思想、历史根源;他们是有纲领体系,有右倾活动的。

18日,毛主席本拟讲总路线是否正确,是否"得不偿失",以及如何落实指标,增产节约等问题。但那时说,嫌早一点。

犯错误的同志这次起了反面教材的作用,谢谢彭德怀同志。

据彭德怀的秘书说,8月1日晚上,彭德怀在走廊坐着乘凉,向秘书们谈起这两天常委会议的情况,极其痛心地说:"主席批评我这次写信是有组织、有计划、有准备、有目的地向党进攻,我实在难以接受。"不过到了这时,他已经完全看清了会议的趋向,因而也最后定下了决心。在8月2日早上,即八届八中全会正式开始的那天,他抱着难以名状的心情自言自语地说:"我已经够臭的了,这次还要把我搞臭。不过这样也好,这样才能在全军消除我的影响。"说完,就大步出门开会去了。

全会会场即原来蒋介石"庐山军官训练团"的旧址。大家坐藤椅子,散着坐,大体有前、中、后排之分,因为毛泽东的位置在舞台下面,靠近的就算前排。在这种场合,我照例悄悄坐在最后面。后来六个小组并为三个小组，集中批判彭德怀的第四组，也用的这个会场。

以下是我记录的，8月2日毛泽东在全会的讲话：

同志们，开会。八届八中全会，中委、候补中委共191人，到147人，列席15人，共162人。

会议议程，讨论两个问题：修改指标和路线问题。

修改指标问题。武昌六中全会决定的今年几个指标，上海七中全会时有人主张改，多数人不同意，那次改也改不彻底。今年还有五个月，改了好，向人大常委会建议。高指标已成为一种负担，自己立的菩萨自己拜。现在得破除迷信，将菩萨打烂，重新确定合乎实际的指标。就是钢1300万吨，铁2000万吨，7000万吨铁矿石，煤3.4亿吨，以及粮、棉等等，这是5月间曾经定了的。这一次会议所以召开，就是改指标。

另一个问题，就是路线问题。现在有些同志发生怀疑，究竟对不对？路线是八大二次会定的。发生了问题，起初我不清楚。上山后，有些同志就是要求民主，讲说话不自由，有压力，压得他们不敢讲话。当时都不清楚什么问题，不知是什么事，摸不着头脑，什么问题觉得不敢讲话。其实上山起初半个月是神仙会，闲谈一阵，没有什么斗争，并无紧张局势。后来才了解，为什么有些人觉得没有自由呢？就是他们要求一点紧张局势。因为那种松松垮垮的情况，在他们看来，还不得要领，还不过瘾，要攻击、破坏总路线，要有批判总路线的言论自由。以批判去年为主，也批评今年，说去年工作都做坏了。自第一次郑州会议到现在九个月，中央批评了刮"共产风"、高指标，纠正了"一平二调三收款"，逐步落实三级所有制等。九个月来这些工作，他们都看不进去，要求重新议过。他们要一种空气，要民主，认为过去就是不民主，许多问题没有彻底讨论，认为政治局扩大会不过瘾，讨论不够。现在开中央全会，请大家来，民主大些。他们可能还要扩大些，我们还有办法嘛，还可以开党代表大会嘛。明春准备开党代会，看形势，如需要，今年9月、10月开也可以。1957年不是要求大民主，大鸣大放，大辩论吗？现在要求民主，这种形势，开头没摸清楚，看来是这么回事。庐山会议已开了一个月，今天开全会。新来的同志莫名其妙，不知怎么回事。开几天小组会，再开几天大会，最后作出决议。

就是这两个议事日程。一个改指标，一个路线问题。

开会方法，历来是从团结的愿望出发。我们是希望分裂，还是团结？中央委员会，我们这个团体，关系着中国之命运、社会主义之命运。在我们看来，我们应该团结。现在有一种分裂倾向。去年八大二次会我讲过，危险无非是两个：世界大战，党的分裂。那时并无显著的迹象，现有此显著迹象，要分裂我们这个团体。我们应该团结，犯错误的同志可以改，经过批评与自我批评，惩前毖后，治病救人，在新的基础上，达到团结的目的。这种方针，已行之几十年，比较有效。对犯错误的同志要给条路走，不要像《阿Q正传》上的假洋鬼子，阿Q不满意，就是那个什么赵太爷不许别人革命。过去和今后，允许犯错误的同志改正错误，继续革命。团结起来，从这个愿望出发，对犯错误同志一看二帮，帮他改。只看不帮，不做工作是不好的。

我们是否欢迎错误？当然不欢迎。错误是一种毒药，尤其重大错误，吃了不得了，要闹肚子，甚至要死人，以远离为好。因而要有批评、斗争。错误的东西，跟我们离得越远越好。对犯错误的同志要加分析，还是有希望的。无非两种可能：能改，不能改。所谓看，就是看能不能改，所谓帮，就是帮助他改。有些同志一时跑到那边去了，经过批评、教育，加上客观形势的改变，可以改变过来。如立三路线，赞成的人很多，后来都脱离了。王明路线，那么积极，经过四年实践，遵义会议纠正过来。从遵义会议到七大，经过十年，中间经过四年整风，长时间等待，到1945年开七大，有的人才改正过来。一个人改正错误哪能那么快，经过长期等待是必要的，强迫接受，那是不行的。马克思说，商品二重性，经过几百次交换，才认识的。何止几百次，古代到现代，才认识商品为何物。经过十年很必要，并且要有材料才能说服。洛甫那时不承认错误，《两条路线》书一出，就承认了，解除了武装。王明始终没改。洛甫好像改了，这次旧病复发，打摆子，疟原虫在体内作怪，潜伏下来，有机会就出来，如今年夏天气候。我要写封信给你，我看你是有病，要大喝一声，你有病，像楚太子，出身汗，就好了。谁人无错误、缺点。就路线错误来说，大多数都改好了。用团结—批评—团结的方针，能改好，要有此信心。不能改的，只是个别人。我们要尽人事，努力帮助，对人要有情。对错误的东西要无情，那是毒药，要深恶痛绝。要摆事实，讲道理，不要学李逵粗野。李逵是我们路线的人，李逵、武松、鲁智深，这三个人我看可进共产党，没人推荐，我来介绍。他们缺点是好杀人，不讲策略，不会做政治思想工作。总之，要采取摆事实、讲道理的方法；至于有时候凶一点，也不要完全禁止，大辩论嘛。现在我出大字报，《简报》是中字报。

路线问题，总路线究竟正确不正确？是否需要修改，或者另换过一条，请大家讨论，因有同志提出怀疑。一上山，讲了三句话：成绩伟大，问题不少，前途光明。后来问题就出在"问题不少"上，发生了问题。他们想改换一下题目是可以的，就是什么问题？现在叫右倾机会主义向党猖狂进攻问题，而不是别的。如刮"共产风"，三级所有制，落实指标等问题，还有没有？基本上不是这方面问题了。不是指标越落越低，越少越好，因为我们反了九个月"左"倾了。现在庐山会议，这个时候，不是反"左"的问题，而是反右倾，是右倾机会主义向党的领导机关、向6亿人民的轰轰烈烈的社会主义事业猖狂进攻的问题。错误、缺点确实多，已经改了，但那不算数。他们抓住那么些东西，来攻击总路线，想把结论引导到路线错误方面去。此话是否说得对？请大家讨论。7月开一个月会，大体情况如此。详细经过，恐怕要组长、副组长介绍一下。一个议事日程问题，一个开会方法问题，我就讲两点。你们有什么意见，讲一讲。没有不同意见，就照两点进行工作。

关于张闻天的"旧病复发"，毛泽东在全会讲话中已经谈到，但是"有组织的"进攻问题，还没有点明。于是就在当天写了一封《给张闻天的信》，并立即印发了。信中正式提出"军事俱乐部"这个名称。信的开头就说："怎么搞的，你陷入那个军事俱乐部里去了。真是物以类聚，人以群分。"信的末尾又说道："你把马克思主义的要言妙道通通忘记了，如是乎跑进了军事俱乐部，真是文武合璧，相得益彰。"在人们的议论中，早就说什么这次有"武班子"，还有"文班子"。这封信发出之后，此说更加合法。讨论中的发言，"主帅、副帅"的称号也都出来了。这封信极尽嬉笑怒骂，讽刺挖苦之能事："你这次安的是什么主意？那样四方八面，勤劳艰苦，找出那些漆黑一团的材料。真是好宝贝！你是不是跑到东海龙王敖广那里取来的？不然，何其多也！然而一展览，尽是假的。""昔人咏疟疾词云：冷来时冷的在冰凌上卧，热来时热的在蒸笼里坐，痛时节痛的天灵破，战时节战的牙关挫。真是个害杀人也么哥，真是个害杀人也么哥，真个是寒来暑往人难过。同志，是不是？如果是，那就好了。你这个人很需要大病一场。"信中说，张闻天害的病与楚太子相似，建议病人一读枚乘《七发》，可以要言妙道说而去也，"忽然汗出，霍然病已"。8月16日，毛泽东还写了一篇《关于枚乘〈七发〉》，介绍汉文帝这位文学侍臣的骚赋名篇，认为治楚太子病的方法，同当今批判右倾机会主义者方法，用说服而不用压服的方法，摆事实，讲道理，批判从严，处理从宽，是很相似的。"我们应当请恩格斯、考茨基、普列汉诺夫、斯大林、李大钊、鲁迅、瞿秋白之徒'使之论天下之精微，理万物之是非'，讲跃进之必要，说公社之原因，兼谈政治挂帅的极端重要性。马克思'览观'，列宁'持筹而算之，万不失一'。"

毛泽东用这样的"要言妙道"，推动了庐山会议。这场向右倾机会主义者——"军事俱乐部"的批判斗争，于是进入最后高潮。

此外，从全会前夕直到会议结束时，毛泽东还一连批发了与这场斗争有关的许多文件，可以举出如下一些例子。其中的批语，无不直接起着如鼓风机对高炉升温的作用。

辽宁省委转上鞍山市委报告：鞍钢工作有了很大改进，群众运动比过去更加广泛深入开展起来。7月31日批语中说："反右倾，鼓干劲，现在是时候了。机不可失，时不再来。看不到这一点，是瞎子。在庐山会议上提出反冒进，大泼其冷水，简直是罪恶。"

平江县一个大队（2163人）63个食堂散伙后，二十多天后又办起89个食堂。8月5日写了三百多字批语，认为教训是："不应当在困难面前低头。像人民公社和公共食堂这一类的事情，是有深厚的社会经济根源的，一风吹是不应当，也不可能的。孙中山说：'事有顺乎天理，应乎人情，适乎世界之潮流，合乎人群之需要，而为先知先觉者决志行之，则断无不成者也。'这句话是正确的。我们的大跃进，人民公社，属于这一类。困难是有的，错误也一定要犯的，但是可以克服和改正。悲观主义的思潮，是腐蚀党、腐蚀人民的一种极坏的思潮，是与无产阶级和贫苦农民的意志相违反的，是与马克思列宁主义相违反的。"

长沙一个郊区公社的调查报告《目前农村中"闲话"较多的是哪些人？》说主要是一些新、老上中农，对"拉平"意见多，要求算账；没钱用，嫌工资少；怀疑大跃进成绩。真正反对我们的是地、富、反、坏、右五类分子。8月6日的批语说："这同目前在庐山讲闲话较多的人们是有联系的。"

江西党校党委随后向省委写了一个报告，说，学员对大跃进和人民公社认识的分歧，经过大辩论后，认识已经统一。8月7日的批语："开头一阵乌云，结果一片青天。庐山会议上辩论的情况，和江西党校何其相似？江西党校持否定态度的在82人中有6个人，我们这里也是五六个人。我们这里持肯定态度的人比江西党校多得多，持模糊态度的也比江西党校较少，这两点是不同的。两处辩论的问题全然相同，都是大跃进与人民公社。阵线也相同，都分左、中、右。""请同志们学江西的样，在省地县三级分批举行，一律照此大辩一场。""每一批时间两个月，读书与辩论并行，作一次新的整风运动，定有极大利益。"

也就在8月7日，中央向各省市自治区党委发出《关于反对右倾思想的指示》，提出"现在右倾思想，已经成为工作中的主要危险"。称那些多谈错误和缺点,"非难人民公社,非难大办钢铁,非难大跃进"的人为"右倾保守分子",号召"坚决反对右倾思想","彻底加以批判和克服"。

关于安徽省委书记处书记张恺帆下令解散无为县食堂之事,8月4日省委有一个专门报告送交在庐山开会的第一书记曾希圣。8月10日(就是"斯大林晚年"问题被揭发之日),所作的批语极为严厉,上纲上线,惊心动魄。不仅影响山上的批斗升级,对全国影响,尤为深远。批语全文如下:

> 印发各同志。右倾机会主义分子,中央委员会里有,即军事俱乐部的那些同志们,省级也有,例如安徽省委书记张恺帆。我怀疑这些人是混入党内的投机分子。他们在由资本主义到社会主义的过渡时期中,站在资产阶级立场,蓄谋破坏无产阶级专政,分裂共产党,在党内组织派别,散布他们的影响,涣散无产阶级先锋队,另立他们的机会主义的党。这个集团的主要成分,原是高岗阴谋反党集团的重要成员,就是显明证据之一。这些人在资产阶级民主改革时,他们是乐意参加的,有革命性。至于如何革法,也是常常错的。他们没有社会主义革命的精神准备,一到社会主义革命时期,他们就不舒服了,早就参加高岗反党集团,而这个集团是用阴谋手段求达其反动目的的。高岗集团的漏网残余,现在又在兴风作浪,迫不及待,急于发难。迅速被揭露,对党对他们本人都有益。只要他们愿意洗脑筋,还是有可能争取过来的,因为他们具有反动与革命的两面性。他们现在的反社会主义的纲领,就是反对大跃进,反对人民公社。不要被他们的花言巧语所迷惑,例如说,总路线基本正确,人民公社不过迟办几年就好了。要挽救他们,要在广大干部中进行彻底的揭发,使他们的市场缩得小面又小。一定要执行治病救人的方针,一定要用摆事实、讲道理的方法,还要给他们革命与工作的出路,批判从严,处理从宽。

正在会议的最后阶段,北京中央书记处送来一份毛泽东和列宁有关怎样对待革命群众运动的语录,题目为《马克思主义者应当如何正确地对待革命的群众运动》。8月15日为此而作的长达八百多字的批语，题名为《关于如何对待革命的群众运动》，认为这是向着"庐山会议中的右派朋友们"发射一大堆连珠炮弹的机关枪和迫击炮。至今读来，还感到声音何等愤怒：

> 共产党内的分裂派，右得无可再右的那些朋友们，你们听见炮声了吗？打中了你们的要害没有呢？你们是不愿意听我的话的，我已"到了斯大林晚年"，又是"专横独断"，不给你们"自由"和"民主"，又是"好大喜功"，"偏听偏信"，又是"上有好者，下必有甚焉"，又是"错误一定要错到底才知道转弯"，一转弯就是一百八十度"，"骗"了你们，把你们"当做大鱼钓出来"，而且"有些像铁托"，所有的人在我面前都不能讲话了，只有你们的领袖才有讲话的资格，简直黑暗极了，似乎只有你们出来才能收拾时局似的，如此等等，这是你们的连珠炮，把个庐山几乎轰掉了一半。好家伙，你们哪里肯听我的那些昏话呢？但是据说你们都是头号的马列主义者，善于总结经验，多讲缺点，少讲成绩，总路线是要修改的，大跃进得不偿失，人民公社搞糟了，大跃进和人民公社都不过是"小资产阶级狂热性"的表现。那么，好吧，请你们看看马克思和列宁怎样评论巴黎公社，列宁又怎样评论俄国革命的情况吧！请你们看一看，中国革命和巴黎公社，哪一个好一点呢？中国革命和1905-1907年的俄国革命相比较，哪一个好一点呢？还有，1958-1959年中国建设社会主义的情况，同俄国1919年、1921年列宁写那两篇文章的时候的情况相较，哪一个好一点呢？你们看见列宁怎样批判叛徒普列汉诺夫，批判那些"资本家老爷及其走狗"、"垂死的资产阶级和依附于它的小资产阶级民主派的猪狗们"吗？如未看见，请看一看，好吗？
>
> "对转变中的困难和挫折幸灾乐祸，散布惊慌情绪，宣传开倒车——这一切是资产阶级知识分子进行阶级斗争的工具。无产阶级是不会让自己受骗的。怎么样？"我们的右翼朋友们。
>
> 既然分裂派和站在右边的朋友们，都爱好马列主义，那么，我建议：将这个集纳文件提供全党讨论一次。我想，他们大概不会反对吧？

当北戴河会议和武昌会议作出关于人民公社问题的决议和全国开展公社化运动时，苏联的报纸只字不提，在捷克斯洛伐克出版的九国情报局机关刊物也是坚决不刊登后一个决议。当时，苏联和东欧各国对我们的公社化运动等显然有不同看法。1959年7月18日，赫鲁晓夫在波兰波兹南省一个生产合作社的群众大会发表演说时，讲了一下关于苏联当年成立公社的情况，波兰报纸发表时，删掉了这一段。苏联《真理报》于21日刊登了讲演全文，包括这一段话在内。美国的《纽约时报》和国民党中央社等对此都有反映。《纽约时报》驻华沙记者说："苏联发现，通过公社来走上社会主义化的道路，这种办法是错误的。"赫鲁晓夫这番话"可以认为是暗指中国共产党人去年秋天的一些说法而言的。中国共产党人曾说，建立公社是真正的通向共产主义的道路。"

赫鲁晓夫这一段原话如下：

可以理解，把个体经济改造为集体经济，这是个复杂的过程。我们在这条道路上曾碰到过不少困难。在国内战争一结束之后，我们当时开始建立的不是农业劳动组合，而是公社。曾有人下了大致是这样的论断："既然我们为共产主义奋斗，那就让我们来建立公社（按：俄文[共产主义]和[公社]两个词根相同）。"看来，当时许多人还不太明白：什么是共产主义和如何建设共产主义。公社建立了，虽然当时既不具备物质条件，也不具备政治条件——我是指农民群众的觉悟。结果是大家都想生活过得好，而在公共事业上又想少花劳动。正所谓"尽可能干，按需要拿"。许多这样的公社都没有什么成绩。于是党走了列宁所指出的道路。它开始把农民组织在合作社中，组织到农业劳动组合中，在那里人们集体地工作，但是按劳取酬。我们集体农庄逐渐巩固起来了。

这个《内参》件是胡乔木7月28日送上去的。毛泽东于8月1日批转王稼祥，批语中说："将来我拟写文宣传人民公社的优越性。一个百花齐放，一个人民公社，一个大跃进，这三件，赫鲁晓夫们是反对的，或者是怀疑的。我看他们是处于被动了，我们非常主动，你看如何？这三件要向全世界作战，包括党内大批反对派和怀疑派。"此件上还向全会各同志写了以下批语："请同志们研究一下，看苏联曾经垮台的公社和我们的人民公社是不是一个东西。看我们的人民公社究竟会不会垮台，如果要垮的话，有哪些足以使它垮掉的因素，如果不垮的话，又是因为什么。不合历史要求的东西，一定垮掉，人为地维持不垮是不可能的。合乎历史要求的东西，一定垮不了，人为地解散也是办不到的。这是历史唯物主义的大道理。请同志们看一看马克思政治经济学批判的序言。近来攻击人民公社的人们就是抬出马克思这一个科学原则当做法宝，祭起来打我们，你们难道不害怕这个法宝吗？"

问题不在同赫鲁晓夫之间的争论，而在上庐山之前，彭德怀和张闻天都去过东欧，都经过苏联，彭德怀还同赫鲁晓夫碰过面。"是不是从外国取了经回来了？"这正是讨论时有人射向彭德怀的一枝恶箭。后来回到北京，9月份开的军委扩大会议，就正式变成"里通外国"的问题了，张闻天在外交系统的批判大会上，也遇到同样的责难。"里通外国"，这是一个多么可怕的罪名。

康生是会议中最积极的分子之一。8月3日，他将《斯大林论苏共党内的右倾危险》两份摘录（1928年10月和1929年4月的两个演说）送交毛泽东，"可供我们这次反右倾斗争的参考"。他还将列宁引证恩格斯在一封信中提议把国家一字改成"公团"（德文这个字与法文"公社"相当）的话，说，"不仅我们的农业合作社可以叫做"人民公社"，即"中华人民共和国"也可以叫做"中华人民公社"。

斯大林当时同"布哈林集团右倾机会主义反对派"的分歧，正是在工业发展速度、农村政策以及城乡结合形式等方面。斯大林认为当时苏联面临的困难"是高潮过程中的困难，是发展过程中的困难"。他讲了遇见大风浪时渔夫的故事："一种渔夫，一遇见大风浪，就灰心丧气，叫苦连天，使自己队伍的精神颓废。"斯大林说："其实我们中间是有两条路线的。一条是党的总路线，是我们党实行的革命的列宁路线。另一条路线就是布哈林集团的路线。"如果在党内"容许右倾分子自由存在和自由活动，而这些分子是企图使党废弛，企图腐化工人阶级，企图使我们的政策适合'苏维埃的'资产阶级的胃口，并这样来在我国建设事业困难面前投降的——如果我们容许这一切，那就会是说明什么呢？这不就会是说明我们想渐渐消灭革命，破坏我国社会主义建设，逃避困难，把阵地让给资本主义分子么？布哈林集团是不是懂得，拒绝反右倾斗争，就是叛变工人阶级、叛变革命呢？"

此件，毛泽东没有加批语，于8月4日只批"印发各同志"。也可能是对斯大林其人及其当年作为持某种保留态度。但既然印发了，康生就可以借布哈林来批斗彭德怀了。他在后来的小组发言中，果然提到布哈林。

这些批语及其文件真也如同机关枪和迫击炮一样，发到参加全会的一百六十多人的手上。至于子弹和炮弹，每个人手里或多或少都是现成的，还可以互相供给。于是从8月3日到15日，"向着庐山会议中的右派朋友们（那五六个人），乒乒乓乓地发射起来"！

## 揭发批判"军事俱乐部"(上)

8月3日起,按照毛泽东讲话精神和常委会定的基调,六个小组进入揭批"军事俱乐部"的新的阶段。4日晚上,听到常委传达尤其是林彪的讲话之后,当然更深入到"实质性"的问题:"武文合璧",有计划、有准备、有组织、有目的地反党、反中央、反毛主席;要按照"右倾机会主义"的面貌改造党;彭德怀这个人是伪君子、野心家、阴谋家;历史上一贯犯错误,同毛主席三七开,这次要算历史总账。

可是,不少人在揭批那些"实质性"问题之前,还是讲了一些心里话。8月3日第四组(彭德怀在这一组)会上,董必武说,他因事于7月23日回到北京,同陈毅、王稼祥、刘澜涛几个同志谈过,彭德怀的信只是有几个论点不大对。下山时,完全没有意识到有什么路线、方针问题,根本没想到谁对总路线有什么动摇。对于1958年大跃进的成绩,自然不是每个人都感到的,而人们感触到的只是粮食、蔬菜、副食和某些日用品的紧张。

杨勇说,他8月1日下午才上山。从小参加革命、参加军队,就在彭德怀领导下工作,很尊重他,怕他,又不大怕他。对他的思想、工作作风是有意见的,他经常骂人,我在团里工作时,挨过两次骂。他同我们说,高级干部觉悟高,骂,有什么了不起,他就不骂战士。去年军委扩大会议,我指名贴了他的大字报,可是他后来表示,杨勇提意见是善意的。杨勇认为彭德怀有两大包袱:一是自以为忠心耿耿,二是自以为功劳大。关于大跃进的看法,杨勇以下意见当时有代表性:大跃进同打仗的道理一样,不能没有伤亡,胜仗越大,伤亡也相对增大。如果对大跃进一大堆批评,对勇敢作战部队扣一大堆帽子,这就会瓦解士气,没有人再勇敢作战了。

第四组8月7日的小组会上,李志民说,认识彭德怀三十年了,在他直接领导下有十六年。过去对他总的印象是好的,有感情，也有些迷信。以往总是优点看的多，缺点看的少，即令看到一些缺点，也只是认为主要是领导方式简单生硬，主观傲慢，以及工作上有些保守。1930年过赣江，三军团军师级干部抵触情绪严重，公开发表反对过江的言论，当时有分裂危险。李志民说，不过最后彭德怀同志讲了话，执行了过江的决定。这一次如不参加会议，凭自己的思想水平，政治嗅觉，是看不出他是野心家、阴谋家，伪君子的。

张爱萍在第二组，8月5日发言中谈到，在彭德怀直接领导下工作时间不长，过去对他信任、钦佩、尊重，为他的外表的坦率、正直和艰苦朴素所迷惑，也是受他这些影响很深的人。虽然对他那种骂人、训人、横蛮态度和事务主义的工作作风有些反感，但总以为他就是那样脾气，原谅过去了。军队干部挨过他骂的人，是相当普遍的。就是黄克诚同志，也是被他骂的最多的，可能是被他整服了的人。记得在陕北保安红大学习时，有一次他从前方回来，在闲谈中，曾对彭雪枫和我说：我这个人脾气不好，喜欢骂人，你们都是挨过我骂的人，很对不起，等等。当时好像是检讨，但并无多大改正。张爱萍还谈到过去对黄克诚的看法，也是认为黄公正、坦率，工作中的原则性，生活的严谨、艰苦朴素，这些印象很深。但从这次揭露的问题，才提高认识、提高警惕。

王震也在第四组。发言中也说，彭德怀是有功劳的，在解放战争西北战场时期，他执行了毛主席的指示。我承认他是一个民族英雄，但不是一个合格的共产主义战士。

作为一个组来说，只有欧阳钦任组长的第六组在8月3日的会上，批判调子仍是比较平和的。欧阳钦等人的发言，主要介绍会议的情况，没有提什么"军事俱乐部"，只是一般地批"右倾思想"、"右倾情绪"，"右倾活动"。欧阳钦以组长身份特别提出，小组会的讨论内容，最主要是围绕路线问题讨论，以及调整指标的意见；还是要采取交换意见的方式，有什么讲什么，着重分析思想观点和方法立场问题，应本着毛泽东同志一再强调的"团结—批评—团结"的精神来进行。思想批判，要看，也要帮，惩前毖后，治病救人。会外多互相往来，自由交谈。

可是，这些比较客观、比较公允的发言，是越来越跟整个会议的气氛不相适应了。更多人的发言可以说是深文周纳。例如，在 8 月 3 日至 6 日的《简报》上，可以看到这样一些"诛心之论"：

——他反对政治挂帅，第一书记挂帅，并不是对我们的，正是对毛泽东同志的。（按：由于彭德怀在常委会上说，不习惯称"主席"，毛泽东即让发通知，一律改称同志，此后《简报》即照此办理。）

——彭德怀同志否定总路线，就是否定中央领导。彭德怀的信上说一般不追究责任，意思就是特殊的还要追究责任。既然领导错了，路线错了，就得改组领导，不过这下半句他没有写出来罢了。如果他第一步成功，第二步他就会提出来的。

——彭德怀同志不是在会议上而是在各种场合下，常表示对毛泽东同志不满，这是一个组织原则问题。

——他们意见书和发言都偏偏强调缺点，加以夸大，无视事实，满眼黑暗，是什么思想意识，从什么立场出发的？是不是从个人有什么打算出发来看问题？应该挖挖根子。尤其是彭德怀同志拿匈牙利事件作比，是什么思想？

——彭德怀同志拿匈牙利作比是严重的，可怕得很。因为他是国防部长，意思就是说：人民起来闹事，我军队就不跟中央，不归中央了，你们去请红军吧。

——彭德怀同志的信，到处是伏笔，他们是恶意的，是反上的恶意。中国革命历史上，每次大风浪都是毛泽东同志掌舵渡过的，可是现在居然有人对毛泽东同志起不良之心，真不可想象。

——张闻天同志的发言和香港报纸及右派言论差不多，什么"困难"、"紧张"、"毛泽东下台"等等，所不同的是，香港报纸及右派是怀疑，张闻天同志是肯定。

——他们怀有个人野心，企图按照他们的面貌来改组中央，改组党，自然也改组军队。

——彭德怀同志为什么说过去都错了？实际上是说毛泽东同志错了，总路线错了。

——彭德怀同志的信与张闻天同志的发言，是一个向总路线进攻的纲领，他们企图以这个纲领来代替党的正确的总路线，他们的锋芒是直接对着党中央和毛泽东同志的，其目的是企图分裂党的团结，实现他们的恶毒阴谋。所以，这次党内的争论实际上是阶级斗争在党内的反映，彭德怀同志与张闻天同志代表着党内的小部分具有右倾思想的人和资产阶级思想动摇分子，与党外的资产阶缓的猖狂进攻遥相呼应。

——彭德怀同志的信，不仅不是仓促写成，而且是经过周密预谋的，整个矛头是指向毛泽东同志的。

——意见书是一枝箭，是射向党中央，射向总路线的。

——彭德怀同志这次出国访问中，是否向外国同志透露了他自己的观点，以致赫鲁晓夫在波兰公开讲他对人民公社的看法。

对彭德怀，小组会上人们是诸如此类的分析，上纲上线。会外，也有人去做他的工作，启发他提高认识：为什么要写这封信？这封信是什么性质的错误？为什么总是在紧急关头都要搞一下？彭德怀急了，说，是不是要逼我承认有什么企图呢？终于他承认：从客观上看，也可以说影响了一些人，起了拉人下水的作用。

下面从《简报》上录出几则批判彭德怀（和兼批黄克诚）的发言，以见这几天人们的情绪和会议的气氛。

贺龙在 8 月 3 日第三组会上的发言，开头就说：德怀同志的信，我认为是一个反党的纲领。他过去几次在紧要关头上发生动摇，对毛泽东同志是很不服气的，当了错误路线的帮手。这一次他迫不及待地拿出反党纲领，也完全是对着党中央和毛泽东同志的。至于张闻天同志，他现在倒说党内没民主，怕杀头，这完全是污蔑。其实他过去搞教条主义、宗派主义，苏区时代不知杀了多少好同志，他讲这样的话难道不感到良心的苛责吗？彭德怀同志在检讨中，只承认自己是旧军人出身，是无组织、无纪律，是"犯上"问题。并且说他和毛泽东同志是学生和先生的关系，不过是个调皮的学生。我觉得他这样的解释是不好的。他也承认自己是经验主义，但是看来他的灵魂深处的东西并没有掏出来。

罗瑞卿在8月3日第五组的讨论中说：我记得华北座谈会上有同志说，彭德怀同志生活上学冯玉祥，触到了他的痛处，因为这揭发了他的伪君子的一个侧面。但是，他确能迷惑一部分人。所谓艰苦朴素，实际上很多都是装的（有人插话：换得了政治上的欲望）。他的政治欲望很大，许多好事都记在自己账上，坏事都推给人家，就是证明。他是党性有亏，私心很重，不是正直无私，他的个人主义很严重。不要说他的生活、为人很多都是装的，即使是真的，可是总是反党，反对党的正确领导，反对总路线，这种所谓生活朴素又有什么用处？罗瑞卿还说：昨天开全会时，我看见了彭德怀同志，我向他说："华北会议你还不服，我看你怎么也赖不掉。因为我们批评你的四大错误：反对洛川会议的政治路线和军事路线，执行王明路线，对群众运动泼冷水，闹独立王国，这是铁一般的事实，怎样也抹不掉的。"我又说："遵义会议以前你反对毛泽东同志，也许还可以说你有认识不清的问题，还可以给以若干原谅，遵义会议以后，一有机会，你还是反，直到现在你还要反，这是为什么？"罗瑞卿发言中提到黄克诚：克诚同志刚才讲，你同彭有些斗争，我相信是真的，你跟彭也有区别。可是刚才你说"伪君子"、"投机"又像又不像，说明你界线还是没有划清，你的感情还在彭的方面。在别人发言中，罗瑞卿插话说：历史上凡是反对毛泽东同志的，彭德怀多半都参加，三成合作有些还是看形势，搞投机的，有些是合乎他的口味才合作的。

李井泉在8月4日第四组讨论中插话说：从这十多天来德怀同志在小组会上的发言，我感觉有许多地方不老实，不像是张飞，直言不讳。如给毛泽东同志的信，你无数次地说是给毛泽东同志参考的，不准备印出来，也没有同任何人商量过，是仓促写成的，听说快散会了才写的，犯了急性病等等。事实并非如此，他的意见书是早有准备的，由来已久。同志们想想，我们自己写一个发言稿，哪一次不是要经过几天时间的反复推敲而成的。他自己说过的可能出匈牙利事件，拒绝讲历史问题的话也想否认，昨天还说他保证没有同任何人有私人联系，这些都是不老实的地方。现在来看，可以说德怀同志这次向党进攻，是有计划、有准备、有组织、有目的的，有不可告人的秘密。他的信中有很多暗语。有的同志说他拙于暴露自己，实际上不见得。（萧华插话：他是敢于暴露人家，不暴露自己，两面手法。）（康生插话：华北会议批评他个人野心，把党看成是股份公司，他当股东，他还不服。）

当苏振华发言说彭德怀认为时机到了，乘机向党进攻时，李井泉插话：是不是洋人的影响？对他有支持和促进的作用？在他出国期间，恰巧我们的外国朋友对人民公社有意见，对大跃进有的怀疑，有的惋惜，这是值得研究的问题。（萧华插话：他这也是"拿来主义"。这次是总暴露，没有意见书，他这次还可能溜掉的。）

黄永胜在8月4日下午第一组会上也作了长篇发言，揭发彭德怀在军队系统的错误，包括"军阀主义"、"目中无人"、"个人主义"等等。他说：从历史上看，我对他能够彻底改正错误是没有信心的。因为，彭德怀同志历次犯错误都没有下决心改正，直到这次会议，他于7月3日上午在西北小组发言中只承认4个错误（百团大战还说没有作结论），其他各次路线错误一字未提。这次也有可能同以往一样，看形势不对，就隐蔽退却，待机再来。这样做的结果就是要带着花岗岩的脑袋进棺材。另外，洛甫同志的发言恶毒极了。他不仅把彭德怀同志的反党纲领更有系统地加以发挥，特别是把毛泽东同志的很多话加以歪曲，拿来攻击毛泽东同志。洛甫同志应该扪心自问，你对中国革命做了多少好事？我看好事做得不多，坏事倒做得不少。你对党、对人民欠了很多的债。

苏振华在8月4日第四组会上的发言中总结了4个特点：这次以彭德怀同志为主帅、张闻天同志为副帅发动的向党的猖狂进攻和分裂党的活动，我认为有这么几个特点：（1）军人挂帅，文人当军师，明目张胆地发表反党的政治纲领；（2）锋芒是直接对着党的总路线、党中央和毛泽东同志的；（3）教条主义与经验主义重新结合，卷土重来，但主帅是经验主义者；（4）选择党内外出现了一种新的事物，就是右倾情绪、右倾思想、右倾活动已经出现在地平线上，大有猖狂进攻之势的时候，也就是在党遇到暂时的、局部的困难的时候，进行反党分裂活动。

苏振华还说：彭德怀同志长期把自己装成一个君子，在军队和部分群众中是有一定影响的。同时，党的威信、毛泽东同志的威信，他分享了一份。如果不彻底揭穿他野心家的本质，不把他伪君子的画皮扒掉，是能迷惑一部分人的。（萧华插话：直到现在，我们军队里还有一些人怕鬼，怕将来工作不好做，怕抓小辫子。在这个大是大非问题面前还怕鬼，是值得注意的。怕什么？有鬼就捉它嘛。）

张平化8月5日在第一组会上说：这次事件，彭德怀同志是主帅，黄克诚、张闻天两同志是两相，兴师动众，向着以毛泽东同志为首的党中央猖狂进攻，这是一次非常恶毒的篡党阴谋。毛泽东同志说过，对这次事件"不要估计过高，也不要估计过低"。是的，我们不要估计过高，党不会翻船，垮不了，保卫总路线、保卫党中央、反对右倾机会主义，反对分裂的斗争一定会胜利，可能"因祸得福"，把坏事变成好事。但也不能估计过低，如看不到篡党阴谋的危害性，不坚决揭露和粉碎这种阴谋，对重病不下重药，不改造这些个人野心家和阴谋分子，而照样地把他们留在党内，留在党中央，并且让他们继续掌握军权，后患如何，就很值得警惕。篡党，要有资本，没有资本不行。彭入党三十一年，三十一年他积累了点资本。他入党后，凡有错误路线，他都要跟着走一段，而且走得相当远。为什么要跟着走？因为，一方面他要反对毛泽东同志，另一方面是自己资本不足，所以他就借立三的资本，两次借王明的资本，借高饶的资本（有人插话：贷款），跟着干，干好了，有我一股，干不好，就"见机而作"。见形势不好，就转过来，他不是从思想上转，而是突如其来地转。（有人插话：如同申公豹，身子转过来了，脑袋没转过来。）这一次，他自以为资本雄厚了，看到目前的"行市"还不错，国内外、党内外议论纷纷，于是就发出他的广告，"意见书"是第一张广告。发出后再看看行市的情况，在适当时机，再采取第二、第三步骤。他这次反党是有准备、有计划、有组织（军事俱乐部加上武文合璧，不但有共同的纲领，而且有纪律的约束，如黄克诚同志对彭的活动一直向党保守秘密。黄对彭的情况是了解的，彭反对毛泽东同志的具体事实知道很多，但未向中央报告），有活动、有目的。

在毛泽东定下"批判从严，处理从宽"的口径之后，人们一般都不谈对彭德怀等人的组织处理问题，只有张平化的这次发言，提出了"把他们留在党内"的"后患"问题，似乎是处理也必须从严了。

庐山会议之后，张平化就接替被罢黜的周小舟，出任湖南省委第一书记了。

8月6日，陶铸在第三组会上发言：对彭德怀同志，我过去不大熟悉。近几年来，从参加中央一些会议接触到的和听到的，总的印象是，他对以毛泽东同志为首的党中央领导核心很不服，牢骚话不少，情绪不正常。我几次听他说，他要辞国防部长的职，说他自己年过60，该退休回家种田了。为什么要辞职？司马昭之心，路人皆知，辞职不是真的，发泄牢骚才是真的。他对毛泽东同志服不服？这回我第一次和黄克诚同志谈话，他说彭对主席的领导服是服了，就是还有点成见，这显然是为彭打掩护的说法。我看他根本没有服，而且发展到这次会议上对毛泽东同志咬牙切齿。你看他在给毛泽东同志的信中说什么认识过迟，说什么打金门与平定西藏叛乱得心应手，搞钢铁得不偿失，头脑发热，"小资产阶级狂热性"，"左"比右难于纠正等，显然是对着毛泽东同志说的。这不过是公开放的箭，在背后对毛泽东同志的领导，不知道放了多少更毒的冷箭。现在看来，他经常说的辞职的一类话，只不过是放空气、向中央"示威"而已。

陶铸说：三十多年来党的历史证明，没有毛泽东同志的领导，就没有今天革命的胜利。可是彭德怀同志总是对毛泽东同志不服，不知是何居心？彭德怀同志说党中央没有民主，那是胡说。难道陈独秀、李立三、王明的错误路线时期有民主吗？教条主义错误那样严重，根本批评不得，说他一下，动辄撤职，开除党籍，甚至把你当做反革命杀掉。反过来看，自遵义会议确立以毛泽东同志为首的中央领导之后，党内民主又是怎样？大家知道，毛泽东同志亲自制定了一系列党的生活原则，党内的民主有了充分的保证。

陶铸说：彭德怀同志之所以对毛泽东同志为首的党中央领导核心不满，其用意不是别的，是在企图改变党中央的领导，由他来干。他总希望中国出现匈牙利反革命事件，那时，他就可以充当纳吉的角色。他所希望的匈牙利事件，不是今年才开始有的。我记得二中全会（1956年底）时，他在会上说过，搞得不好，我们也会出匈牙利事件。当时我们小组讨论中多数同志不同意这种说法，认为我们党的路线是正确的，党与群众建立了血肉相连的关系，我们的解放军是极为巩固、强大的，所有这些，就使得我国不可能发生匈牙利事件。当然部分地区出些小乱子是可能的。彭德怀同志说这种话，当时只觉得是偏激之词，现在看来不是偶然的，他惟恐天下不乱，搞乱了，他就可以出来收拾残局，实现个人野心。

陶铸还说：打击别人，抬高自己，功则归己，过则归人，是彭德怀同志的一贯作风。毛泽东同志讲 10 个元帅 9 个不合作，10 个大将也是 9 个不合作，我看原因就在这里。彭德怀同志的为人就是这样：从他外表看，似乎艰苦朴素，道貌岸然，但把他的外表揭开来一看，完全不是那么回事。

陶铸发言最后提到了黄克诚。他说：对黄克诚同志，我过去一直认为这个人还好，比较耿直，敢于与党内的不良现象作斗争，只是觉得他看阴暗面多一点，强调困难多一点，意识上右一些。在主席讲话前，我还说过对他有好感的话，现在看来，这是我看人不深的错误。毛泽东同志讲话后，他找我谈过话，我深深感到他与彭的关系很深，正如毛泽东同志所指出的是"父子关系"，在思想上反对总路线的立场、观点，我认为和彭是一致的。像我这样对黄克诚同志为人有错误认识的同志不少，我们小组需要很好揭露黄克诚同志的问题，不要受其迷惑。

陈正人在 8 月 6 日第五组的讨论中说：我对黄克诚同志过去的印象是好的。但从高岗反党事件揭露以后，没有听他作过自我批评，我的看法就有不同了。这次他又是反党的军事俱乐部的一个重要人物，说明黄克诚同志的党性是大有问题的。我认为黄克诚同志现在有三道防线，第一道是不承认有什么大错误，现在第一道已破了，戴了一些帽子，但不多讲事实，说明对党还不忠诚。第二道是如果讲事实，只是讲过去的，而且是人们已经知道的，今天上午讲的一些都是《简报》上的材料。第三道是这次反党的军事俱乐部，却闭口不谈。你说跟彭德怀同志的反党活动毫无关系，是讲不过去的。为什么一上庐山第三天，就大讲一套，而且和彭德怀同志基本一样呢？

罗瑞卿在 8 月 6 日第五组会上给黄克诚提了几个问题？（1）彭同中央、毛泽东同志只有三分合作（三分合作有些还是投机)、七分不合作,你的看法怎样?发言时没有明确回答,可否明确回答一下?(黄克诚说:我同意三七开,彭讲对半开,我给他说是三七开。)(2)伪君子和投机问题,那天你讲又像又不像,为什么这次不讲?讲明确一点吧,不要躲躲闪闪,羞羞答答,不痛快。罗瑞卿接着说:黄克诚同志17日上山,19日第一次参加小组会,第一个发言就明确得很。为什么这次他批评彭就这样不明确?我不相信你和彭的观点彼此都是孤立的,互不影响。彭德怀同志的意见书是第一颗炸弹,黄克诚同志在19日小组会上的发言是第二颗炸弹,张闻天同志的发言是第三颗炸弹。谭震林于是说:你说你看彭的信没看出问题来,事先我给你讲过,但你第二天还是讲了那么一大篇,你有什么野心?说彭德怀同志是野心家,你黄克诚不是?我不相信。

  这里要着重讲一下康生其人在庐山的情况。小组会上,此人不只是长篇大论地发言,而且常常在别人发言的时候插话,他的插话,即使只不过三言两语,也往往能起到画龙点睛的作用。例如,当有人说彭德怀在历史上有过伟大功劳,康生就插话:"正因为有功劳,自己不服才更危险。"有人说张闻天是幸灾乐祸,康生就插话:"我看德怀同志也不是忧心如焚。"当有人提到军委开会时彭德怀拍桌子骂人,康生就插话:"他不是要民主吗?"当有人提到彭德怀说过"陈云对经济工作是摸得熟的",康生就插话:"他先讲一套缺点,然后慨叹:现在看来还是陈云对经济工作摸得深。他这话不是拿陈云比先念、一波,而是指毛泽东同志不行。这是挑拨。"当有人讲到彭目空一切,瞧不起人,康生插话:"他以反毛泽东同志为荣。"当王震说他承认彭德怀是一个民族英雄时,康生插话:"对民族资产阶级民主主义的英雄豪杰,伟大的马克思主义者无产阶级领袖毛泽东同志是可以领导的。如果不是在毛泽东同志的领导下,在共产党的领导下,在马克思主义的领导下,也是不能成为民族英雄的。"8月3日下午,康生在第四组作了长篇发言。他摆出理论权威的架势,一开头就讲经济学，讲联共党史。极有深心的是，他把彭德怀、张闻天和布哈林相提并论。他说："苏联在革命胜利十年后出了布哈林右派，我们胜利十年后出了彭、张右倾路线。我们现在的情况、条件、环境与苏联 1928 年不同，但涉及的问题，也是工业发展速度与农村集体化生产的问题。"前述康生把当年斯大林批判布哈林的两篇文章摘录了几段，送给毛主席，说是"可供我们这次反右倾斗争的参考"。斯大林说："正因为我国所有的困难是高涨过程中的困难，而不是衰落过程、停顿过程的困难，所以这种困难对于党也就不应当有什么特别的危险。""为了克服困难，首先就必须打破右倾危险。""机会主义者的惯用手段，就是借口说在实行正确政策时有过火行动，而要求取消这个路线，用机会主义路线来代替这个路线。"这些话，康生当然认为当时毛主席是必定听得进去的。在小组会的长篇发言中，康生也讲斯大林的这些意见，也引叶尼塞河上的渔夫为例，说在大风浪中不要灰心丧气，而要鼓足干劲勇往直前。斯大林讲到了机会主义者想用机会主义路线代替正确路线，康生也说彭德怀和张闻天，"他们的言外之意，是否有改换中央委员会的领导或改换主席之意呢？令人很怀疑"。彭信中提出要"明辨是非"，"<u>一般的不去追究个人责任</u>"。张闻天的发言说"挡住了'共产风'的人，<u>现在证明</u>是有的"。《简报》刊出记录稿上加的这两处着重号，可以看出康生的深心："一般的"不追究，个别的还是要追究，可以解释为要追究毛泽东的个人责任。"现在证明"的，是已经有了比毛泽东更正确的人物了。这样掀风鼓浪的发言，对大家有怎样的刺激作用，就不必说了。

8 月 4 日，康生在小组会上又大谈了一通理论：我谈点经验主义的问题。经验，是个好名词。我们不是也说建设中有缺点是缺乏经验吗？照马克思主义者的看法，"经验"是包括人们社会实践的全部总和，人们对于客观存在是通过感觉来认识的，但是客观存在并不以人们的意志为转移。对于经验的看法，一种是唯物的，一种是唯心的。唯心主义者认为一切事物是通过我的经验而存在。他们认为环境与自我、非我与自我是不可分离的，必须联系在一起。他们认为如果客观存在离开了感觉，或者不存在，或者即便存在也不可知。不是存在第一，而是自我第一，客观存在成了第二性的。哲学史上有唯物主义经验论和唯心主义经验论。不是经验不好，而是你用什么世界观去看经验。马克思辩证唯物主义，既反对唯心主义的经验论、唯我论，也排除马克思以前的唯物主义经验论者的轻视科学理论的片面性，既认为感性经验是一切认识的基础，也承认"理性认识"的重大作用。既重视实践，也重视理论，并把二者统一起来。我看这次彭、张提出的反党文件，很清楚是有个人目的的。为什么只喜欢缺点而不喜欢优点？这是从他们的世界观出发。彭德怀同志的经验主义，其实质就是唯我主义。他们心里想：你们过去整我，这次你们可犯了错误，报复的时机已来到了，利用庐山会议，要狠狠地进攻。他们把一切事物都集中在唯我这一点上，惟我独尊，就是唯我主义。彭德怀同志要先把自我与右倾路线错误分开，把错误当做客观存在，把个人问题丢开。希望你先别想国防部长、军委委员等个人得失，先想如果照彭、张的右倾错误路线搞下去，中国会成什么样子，对社会主义会有多大害处？康生这番讲话，为批判彭、张的理由涂了一层所谓"理论"色彩，也确有些唬人。

8月6日上午，彭德怀在第四组会上作检讨。下午，康生又作长篇发言，咄咄逼人地提出六个问题，要求彭德怀答复：（1）彭德怀同志在小组会上说过：你不满意毛泽东同志在上海会议时对你的批评，对毛泽东同志说要挂帅，你也不满意，你认为说要挂帅，就似乎是丢开了政治局常委其他同志。这样严重的错误，为何今天检讨时不讲？另外，你在小组会上，还说过毛泽东同志在上海会议的讲话，似乎是"挑拨"，这到底是什么意思？请你一并考虑答复。（2）彭德怀同志说：出国回来之后，约有半月时间，看了许多情况紧张、工作缺点的材料。这证明了毛泽东同志说的,你这次反党活动,是有准备的。你对这一点是否同意?(3)你说来庐山开会后,觉得小组会上没有展开批评错误,而"会内会外空气又不一样",你在西北小组会上的插话,又得不到反映等等,所以才写了7月14日的信。这证明毛泽东同志所讲的,你这次反党是有计划的。你对这一点,如何看法,请答复。(4)彭德怀同志说,你信中所谓被虚报蒙蔽因而不了解实际情况,认为粮食问题基本解决了,可以放手搞工业,只给指标,没有具体措施,这些都是针对毛泽东同志说的。同时你又声明说,关于处理经济问题不如金门打炮、西藏平叛那样"得心应手",不是指的毛泽东同志。我们认为这句话恰恰是针对着毛泽东同志的。我们暂且不去争辩这个问题。即使就你所承认的事实,已经证明毛泽东同志所说的你这次右倾反党活动是有目的的。彭德怀同志如何看法?(5)毛泽东同志还说过,你们这次反党活动是有组织的。(李井泉插话:彭德怀同志讲,有人拥护他的信,帮他把"主观主义片面性"改成"小资产阶级狂热性",帮了倒忙。但没有讲下文,是谁帮了忙?彭德怀说:是我自己改的。旁边有人说,我们都听见你讲过有人帮忙的话。彭德怀说:我是讲意见书写成后找人看。)我听得很清楚,你是说,拥护你的人帮了倒忙,如井泉同志所说的一样。因此,请问你事先到底是否与别人商量过、谈过、修改过?你是否承认这次反党活动是有组织的?请你考虑答复。(6)前几天,我们说你拒绝了检讨历史根源的要求,你坚决声辩没有拒绝。今天你承认拒绝过,而且是有反感的。这使人觉得你对同志是不诚实的,萧劲光同志和我们一致认为你是一个像饶漱石那样的"伪君子",只是表现形式不同而已。你对这种看法,认为如何?康生说,我要开门见山地说:你是将许多根本的问题划定了一个防线,现在自己不想也还不愿别人帮助将最痛的地方突破。康生提完问题之后,进一步就彭德怀检讨中所谈的历史部分、这次反党错误部分、思想部分这三个方面吹毛求疵,百般挑剔,深文周纳,"分析批判"。

第四组大概是火力最旺盛的一个组。及今回顾，那种激烈场面，人声鼎沸，我自己心颤不已，实难以淡忘。彭德怀同大家已经对话、对抗多天，7日下午第四组开会中，彭德怀同批判他的与会者发生了正面冲突。

康生：上午彭德怀同志说我们有片面性，断章取义，我们大家不同意。如果说有缺点，就是没有抓紧对你的批判和质问。请问彭德怀同志："计委虽有安排，但因种种原因难于决断"，作何解释？对贾拓夫同志说："一方面批评你们，一方面支持了你们"，又作如何交代？（贾拓夫就在第四组，他被迫作了许多交代，连去过彭家几次，彭送过他一个照相机这样的事，都如实讲清楚。）

彭德怀："难于决断"，我是指李富春同志说的，计委虽然作了许多努力，但富春同志（我说他是好人）抓不紧，抓不稳，各部门情况不同，一下又不好决定问题。

康生：那么说这不是讲毛泽东同志？

彭德怀：是的，我对计委工作不满意，它们没有做好综合平衡的工作，我那个提法是告计委的状，讲毛泽东同志的也有。粮食产量是否有那样多？我那封信是13日晚上写的，很仓促，我那封信是讲错了的，但当时没有考虑周到。

彭德怀接着说：我在西北小组讲粮食去年增产30%是肯定的，"一面批评，一面是支持"，也不是要刺毛泽东同志。我说过不唱《东方红》，那是在常委会上提出的。在朝鲜我也和金日成同志说过，不要修"毛泽东广场"。难道我还不清楚，毛泽东同志不仅是中国人民的领袖，而且是国际无产阶级运动的领袖吗？毛泽东同志一再反对人家歌颂他，党中央七届二中全会也曾就这些问题作过决议，这一点，我们都清楚嘛！现在，如果把毛泽东赶走，我上台，你们能举手吗？

康生、李井泉：你并没有回答对你的意见书中我们提出的问题。

彭德怀：在这封信里，我并不是攻击毛泽东同志！

康生：你坚持你的看法，我们保留我们的看法。很明显么，这还骗得了人？我问你，你那封信是否给人看过？

彭德怀：给小参谋抄过。

李井泉：你不是说，赞成你的人，看了你的信，给你帮了倒忙吗？

彭德怀：我说我是野心家，想把毛泽东赶下台，你们愿意听，我可不能那么讲。

康生：我们也不这么天真，你骗人也不行！

（与会者指责彭德怀，为什么发脾气？）

彭德怀：我的信没有说清楚。第一部分讲工业，把对地方的意见也写了进去，没有骂毛泽东同志的意思。我承认，这封信总的方面是错的。发脾气是不对的，请原谅我这一点。

李井泉：信到底如何产生的？

有人问：你前天明明说，有人看了改了，为什么今天又矢口否认呢？

李井泉：大家都听见了嘛！那时感觉你还老实一点，怎么今天连说过的，也不承认了？

彭德怀：我没有律师辩护，你们像法庭审判。

安子文：你斗争我们的时候，暴跳如雷，大家好心好意地问你，你竟说是审判，讲不讲理？

康生：一方面说是这次会议具有伟大历史意义，现在又说成是法庭审判，这是一种什么样的心理状态？

众：为什么如此态度？

彭德怀：我，说错了！你们这样问，我不好答复嘛！

康生：我们问你：一、信是如何产生的？二、讲讲和高饶的关系。三、出国时讲过哪些关于人民公社的话？你按实讲就是嘛！

彭德怀：在国外没有谈过什么公社问题，在阿尔巴尼亚会过两次赫鲁晓夫，只谈了些阿尔巴尼亚的重要性和建立基地问题。在罗马尼亚会过崔庸健，谈过10分钟，系拜会性质。在罗、保都谈过一些农业问题，他们都说要向中国学习……这些问题回来我向常委会汇报了。

苏振华：你说你保证同军队中没有任何个人关系，是不是都是一视同仁？

彭德怀：工作关系是有的……私人关系没有……
……

贺龙：有些历史问题，不讲也算了，请彭德怀同志谈谈和高饶关系问题，交代一下那封信的问题。

李井泉：请彭德怀同志就贺龙同志说的两个问题加以考虑，老老实实地向党交心。德怀同志今天小组会的态度是不好的，要端正态度。

8月9日第四组继续开会，有人又追查彭德怀出国的事。萧华说：彭德怀同志在阿尔巴尼亚讲了一段话，说我们的党，在革命时期最大的危险是右倾。当夺取了政权以后，最大的危险是官僚主义，是"左"倾。（有人接着念了彭德怀在出访东欧几国时的谈话记录。）

萧华说：我还怀疑他第二次与赫鲁晓夫的谈话，他们在一个桌子上，我们在另一个桌子上，没有大使馆的翻译在场。

李井泉：有同志提出三个问题，请彭德怀同志考虑：一、你与黄克诚在高饶问题上，有不可避免的联系，请说明。二、那封信究竟谁帮了倒忙，请答复一下。三、你说毛泽东同志个人说了算，是指的什么问题？

彭德怀：我作过两次书面检讨了，我还要再作一次，你们不同意，我再搞一次。我要搞深一点，搞干净一点。这样的小组会上，你一句，他一句，有点气愤，有些事我又没有考虑，一时想不起来。

李井泉：请彭德怀同志说明与干部拉拉扯扯的关系。

## 揭发批判"军事俱乐部"（下）

不只是对彭德怀和张闻天，就是对我这样无足轻重的人，康生也不放过。8月6日彭德怀在小组会上作检查，讲到他同高岗关系的时候，说"高岗到朝鲜去了两次，谈到彭真，对延安审干有意见"。康生就插话："彭真同志在延安审干是正确的，高岗想利用这个口号打击彭真同志，利用一些对延安审干不满的人，团结起来反对彭真同志，李锐就是一个。"康生在延安就说我有杀父之仇，此刻仍继续造谣。就在8月6日这一天，我在小组作检讨时，外组的一位同志走进来，指着我说：这个湖南老乡的历史要审查一下，他的家庭有被镇压的，延安坐过牢，高岗把他从热河带到东北去。因此，我不得不写一封信辩诬。我声明：一、我的家庭共四口人，母亲，两个姐姐，均健在。从我出生不久直到高中毕业，四人都在长沙。二姐是1938年党员，大姐是中学教员，同情分子。两个姐夫是党员。我的父亲是老同盟会员，1922年病逝以前是孙中山一派的国会议员，与李六如、方维夏是好朋友。我在延安被审查时，就有人说父亲是被红军杀掉的，当即由李六如作证澄清。二、我在延安被审查情况。1943年4月至1944年6月，我在保安处被审查，原因是有人诬告，有一时弄不清楚的历史上的问题。做了没有政治问题的结论之后（还由于周恩来同志的关心），1944年6月释放，仍返《解放日报》工作。我是当时保安处几百人中最早放出来的一个，我对党从没有埋怨情绪。三、我同高岗的关系。1947年秋高岗到热河。我当时管报社，同他接触较多，替他整理过报告并被派到农村去了解情况。1948年他回东北，我同车一起走，是为了看爱人和小孩。后来他留我做政治秘书，同住在一起。接触多了，觉得他对干部有打有拉，工作不负责，靠左右去做，根本不学习，生活腐化，觉得此人不好，甚至有可怕的印象。留了半年多，坚决要求离开。沈阳解放时，我就随陈云同志参加接管沈阳的工作了。康生的插话是登在

## 揭发批判"军事俱乐部"（下）

《简报》上的，因此我要求《简报》上登一个更正，删去"李锐就是一个"这句话。这时，我已被划入"军事俱乐部"，是要打击的对象，当然不会听取我要求更正的请求了。

形势已经是动员全体与会者揭批"军事俱乐部"了，人人表态，万箭齐发。彭德怀、黄克诚、张闻天、周小舟都在小组会上作了检查，周惠和我也作了检查。开始，都不承认有一个什么"军事俱乐部"。大家如实说明了这几个人彼此之间的关系，以及由于对形势有相同或相近的看法，这也不是有意串连的结果。黄克诚在小组会上甚至很激动地说：把他说成是彭德怀的走狗，砍了他的头也不承认。刘少奇和周恩来都找他个别谈了话，他终于禁不起大家的耐心帮助，最后还是承认了"我成为右倾机会主义分子，成为庐山军事俱乐部的重要一员，绝不是偶然的"。他甚至还承认了"我的右倾机会主义思想，对周小舟、李锐等同志有较深的影响。……他们卷入军事俱乐部，实际上我是起了桥梁作用的"。黄克诚在检讨中，不止一次说了"不管我主观愿望如何"这话，表明他的过头的检查是言不由衷的。

张闻天与黄克诚一样，在检讨中几次说过"不管主观怎么想"这类话，他甚至这样说："第一次检讨说是动摇，同志们说，这样检讨还不够，这是反党反中央的右倾机会主义路线问题。我想了好久，主观上是没有这样想的。后来想，光从主观说是不够的，我开始感到同志们的批评是有道理的。""后来想"是批判、逼迫的结果。从他检讨的字里行间，可以看出，他不承认有什么"军事俱乐部"，只是思想上有共同点罢了。比如，他说："过去我同彭德怀同志是很少来往的。武汉会议、上海会议很少见面。在工作中也没有什么联系。在北京时，有时在中南海见到，没有谈什么。……到庐山，开始是神仙会，游山玩水。中央发了政治经济学教科书，我念了社会主义部分，后来会议快结束时，他说对缺点、总结缺点的经验谈得不够，应该强调一下，以便引起注意。这方面是有过些交谈，来往也就多了一些。但也是饭前饭后,时间不长。23 日毛泽东同志讲话后,大约到 25 日止,我同彭德怀同志又谈过两次。以后问题严重了,就没有来往了。"张闻天这番同彭关系的"交代",细细一体味,是否定所谓"军事俱乐部"的说法的。即使是"有限的来往",张闻天也坦诚地说清了原因:"为什么同他来往较多?一方面是住在隔壁,更主要的是思想上有共同点:感到为什么不能讲缺点,感到总结缺点经验谈得少了,希望把缺点的经验谈得深刻一点,以后可以不犯。这个思想有共同点。"解释原因的这番话,同样是对着"军事俱乐部"这顶帽子去的。

周小舟也是这样。他在小组会上作检讨,开始只承认"实际上起着给彭德怀同志提供材料的作用。我和他的观点在某些方面有共同之处",接着还要撇开一笔:"当然,他的另外一套东西是与我无关的。"经过十多天的帮助,他终于承认了"我陷入了以彭德怀同志为首的反党集团,成为这个集团的成员之一"。要他承认这一点,真是痛苦不堪的事。8 月 13 日他给毛泽东的信中说:"……推论结果,我必然是反党、反中央、反主席的俱乐部成员之一,同时我有许多右倾思想和观点。推论结果,又必然作出犯右倾机会主义路线错误的结论。……而解剖我们自己,披肝沥胆,又感觉与实际情况确有出入。我想到假若戴上这样两顶帽子,我对主席、中央、全党、湖南党员和人民,甚至对自己的老婆和孩子,都必须说我犯了反党、反中央、反主席、反总路线,右倾机会主义路线两条错误,然后再说下去,势必泪潸潸下,不尽欲言。"这一篇声泪俱下的陈情表,并没有能够感动毛泽东。由于小舟这封信中反映了我同田家英、胡乔木等接触的情况,毛泽东在这上面批的是:"印发各同志。全篇挑拨离间,主要是要把几个秀才划进他们的圈子里去,并且挑拨中央内部。"

惟有"军事俱乐部"的当然领袖彭德怀,却始终不承认有这样一个"俱乐部",甚至对于那些"批判"也仍然保留自己的意见。这可举出 8 月 4 日下午第四组会上的一段对话:

彭德怀：我不喜欢李白的诗，喜欢杜甫的诗。（他应当知道毛泽东喜欢李白，而不喜欢杜甫的诗，是否以此说明他是不喜欢浪漫主义的呢？）我有我一些看法，我还是要革命的。人家斗我我受得住。你斗，不开除党籍和杀头就行。就是撤职、开除党籍，我可以劳动生产。

苏振华：百团大战的后果应该想一想。

彭德怀：过去没有了解到中国战争的规律性。对中国革命的长期性，农村包围城市的问题，没有解决。

李井泉：彭德怀同志不老实，总是讲你写给毛泽东同志的信，是不准备印出的，是仓促写的。那信决不是13日晚上写、14日完稿的，许多材料在脑子里积累了很久。（彭德怀：这是真的，参考消息装得太多了。毛泽东同志讲，参考消息不可不看，不可尽看。）因此，你的信是有准备、有计划、有组织、有目的写的。彭德怀同志讲三种可能性，说要革命，只要不杀头，也不会自杀，开除党籍，还可劳动生产，我是不赞成的。因为这不是积极的态度。

彭德怀：这是过去说的。

康生：我怀疑。这是一种向中央的对抗，完全不是共产党员的态度，劝彭德怀同志严肃对待这个问题。我想起延安整风、华北会议，你经常说不会当反革命。当时我是社会部长，对我刺激很大，谁想你会当反革命？这完全是造谣的手段，来拒绝自己改正错误。

有人说：今天是中央委员会开会，是不是对中央全会不信任？

康生：毛泽东同志提出惩前毖后、治病救人的方针，小组也是根据毛泽东同志的精神进行批评。我们的批评只有不足，没有过分。你这样提法是企图堵着别人的嘴，使人不敢讲话。你的想法影响你进步，越走越远，很危险的。

李井泉：彭德怀同志还是从个人出发来看党对他们的态度，

设想自己会撤职、开除党籍、坐牢，势必使自己对治自己的病放松，马马虎虎地过去。你为什么翻来覆去有那么多的错误，这应当从社会根源、思想根源去寻找，这是客观存在，犯错误的原因应从这方面找起。为什么犯了一次又一次，华北会议四十多天没解决问题，原因也在这里。

彭德怀：去年人代大会后，政治局几个同志在一起，我提出不当国防部长，毛泽东同志说：现在备案，以后不准提。这次是前几天我向毛泽东同志提出的。

康生：你的思想总是从个人打算出发，当你犯路线错误的时候，不彻底地检讨错误，而提出这样的问题，到底是何动机？

彭德怀：我的这封信是路线问题，发下去像刺猬一样，伤很多人，伤群众，伤毛泽东同志。只是一封信，如打仗要流血的。

李井泉：我们对你确实是好意，没有个人恩怨，没有报复的目的。这叫过五关，五次了，你应当忍痛过去。

彭德怀：我没有那样想，那样想就不来开会了。

彭德怀在八中全会上发言，虽然也说了"这次错误的严重性，还因为它不是我一个人的偶然错误，而是一种有准备、有组织的行动。毛泽东同志所提出的'军事俱乐部'，就是发动这次进攻的'司令部'"。但这只是在高压之下不得已的表态，完全是言不由衷的。他接着说俱乐部的"具体事实，就表现在我和张闻天、黄克诚、周小舟等同志的关系上"。从他叙述的这些具体事实中，人们实在得不出一个有组织的"俱乐部"的印象。如果说，在庐山，他还这么应付了一两句，那么，在紧接庐山会议后北京举行的军委扩大会议上，彭德怀就完全不能接受"军事俱乐部"这个提法了。在军委扩大会议上，有人逼他老实交代"军事俱乐部"的组织、纲领、目的、名单，他火了，说："开除我的党籍，拿我去枪毙了罢！你们哪一个是'军事俱乐部'的成员，就自己来报名罢！"后来，彭说过自己的心情："其实，在庐山会议结束后，我就想把我在军队三十年来的影响肃清、搞臭。这

## 揭发批判"军事俱乐部"（下）

样作，对保障人民解放军在党的领导下的进一步的巩固，是有好处的。我就是持着这个态度，赶回北京来作检讨的。但是我不能乱供什么'军事俱乐部'的组织、纲领、目的、名单等，那样作，会产生严重的后果。我只能毁灭自己，决不能损害党所领导的人民军队。"

为了动员有关的人出来揭发彭德怀，会内、会外都有人做工作。8月5日，陶铸写信给黄克诚，说："德怀同志的错误已明若观火，你为何不断然站出来与之划清界线，帮助德怀同志挖掘思想，切实认识错误，改正错误！我以为这种帮助即使你与德怀同志友谊决裂，也并不表示你对德怀同志'落井下石'，而是'君子爱人以德'，真正站在党的立场上给他以同志式的帮助。你我都读过一点所谓古圣贤之书，一个人立身于世，不讲求操守是很可悲的。尤其我们作为一个党员，对党的忠诚等于旧社会一个女人嫁了人一样，一定要'从一而终'，决不可'移情别恋'，否则便不能称为'贞节'之妇。"这种要有封建道德所要求于妇女贞节般的政治操守，当时确是绝大多数人的共同心态。为保卫毛主席、党中央，什么事不能做呢？

批判升级之后，我受到的压力也随之升级了。3日下午的小组会上，一开始组长就要我对上次会上所提的意见作交代。我还很纠缠，"思想不通"，说：去年大跃进，最根本的是解决了速度问题，没有群众的发动，就不可能有这样的速度。我从来是这样看法。

有人说：我承认你讲过速度问题，但是你举例说湖南小高炉得不偿失，人民公社发展快了。

有人说：李锐对速度是怀疑的，你现在说是解决了速度问题，实际上你谈的"出轨"、比例失调、数量与质量等等，都是在实际上怀疑发展速度。

我解释说，第一次发言我谈了许多正面问题，曾以电力的发展为例，八大规定的指标今年就接近完成了，认为总的速度至少可比八大的指标快一倍。当然，我也说了，去年对一些过高的指标，我一直是有怀疑的。

关于"以钢为纲"口号，我说，在武昌会议时，我同别人谈过；没有这口号，群众不能发动，但这口号不完整。钢容易上去，小土群容易上去，机械可是难办，问题多。在庐山，我在小组会上谈过，今后以不用"以钢为纲"口号为好。对"1070"我也想过，以为少一点，例如800万吨，可能情况会好些。我认为这并不是对大办钢铁持否定态度。

我谈到，今年五六月间到四川、贵州、广西、湖南等地，看到的农村情况是好的。只是联系到本部门工作的情况，感到有些紧张。上山前脑子里装了许多问题，例如哈尔滨电机厂由于让路，积压各种成品、半成品8000万元，而全厂资财总值为1.1亿元。比例问题，平衡问题等等，脑子里装得多些。

有人问我：你说庐山会议不让讲缺点，对讲缺点有压力，究竟怎样想的？

我说：我是从这一件具体事来说的。田家英在小组会上谈到他在四川所见到的公社工作中的缺点，被组长批评了两次，有一次批评得还很严厉。

有人问：你是代表田家英讲话？

我答：这样说也可以。

有人问：你去年对中央的方针实际上是怀疑的，是不是这样？你必须从思想上真正弄清楚。

一下午的对话，我没有来得及回答大家的所有批评和问题。

第二天上午接着开小组会，我说，上山时，思想是混乱的，对总路线的看法有矛盾。在具体工作中遇到一堆具体的问题，如指标过高，屡次下降，造成被动。对冶金部的意见多些，感到一机部的困难很多，但实际上对冶金部的情况并不清楚，冶金部也有困难，担子重。昨天我讲过1070万吨是否少一点为好？我对"以钢为纲"口号是有怀疑的。至于浮夸风气，在自己的工作中感到并不那么严重。上山后,听到这方面一些事情。对综合平衡,比例速度,认为应当有个框框。没有想到,总路线的执行只有一年,到底应当有个什么速度,还要在继续贯彻总路线的过程中来解决。但总感到速度应当有个框框,否则计划不好安排。

关于质量与数量的问题,在第一次发言中有一个想法:总认为质量、品种、规格不解决,有数量也不完全解决问题,这是从我亲身工作中体会到的。这个问题,一直到现在我的脑子里还没有全部解决。算小账的思想很多。离开北京时,听说由于去年计划几次变动,产品不成套,暂时不能使用的产品,所费材料上百万吨。这些问题在我脑子里很混乱,很矛盾。上山时,希望在这次会议上得到解决。鹤寿同志对毛泽东同志说过,当前有松劲危险,我是毫无所感的。对几个月来各省的同志向群众、向党内作了多次检讨,我也没有去了解。去年"以钢为纲",1100万吨,几千万人上阵,解决了大跃进的速度问题,推动了全党办经济,管工业,推动了公社的发展,地方工业的发展,小土群推动了小洋群的发展。这些道理过去也不是不知道,但是在思想上被那一堆问题、缺点挤下来了,因此我就不像到会的绝大多数同志一样,站在几亿人民的立场上、总路线的立场上,从继续鼓足干劲方面来看问题,而是站在总路线的外头,对一些已经解决或正在解决的问题,还指手画脚加以指责。在这样一个右倾思想抬头,向党进攻的紧急关头,自己动摇起来,站在错误的立场上去了。

接着谈了同周小舟、周惠的关系问题:南下到湖南后,周小舟同志是宣传部长,我是副部长,后来他去湘西了,我接替他的工作。周惠同志1940年在延安时就熟的,我们开始都在中南小组。我去小舟那里打过麻将,扯过谈,主要是谈些湖南情况。"插红旗、插白旗"的问题,是小舟跟我说的。插白旗的省粮食多些,插红旗的省倒少些。小舟谈过,去年冬天,郑州会议之后,关于粮食问题,他同王任重同志有过争论,要么你是官僚主义,要么我是官僚主义,一个估产高些,一个估产低些。当时毛泽东同志也在场，也谈过高指标是上面压下来的。还有密植问题，四川较密，湖南较稀。在会议过程中，也谈过有压力的问题，这一点，田家英同志在四川的经历以及同李井泉同志的争论和受到严厉批评，使我产生这种感觉。关于7月11日、17日，毛主席找我们谈过两次话的情况，为了避免受到"歪曲毛主席意图"的指责，我是这样分析和说明的：毛泽东同志发现我们的情绪不正常，因而鼓励我们讲话，实际上就是让我们思想上的牛鬼蛇神放出来。我承认，第一次的发言有怨气，情绪是根本不对的。对已经解决的问题，对冶金部、对计委、对华东600万吨大加指责，这与整个会议精神是不对头的。

于是就有许多人插话：毛泽东同志说牛鬼蛇神（实际上毛泽东并没有说），你恐怕有，有就讲出来，要讲彻底些等等。

我继续说：讲一下对彭德怀同志的信的意见。我对彭德怀同志是一般的认识，在延安有过一次接触，为《解放日报》的一篇社论，去杨家岭找过他。当时他问起我本人的一些情况，因我刚从保安处放出来不久。记得他讲过一句话："光荣的孤立是很难的"，印象很深。去年去广州开会，在汉口时与彭在一个地方住，晚饭后和他一起散步，我并没有提起在延安找过他之事，他问起我哪儿人，我说是平江人，他就讲了平江暴动的经过。我与彭德怀同志单独接触就这两次。在我的感觉中，彭有朴素英雄的印象。对彭的历史只晓得百团大战的事。对彭的信，接到后，曾在两个地方闲谈过，同田家英谈，他们是觉得信有问题的。说彭伟大是在周小舟处讲的，旁边有人听到。意思是彭将问题尖锐提出，觉得总的精神是好意，只是觉得这信词句上提法上有些地方不妥当，主要是信中有不少与自己思想共鸣的东西。如虽不同意浮夸风吹遍各部门，但觉得去年浮夸风是一个问题，去年有些东西是"左"了，对政治挂帅与经济工作具体领导，也觉得是个问题。如党委领导下的厂长负责制还没有很好解决，以及应当系统总结经验。我的第一次发言，只讲了彭德怀的信作为对立面提出，引起深入讨论，精神是好的，内容上有些问题。说彭伟大，说我基本同意此信，是后来作检讨，暴露自己思想时提出来的。

接着谈同黄克诚同志的关系。黄是南下后湖南的省委书记，我在他领导下工作三年，感到他谨慎、朴素，印象很深。我调北京后，每年到他那里看望一两次。最近一两年来，工作忙，没去过。18日晨恩来同志召开大会前，接到小舟电话，约我去看望黄老。我去得较晚，小舟、周惠已在，大概谈了会议中的压力问题。彭德怀与黄克诚住同一所房子，去开会之前，彭走进房来，谈到他的信，黄提了一下："你的信问题很多，漏洞很多。"（有人插话：不是漏洞很多，是观点一致。）彭说：我的信是独立创作，假如你来了，我会跟你商量一下。

23日听了毛泽东同志的讲话，思想很震动。才知道彭德怀的信是严重政治性问题。那天晚上我在小舟、周惠处，大家心情沉重。小舟一下不能转过弯来，还说问题是不是那样严重？我的思想比较混乱，但问题到底怎么样，也不太清楚，感觉要经过斗争，才能解决问题。小舟情绪有些紧张，打电话约黄老谈谈，我们三个就到黄那里去了。黄说："你们不要紧张，彭的信是有问题，你们的错误应该检查。"后来又扯到湖南粮食问题。正要走，彭德怀进来了。房子里凳子不够，我们都站了起来。彭说："我的信是写给毛泽东同志看的，不是要他发的。"讲了一下当天毛泽东同志讲话以后散会出来，他们碰到时谈话的情况。这时我心里有些紧张。听彭谈了几句，大概十点多钟，我们就走了。这种行动是会引起怀疑的。30日毛泽东同志又找黄克诚、小舟、周惠和我谈了一次话。

我在庐山的思想过程大体如此。对彭德怀的信，有两个阶段：23日以前是共鸣，23日毛泽东同志讲话以后，我列席了31日的常委会和8月1日常委会，听了常委同志对彭的本质的彻底揭露，我才知道彭是怎样一个人。一年多来，我担任了毛泽东同志的兼职秘书，中央会议参加得比较多，毛泽东同志也多次同我谈话，对中央和毛泽东同志的指示、精神，应当了解得较多的。但是由于自己思想上的右倾根子，在这次大风浪中严重摇摆，对去年大跃进，对伟大群众运动泼冷水，错误是非常严重的，这点非常痛苦。毛泽东同志这次一共和我们谈了五次，为了教育我们，用心很深。但到 8 月 1 日那次谈话，我还向毛泽东同志说，去年 1070 万吨是否少一点为好，可见我之顽固、动摇到何种程度。当时他严厉批评了我，说我斤斤计较。现在我对彭信的看法同大家的认识是一致的，这是对大跃进的攻击，对总路线的攻击，对党、对中央、对毛泽东同志的攻击。我这一次的动摇，根本的问题是：我虽入党时间比较长，但我是一个未经过很好改造、地主家庭出身的知识分子，特别是没有经过群众运动的锻炼。不要说在广大群众中，就是在这次会议上，也没有站在大多数人的立场上，同"左派"同志呼吸与共。

我平时在工作中，看困难的一面多一些。最严重的是常自以为是，对总路线实际上没有一个完整的了解。总路线的根本问题，是发动群众，鼓足干劲的问题，多快好省是与群众路线分不开的。只有鼓足干劲，发动群众，才能力争上游，自己总觉得多快与好省有矛盾，自己在这方面是并不通的，对总路线这个根本的问题体会得很不够。对数量与质量的问题，也还没有完全通，认为可以在今后计委的会议上再去解决。特别向鹤寿同志提一下，去年钢材与钢是不大成比例的，钢今年上半年比去年同期增长 66%，而钢材只增长 26.2%。第一个五年计划钢的成材率是 79%，而去年是 56%，今年上半年是 67%（这时还讲这些具体问题，可见我的"顽固立场"）。

最后，我说：我诚恳接受同志们的帮助，愿意进一步作检讨。

我说完以后，小组共有 15 位同志相继发言，对我提出批评和问题。据《简报》的综合，他们的意见可以概括为这样 4 点：

1.说我开始暴露了一些思想，有进步，但暴露得很不够，检查得很不深刻，没有接触到根本的本质的问题，对我的发言是不能满意的，还不能过关。

2. 说我的错误归根到底是个立场问题。庐山会议是大是大非的斗争，在这个斗争中我是站在错误的一面的，已经离开总路线走得很远了，而且已上了反总路线的阵，已陷入"军事俱乐部"而不能自拔。在这方面我还没有划清界线。

3. 说我娇气很重，态度傲慢、狂妄，目空一切，有对抗情绪，怨气很大。自以为颇有先见之明，但没有被重视，被接受。还有人说我有宗派情绪，什么插红旗的省指湖北问题多，插白旗的省实际上是指湖南问题倒少。

4. 说我的检查总纠缠在一些具体的枝节的问题上，对思想、活动躲躲闪闪、含含糊糊、零打碎敲，态度不老实，不诚恳。还说我听了毛泽东的两次讲话，毛又找我们谈了三次，我又列席了两次常委会，小组对我又花了很多时间，可以说是苦口婆心，仁至义尽了，应该放下架子，老老实实把思想活动和盘托出，站在党的立场，划清界线，彻底检查交代。

8月6日上午继续开小组会。首先是我发言，回答前天会上对我的意见和批评。我说：上庐山以后，前一个阶段在中南小组，与周小舟、周惠有些接触。上次会上已谈了一些情况。红旗、白旗，是从他们那里听到的，他们告诉我，是谭震林在广州一次会上给湖南插的白旗。

刚说到这里，就被人打断了，说：你今天第一句话精神就不对。不是因为同在一个小组里，你才和小舟、周惠有接触。

有人接着问：庐山会议的前一段，你经常与周小舟同志来往，并放出庐山会议有压力的空气。究竟你们都讲了些什么？当中彭德怀同志曾与周小舟两次谈话，他们讲了些什么？黄克诚同志头一天上山，第二天清早你们就在黄那里聚会，又讲了些什么？毛泽东同志讲话以后，你们感到很紧张，当天晚上又在黄克诚那里聚会，这两次彭德怀都参加的，都讲了些什么？要交代清楚。

我接着交代：关于湖南的情况，现在记得起的，他们谈过这样一些事情：去年高指标，湖南钢铁高潮是由对粮食估计比较乐观引起来的。食堂的原则是积极办好，自愿参加。谭震林曾倾向于自愿参加，小舟也是这样的意见，周惠则有不同意见。中央关于自留地的指示，省委稍有不同意见，与中央通了电话，中央同意湖南根据实际情况去办。对粮食分到户，他们在做法上也有不同意见。湖南的粮食分到生产队、食堂，只是指标分到户，粮食并不分到户。对会议有压力，我们几个谈得比较多。周惠同刘建勋等人一起开玩笑，后来传成省委第一书记有三种人……

接着有人问，是哪三种人？我说：一种是老老实实讲假话，一种是对情况不了解，一种是讲了假话。周惠对刘建勋开玩笑说，去年广西放卫星，一天生产 20 万吨生铁，登了《人民日报》，第二天又给中央打电报作检讨，名利双收。我听到王任重同志在小组会上检讨，过去老老实实说了假话。以后三个小组都责问周惠。

于是有几位同志连续向我质问：照你刚才说的话，你听了周惠说的就相信了。现在要划清界线，不要这样解释了，要和盘托出。

谭震林、曾希圣为这事在恩来同志那里拍了桌子，追问三类什么人。后来就改称为三部分人。

这话不是开玩笑，这是事后的话。你又不在场，怎么能说是开玩笑呢。

我说：我记得清的就是这些。当时感到这是开玩笑。后来周惠为此事受了批评，我错误地认为这就是压力。

我过去与黄克诚同志在湖南一起工作，对黄的印象很好。前几年，有小事情，如为水电工地要旧汽车，去看过黄一两次，最近一两年没有去过。18 日早晨，恩来同志召开大会前，快 9 点了，到黄那里，看到小舟、周惠在黄那里吃早饭。谈到浏阳有人

## 揭发批判"军事俱乐部"（下）

给黄一封信，大概是反映这个县的干部作风问题，还说了一些湖南情况。快到开会的时间了，就住在黄对面的彭德怀夹着本子过来了。我又再次说到，黄对彭说，你的信有问题，不能这样讲，漏洞很多。彭德怀说，你如果早上山，我会找你商量的。

　　23日以前，我已将彭德怀意见书看了两遍，感到只是在提法上，如说小资产阶级狂热性等处有些疑问。这在当时也和别的同志谈过，我在小组会上的发言并不完全是支持。记不清哪一天，到小舟、周惠那里，在座还有王任重同志，谈起彭的信，大家表示了一些同意的看法。我说了一句"彭总伟大"，别人不敢写这样的信，信很尖锐，对引起讨论有好处。当时还谈到了会议的缺点等等。

　　毛泽东同志于11日找小舟、周惠和我去谈话，17日找小舟、乔木、田家英和我去谈话。毛泽东同志是知道我们脑子里有问题的，气味不对，鼓励我们有问题就讲出来。毛泽东同志还从《三国演义》谈到密植，要求不要太密。总路线，如果有30%坚决执行的积极分子，大部分随大流，也不会有问题。第二次谈话时，田家英比较长时间地谈了他在四川一个公社工作两个月的情况，谈到毛泽东同志关于产量要落实的一封信，他所在的公社传达了，周围的公社却没有传达。有一个四川有名的劳动模范反映，去年产量有虚假。我听了这些情况，总认为有浮夸风的问题，这对我第一次错误发言是有影响的。听了毛泽东同志23日针对彭德怀的信的讲话，我感到问题很严重。当天晚上我到小舟那里去，谈到讲话，小舟说：问题是否要提得这样严重呢。周惠也谈到与小舟在工作中有争论，小舟保守一些。刘澜波也对我说过他们同组别人的反映：小舟的发言关于彭信的说法不对。这时我的思想也还是模糊的，因为我也偏到彭信的一边去过。不过，我想，既然毛泽东同志讲话了，当然问题是有这样严重的。

　　有人插话：对小舟的这种态度，你怎样表示的？

　　我接着说：小舟感到有些紧张，想找黄克诚谈一谈，就给黄打了个电话：可不可以来？李锐、周惠都去，好不好？这已经是9点多钟，比较晚了。大家去了之后，小舟谈了心情，一下转不过弯，还有抵触情绪。周惠好一些。我没有表示什么抵触，就是思想很混乱。黄克诚对我们说，不必紧张，彭的信是有问题，你们发言有错误，要检讨。后来又扯到湖南粮食问题，去年钢铁指标高，湖南是粮食引起来的。黄克诚在西北小组发言，我当时并不知道是什么内容……

有人问：周小舟、李锐两人都说到钢铁指标高是由粮食引起来的，黄克诚的发言也是如此，以前你们是否谈过？

我说：我曾错误认为，1959年原来的钢铁高指标是华东600万吨带头的。过去好像感觉大家觉得粮食无后顾之忧……

有人问：谈到比较紧张，怎么一下子又转到了粮食问题？我答：记不清楚了。又有人说：一提紧张，又说到粮食问题了。

我接着说：两次到黄处，记不得哪一次，黄克诚还谈过，北戴河会议时，他同柯庆施、王任重、小舟谈过公社问题，说公社暂时挂个牌子好了。

又有两位同志插话：粮食也讲了，公社为什么不讲？

我接着说：我们要走时，彭德怀进来了，黄的房子较小，只两张沙发，两张椅子，我们都站起了。彭谈到当天散会时他同毛泽东同志谈话的经过，说信是写给毛泽东同志看的，不是要印发的。我们三个不想再坐下去，就走了。因为不是住在一处，走出门口我们就分了路。一出门小舟就遇见了罗瑞卿。28日我在小组会上作了检查，说我是迷失了方向，偏到中间派的右边来了。认为彭的信只是对总路线的怀疑，动摇，还没有朝反中央、反毛泽东同志这方面去想。同志们对我的检查不满意。30日一早，毛泽东同志找黄克诚、小舟、周惠和我谈话。主要是问黄克诚一军团、三军团的事，黄与彭的关系。毛泽东同志单刀直入，问是否父子关系？黄谈了自己在三军团的历史，反对过立三路线，被斗争过、撤职过。与彭的关系，批评过彭，与彭的意见并不都一致。又说了第二次王明路线时他的情况。又说了在北京工作中，也与彭不完全一致，但两人感情是好的。毛泽东同志批评了政治与感情可以不统一的说法，指出这样说是不对的，说人的意志、思想、感情应该是一致的。毛泽东同志还提到"湖南集团"，我们四个听了感到很紧张。黄解释说，过去是同事关系。毛泽东同志又谈了交心问题，对小舟的意见多一点，说他格格不入。对我的批评是发言的气味不好。我谈了一下自己思想情况，开会前一阶段同小舟、周惠谈缺点多一点。谈话以后，为"湖南集团"问题，我心情很紧张，一夜未睡，向毛泽东同志写了一信，交代这件事。信中检讨：这一年多来，挂名秘书，参加中央多次会议，毛泽东同志找我谈话多次，对中央和毛泽东同志的指示精神应当有更多的体会。但到庐山以后，同情彭德怀的信，小组发言的精神不对头，乱讲一些话，严重右倾，严重自由主义。内心很痛苦。"湖南集团"的事情……

有人插话：是"湖南派"。

我接着说"湖南集团"的事情，我交代同几个人的关系。同彭德怀的接触，只是去年去广州开会面谈过一次。同黄克诚的关系，在湖南一起工作，尊重他，信赖他，同他谈过两次心里话。一次是1950年，谈高岗的干部政策不好，这是看到韩进被开除党籍一事引起去谈的。1948年我当过高岗半年多政治秘书，由于对这个人不满意，才坚决要求离开的。黄克诚听我说了之后，即就干部政策作了一般的解释。1953年发表高岗为计委主席，我以为中央如此安排不妥，和爱人议论过，曾想给中央写信，又不敢写，就去找黄克诚谈。这一回较多地谈了我对高的看法。黄克诚说中央的决定是正确的。自从担任了兼职秘书，工作又忙，即没有再去过黄克诚那里。同周小舟的关系，当时在湖南，周是宣传部长，我是副部长，后来接替他的工作。周惠在延安就认识。这次开会的前一阶段，对于要多谈些缺点，是气味相同的。两次去看黄克诚，彭德怀也去了，谈的内容已在给毛泽东同志的信上简单写了。31日早晨5时,把信送去。上午10时,毛泽东同志召开常委会,谈彭德怀问题,黄、二周和我四人列席。毛泽东同志告我:你的信已经给常委传阅了。会上谈彭的历史情况,散会时毛泽东同志留下"湖南派"(大家觉得"湖南派"比"湖南集团"更如实些,我就马上改口照讲)吃饭。第二次常委会,会后又留我们吃饭,谈了一阵。我又提出去年1070万吨是否可以少一点,毛泽东同志批评我"斤斤计较"。上次同志们批评我这是向毛泽东同志进攻,从我的内心我觉得不能这样说。同志们批评我有宗派情绪,红旗、白旗问题。还有同志向我提过,两湖水利纠纷,有无这种情绪。这次同小舟、周惠接触多一些,对湖南事情感情多一点,我承认自觉不自觉有这种宗派情绪。5月4日至6月15日,我到了4个省,原来思想上有病,对去年大跃进中某些事情有怀疑,纠缠在1070。内心感到人民公社是否快了,会议前一阶段感到有压力,向党要民主,这一系列右倾思想,形成我对总路线的动摇。我只觉得这次虽犯了严重错误,但是还没有什么个人意图在内。我是愿意暴露思想的,如说"彭总伟大",基本同意彭的信,是28日检讨中谈的。以前纠缠的出轨或翻车的问题,实质上是对大跃进的怀疑。我的根本问题是立场问题,缺乏无产阶级革命热情,没有站在几亿人民的立场来看去年的大跃进。这种动摇状态,碰到彭德怀同志的信,就暴露出来了。经过毛泽东同志的指出,同志们的帮助,我的认识才改变过来。不过我原来根本不了解彭德怀写信的意图,是有意向中央、向毛泽东同志进攻。但我的发言确起了呼应的作用。有的同志说,是否在毛泽东同志那里摸气候,押宝,我要说明不是这样的。庐山会议原来要谈的十几个问题,好多就是我思想中的问题,毛泽东同志是鼓励我们有话讲出来。他对彭信有什么意见我并不知道,也没去试探。我最近才听说毛泽东同志第一次找我们谈话以后,小舟很高兴,同别人谈过,我当时是没有同别人谈过的。

我说了这些,马上就有好几位与会者抢着发言,分析批判起

## 揭发批判"军事俱乐部"（下）

来：

——感到同我们之间有异己感。从火车上就进攻总路线，不仅上了阵，而且是打先锋的。"以钢为纲"，你是不赞成的，几个"元帅"升帐，你是不赞成的，全党全民办这办那，政治挂帅，这些口号你都反对，1070已经超过，而且拿到手了，你到今天还在怀疑，人民公社你也有怀疑。从你的一系列的语言、活动上看，你是系统地反对总路线的。

——已经进了"军事俱乐部"了，也是反对总路线的，你对人民公社、大跃进、1070、比例关系，都有意见，这一联系就联系到总路线。这一次来庐山。你说带来了很多关于比例关系的资料和本本，显然是准备进攻的。

——彭德怀根本不认识李立三、王明，却拥护立三、王明路线。你说和彭德怀同志不熟识，却可以说他伟大。你说你和黄克诚、小舟很熟，常去看他们，但是还有人也和小舟很熟，给小舟打了几次电话，小舟就是推故不见，这怎样解释？

——你们一次两次去找黄克诚，为什么不找别人？

5日上午的小组会上，还有人发言说，我两次发言都"没有把根子挖出来"。而且把我作为这个小组里的"碉堡"，说我如果不把自己的观点和问题全部交代出来，那么"小组里的碉堡就没有攻下来"。

以上我将小组会上自己的几次检查，如此不厌其烦，啰嗦而重复地录出，目的就在如实反映过去政治运动中，挨整的人过关之难。

会上耐心帮助的同时，会外也在收集我的材料。1958年11月斯大林格勒水电站截流，我曾应邀率一个代表团去过苏联，同留学生有过一次谈话。一份驻苏大使馆党委从留学生那里得来的反映（大概曾刊外交部的内部通报），8月8日以《李锐同志在苏联访问时的一些言论》为题，作为会议文件发下来了。不到600字，没有多少内容，可以跟当时的批判话题扯得上的只有一句话，就是我对留学生说过"中国现在有点乱糟糟，开始提出 1070 万吨钢时，中央也是没有底的。"我当然懂得，发这个文件，目的并不在于揭发我多少材料，而只不过是发一个通告，表示把我列入"军事俱乐部"了。只是这个几百字的材料也与事实大有出入（写这个材料的人是水利部派出去的一位实习生），我看了之后，就向会议秘书处写了说明，可是也没有更正。

回忆起来，也有使我至今感动的事情。还在会议初期，一次同工业各部部长游山，大概是在植物园，大家谈到在农村的一些困难情况时，我冒了一句"中国的农民好"，意指要是在东欧，早闹事了。走在旁边的煤炭工业部部长张霖之听到了这话，没有做声。到小组会斗争我的高潮中，他将这话悄悄告诉了刘澜波，却没有在会上揭发，显然是有意包庇。这位保护过我的同志后来于"文革"中惨死。前述回忆刘澜波的文章，其中也写到了这件事。

我在 1980 年讨论《关于建国以来党的若干历史问题的决议》草稿的发言中，曾说过这样的话：说实在的，这十多天会，我的心理状态极为复杂，我觉得很悲观。我想，这是中央委员会，这是我们党最高领导层的会，怎么竟没有一个人敢于出来讲半句公道话呢。这十多天我没有再到饭厅去吃过饭，犹如一个病号，饭送到房间里，吃得很少，任何佳肴美味都食之无味，睡得也少。但我还是坚持每天参加会，勉力作点记录。我的悲观情绪，田家英是觉察到了的，以致我常用的安眠药，后来都受到控制。

关于"斯大林晚年"问题

# 关于"斯大林晚年"问题

大概在8月7日以后，六个小组合并成三个"临时小组"，即第二组（组长柯庆施，曾希圣代，副组长廖鲁言），第四组（组长李井泉，副组长王任重、萧华），第五组（组长张德生，副组长舒同、黄火青）。每个组五十来人。彭德怀在第四组，组员有一半是军队同志，老三军团的几乎都在这一组。黄克诚在第五组，军队同志约比第四组少一半。张闻天、周小舟在第二组，没有现役部队同志。这个形势就是集中力量批斗彭、黄、张、周，四人。我分在第四组，对个人来说，一下子轻松了，可以逃脱非常难受的批斗日子。但是旁听大家对彭、黄、张、周的那种面对面的尖锐语言，上纲上线的武断，乃至难堪的人身攻击，种种可怕的质问，仍然是非常难受的。我的记录本上这以后的几天直到8月13日开大会，完全是空白，什么也没有记，可见心情之低沉。现在从《简报》补充一些这几天的发言情况。那些过于难听的攻击、质问等，《简报》上也未作反映。

8月8日，陶铸在合并后的临时第二小组会上又揭批张闻天。他说给洛甫的检讨发言提三点意见：（1）洛甫同志与彭德怀同志的关系，与"军事俱乐部"的关系，完全是自觉的、有意识的，并有实际行动。这一点要肯定，不能含糊。洛甫同志检讨说，彭的信写好后，内容都讲给你听了，并告诉了你信安了五条刺毛泽东同志的"刺"，只是叫你看，你不看，怕犯宗派。这种避开责任的讲法，只不过是玩弄着"此地无银三百两"的蠢技而已。彭信一印发出来，你立即发言拥护，安的刺更多更毒辣。你把发言提纲给彭看，彭赞扬讲得全面，你说"这是支持你"。显然，这些来往已不是一般活动，而是自觉地有组织地反党宗派活动。（2）目的是什么？要交代清楚。洛甫同志应当承认，你们的共同目的是反对总路线，反对毛泽东同志为首的党中央领导核心。（你们曾商量要中央出来作检讨便是铁证）彭德怀、洛甫同志专门搜集缺点,夸大缺点,目的就在于要搞垮总路线。所谓"有伊尹之志则可,无伊尹之志则篡也",这句话我以为对那些故作危言耸听、要大讲缺点的人,其实醉翁之意不在酒,是很能说明问题的。他们口口声声说是拥护毛泽东同志的,但为什么不满,甚至刺毛泽东同志,商量要逼中央出来作检讨呢?(3)洛甫同志说他犯错误的原因是"小资产阶级的动摇性",这个帽子很不合适。洛甫同志是资产阶级知识分子出身,根本未改造好。据我所知,他当过中学教员,是文学研究会的会员,到过美国、苏联,从苏联回国后,就担任党的领导工作,地位爬得很高,发号施令,没有在下层做过工作,更没有经过严格的党的生活锻炼,当然也没有经过群众运动的考验,所以跌了跤子。跌跤子后,把他以前的位置变动一下是完全合理的,而不应该心怀不满。可是洛甫同志不是这样的,他是"不甘寂寞"的,这样何事不可为!

关于张闻天此时的心境,他的秘书有这样一段回忆:"8月9日,闻天同志从会场回来,心情沉重,没有讲话,却又坐上车子,让开到牯岭镇外的山中。我跟去了。在苍茫暮色中,他伫立在一块巨岩边,望着逐渐暗淡而模糊的远方。许久,他慢慢回过头来,说:他们在追'秘密反党计划',好像谁先发言、谁后发言都是有组织有计划的!又说:这种做法危险——没有什么材料,想这样逼出一个'有计划有组织'来。他眼中流露出难言的愤激和疑虑。我看他为自己受错误批判的痛苦倒不是太大,一片忧国忧民的赤子之心,才使他感到特别的惘然。"

8月8日,周小舟在临时第二小组会上作长篇检讨发言,包括六个问题:(1)当前形势和我的基本态度;(2)对彭德怀同志信的认识;(3)我同黄克诚同志的关系及我对黄的看法;(4)我和张闻天同志的一次来往,谈了些什么;(5)和李锐同志谈了些什么;(6)我的检讨。在周发言过程中,与会者不时插话,批判,追问。

柯庆施:你算不算是军事俱乐部的一员?

周小舟：看怎么说。从思想上说，有些联系；但彭是反党中央、反毛泽东同志和反总路线的，就这方面说，我当然和他们根本不相同。

有几个人问：你怎么与他根本不相同？

周小舟：我不是说了吗，彭是反党、反毛泽东同志、反总路线的，我怎么会同他根本相同？

柯庆施：毛泽东同志讲话后，你还跟我讲：毛泽东同志对彭的批评是否过重了些？

周小舟：我不是那么说的。

曾希圣：那天我坐在你旁边，听见说了。

张仲良：你对他的信参谋过没有？

周小舟：没有。

曾希圣：讲的话要人家相信，你不要自欺欺人，你们思想相同，而且你到他那里去过几次，他的信怎么会不给你看？

周小舟：他的信我没有看。

张仲良：彭上午讲了，写信前与你商量过，你告诉他不要写信。

周小舟：你记错了，不是这回事。

……

陶铸：你干脆把提纲丢掉，不要好了，就讲你对这封信起了什么作用？你在俱乐部处在什么位置？你的问题没有彭、张、黄那么严重，交代清楚了就行了嘛！本来你是陷得不深的，现在越陷越深。

……

周小舟：你们要戴大帽子，什么帽子都可以戴。

廖承志：你这个话就厉害了。

廖鲁言：每个人都要戴帽子，问题在于戴什么样的帽子合适。别人不给戴，自己也应该戴。

李立三：你想戴个和彭德怀同志根本不同的帽子，这合适吗？

周小舟：我怎么会与他相同？

柯庆施：第一，你基本上同意他的信；第二，你认为毛泽东同志批评得太重了；第三，毛泽东同志说黄克诚同志感情和理智分家，你是不同意这种说法的，你只相信黄克诚，而不相信毛泽东同志。

陶铸：你不戴帽子不行，这次会大家不会给你戴的。许多问题你是同意彭德怀同志意见的。

……

柯庆施：原来你不是头，现在你成了维护错误路线的最后一个人了。

周小舟最后连他准备的第二个问题也没有讲完，就被与会者以上述这些问话打断了。

8月9日，罗瑞卿在临时第二小组发言，内容主要是揭批周小舟。他说想讲两方面的问题：首先要问小舟同志，你们在毛泽东同志那里谈话之后（时间大约是7月10日），好像得了彩一样，并且迫不及待地打电话找我谈话，以后又由周惠同志当面约我要谈一次，打起毛泽东同志的旗帜，是不是想借此宣传我，影响我？或者对我施加压力，要我不要阻挠你们大谈特谈大跃进的缺点呢？23日毛泽东同志讲话以后，为什么不再找我申明一下，说"上次对你宣传错了，应该更正一下。"为什么不作这个申明呢？从23日到今天，我已经等了17天了，周小舟同志你根本不想更正，请问是什么道理？

接着罗瑞卿详细揭发了周小舟、周惠跟他谈话的情况，并提出如下问题：（1）你（周小舟）同彭、黄、张的基本观点那样一致，难道你没有参与军事俱乐部的机密？（2）你对彭德怀同志急于发难，在彭对形势的估计分析上，起过什么作用？（3）你到彭德怀同志那里究竟议论过一些什么？23日毛泽东同志刚才讲过话，晚上你和周惠、李锐二同志又去了，议论过一些什么？据你们说是去黄克诚同志处吹牛皮,没有到彭那里。不过据我看,到彭那里、到黄那里都是一样。这里应该附带说明,你到彭处我碰到过两次,其中一次就是 23 日晚上。我从含鄱口看月亮回来,晚上 10 点 30 分了,碰着你们,老实说,我是怀疑的。(4)到我处宣传,用心何在?拉我入"军事俱乐部"?大概不会。因为我是彭的眼中钉。但是是否有压我一下的意思,以便使我不阻挠你们在小组会上大讲特讲大跃进的所谓缺点呢?(5)这次到庐山来,你同周惠、李锐同志三人结合一起,观点一致,形影不离,这是什么原因?这不是物以类聚、人以群分么?你们在一起议论过什么?

罗瑞卿最后说:我要劝一劝周小舟同志。我们希望你迅速地从"军事俱乐部"拔出脚来,不要愈陷愈深。毛泽东同志和常委其他同志那样苦口婆心、仁至义尽地向你做工作,同你们四个人几次谈话,两次常委会同彭德怀同志谈判,批评他,又请你们四人列席,又写信给你,送书给你。为什么这样?无非是想挽救你,要你同那个"军事俱乐部"决裂。这一切一切,难道你都无动于衷么?你的心肝难道不是肉做的?你究竟要的什么主意?你要抵抗到什么时候?你还有没有一点党性?你写给毛泽东同志的信,那算交得了账吗?你那个东西太低能了,像我这种人都看得出一点,你还能骗得过毛泽东同志?骗得过中央其他同志?骗得过全会的同志?真有点太不自量了吧。……如果想蒙混过关去,躲藏起来,图谋再起,这是不可能的。休得妄想!不要说你,我看就是你们"军事俱乐部"的领袖,要想这样,也是办不到的。这一次是被彻底地暴露了!

8 月 10 日上午,第二临时小组开会,继续重点批周小舟。因为就他还没有"缴械"、"认罪",还在"顽抗"。

会一开始,周小舟表示上次会上自己的态度有点不好,这次"把整个观点说一说"。

曾希圣:你要讲和彭德怀同志的观点,有哪些相同之处,不要讲不一致的地方。

周小舟：我现在讲嘛，我讲同志们不听！

柯庆施：毛泽东同志送书给你，找你谈话，他是那么帮助你，你是党员，讲些党员话嘛！

谭震林：你说讲缺点有压力，大家不愿听缺点的话，根据何在？彭的信出来以后，你来一个基本同意，张闻天来一个长篇演说，……你们配合得那么好，你说没有关系，鬼才相信！

周小舟：我没有讲没有关系嘛！

有人问：你说一百八十度大转弯，是什么意思？

周小舟：会议开始的时候，毛泽东同志先提出十五个问题，以后提出十八个问题，肯定"成绩伟大，问题不少，前途光明"，在这个前提之下，把成绩说够，缺点讲透。23日毛泽东同志讲话完全反过来了，提出一个反对右倾机会主义路线问题。我对此认为是一百八十度的转弯。

陶铸：你拥护彭的纲领没有？

周小舟：我当然不拥护彭的路线。我曾经拥护过，我当时没有认识到彭的信是反党纲领，现在认识到是反党纲领。我有一个认识过程。

谭震林：你同意彭的信，不是在某些方面，而是整个同意彭的观点。你在湖南省委提出的十个问题，总的观点是代表富裕中农的。

柯庆施：据有同志说，你整个思想是右倾的，在土改、镇反、合作化、反右斗争，各项工作都是如此。

周小舟：这个我同意。我有右倾思想，在主要问题上有右倾思想，但不是全部。

谭震林：湖南的粮食问题是不是右倾，湖南省委是有争论的。这个问题，你以为自己正确。去年炼铁高潮的时候，你要停下来，省委反对。

孔原：你讲讲在哪些地方拥护彭，有哪些观点和彭有相同之处?

周小舟:第一,我也认为去年粮食估产高了,因此钢铁就带上去了,这是我和他观点一致的地方。但我讲的是湖南,没有讲全国。第二,公社问题,高级社的优越性还没有发挥完,我开始主张联社的办法。中央既已决定要办,就按照中央的方针定下来,把公社搞起来。去年春天群众就有并社的要求,公社是必然的趋势,但对供给制、"共产风",我当然有意见。

曾希圣:你是不是认为公社搞早了?

周小舟:不完全是这样,你不能这样推论。

孔原:你现在讲,在哪些地方拥护彭的右倾机会主义路线?

陶铸:你拥护彭,是有你自己的右倾根子。你认为农业要不要报那么多,有怀疑;钢铁要不要搞那么多,也有怀疑;公社问题,认为高级社的优越性没有发挥完,实际上是说公社办早了,你这不是反对总路线是什么?

……

柯庆施:你在给毛泽东同志的信中讲同意彭的信,同彭谈过话,起了提供材料的作用。提供了什么材料?

周小舟:我和彭谈话,是把我看到的坏东西给他讲了,没有作全面的分析。8月3日给毛泽东同志的信……到庐山来后,我和彭谈了十个问题,这些问题都是右的,不过彭比我更右……毛泽东同志经常讲缺点为什么不能谈?当时我感到会议有压力。我在和彭讲话时,说社会主义建设要有一个经济核算观点……

柯庆施念了8月3日周小舟给毛泽东的信以后,问道:既然说到毛泽东伟大,为什么又要警惕?

孔原:就是反党、反中央、反毛主席,要警惕就是这个意思嘛!

周小舟:我只是吹吹牛皮嘛!

谭震林说:你是矛盾百出,这个问题你怎么能吹牛皮?要讲老实的。

……

曾希圣：你回答两个问题：你在右倾机会主义路线，"军事俱乐部"里担任什么角色？你在"军事俱乐部"里搞了什么？

周小舟：我开始不知道有这么一条右倾机会主义路线。但我有右倾思想，在人民公社、粮食、大办钢铁、讲缺点、党内有压力等问题上，与彭德怀的观点有一致之处。浮夸也认为有，说吹遍各地区各部门，我没有同意过。我与彭、黄见过两次面，谈过两次话，就是谈这些。和张闻天也谈过一次话。我受到彭的影响，犯了错误，是"军事俱乐部"之一员，这有什么可讲的！

谭震林：你写信给毛泽东同志讲"军事俱乐部"有五六人，你是在五人之中，还是六人之中？

周小舟：我是在五人之中。

有人问：你说和彭有一致之处，是在主要方面一致，还是次要方面一致？

周小舟：在右倾思想方面，主要点有一致之处。说事先商量过，有计划，那一点也没有！

谭震林：你说过，反右倾这样反下去，有严重危险，这句话你说过没有？

周小舟：没有讲过"严重"两字。我当时的想法，通过庐山会议，把一年来的工作总结一下，经验教训都总结清楚。肯定成绩，指出缺点，提出办法，这使我们会有提高。至于对外、对下面干部怎么说，是另外一回事。在这个基础上提出反右，是必要的。如果没有肯定成绩，总结经验，而提出反右，是有危险的。毛泽东同志那次讲话，没有提十八个问题，只说一个反右倾，我认为这样发展下去，会出乱子的。这是我23日听到毛泽东同志讲话以后的感觉，现在我认识到反右倾是必要的，赞成反右倾。

谭震林：你到底是立场问题，还是认识问题？

周小舟：那时是立场问题和认识问题，现在认识清楚了。

（全场哄笑）

8月9日，第五组开会。会上先由黄克诚作检讨发言。之后，与会者纷纷批判、揭发和质问。

罗瑞卿（罗三个小组都去）说：我提几个问题：（1）彭德怀同志从国外回来，给毛泽东同志送坏的方面的材料，是否比过去多？过去送过没有？（黄克诚：比过去多，过去也送过。）（2）23日毛泽东同志讲话，周小舟、李锐等三人到你那里说毛泽东同志讲话是一百八十度转弯，你当时讲："不要紧张，不要那么恐慌，毛泽东同志说'左'派要，中间派也要。"这是什么意思？（黄克诚：毛泽东同志讲话后，他们说毛泽东同志讲话为什么变了呢？距离那么远。我讲：你们体会错了。随后周小舟同志同我谈了毛泽东同志给他的谈话内容。）你给彭德怀同志谈了没有？（黄克诚：给彭谈了。）（3）蒋干的故事谈了没有？（黄克诚：没有。）张平化问：你和周小舟、李锐等同志谈话，两次谈话中间彭德怀同志都来了，是不是那个情况？（黄克诚：是的，彭来了。）

张德生问：周小舟同志对毛泽东同志的谈话如何理解？（黄克诚：记不清了，印象是毛泽东同志讲：有话就讲，不要怕。）

吴芝圃发言说：黄克诚同志今天下午的发言，在对于彭德怀同志的认识上比前几次发言有进步，但对于他自己在"军事俱乐部"究竟起什么作用，却仍没有谈清楚。劝告克诚同志把由不谋而合到谋而合的真相说出来。物以类聚，人以群分，"军事俱乐部"的形成，也不外乎这个道理。起初可能是一些臭味相投的同志不谋而合，"手心中各写一个'火'字"，拿出来相视而笑。后来就用各种方式交换意见，互通情报，形成不一定挂招牌，但却是在政治路线上、政策纲领上、言论行动上有意识地相结合的"俱乐部"了。到庐山后，这种结合是更加明显了。说进攻就一齐打炮，连说话的神气都一模一样。李锐同志举高扬同志的例子，说只准说好，不准说坏。克诚同志也举高扬同志的例子，说只准说多，不准说少。参加"俱乐部"的几位同志一致说，人民公社办早了，经济情况紧张得很，已经影响了阶级关系，要不是中国工人、农民好，就会出匈牙利事件。一致说在庐山会议上要讲缺点，但感觉有压力。并且在毛泽东同志7月23日讲话之后，还往来密商对策，小将有些惊慌，大将说"不要紧张"。可是，他们一致避重就轻，守口如瓶。这难道是不谋而合吗？

8月10日一早，接到会议秘书处通知，让我到黄克诚组去对证一件事。有人写信揭发，说我曾两次同黄克诚谈过高岗的问题，黄完全不同意我的看法。1950年在湖南，1953年初（高岗刚被任命国家计委主席时）在北京，我确两次同黄谈过高岗的问题。1948年我曾当过高岗八个月的政治秘书，住在他家里，根据直观，对高岗的思想、作风、用人和生活等方面，很有些看法，第二次尤大胆谈到中央这样安排不当。黄克诚和高岗的关系，正是大家追究的题目之一。关于23日夜我们三人到黄克诚处活动之事，当时都认为是一个没有"突破"的口子，如上面《简报》中的反映，对黄克诚和周小舟都逼得很厉害。

这个组里有人一直追逼，说黄克诚没谈什么新材料，并以张闻天已经交代了一些新东西，作为逼黄的理由，说黄克诚知道的应当比张闻天多，应老实讲出来。所谓"张闻天交代"一事，是8月9日下午第二组的会上，关于同彭德怀交谈过什么，张闻天被逼作了这样一些"交代"：彭德怀谈到中央常委会上只有毛主席一个人讲得多，别人很少讲话，他一个人说了算。南宁会议、成都会议对反冒进的同志，是否一定要采取那么个斗争方法，是否只注意了个人威信，而没有注意集体威信。还讲过要注意斯大林后期的危险（说到这里，会场顿时惊讶不已），以及毛泽东读中国的旧书很多，熟悉旧社会对付人的那套办法，很厉害。

黄克诚被一再追逼，突然看见我走进会场（而且我后面还跟着罗瑞卿），我又不是这个组的，他当然马上产生这样的错觉：李锐一定和盘托出。黄克诚只好讲了以下几点：（1）主席在上海会议讲话后，彭德怀给他说过："主席要挂帅，难道过去不是他挂帅吗？"但说，彭德怀没有讲"犯了错误不认账"这句话。（2）彭德怀给他谈过"集体领导问题"，但没有讲"常委会都是主席一人讲话"。（3）彭德怀过去曾给他谈过："主席说要下毛毛雨，但给送去文件又不看。"（4）彭德怀没有同他说过，"去年9月以来出了'左'的错误"，只说去年搞大了，快了，急了。可能出匈牙利事件的话，说不清是彭谈的，还是自己讲的。（5）彭德怀给他说过，"各省都给主席盖房子"的话。黄克诚说，关于"斯大林晚年"的话，彭德怀没有同我谈过，别的同志说过。于是立即被追问："是谁？"黄克诚说："李锐。在23日讲话后那天晚上，他们三人来我处时，李锐问过我：'现在我们是否像斯大林晚年？'我说：'不能相比。'"这就像一颗炸弹似的，会场顿时哗然：居然把毛主席比作斯大林晚年，真是是可忍，孰不可忍！我虽没有精神准备，但由于多日来已惊心动魄惯了，算是沉住了气，就一五一十将23日夜的情况讲了一遍。特别强调了黄如何批评我们，认为我们情绪不对头，有错误就应当好好检讨。"斯大林晚年"这话却不是我说的（"一手遮天"这四个字我仍没有交代出来，大家也都忘记了）。我说我并不想逃避责任。黄克诚没有记错。肯定是我们三人中有人说了。

就在我讲的过程中，不断有人施加压力，说什么"防线守不住了，已经有的材料也可以做结论了。现在看你们的态度，你趁早痛痛快快讲了算了"。"你们在党面前讲话这样困难，你们在一起就无所不谈，你们还有一点党性吗？""你们不保护党，就只想如何保护你们那个小集团，这样究竟对你们有什么好处？你们想订攻守同盟，自以为很巩固，其实哪能守得住！不信，就看吧。"

我讲完之后，陈正人马上到周小舟所在组，问周小舟：黄克诚已交代，你们三个人23日晚上谈了现在是"斯大林晚年"，反右会出乱子，你说了没有？小舟答："我说了。我心地坦然，假如把我搞成反党集团的成员，肯定是个错误。"李富春、廖鲁言都问:"斯大林晚年。晚年是指什么?"小舟说:这次就是一百八十度大转弯,从反"左"到反右。毛泽东同志多疑,独断专行,自我批评不够。陈正人随即回来,说周小舟承认了,这话是周讲的。这时,薄一波为我解了个围:李锐的问题,由我们组织工交几个部的同志来解决。

在黄克诚和我作交代时,会上不断对我们批判和揭发。罗瑞卿讲了一大段话(我特别记得他对黄克诚疾言厉色的神态):你们是不是把彭德怀、黄克诚同志那里变成了反党司令部,变成搞阴谋活动的地方?毛泽东同志讲过:"苏联鞭死尸(指斯大林问题),我们这里闹分裂的人要鞭我的活尸。"黄克诚同志,你是党中央书记处书记,你听到把毛泽东同志看成"斯大林晚年"这样的话,为什么不气愤?为什么不臭骂你们"军事俱乐部"的成员?为什么不反映?你们究竟要搞什么鬼?你们不是正人君子,一贯正确吗?周小舟刚才在那个小组会上讲,他们在你家里议论过现在像斯大林晚年,要防止斯大林晚年的危险。可是他还骗我们说,他虽然说毛泽东同志是晚年斯大林,他还是爱护毛主席、拥护毛主席的。我顶他:你说这些话,脸都不红一红吗?像你这样的拥护者,如果多了几个,那还得了!克诚同志,你说你给他们泼冷水,这就是你的正确吗?是不是说他们:你们别把我这司令部暴露了。你的党性哪里去了?周小舟刚才讲,承认他们分裂党,周惠承认他们订了攻守同盟(24日或25日订的)。李锐你们几个要到毛泽东同志那里去,是不是要"逼宫"?有人说,李锐的尾巴有一万公尺长,我看至少有一万五千公尺。以前我对你印象好,但感到你有一股气味"逼人",那么骄傲,狂妄,连毛泽东同志都不放在眼里。

8月10日这一天,是揭批"军事俱乐部"中突破最后"堡垒"的一天,在三个临时小组中,都是上午开始揭开所谓"斯大林晚年"这个问题的。

8月10日下午和晚上,临时第二小组组织少数人继续开会追

## 关于"斯大林晚年"问题

逼周小舟同"俱乐部"主帅的关系,以及"斯大林晚年"问题。

陶铸、廖鲁言等问周小舟:你说基本同意彭的信,又说与他基本不一致,彭的信中提到粮食与钢铁的关系,全民办钢铁,人民公社搞早了,不讲缺点,有压力,民主不够,浮夸作风,认识过迟,"小资产阶级狂热性",纠"左"比纠右难,你同意哪些条?

周小舟:前五条基本同意,后三条不同意。如"小资产阶级狂热性",讲一部分干部我同意,讲党中央和毛泽东同志我不同意。

陈正人:黄克诚同志交代,周小舟、周惠、李锐三同志说,现在是不是达到斯大林晚期,中央有没有集体领导,现在反右会不会出乱子?这些话你都说了没有?

周小舟:我说了。23日晚上到黄克诚同志那里,我心情紧张,李锐和我讲得多,周惠讲得少。讲到毛泽东同志这样讲,是什么道理?这样突然,是一百八十度大转弯。我认为庐山会议原来提出十八个问题,现在不提了,只提反右,并提彭的信是反总路线的纲领,我有抵触。还讲到党有分裂的危险。主席对彭这样的态度,到底是怎么回事?这中间有什么原因?是不是毛泽东同志一时的愤慨?这些事情,中央常委的意见是不是一致的?是常委决定的,还是主席一个人决定的?是否会造成党的分裂,影响毛泽东同志的威信?当时黄克诚同志说,不能这样看,主席的话是有道理的。这点黄是对的,正确的。这两句话不敢讲出来,当时有一种心情,准备向毛泽东同志自己讲。

有人问:你们想向毛泽东同志讲,目的是什么?

周小舟:我们是想向主席进忠言,觉得主席的批评过分了。

李富春:就是实际上给彭德怀同志打抱不平。

周小舟:是有这个意思。

罗瑞卿:算不算阴谋司令部?

周小舟:我说不是阴谋司令部。

陈正人：你说不是阴谋司令部，为什么在黄克诚同志那里敢讲，而在其他地方不敢讲？你回答。毛泽东同志说是反对派、"湖南集团"，是毛泽东同志错了，还是你错了？

周小舟：根本不存在反党集团、"湖南派"，我不是反对派，我是拥护中央、毛主席的。8月7日上午我与周惠同志讲过，我们这次犯了错误，但我是清白的，我与反党集团无任何关系。但我与彭、黄、张谈过话，我的问题洗不清。第二，我是爱护党中央和毛泽东同志的，如果一时搞不清，我估计关起来，或许杀头，但我绝对不会自杀的。第三，你回去以后对我的小孩子关照关照。当时周惠同志讲不至于如此，问题最后是可以搞清楚的。我的心情是拥护党中央和毛泽东同志、总路线的。我也有右倾机会主义的错误，对毛泽东同志讲话有抵触情绪，认为批评彭德怀同志的罪名大了、重了。因此，我说毛泽东同志是否到了斯大林的晚年了。

廖鲁言：你犯了这样大的错误，一点不感到良心的责备，不知是什么心情？

周小舟：我心地坦然，假如把我搞成反党集团的成员，肯定是错误。

李富春、廖鲁言等问："斯大林晚年"是什么意思？

周小舟：直接形成就是一百八十度大转弯。毛泽东同志多疑，独断专行，自我批评不够。

8月10日临时第四小组开会，彭德怀首先作检查，随后与会者发言，追问彭与张闻天、黄克诚的关系，其间谈到"斯大林晚年"问题。

彭德怀：张闻天有两次到我那里去，我与他有些臭味相投。在北京时我们谈过几次，也谈论过南宁会议的问题。张闻天说，他是政治局候补委员，什么情况也不了解，他不满意。我对毛泽东同志有成见，在政治上、思想上、感情上没有结合在一起，有时候我就受不了，比如，在上海会议批评了我，我就不舒服。主席是"斯大林晚年"的问题,是张闻天讲的,可能是在中南海时讲的。我听到讲没有表示态度。我只讲了内部矛盾和敌我矛盾的问题。

有人插话:你讲毛泽东同志读了很多古书,很厉害。

彭德怀:我讲过毛泽东同志提敌我矛盾和人民内部矛盾的问题,他在中国革命中是很厉害的人。这个我讲过。张闻天为什么到我那里去?因为臭味相投他才去的。因为我脑子里反动的一面升起来了,加上过去的不满,联系在一起。他还讲毛泽东同志对中国历史很熟悉。

李井泉:他讲的你赞成,你讲的他赞成,这不是共同的吗?

……

李井泉:你与黄克诚究竟谈过这些问题没有?你们的关系是否有不正常的地方?

彭德怀:工作关系多,谈别的很少。张闻天在庐山三次到我楼上来,他讲过毛泽东同志厉害,讲过是斯大林的晚年,讲过独裁……

小组会还没有全散,人们还在继续追问黄克诚时,我跟着薄一波离开会场,由他主持,有刘澜波、张霖之、彭涛、孙志远、吕正操等几位同志参加,听我的交代。其实有关的种种情况,我同二周与黄老的关系,在山上的来往,这个爆炸性的"晚年"捅出来之后,也没有什么好谈的了。我最担心的是同田家英(也还有胡乔木)的来往,再这样被追逼下去就复杂而麻烦了。田家英也在第五组,当我退出会场时,我见他是面无人色的。一方面觉得不能再牵连他们,同时也认为,这样对主席有什么好处呢?把我们之间那些议论都揭发出来,主席身边多年最亲近的几个秘书,对老人家竟有这样一些看法,这对主席的威信也毫无好处。可是关于我同田、胡间也有活动,第二组的《简报》上已有反映。于是我就先单独同薄一波谈出我的想法:"祸"是我闯的,一切由我承当,我作交代、作检讨,但人事关系只能到周小舟、周惠、黄克诚为止,这已是众所周知的,无可隐讳,决不能再扯宽了。薄一波很同意我的想法,要我"先发制人"。我随即写了篇自我揭发的检讨。于是解决我的问题的小组会也就无必要开了。11日上午我交出检讨,检讨由薄一波看过。他在"对彭德怀的信起了呼应的作用"之后,加上了"真是物以类聚,人以群分"一句。这是当时毛泽东给张闻天信中用过的话。我把帽子戴得大大的,"一劳永逸",免得再受"避重就轻"、"不彻底"等类指责。题目为《我的反党、反中央、反毛主席活动的扼要交代》,内容主要是在山上同二周之间交换过的各种意见,直到23日夜晚的活动;"攻击去年的大跃进和总路线";"大肆攻击主席和中央的领导";30日夜晚写的信,"还欺骗主席,说是用我的政治生命担保写的";由于思想、立场相同,有反党活动,同黄、周有湖南宗派关系;承认自己是"陷入这军事俱乐部的一员"。同主席的两次谈话,小舟早已同别人并在第五组谈过,为了避免引起诸如此类的误会:难道是主席鼓励你们鸣放吗?我是这样写的:"主席了解到我们这种不正常的情绪之后,便鼓励我们发言,实际上就是让我们将自己的牛鬼蛇神放出来,公之于众。"这也算是我当时的一点"苦心"吧。从延安起,就受到毛泽东思想的教育,说实在的,我对毛主席一直是极其崇敬的,至少有一本《毛泽东的早期革命活动》为证(此书写于1952年,有英、日等外文译本,为国际公认研究毛泽东早年的必备书)。现在也没有失去这根本一面,这有《龙胆紫集》为证(这是秦城监狱中八年作的旧诗词,《庐山吟》等即引自此集)。只是不能一切盲从,遇事保持自己的一点独立思考而已。为了"主客观"的一致,我一开始就写道:"在庐山会议的前一阶段,我同周小舟、周惠同志结合一起,想把会议的方向导致多谈缺点,攻击去年的大跃进和总路线,并对绝大多数贯彻总路线的'左派'同志进行责难,因此散播会议有压力,有不能畅所欲言的空气。"不料我这点"苦心"使得小舟极其不满,因为我曾同他谈过一些

## 关于"斯大林晚年"问题

田、胡同我谈过的东西,他认为我"言不由衷,推卸责任"。结果他8月13日写的交代材料,如前所述,被主席批示:"全篇挑拨离间,主要是要把几个秀才划进他们的圈子里去,并且挑拨中央内部。"这些细节已无关紧要,但也可说明当时情况的复杂。"坦白交代"的分寸也是一种"艺术",多么难于掌握啊!"扑朔迷离假与真",确是自己的深切体会。毛泽东同我们几个人的头两次谈话,小舟曾跟罗瑞卿等人谈过,结果后来遭到"假传圣旨"的指责。

当时将毛泽东同斯大林晚年相提并论,确实引起义愤,一般都认为是一种诬蔑,绝对不能接受的。保卫总路线,保卫毛主席,这已是会议中惯用的口号语言。只有我们这些狂妄之徒,如此斗胆私下议论。因此,8月10日下午,胡乔木来到第四组(他本参加第二组),作了长篇《斥所谓"斯大林晚年"的污蔑》的发言。他已经听到彭德怀和张闻天之间谈过这个话。他说,毛主席有点像斯大林晚年这个话,用意显然是专门说斯大林的错误方面,这是一个严重的原则问题,这是对毛主席和党中央"很大的侮辱和恶毒的污蔑"。他从六个方面作了比较:(1)斯大林晚年严重脱离群众、脱离实际。毛主席在哪一点脱离群众、脱离实际?群众路线的工作方法,不是毛主席创造的又是谁创造的?如果不密切联系、彻底依靠、放手发动群众,怎么会出现去年的大跃进、公社化运动?(2)斯大林晚年在党内是不讲民主的或者很少讲民主的,连中央全会都不召开。而我们却不但经常开全会,而且经常开扩大的全会,这次会议也就是一次。很多文件都是省、市委书记起草的,很多意见都是大家议出来的。毛主席十分重视党内民主,尊重同志们的意见,怎么能说和斯大林的晚年相同?第二次郑州会议上,毛主席说人民公社运动中的某些缺点,他要负责任。当时到会的同志大家坚持建议不要这样往下传达,以免全党层层检讨,影响干部的积极性,毛主席才勉强地接受了这个意见。(3)斯大林晚年提倡个人迷信,毛主席在这个方面也同他相反。七届二中全会就作出了决定，不许祝寿，不许以人名命地名。中央曾根据毛主席的意见通知，他的塑像除了作为美术家的作品可以在美术馆陈列外，一律不许在公共场所陈列。（4）斯大林在肃反问题上犯了严重的错误，他常把党内矛盾、人民内部矛盾同敌我矛盾混淆起来，以致在苏共党内有许多中央委员、高级将领等被错误地杀害了。难道毛主席曾经杀过一个中委、一个将军，一个党代会的代表吗？毛主席对党内斗争的原则是惩前毖后、治病救人，是分清两类不同性质的矛盾，正因为这样，许多犯过错误的同志至今仍然在党中央团结一致地工作。（5）斯大林晚年无论在理论上和实践上都有停滞的倾向。在斯大林时期，苏联农业三十年没有超过沙皇时代的最高水平。他否认对立面的统一，否认否定之否定，实际是丢了辩证法。毛主席正好相反，简直可说是辩证法的化身。他虽已六十几岁，精神比许多青年人都年轻，真正是生动活泼，一往无前。总路线、大跃进、人民公社，是同他对辩证法的深刻了解分不开的，是同他始终充满朝气的精神状态分不开的。（6）斯大林晚年对外犯过大国主义的错误。毛主席对别的国家一向很尊重，朝鲜问题就是一个好例子，对越南、蒙古的关系也是这样。对苏联的有些问题，我们也提出过意见，但是并没有妨碍两国的团结。革命过程中总会有些缺点和错误，问题是我们发现得快，纠正得快。最后，胡乔木从恩格斯《论权威》一文，说明党需要领导者个人的威信，这是党和人民的宝贵财富，必须保卫，决不能破坏。

胡乔木发言时，好些人插话。康生插了几次，有一段这样的话："彭德怀同志有反动的一面，有革命的一面。现在是你反动的一面向革命进攻，革命怎能不击退你这反动的进攻？就是你自己的革命一面，如果不歼灭你这个反动的一面，你还做什么共产党员？"

到了8月13日、14日、15日的大会上，关于"斯大林晚年"的事，还有些人在追查、批判。14日的大会上，陶铸又数落了一

## 关于"斯大林晚年"问题

遍：这是张闻天在"军事俱乐部"立第一功，后来是黄克诚谈的，接着又点周小舟、田家英说过"斯大林晚年"的话。15 日的大会上，康生发言说：你们诬蔑主席是"斯大林晚年"，信是俱乐部的纲领。彭德怀实在无法忍受这种指责，辩解说：洛甫没看我的信，我念几句，他就走了，不是共同纲领，没同周小舟谈过。林彪马上插话说：共同思想就是共同纲领。贺龙接着说：毛泽东同志在政治局常委会上说过，庐山可能有两个司令部，另一个是以彭德怀同志为首的右倾机会主义反党集团——"军事俱乐部"，反对党的总路线。他们要中央，更准确地说，要毛泽东同志出来做检讨，因为在他们看来，毛泽东同志犯了斯大林晚年的错误，这还了得，非改变中央领导不可。这次会议维护了党的总路线，特别主要的是解决了党的团结这一百年大计的问题。更不能容忍的是，污蔑党的伟大领袖毛泽东同志到了斯大林晚年的情况，党中央已没有集体领导。这些恶毒的攻击难道不更甚于罗隆基、陈铭枢等右派分子对党和领袖的攻击吗？

"斯大林晚年"这个爆炸性的问题一攻破，人们的"攻坚战"取得最后胜利，当时我就感觉到，庐山会议可以结束了。

## 毛泽东 8 月 11 日讲话

（论彭德怀及其"俱乐部"）

8 月 11 日下午开大会。

我的记录本上较为详细地记有毛泽东的长篇讲话。讲话中提到我的名字："李锐不是秀才，是'俱乐部'的人。""想把秀才们挖去，不要妄想，是我们的人。"听到这里，我知道我的不牵连别人的目的已经达到，心里也就踏实了。

下面是毛泽东的长篇讲话：

开了 40 天了。《简报》每天几本。今天允许我讲一点，可不可以？不是讲言论自由吗？要求民主吗？

一、讲世界观、人生观的问题。所谓人生观就是讲社会观。所谓世界观，就是讲自然界，恐怕是这么说的吧。我就不懂什么叫人生观（人生观外国书上很少）。两个是一个东西，就是世界观，就是包括自然界和人类社会这两个部分。为了通俗起见，既然大家关心，人生观谈谈也可以。这个问题在一部分同志那里是没有解决的。是经验主义的世界观、人生观，还是马克思主义的世界观、人生观？彭德怀同志是世界观、人生观问题，是经验主义人生观、世界观问题。世界观同时是方法论。中央常委和他们几位犯错误的同志交换了意见，我们说了我们的观点。他们的世界观和方法论不是马克思主义的，而是同马克思主义相违反的，是主观唯心主义、经验主义，或唯我主义。外国流派，马赫主义，卢那察尔斯基，无客观标准，不是从感觉到理性，而是主观唯心主义，一厢情愿，单相思。中国的一句话，叫自以为是，不是客观的实事求是。客观真理是经过千百次反复感觉，山水草木，牛马猪羊，小人老人，才确认清楚。历来犯错误的人，都是唯我主义，极端主观唯心主义。西方流派，贝克莱：为何有我？由于我想，我思，我在，物在。他所以犯错误，是世界观有问题。犯错误的人，要改造世界观，或是部分或是全部的。有些同志说，唯我主义是主观唯心论的极端。

二、跟彭德怀同志个别谈过一次，跟黄克诚同志几位谈过两次、三次。常委又跟彭德怀、黄克诚及其他几个同志，有周小舟啊、李锐啊、也还有周惠，一起谈过两次。统统交心，我们的心交出去了，他们也交了一些。我觉得他们三十几年的资产阶级立场没有变动过。为什么没变？这次犯错误的同志或者叫主要的领袖吧，如彭德怀同志，我感觉到他三十几年资产阶级立场没有改变过来。因为资产阶级的立场，他这个宇宙观不可能是无产阶级的宇宙观，不可能是马克思主义。从1928年起，三十一年，因此总跟我们格格不入。所谓三七开者，不是跟我一个人。如只同我一个人有仇，或者我不对，或者他不对，那一个人一半。而他是跟一切马克思主义者格格不入。就是说，他们不是马克思主义者，而是资产阶级民主主义者，以资产阶级民主主义者的资格参加共产党。

三、资产阶级民主主义革命与无产阶级社会主义革命。资产阶级民主主义革命这个阶段，他们是参加的，他们是积极的，但在方法上他们也常常搞错，不"左"即右。立三路线、第一次王明路线是"左"嘛，跟着走嘛。第二次王明路线是右嘛，又跟着走嘛。比如还有闹独立性，党性不纯嘛，闹独立王国这套东西。资产阶级民主主义革命他可以参加，这是我们党内同盟者，实际上是马克思主义的同盟者，挂共产主义者的招牌。我说中国这个党实际是个联合会。中国这么一个大国，是各个山头结合起来的，山头中彭、黄是资产阶级世界观、经验主义，洛甫是教条主义。我看经验主义、教条主义，他们都是参加资产阶级民主主义革命的。至于参加共产党，他们那个党员称号是不合乎他们的实际，实际上是马克思主义的同盟者，是马克思主义在资产阶级民主主义阶段的同盟者，带着资产阶级世界观参加革命的。对无产阶级革命，他们是没有精神准备的。我记得彭德怀跟我讲过，他对无产阶级革命究竟如何革法是没有准备的。党内一千几百万党员，很多是因为反帝、反封建参加党，后来许多人成为完全的马克思主义者。但是他们这些同志不是逐步接近。高岗路线，参加高岗集团，以及这一次，我看比那两次要恶劣，比立三路线那个时候要恶劣。比如讲一些话，实在不像是马克思主义嘛。什么纠正右容易些，纠正"左"难些？我说是奇语，"奇文共欣赏"，那是文，他这是语。什么"历史经验证明纠'左'比纠右难"，这个历史就不对嘛。陈独秀究竟好了没有？罗章龙好了没有？张国焘跑到哪里去了？高岗跑到哪里去了？瞿秋白已英勇牺牲。跟第一次王明路线走的人，除了王明，其他都参加工作。洛甫这次又发生动摇，但王明也没有跑到香港去，所以我对王明还是寄以希望。

我看现在你们猖狂进攻，一部分同志是与西藏事件、全世界骂我们有关系的。从前全世界骂，他们还不注意，西藏问题一来，新中国成立以来是一次大规模的全世界骂我们，骂得非常之好，我非常欢迎！共产党不挨骂，算什么共产党？！比如骂人民公社，从杜勒斯起就骂了差不多一年了，国内资产阶级、地富反坏骂，富裕中农不赞成，兄弟国家怀疑。对于大跃进，也是怀疑的，党内党外、国内国外也是怀疑的。过去我们指标又搞高了。什么粮食增产100%，棉花增产100%那一套。今年指标也高了，什么3000万吨、2000万吨，高了。我说只要略有增产，我就是坚定不移。粮食增产一成就是好的，就是跃进。他们说不止一成，有三成。早两天，我问彭德怀，他也说有三成。一成就是跃进，可以增产三成，这还得了！对于无产阶级社会主义革命，这些同志没有精神准备，一来就抵触。高饶集团是在1953年嘛！形成这个集团的时候，是在抗美援朝的期间，1951至1953年三年形成的。我们知道彭德怀是陷得相当深的，那时是保护过关。是高饶联盟，还是高彭联盟？为什么那个情绪一下子反映到那边去呢？我看要从阶级斗争来得到解释，从历史唯物主义得到解释。这些同志对地主阶级、帝国主义是仇恨的，现在革民族资产阶级、小资产阶级（个体经济）的命，消灭剥削阶级，赎买民族资产阶级，对农民、手工业者用集体化办法，这就触动几亿人口了。他们不理解。在这个过程里头，他们都是沉默的。前年5月（指1957年反右前夕），彭德怀对青年团讲话：党的政策让他们猖狂（指资产阶级知识分子）。人们说他抢先了，看来他是反对资产阶级的。但是我总看，要消灭掉中国的剥削阶级以及小资产阶级，他是没有下决心的。这十年，对他们是突如其来的。现在是什么时候？是人民公社、大跃进年代，这个公社、工农业生产大跃进，与人民群众密切相联。人民公社一来，于是就闹翻了。

在庐山是两种气候，一种，大多数说大跃进、公社化好得很，少数"俱乐部"的同志就说是糟得很。他们的看法跟罗隆基接近。有些人说他们是有过之无不及，因为罗隆基承认你解放军，彭德怀连解放军都不承认了，说可以垮台。

四、历史上他们参加过多次的分裂组织。第一次王明路线，把党分成两部分：一部分机会主义，一部分布尔什维克。我听张鼎丞讲福建问题，把党权、政权剥夺去，封为"罗明路线"，还有什么邓、毛、谢、古。我被封两个称号："狭隘经验主义"，这一下刺激我切实研究了一下马克思主义哲学。至于政治上，叫我"一贯的右倾机会主义路线"、"游击主义"、"上山主义"，这对我帮助很大。至于高饶集团，这是一个大的阴谋活动，是大的分裂活动。好在搞得快，因此抢救了一些同志。再迟半年、年把，我看不晓得怎样了，就是要按高、彭、饶的面貌来改造党，改造世界，即中国这个世界。彭在历史上最严重的是参加高岗集团。张国焘是个分裂运动。陈独秀是个分裂运动，他搞过"中国共产党'左'派反对派"，又名"列宁派"，打着列宁的招牌。罗章龙在上海成立另一个"中央委员会"。第二次王明路线，实际是两个中央，武汉一个，真正掌握实权的是武汉那个，而延安不过是"留守处"。

五、彭这次迫不及待，你挂帅，组织派别，进行分裂活动。所提出的问题，就是总路线、大跃进、人民公社。总路线有问题，大跃进有问题，人民公社有问题。他们提出的批评，据我看，提出的尽是些鸡毛蒜皮的问题。我说他们看错了。

六、去年一年，今年这半年，不但有正面成绩，而且有反面成绩，如"共产风、浮夸风吹遍全国"，"强迫命令"。究竟吹遍了没有？查了，我看至少有三个地方：一个国防部没有吹遍嘛，一个外交部没有吹遍，还有一个湖南省没有吹遍。这些同志是"真正的马克思主义"，其他都是机会主义。还有强迫命令，这是有之的。否定商品经济、价值法则、等价交换，比例失调，引起城乡各阶级关系紧张，不得了，市场紧张。这一切，据我看都是好东西，大为教育了全党全民。

七、这些东西在全党全民中间，在这一年内进行，等于过去几十年。学会了价值法则，等价交换。平均主义、"一平二调"是不对的，这是个大学校。这是"共产风"。浮夸之风呢？吹一吹极有好处。你不吹，总要吹的。就是这一年，大跃进，什么放卫星，放许多假卫星，报纸上登许多，它势必走向反面，浮夸之风走向实事求是，现在卫星不放了。还有比例失调，3000万吨，2000万吨，1650万吨，这三个阶段，对中央、地方的同志，做经济工作的同志，是极深刻的教育。就是我们搞的嘛！除了"俱乐部"的同志以外，其他都是"不正确"的，因此你们是"马克思主义者"，没有得到经验。全党都得到这样深刻的教训，叫比例失调，市场紧张。还有什么炼钢铁，小土群，说湖南有五万个小土炉，三万个点了火，两万个没点火。都变成了有益的教材。特别是经过"俱乐部"同志这一骂，四十多天骂，大有好处。

八、确有大跃进，我看可以肯定。我到处问，公社究竟是好，还是坏？我看是好，而且是很好。再有一条，必须政治挂帅。政治是上层建筑，组织生产。苏联的《哲学小辞典》，讲同一性，是形而上学，非马克思主义，否定战争与和平有同一性，生与死有同一性。战争与和平无同一性吗？请问战争如何转为和平？和平如何转为战争？一定条件下互相转化。抗美援朝，对立的东西有同一性。关于经验，经验主义，唯物论与经验批判论，马赫主义，杜威主义；关于政治，自由，必然性与偶然性，自由与必然，这些都可涉猎一下。政治是经济的集中表现，是保护经济的，使经济合理发展。技术措施是什么东西呢？它是生产进行中必须采取的措施。彭德怀讲什么"自由、平等、博爱"，根本不懂什么是马克思主义，什么叫上层建筑，什么叫经济基础。他就是不懂，又装懂，发表长篇大论。还有第一书记挂帅，这也是第一书记挂帅，那也是第一书记挂帅，在彭德怀他们看来实在十分讨厌。我高兴。我看无非是你想挂帅，与其你挂帅，不如我挂帅。你们如通过彭德怀挂帅，我没有办法，我服从。你们如通过我挂帅，我就挂。一朝权在手，就把令来行。必须政治挂帅，第一书记挂帅。

九、集体领导还要不要？这是赫鲁晓夫特别强调的。你大概在莫斯科取了点经吧！关于集体领导，有没有？我们中国国境内有没有集体领导？有没有所谓民主同言论自由？这回要"集体领导"。中央委员会是没有"集体领导"的，大概省一级除湖南之外也不多。还有，"民主"是没有的，"自由"也没有，自由首先是讲言论自由。在庐山，我在头两个礼拜，鼻子也是不灵的，看到有点问题就是了。有点灵，不是完全不灵。看嘛，提出十八个问题，就没有团结这个问题。以后拿来一看，我就不要看了，就去印嘛！印出来一看，我说要加一个团结，这为什么？就是对抗那个分裂。因为7月2日那次常委会上，彭德怀同志所表示的那种态度，我就看出这个苗头，是要刮点什么风嘛。所以我那天晚上加个团结问题，变成十九个问题。但是刮的什么风，这个庐山是两个司令部，详细情况，完全没有料到。有没有集体领导，这个东西不是个理论问题，而是个事实问题。要派万人检查团，或者千人检查团，或百人检查团检查。这回我们开中央委员会，一百多人开会，你检查究竟有没有集体领导，这回为什么要开会，就是为了满足同志们要的"集体领导"嘛！这也是第一书记挂帅，那也是第一书记挂帅，好嘛，就不挂帅了嘛。挂还是挂。你们看嘛，一百多人开会，不能我一个人说了算，满足"集体领导"的要求。以后大家如果赞成，一个月一次中央全会我都干。一个月开一次，一年十二个月十二次，就是天天开也可以。你不是老说我没有民主吗？没有集体领导吗？就是个人独裁吗？他们那个意见，就是还是你那个独裁好。现在许多同志讲出来，彭德怀同志，你那个军委会究竟有多少民主？究竟是一种什么制度？有没有民主集中制？可以查一查。他们现在争"民主"，争"自由"，争"言论自由"，就是他们要搞政治挂帅，要搞第一书记挂帅。他们要搞没有大跃进，或者很小，小跃进，不跃进。他们要搞人民公社糟得很。为达此目的起见，他们要这些东西，一个叫"集体领导"，一个叫要"民主"，一个叫要"自由"。我们现在都没有做。你说华北会议操了你40天的娘，你在这里还只操了20天，还操不得？现在我说要满足40天，不然我们还欠20天的账，我还加5天，尽你操，满足你操娘的愿望。但是要指出，他们所谓"集体领导",就是要他们来领导,要高饶集团的残余分子、漏网分子,还掺杂点别的人来领导。所谓"民主",就是要反现在的总路线、大跃进、人民公社的"民主"。我说这种"民主"、"集体领导"与"民主自由"都要加一引号。他们所谓"集体领导"与"民主自由",与我们的是两种:一种是反动的,一种是革命的。他们所谓"集体领导",是宗派主义的,不利于党,不利于民族,不利于社会主义的;而我们的是有利于社会主义的,有利于中国的发展的,有利于发展生产力的。照他们那个搞,我看不行。就是说,他们是资产阶级的,他们的"集体领导"是假的。资产阶级也有民主,美国还有国会,你说没有集体领导?尽是独裁?可是所谓"民主",是搞资产阶级民主,所谓"言论自由",是资产阶级言论自由,是反无产阶级的。他们还要求"民主、自由、博爱"(最近不是发了这个文件吗?),这些东西同章伯钧、罗隆基一样,他们也是要大民主,要大鸣大放。这个口号是章罗联盟创造出来的,现在转化为无产阶级的工具。他们大鸣大放,要把我们放倒,把我们鸣死,他们就活起来,我们垮台,他们就上台。他们这个"自由",资产阶级有自由,无产阶级就没有自由。他们"博爱",爱什么?是博爱右派,我们是爱"左派",工人、农民。6亿人民,除地、富、反、坏、右、资产阶级分子和庐山会议上的右派司令部之外,我们都爱。这个右派司令部,我就不爱。我给他们自由、民主,目的是要他们把毒素放出来。给自由活动,就是不要禁止自由活动,要让毒草长起来,以利拔掉。我向你们交心呀,你讲我阴谋,我讲给你们听,就是这个道理。我叫你们放,你说我钓大鱼。确实,就是要大鱼、小鱼一起钓,你不钓不得了。这个大鱼叫什么鱼?是吃人的鱼,是鲨鱼啊!

有资产阶级那种"平等、自由、博爱",就没有无产阶级这种平等、自由、博爱。这两个东西是完全对立的,你死我活,有你就没有我,有我就没有你。横竖是生死斗争。这些,我看是"俱乐部"的人所不了解的。他们没有阶级观点,没有读过历史唯物论,或者读过忘掉了。历史唯物论是阶级斗争学说,革命学说,如革命的战略策略,是如何斗倒资产阶级,包括意识形态方面斗倒。都是阶级斗争的学说。

十、这些人想把秀才们挖去，我看挖不去，不要妄想。秀才是我们的人，不是你们的人。不是有几位秀才最近倒霉吗？李锐不是秀才，他是"俱乐部"的人。李锐同志啊，你在不在啊？你不是要求我在一个会议上取消"湖南集团"称号吗，我不大愿意取消。不过，叫"湖南集团"不合适，那是我与你们几个人讲的。譬如有张闻天，他就不是湖南人（有人说：周惠也不是）。周惠跟他们有区别，这个人据我看，与"俱乐部"的人只是沾了一点边，你说他是"俱乐部"的正式成员，我不相信。周惠这人有缺点，但是比小舟好。小舟这个人他是不给你交心的，他的心使你看不见。小舟啊，我就是这么说的。你们不要妄想，把我们的秀才挖去。

十一、所谓一百八十度的转变。说我这个人变来变去，我是蝙蝠。开始算是你们"俱乐部"的，后头又不算"俱乐部"的了，退出你们那个党，来了个一百八十度的转弯。哟！这也是一个新闻。这是说7月23日。怎么转弯的？同志们，你们不是三番四次要求我们开放民主，要言论自由，说是庐山空气很不正常，压迫民主吗？我很同情你们，我说那还得了，那决不能够。我们要告诉每一个支部，不要压制民主，啥话都要让人家讲，无非是讲得好，讲得坏，放香屁，放臭屁，统统要让人家放。人长着耳朵是干什么的？是听话的。至于口，有两个任务，一个吃饭，一个讲话。所以我就答应他们，开组长会，说服这些同志，要听他们讲话，要开放民主。到20日那天我找组长们谈过一次，讲耳口并用之理，好的就接受，不好的就硬着头皮顶住。郑州会议，1957年青岛会议，就讲了硬着头皮顶住嘛，中央发了指示嘛。今年3月郑州会议，我讲的话，又是说，对于算账派、观潮派，让他们讲，硬着头皮顶住。同时我跟"俱乐部"的同志也说，你们也照办，横竖好的就听进去，不好的就硬着头皮顶住。你说我不公道吗？我两边都这样说的。至于你们还有些什么屁要放，香的或臭的，我就不知道。我好几次问小舟，你们放什么？你们要民主，大鸣大放，受了压抑，究竟要放什么东西？他又不讲。听说他有十大纲领。对我就没有讲，只讲了个别问题，比如食堂。后来跟少奇讲了。（少奇：是你谈的。）小舟你那几条，我就没有印象，当时我就不记得你第一、二、三、四、五条……因为我跟你谈时，不是你一个人，还有别的人在座，就是没有把你的纲领拿出来。后来才感觉不是个别问题，而是要推倒总路线，要把"俱乐部"合法化，扩大"俱乐部"，招收会员。要合法，这个我就不知道。我同意过你们办"俱乐部"吗？我同意过你们推倒总路线、推倒大跃进、推倒人民公社吗？如果同意过你们，然后又反过来反对你们，那就算我是一百八十度转弯。我没有，怎么叫转了一百八十度啊？！

十二、今天是 11 日，下午休会，明天休会一天，后天开大会，请同志们准备讲话，我就不讲了。因为我今天讲过了，以便你们精神有准备，告诉你们我心里想些什么东西，以便你们"俱乐部"同志去准备讲演稿。"俱乐部"的同志们！13 日开大会时，最好你们不要写，那么谨小慎微，那么怕人家抓小辫子！我们德怀同志现在极为谨慎。你学我这样搞点小题目就是。请你准备一下。

十三、辞职的问题。德怀同志提出辞职，不干这个国防部、军委工作了。这个问题究竟怎么办？过去我们跟彭德怀同志几次谈话，两次常委会跟他们谈话，常委会为一方，"俱乐部"为一方。最近，就是前天还是哪一天，看到他一次讲话。我高兴，我说他开始取得主动，表示欢迎。我高兴了，就请他来谈了一次。他又提出这个问题，我说还是你干吧！常委会过去我们议论过，还是他们干。但是究竟如何？还是辞职？还是改换工作好一些？还是照旧不动好？另一个是黄克诚同志的总参谋长。国防部长、总参谋长干不干，这两个我提议讨论讨论，不然又是我独裁。你这个常委会，只有这么几个人，我又跟彭德怀同志个人说了。不是讲要民主，要集体领导吗？这个问题是个大问题。究竟彭德怀同志干不干国防部长？黄克诚同志干不干总参谋长？请同志们考虑。工作是要给的，究竟是照样不动好，还是改换工作好？

十四、是否要开一次军委扩大会？有些同志建议，特别是军队方面的同志建议，这个问题今天要解决，如要开就发通知。（周恩来：小组很多同志主张开。）我是赞成开的。因为不是讲要"民主"吗？扩大"民主"吗？"集体领导"嘛！军队里头散布这些毒素，"俱乐部"的毒素，不肃清是不好的。我主张开。每个师来两个人，师长同政委。昌都、甘南、青海的海南，剿匪的队伍来一个适当的人就行了，现在他们很紧张。问题是"俱乐部"的同志们，你们赞成不赞成？你们如不赞成，表示意见。大概最多开半个月，两个星期或10天，因为这个问题比较单纯。

十五、现在我们搞三个决议、一个公报。三个决议，就是一个增产节约，公开发表的，鼓足干劲，增产节约，争取下半年完成任务。要反对右倾思想，不要松劲，要鼓干劲。第二个是党内的，叫"为保卫党的总路线，反对右倾机会主义而斗争"，这个不指名的，发到全党去讨论，分析现在党内的情况，也不具体指庐山有什么"俱乐部"。这是一般的。这两个今天马上就付印，发给所有的同志征求意见。第三个就是关于彭德怀同志的错误，要作个决议。这个决议，大体上我先讲下方针：就是他犯了错误，允许他革命，我们要团结他，帮助他，批判从严，处理从宽。这个决议我们准备不要发广了，发到县一级、团一级干部，不在全党去讨论。只要有这样一个处置，就保障了我们的党没有危险。如果他们继续进行分裂活动，那一直发下去。再闹乱子，那么公开在报纸上发表。"为保卫党的总路线，反对右倾机会主义而斗争"的决议，现在不要发表，在全党讨论。但看他们的情况，他们变不变，转不转。如果需要发表的时候，在报纸上公开发表，翻成外文，让全世界知道，看他们改不改。我也不赞成把他们开除出政治局，更不赞成开除出中央委员会。政治局有几个反对派，我看有好处，可惜太少了一点，只有一个半，一个政治局正式委员，一个候补委员。这些都是我们常委会议论过的，我现在代表常委会说话。有许多是组长议论过，还有一些同志参加。再一个公报，讲改变指标，以及形势、情况，无非是鼓足干劲，确有大跃进，人民公社很好，这一套。这个决议，你们两方、大家要讲话的。草案是少数人起草的，常委会的意见，可以修改，要吸收同志们的意见。你们知道一个方向，常委有这么一套意见。让对方讲话，你们想一想，或赞成，或不赞成。三个决议，一个公报，迅速发出。

十六、这次会议，我建议收场要收得好。庐山会议开头是神仙会，搞到尾巴上连一点神仙味道都没有了，也不好啊！要以团结合作收场，双方交心通气，一看二帮，或一批二帮、一斗二帮，批评之后变成一看二帮，看改不改了，还要帮。我相信全体同志经过这次会议会大进一步。这次会议要收得好，实行批判从严，处理从宽，"团结—批评—团结"、"惩前毖后，治病救人"这个原则。

十七、要估计到那些同志的两面性，革命性和反动性。他们的历史证明他们完全不革命了，不合事实。但是他们脑子里头，那些资产阶级的东西，不能不说它是反动的，是主观唯心主义的经验主义，资产阶级的阶级立场，组织宗派，进行分裂活动，反对全党的大多数、全国人民的多数所拥护的总路线。而且跟许多人不合作，中央常委6个同志，"俱乐部"的同志没有一个能合作的。不只是反对我而已，如果单只反对我，其他同志能合作也好嘛！跟7个，还有小平嘛，常委都不合作。政治局委员、候补委员究竟能说得出来的气味相投的有几个？我看很少吧。还有元帅，10个元帅，我听说彭德怀同志跟9个都采取不合作的态度。我跟他本人、跟黄克诚也讲过，我说你们怎么工作法？10个元帅，跟9个不合作。至于大将、上将能合作的究竟有多少？中将更多了。他们从来不提倡团结的口号。我所以在3号印出来的那个东西中提出团结问题，我就抓这个旗帜，我们大多数要抓团结的旗帜。凡是错误路线都是不提团结的口号，因为他们要分裂。我们要团结：党的团结、人民的团结、民族的团结，就是不团结那些反革命。反革命要改造，如杜聿明、康泽、宣统皇帝。至于罗隆基、龙云他们现在还有官做，那些人实际上是反革命，所以摆他们的位子，无非是以示宽大。因为有三十多万右派，我们摆他们几个，那些右派说，唉，我们朝中有人啊！这样有利于改造这些右派。（安子文：现有45万。）好多？45万？哈哈，队伍不少！所以1957年那一仗不得不打。打得很好，大胜仗啊！一个肃反，一个反右。现在为什么不出皇帝？匈牙利事件闹不起来？现在红军还没有请？我看几个原因：第一，共产党是联系群众的。中国党没有拉科西，中国又没有纳吉，你能说周恩来同志是纳吉吗？他

## 毛泽东 8 月 11 日讲话

是总理啊！我不是拉科西啊！这是最主要的。这是路线正确，作风正确，这是联系群众。第二，反革命杀了一百多万。匈牙利没有杀反革命。六亿几千万人，消灭那个一百多万，这个东西我看要喊万岁。只有黄绍竑说我搞坏了。第三是反了右，你看 45 万嘛。所以现在我们党内，"俱乐部"的同志相当孤立。我说内外夹攻，并非其时。现在是一个太平世界，形势很好，否则我们为什么在庐山开神仙会？那个紧张是你们紧张，我们并不紧张，有什么紧张？开会前，我 10 天走了 4 个省（河北、河南、湖北、湖南），天下太平，四方无事，情况很好，这 4 个省可以代表全国。以上讲的是估计他们的革命性。

我们的会开到今天 40 天，7 月 16 日以后到今天，对他们的反动性批判比较着重，现在要注意他们革命性一面，同时还要批判反动性一面。我今天讲的这一篇也是做批判文章。所谓做批判文章，就是做分析。我跟彭德怀同志说过，难道我们三十一年的关系，现在就在庐山分手吗？我们就决裂吗？我说不，不应该决裂，我们要合作，三十一年的关系嘛。这是就我来说。同别的同志呢？长短不一，总司令、林彪有三十一年。总而言之，我们的关系，我认为应当继续下去，应当搞好，而不应当在这次分手，把他们抛到海里去，应当把他们留下来，帮助他们，同志式的态度。这就搞两条：必须批判从严，处理从宽。处理从宽，并不包括一点职务都不变动。他们继续敌对，我们继续批评，继续批判从严。王明告洋状，联共中央把他告的三条罪状告诉我们，他们想把这个瘟神送回中国。我劝这些省委书记，你们不要怕告土状。秦始皇不是被骂了两千年嘛，现在又恢复名誉；曹操被骂了一千多年，现在也恢复名誉；纣王被骂了三千年了。好的讲不坏，一时可以讲坏，总有一天恢复，坏的讲不好。

十八、再讲两句国内国际形势。据我看非常之好。当然美中有不足，疯子可以闹事，但总的国际形势我看是好的。这是国际形势。国内形势，主要是人民内部的问题。蒋介石搞了二十年，越反动越好。我的意见：我们中国共产党就是他们教育出来的，除了马克思，就是他们教育出来的。没有他们教育、压迫我们，能搞起来？我看是不行的。现在国际形势我看是好的，我们"俱乐部"同志对于国内形势他们是悲观的,国际形势他们也可能是悲观的。不可能国际形势是乐观的,国内形势是悲观的。

十九、欢迎最近几天那些同志的进步。我在这里表示欢迎。

二十、我要喊一个口号,叫"马克思列宁主义万岁"!完了。

## 大会批判

8月11日大会，毛泽东发表长篇讲话之后，13、14、15日三天连开全体大会，由彭、黄、张、周作检查，大家批评。

根据毛泽东、林彪和常委会定的基调，人们十来天的揭发、批判和帮助，彭德怀、张闻天、黄克诚三人最后只能"缴械投降"，把一切都兜揽起来，除此别无出路。因为必须维护党的总路线，维护党的团结一致，维护毛主席和党中央的威信。他们做这种违心之事，当然是万分痛苦的。那又有什么法子呢，这是历史铸成的共产党员的天职！黄克诚后来对他的儿女说过，庐山会议后期，他还是违心地认了账。虽说很大程度上是出于长期以来服从集体决定，服从中央的习惯，因而最后像彭总一样，采取了"要什么就给什么"的态度，但总觉得自己讲了不实事求是的话，心中一直耿耿。正由于这个教训，在"文化大革命"中写检查交代时，他就变得更加"顽固不化"了（见黄梅：《我心目中的父亲黄克诚》。）这种大会检讨，我本来不准备再实录了，录下来确实没有任何意义。但再三考虑，还是摘要录下，让后人知道，人跟现实可以被扭曲成何种模样。彭德怀、张闻天、黄克诚三位尊敬的革命前辈，他们的在天之灵，想必也会原谅我这样做的。

8月13日上午的大会由刘少奇主持。先是张闻天作检查，他讲的第一个问题是右倾机会主义路线问题，认为在社会主义建设时期存在着两条路线的斗争，毛泽东提出的总路线是正确的，以彭德怀为代表的右倾机会主义路线是错误的。右倾机会主义表现在对去年的群众运动泼冷水，诬蔑为"小资产阶级的狂热性"，否定成绩，夸大缺点，想造成后果严重、漆黑一团的印象。对供应紧张等困难表示害怕，希望放慢速度。认为纠"左"比纠右难，所有这些的目的都是为了希望修改总路线，反映了资产阶级的思想，成了他们的代言人。彭德怀的信和发言就是资产阶级反对无产阶级的纲领。

张闻天检查的第二个问题是对彭德怀错误的看法，认为这次彭的主要锋芒是反对毛泽东。他说过，在中央常委会上都是毛泽东一个人说了算，注意了个人威信而没有注意集体威信，要注意斯大林晚年的危险。彭德怀的信中说的"脑子发起热来"，"处理经济建设中的问题时，总还没有像处理炮击金门、平定西藏叛乱等政治问题那样得心应手"，"国家计委虽有安排，但因种种原因难于决断"，这些话的目的，都是为了推翻毛泽东的领导，按照他个人的面目来改造党。这个"军事俱乐部"是有目的，有组织，有准备，有活动的。"我曾经对彭表示过一些和他同样的看法，未向中央报告，是我的严重错误。"

张闻天检讨的第三个问题是他自己的错误。他说，他是6月间开始陷入"军事俱乐部"的，7月23日以后逐步退出。他为什么会陷入"军事俱乐部"呢？（1）是思想上右倾，过分看重大跃进中不可避免的缺点，只见树木不见森林，对批判资产阶级法权，取消按劳付酬，共产主义萌芽等等，认为太多太过火，只愿意看到缺点，不愿意听说成绩，把马克思主义统统忘记了。看不出彭德怀有野心。由于自己对中央有不满情绪，就视彭德怀为同道，埋怨人家不听彭的，以为中央不愿听反面意见，这就完全站到资产阶级立场上去了。"俱乐部"这几个人，思想都右，是"资产阶级俱乐部"，资产阶级的工具，定要站到中央、毛主席方面来。（2）是教条主义的老原虫复活。（按："老原虫"一语的来历：8月2日毛泽东写了一封信给张闻天，引用了一首咏疟疾的元曲小令，信中说张闻天"旧病复发，你的老而又老的疟疾原虫远未去掉"，张闻天即据此调子作检讨。）我的教条主义思想根源很深，第一次王明路线时期，我就污蔑毛泽东同志的正确路线是右倾机会主义的，还攻击过张鼎丞、谭震林、邓子恢、邵式平等同志，现在我要再一次向他们道歉。那次错误造成很大损失，我负有很大责任。从遵义会议到延安整风，我对毛泽东同志有一定的尊重,但还有点分庭抗礼,对毛泽东是中国人民的惟一领袖还没有深刻认识。延安整风以后,对毛泽东的思想、领导,开始信服,只对整风审干中"左"的现象有些不满。张闻天谈到1945年到1955年,他从去东北到调外交部不在中央工作的这十年,检讨了他有时将毛泽东的谈话只当做解决具体问题的指示,而没有及时传达的问题,检讨了在紧急的转变关头站不稳立场的问题。他认识到了毛泽东的路线是已经证明了的惟一正确的路线,不能有任何怀疑,庐山会议证明了谁不跟毛泽东走谁就会犯错误。可是由于教条主义的老原虫复活,教条主义和经验主义在反对总路线、反对毛泽东同志这一点上结合起来,他也就由对总路线怀疑、动摇,走到反党。今后要老老实实做毛泽东同志的学生。(3)由于教条宗派主义的原虫复活,延安整风后,教条宗派主义的毛病有所克服,但原虫并未灭绝。在一般情况下,它是潜伏着的,但是遇到中央或中央某个同志对自己的工作提出批评,就容易产生怀疑和不满,影响工作积极性,也影响到个人同中央不那么通气,再加上本人还有高傲情绪。党中央处理干部错误的惩前毖后、治病救人的方针是正确的,中央过去对我的处理是宽大的、公正的,分配给我的工作也是合适的。事实上不是中央不信任我,而是我对中央不够信任,有宗派情绪,碰到有同样情绪的人就结合起来,不顾团结,为人利用。这不但损害党的利益,也损害自己。我对彭德怀也有不满,可是由于宗派情绪,终于陷进了"军事俱乐部"去了。张闻天表示他认识到了:毛泽东的威信,不是他个人的威信,是全党的威信,损害毛泽东的威信,就是损害全党的威信,就是损害党和全国人民的利益。

张闻天最后表示:同志们说他有"五毒":狭、高、空、怯、私,他也完全接受,表示愿意痛改。

张闻天检讨之后,与会者开始发言。谭震林给张闻天提了两个问题:(一)为什么说南宁会议、成都会议是破坏集体领导的?你们是怎样的看法?(二)军事俱乐部的活动是否从上海就开始了？上海会议毛泽东同志讲话后，洛甫同志在小组会上的发言就有这些观点，我们大家是都听到了的。彭德怀同志从欧洲回国后，他和你在政治局会议上都表示出那样一种态度，好像别人都错了，只有你们对。在书记处会议上黄克诚的表现也和你们一样。

陆定一说，讲共产主义快一点来，这是我与苏联新闻工作者代表团的谈话中提到的。我讲共产主义，说中国照那么样的速度，每年工业增长百分之十五，就是一百年也到不了共产主义，现在可以快一点。我这样讲，如果有错，可以检讨的。我这样讲，没有什么了不起。闻天同志是否认为讲到共产主义就不得了。共产党员为什么不讲共产主义？说共产主义的字眼就不行吗？那时，我与苏联同志的讲话，在字句上脑子里是斟酌了一下的，没有说共产主义快来了，而是说快一点了，不能讲吗？闻天同志听到共产主义这几个字，听到共产主义快一点来，就不舒服了，好像共产主义是不好的东西。

李富春也提了几个问题。第一，张闻天同志说加入"军事俱乐部"是在6月底。一方面我要问一下：6月底以前，张闻天同志与彭德怀同志就有来往，就议论了很多事情，究竟议论了些什么？另一方面，6月底加入"军事俱乐部"，是有其道理的。6月底，彭德怀同志回国以后，你们在政治局、书记处会议中以及各方面的活动，确实是鼓足干劲，力争上游。第二，你今天说，23日毛泽东同志的讲话对你是当头一棒。但是23日以后，闻天同志还与彭德怀同志谈了两次话，还相互交换了小组会上的情况。毛泽东同志的讲话对你既是当头一棒，为什么还与彭谈了两次话，谈了些什么？第三，闻天同志说"警惕斯大林后期危险"，这句话是彭德怀同志讲的，彭德怀同志又说是闻天同志讲的。究竟是谁讲的？还是大家都讲了，你们似乎是异口同声。究竟怎么提出来的？什么叫"斯大林后期"？是什么概念？什么定义？什么内容？请交代一下，我们不懂。第四，闻天同志说，他是无产阶级思想和资产阶级思想和平共处，有时这种思想多一点，有时那种思想多一点。五十加五十等于一百。照这样检讨，要真正建立起来无产阶级的宇宙观是很难的。

康生发言一上来就指责张闻天的检讨空空洞洞，要张闻天讲几个具体问题。一、你说你的发言是针对着毛泽东同志的，这是我们已经明显看到了的。比如你提出的"好大喜功"，这同资产阶级右派张奚若是一样的口吻，而且气愤很大。你还提出什么不怕杀头，这些显然也都是针对毛泽东同志讲的。除了这些以外，到底还有哪些问题是针对着毛泽东同志的？高饶反党集团和这一次反党的军事俱乐部都是用耍滑头、搞阴谋的手段，掩盖你们反党的本质，希望把你们的皮剥开来给大家看看。二、大家公认，你和彭德怀同志是长期对党心怀不满。毛泽东同志说，你的病毒又发了。你自己解释，你的病毒是教条主义。我们看，毛泽东同志说的病毒不仅是指教条主义，而且是指你长期对党、对毛泽东同志心怀不满，这次是抓紧时机向党进攻。你有没有这个问题？如果有，应该从这一方面彻底揭发一下。三、你和彭德怀同志到底搞了些什么活动？我没有参加你们的小组会，但是从你在小组会上的发言简报中给我的印象是你们的活动并没有彻底交代。这样看法是有证据的，毛泽东同志 23 日讲话后，你还和彭德怀同志发生过联系，你在 24 日的小组会上的讲话还表示不服。特别使人刺目的有这么一句话："你们要讲成绩，我们要讲缺点。"显然，你们把自己同党是对立起来，分离起来的。我觉得，检讨个人的错误应该诚恳坦白，不是做文章，弄上几条。你今天的发言，组织得蛮好，逻辑性蛮好，一二三四，甲乙丙丁，但是没有真正交心。

康生从字里行间甚至从"印象"中寻找别人"反党"、"反毛泽东"、"心怀不满"的蛛丝马迹的"本事"，并不是庐山会议才显露的，延安时期搞"抢救运动"，党内很多人就已领教他这一套。"文化大革命"中他更是大打出手，凭着这一"本事"

置多少人于死地。赵健民就是在"文革"中被康生"凭几十年革命之经验"打成"叛徒"的。

曾希圣发言也对张闻天的检讨不满意，说张的检讨把事实掩盖住了。帽子是戴了几顶，但没有具体事实。他戴了几顶帽子，但又来了许多原因，把帽子也吹掉了。就是这些帽子，我们也不能同意。他们认为大会只开三天，想马马虎虎混下山去，不是真正要暴露和检讨自己的错误。

张平化讲了三个问题。第一，刚才洛甫同志讲与彭德怀在一起很危险，慢慢上了当还不自觉，又说，他看了彭德怀同志的信没有感觉有反对毛泽东同志、反对党中央的野心，又说他23号的发言是脑子发热，胡言乱语。从这些话看来，好像他是完全不自觉的，但又承认他加入"军事俱乐部"是从6月开始，这就使人很难理解。这是不是埋下的伏笔，准备反攻？是不是想掩盖他们的不可告人的反党目的，掩盖他们篡党的野心？第二，彭德怀同志从国外回来同洛甫同志讲了些什么洋货？我从他21号发言的神气看来，很可能和洋货有关系。因为他在小组会上特别强调我们中国的社会主义建设是"拿来主义"，而且特别举了斯大林的例子，看来是有意的。在那里举这个例子是什么意思？为什么这个时候这样强调洋货？希望不要回避，要老实交代。第三，张闻天同志再三声明与高、饶没有什么关系，别人又没有提，你再三声明我就怀疑，你与高、饶有些什么关系，希望交代清楚。

连珠炮似的批判发言进行了个把小时之后，刘少奇让张闻天先答复已经提出的问题。尽管无理的批判铺天盖地，张闻天仍然声明他并不想赖掉小组会上已经承认的东西，因为那些东西已经印出来了，一个字也没有赖掉。他虽然不得不接受会议给他戴上的"分裂党"、"宗派活动"的帽子，但还是力辩。至于到底有什么具体计划，比如彭德怀同志的信发表以后，黄克诚要发表意见，什么人跟上发表意见，或者我发表意见，这样的安排是没有的，我发言是我主动要发的。对所谓"军事俱乐部"的帽子，张闻天这样解释：所谓加入"俱乐部"，我是这样理解的，这是个"俱乐部"，我同彭德怀同志谈过我的右倾思想的观点，我谈得比较多，这就叫加入了。这个俱乐部的组织怎么样，计划怎么样，我所想到的，就是我讲的那些东西，具体材料，我都不知道。我同彭德怀同志的关系，就是他在我隔壁，我同他吹一吹，谈一些话，我没有其他什么活动。我这次的发言，并不是在加入"俱乐部"以后才有这些思想的，不是同彭德怀同志商量过的。因为我有右倾思想，所以，这一次的发言同彭德怀同志的思想就一样了。对会上有关他同高、饶关系的指责，张闻天说，像高岗那样搞什么名堂，我从来不知道。彭德怀同志有没有，我不知道。我在上海，在小组会上就讲过那么一些意见，我那个时候没有想到反党。上海会议以后，我在政治局开会的时候，我稍微提了一下，同志们就把我顶回去了，我心中是有些意见的。对会上提出彭德怀从外国"取经"的事，张闻天说，同彭德怀同志从欧洲回来有没有关系？许多小组都提到这个问题。我上一次讲过，我不知道这个事情，彭德怀同志讲外国（比如波兰）的一些情况，在我脑筋中间根本没有什么影响。

"斯大林后期"的事仍然是被追逼得最紧的问题。张闻天承认这个问题是从说毛泽东说了算、不民主、集体领导等问题扯起来的，但会上非逼他说清楚哪句话是谁说的、在哪里说的。

一阵追逼之后，大会又开始批判发言。彭真说，我看张闻天同志今天的讲话有这么个问题：开始讲的态度还值得欢迎，帽子戴得也比较老实，承认是反党，反中央，反总路线，反毛泽东同志，这些都讲了。但一听到下面，就很不老实了。彭真说，你是一个政治局候补委员，你觉得党不信任你，对党不满。你政治局委员是对全会负责的，你究竟在全会里表示什么态度？你值不值得中央全会信任？你是信任中央全会，还是不信任中央全会？你如果在中央全会采取隐瞒态度，还想把你们的反动根子留着，准备乘机再起，这个问题怎么解决？所以，我劝你，既然有了好的开头,表示愿意检讨,承认是反党、反中央、反总路线、反毛泽东同志,就不要企图再用欺骗的方法,混过关去。混不过去,问题已经很清楚了,你留着这个毒根子,对你没好处。你讲了,"你们"怎么样,"我们"怎么样,我们一边,你们一边,这就是说,我们之间有一道防线。

宋任穷说:刚才洛甫同志讲,从研究工作谈到"斯大林晚年",这就说明,议论已经从工作上转到组织上了。这个中间究竟议论了些什么?你们谈到防止"斯大林晚年",总该有个方案吧,什么方案?彭德怀同志在23日以后,在小组会上讲:如果我错了的话,把我的意见书收回来存档。我看就是现在不行了,在将来再搞。究竟你们怎样讲的,怎样活动的,防止的办法怎样?

陈正人说:我看张闻天同志错误的根源是个人野心,而且这个野心恐怕不算小,不是什么个人主义之类的问题。实际上"军事俱乐部"就是阴谋集团。高岗也是阴谋,但他还要搞一个幌子,你们这一次是明目张胆,公开打起反毛泽东同志的旗帜,要把毛泽东同志搞倒,搞倒以毛泽东同志为首的党中央。

刘宁一发言揭发了三件事。一件是张闻天对他说过大炼钢铁得不偿失,一件是政治局会上张闻天认为取消计件工资不对,一件是武昌会议时张闻天曾问他取消计件工资是否有强迫命令。

钱俊瑞追问:彭德怀同志检讨中,提到意见书是有人提出意见,没有送给毛泽东同志以前,有人修改了,说是帮倒忙的。问他是什么人?是谁修改帮倒忙?矢口不讲。请张闻天同志讲一下,彭德怀同志的信,他自己说没有给别人看过,后来又说给张闻天同志看过,看了半截,张闻天同志参加了修改。参加了起草没有?张闻天同志对彭德怀同志说,信中有刺。你既然知道有刺,21日,你又变本加厉,反党,反人民,为什么?

王鹤寿说,听张闻天的检讨听不下去,"斯大林晚年"、中央要检讨等问题,都没有讲清。实际上是有计划、有准备、有组织、有目的,这些东西必须在全会上讲清楚。有计划、有准备,不是从上海会议、武昌会议开始的,甚至是在武昌会议以前就开始的。小组会上、大会上,闻天同志对高饶反党联盟问题,还是躲躲闪闪。高、饶问题爆发时,闻天同志在苏联,拿此来避讳,轻轻滑过去,推说不在国内。其实,张闻天同志与高岗有很久的关系,不能说高、饶问题爆发时,不在国内,就可以溜过去。在小组会上也是避讳的,就是与国外同志没有说过什么。同意张平化同志意见,你愈避讳,愈使人怀疑。你说在外国朋友当中没有讲过什么。嘴封得很死!要把思想交代一下。

谢富治说:张闻天同志反党早就有活动了。在上海会议他参加我们的小组,讨论毛泽东同志的报告时,他公开要民主、要自由,强调实事求是,公开反对大办钢铁,讲外交部炼钢得不偿失,还搜集中央机关炼钢的一些例子,还批评砸锅炼钢等。当然他的发言是没有市场的,我们正面讲了一些问题。井泉同志当时就说他是老右倾,我说他过去是搞"左倾",现在搞右倾。现在我们正在查上海会议的记录,我们记的大意是他主要攻击两条:一是不民主,二是大炼钢铁得不偿失。谢富治真有鹰犬般的"机灵":为了批判彭、张,能想到去查以前的会议记录。无怪乎,庐山会议一开完,他就由云南调北京,担任了公安部部长这个要职,而且备受赏识,在"文化大革命"中更是青云直上,进入中央政治局。新中国成立以来的历任公安部长,谢富治是干得最长的,当了差不多十三年。

罗瑞卿发言特别讲了"斯大林后期"问题:说毛泽东同志像"斯大林后期",他们议论很久,现在弄得是谁讲的都不清楚了,我看彭德怀、黄克诚、张闻天、周小舟、周惠、李锐都讲了。这样说不是没有根据的。他们所以这样说,无非是毛泽东同志骄傲了、年老了,他们对斯特朗和毛泽东同志谈话中,斯特朗说毛泽东同志超过马恩列斯时,毛泽东同志不吭声,表示不满意。23日毛泽东同志讲话后,他们说更加证明是"斯大林后期"了,"更加证明",说明过去就讲过。这是他们对形势的分析,根据这个分析，无非要开"二十次代表大会"来解决。罗瑞卿还说，他们说在庐山会议的发言是没有计划的，当然不能先列个程序，但他们是心照不宣的。7月19日黄克诚的发言是那样的凶，很使我们奇怪。23日毛泽东同志不讲话，还不知会有什么人跟着走。23日前，你们是全线进攻，配合得那么好，你搞了一下，他又来。把人搞得昏头昏脑，谭老板就是昏的一个。那样一种气氛大有搞了之后就开"二十次代表大会"之势。

13日下午的大会由周恩来主持。彭德怀在全体大会上作检查，他首先表示：一个月来会上的批判，"对我有极深刻的教育意义，是我有生以来的第一次，我诚恳地感谢同志们对我的耐心教育和帮助"。检讨了他从第二次国内革命战争时期开始，历史上犯过的几次路线错误，以及为什么历次对毛泽东的主张不理解，不赞同，或者支持不力，贯彻不力。他检讨了同高岗的关系。他着重检讨的，是这次来庐山以后所犯的右倾机会主义错误。他承认7月14日的信事实上是反对总路线、反对党中央和毛泽东的。他说，我的右倾观点主要表现在：把党所领导的广大群众建设社会主义的高度热情，说成是"小资产阶级的狂热性"，把已经纠正和正在纠正的缺点，片面扩大，说成是"左"的倾向，政治性的错误，把9000万人大炼钢铁的巨大意义，说成是"有失有得"。更错误的是采用含沙射影的手法，损害毛泽东同志的崇高威信。这次攻击，正是在党处于内外夹攻的情况下发起的，这就增加了严重的危害性，如果这些谬论传播出去，将成为敌人打击我党的有力武器。从这些分析来看，我的右倾机会主义的言论，是从资产阶级立场出发，反对无产阶级事业的，我事实上成为资产阶级在党内的代言人，这次错误的严重性，还因为这不是我一个人的偶然错误，而是一种有准备、有组织的行动，毛泽东所指出的"军事俱乐部"就是发动这次进攻的"司令部"。于是，彭德怀逐一交代了他和"俱乐部"成员黄克诚、张闻天、周小舟等人的关系。按照检讨的常规，彭德怀深挖了自己这一回犯错误的思想根源，提到了"资产阶级的世界观始终没有得到改造，无产阶级的世界观没有真正确立"这样的高度，而且，还检查了"这次犯错误的原因，除了政治思想的右倾以外，其中最重要的原因还夹杂有对毛泽东同志的个人成见"，还有个人英雄主义思想，经验主义的思想方式等等。

最后，彭德怀表态："我坚决地、全部地抛弃那封信的错误立场、观点，坚决抛弃对毛泽东同志的一切成见，坚决回到党的立场上来，脱胎换骨，重新做人，竭诚拥护党中央，拥护毛泽东同志，拥护党的总路线，永远做党的驯服的工具，不管今后党中央的领导人有什么变动，都愿坚决服从领导，在党的监督下，老老实实地为党工作，并愿尽自己的余生，无限忠诚地为党的革命事业而奋斗。"鉴于当时的形势，彭德怀懂得，仅仅作了这样的表态还不够，于是，他请求处分。人民解放军是党的有力工具，由我这样的人来掌握，是非常危险的，我万分诚恳地提议，撤销我国防部长和军委委员职务，并愿接受党的任何处分，请求党分配我去做党认为适宜的工作。

彭德怀讲完之后，周小舟发言作了一些交代，但被人打断，没有讲完。接着是李井泉发言。他说：彭德怀同志的发言，我的看法是，同小组会所谈的没有任何新的，除个别的交代，如跟周小舟同志谈话的内容外，没有新的内容。当然，还要承认，比以往、比我们没有参加过华北会议的同志，看起来，觉得还是有进步的。但发言当中，最重要的问题回避了！没有揭露自己的伪君子、野心家，企图按照自己的面貌改造党、改造军队，回避了这几个重大问题。这几个问题，我认为是最重要的。我凭良心讲，我同彭德怀同志是没有私人恩怨的，我是作为一个党员，作为全会组成的一员讲的。我过去对彭德怀同志有迷信，他的个人英雄主义等方面也知道一些，什么闹独立性等方面，我也知道一些，这次我破除了迷信。因为二十几天的小组会，面对面，我们天天都是听他欺骗我们，今天说了，明天改，明天说了，后天改，天天说,天天改,都是回避事实真相。因此,如果按彭德怀同志这样的检讨,至少我个人是不放心的。我以为彭德怀同志犯错误的危险性、对党的威胁,我个人脑子里没有解除。当然,彭德怀同志宽慰过我们:你们看,经过你们这样揭露,大家都知道了嘛,以后还有谁听我的话?彭德怀同志后几次表示,经过斗争,向心力加强了,离心力减弱了,以后跟毛泽东同志会大大接近。但毛泽东同志、彭真同志也讲过,你敢不敢签字,担保在毛泽东同志死后不造反?他从来没有说过敢签字!今天也是这样表示的。他自己吹他是张飞,是什么海瑞,总是以这个自居,迷惑人,说自己敢于说话,接着就是说毛泽东同志听话听不进去。这些话,这种手法,如果不揭露,不揭露伪君子、野心家,还会来煽惑人的。他自己也知道,党姑念他的功劳,即使不给他当个国防部长,还可以做这样,做那样。我敢肯定,彭德怀同志没有死心,心没有死,野心未死。

康生的发言仍然"与众不同",他对彭德怀的检讨作了个"一条界线"、"两面手法"的概括。康生说,所谓一条界线:彭德怀同志听了23日主席讲话,26日上午在小组检讨后,我下午问他:你现在的活动是否是阴谋手段,分裂党?你是继续高饶联盟(也可以说是高、彭、饶联盟),用阴谋手段分裂党,而且这次是你亲自挂帅,你承认不承认?他在小组会上不答复,今天在大会上还不讲这个问题,一字不提。而且主席那一次讲话后,他这一条界线还是保留得很顽固的。26日我们还问他:你承认不承认你是野心家?他的办法是承认有个人英雄主义,如果将来发展下去,可以成为个人野心家,就是说在逻辑上可能存在。他的公式就是如此。

康生说他对彭德怀这天的检讨发言特别留心听。他说彭德怀在两个地方讲了:一个地方说,他的思想夹杂着一些个人野心;另外一个地方说,发展下去,可以成为个人野心家。还是这个公式。野心家这个界线防守的,不准攻破。我跟他说,共产党里边的野心家，必然是伪君子，因为他有许多不可告人的东西，必须用两面手法掩盖着，必须要伪装。他这一次给毛泽东同志写信，首先穿上张飞衣服，把自己脸谱画成张飞，用这个脸谱来掩盖他的伪君子，掩盖他的阴谋。这种手法多得很。我们认为，野心家、伪君子不是逻辑上的存在，而是过去的存在，现实的存在。我完全同意井泉同志的意见，你不彻底揭发你野心家、伪君子，你叫我们全党同志怎么相信你不造反？这就是井泉同志讲的，野心不死。

关于"两面手法"，康生这样解释：毛泽东同志 11 日的讲话，说你是个两面性的人物，有革命性，也有反动性。主席告诉我们，不要忘掉他还有革命性，我们觉得毛泽东同志讲得很公平。可是你在社会主义革命，无产阶级革命的时候，你的革命性是发展了，还是减少了？这个问题很值得你注意。既然你是资产阶级立场，资产阶级人生观，在民主革命时期，你还可以积极参加，对社会主义革命你就有很大抵触。因此，你的革命性三七开也成问题。我不是说你没有革命性，毛泽东同志说的是对的。我看你的革命性不是一天天增加，而是一天天减少。因为社会主义革命同你的世界观、人生观、立场是抵触的。我不是揣测，你五次犯错误，三次是民主革命时代，两次是社会主义革命时代，你考虑一下，后两次比前三次重，还是轻？显然后两次比前三次重得多。你参加高、饶的阴谋活动分裂党，这次自己挂帅分裂党，你不回答这个问题，我们怎么放心？你的两面性不仅是在革命的基本问题上，在日常生活中也多得很。你在庄严的八中全会上当面撒谎，这样骗人，说假话，怎么得了？怎么叫人相信你呢？其他问题还很多。

康生也在继续批判彭、张的"斯大林后期"言论。他说：所谓"斯大林后期"，这是你们反党、分裂党、反对毛泽东同志的一条纲领，是彭、张、黄以及其他人的一条共同纲领，也是你们的目的。你们的目的，首先是要毛泽东同志检讨，进一步就是要取而代之。你有一句话，你讲历代皇帝的第一个皇帝是厉害的。我看你这个话比"斯大林后期"的说法不会轻，你把毛泽东同志比成皇帝！我相信你这个纲领在你们"俱乐部"里是要宣传的。

大概是看出了彭德怀仍然在尽量保护黄克诚、周小舟，康生指责道：你今天的讲话还是尽量地掩护黄克诚和周小舟。我就不相信你在上海会议时就简单地讲了那么一句话，黄克诚立刻说你不要出去宣传，哪有那么简单呢？我们希望你真正把这个界线突破，真正放弃你的野心家、伪君子，真正放弃你用阴谋活动篡党的野心。井泉同志说，你今天的发言，比在小组会上的发言，除了个别问题之外，没有进步，我说可能还有些退步。这些基本问题你不突破，我们很难帮。毛泽东同志要不断革命，彭德怀不要革命，我们是帮你的革命性，首先你要革命。我不是说你是反革命，而是说，你的资产阶级思想，到了社会主义时期，你就很大抵触了，就不要向前发展了。危险在这个地方。

王任重提了几个问题：彭德怀同志今天的讲话，我感觉含含糊糊，似是而非，许多地方避重就轻，前后矛盾。二十多天小组会，全是这样，凡是人家揭发的东西，事实俱在，无法狡辩的，他就承认下来，只要能狡辩的，他就狡辩过去。比如高饶事件问题，原来他讲是义务宣传员，后来同志们揭发了一些材料，他承认是高饶集团的重要成员。这个事情，他在小组会上含含糊糊，今天还是含含糊糊，似乎只是高岗向他宣传了什么少奇同志想篡党，什么宗派，他只是没有向中央报告，自己没有反对。像这样的问题，就是想避过去，今天还不脱裤子，为什么？关于诽谤毛泽东同志的那些话，上午也质问了张闻天同志，张闻天同志说是彭德怀同志讲的，彭德怀同志说是张闻天同志讲的。那一天质问这个事情，他说，不管他讲的，我讲的，我没有反对，也没有向中央报告，叫作气味相投。你到底讲了些什么东西？是不是只是跟张闻天同志讲了？跟别人讲了没有？为什么仅仅跟张闻天讲？为什么这个"俱乐部"的人都有这个看法？没有商量过？刚才康生同志讲了，这是你们的一条共同纲领。

王任重的发言还做了这样的"剖析"：今天彭德怀同志的发言前后矛盾，有好多地方还是替自己吹嘘，擦粉。比如说什么他主观上满腔热情想搞共产主义。你什么满腔热情想搞共产主义？你是满腔热情搞阴谋，个人野心。你高饶联盟是满腔热情搞共产主义？你这次搞"俱乐部"，反对总路线，诽谤毛泽东同志，这是主观满腔热情搞共产主义？你也讲到你是资产阶级立场观点，可是又讲自己是无产阶级立场有动摇。你哪里是无产阶级立场有动摇？你是资产阶级立场很坚决。你说，你要彻底挖根，向党靠拢，我看是骗人，我看你不是想挖根，不是想改正错误，是想混过关去，以待时机，往后是非有人断，将来翻案，野心不死。

接着，李富春、李先念、宋任穷发言，主要还是说彭德怀的检讨不深刻，没有触到痛处。可能是为了使批判显得更有力，大会特意安排了一些军队的人发言，其中刘亚楼的发言颇有代表性。

刘亚楼发言一开始就提出要给彭德怀的问题定质，他说，定量的工作容易搞一些。只是搞量，北京还要开一千多人的军委扩大会，那可热闹了！（果然，从庐山下山后召开的军委扩大会对彭、黄的批判更加激烈，甚至逼得彭德怀拍了桌子——著者注。）这样一个中央全会，这个质恐怕要定。德怀同志的发言里面，用一切的方法避开这个质。刘亚楼是这样定质的：现在摆在我们中央全会面前的是许许多多现象、事实，究竟从什么样一个东西出发的？恐怕要定质。为什么你有许多非常不正常的现象？我看篡党、要当领袖，就是他的质。如果他参加革命是老资格，我看野心家也是个老资格。不是什么将来的野心问题，不仅仅是因为没有得逞而已。很明显，他所反对的人，通常都是对他要爬上去有妨碍的。他自己喜欢讲他的三部曲，大家都知道了：开头看不起；第二步，差不多；第三步，可能比我高明一点。其实那个第三步还是假的，现在看起来是讲"斯大林晚年"。你看，他要反对所有的人,他要把毛泽东同志周围的主要的人搞下去。因此,我们现在从一切材料里面很难说明彭德怀同党中央、主席,同其他人争论的,究竟是什么样的思想问题。他研究理论,我看不那么多,他不懂装懂,实际理论不那么高。

刘亚楼说,这个人一来的时候就是入股的。毛泽东同志讲,李立三、王明你都不认识,一下子就结合起来了,什么道理?因为他是股份公司,他是实力派,带了东西来的。现在我们在全会上不是同彭德怀同志争论那些次要的事情,你搞这样多名堂,究竟是不是要实现你的野心?把这一条定下来,才能解释问题,否则没有办法解释。现在我们中央委员会的委员都在这里,这个质不定下来不行。几十年来,你天天在那里搞篡夺党的领导权的阴谋,就是这样一个问题,你把这个问题讲出来,很多问题就讲清楚了,你为什么对这个问题这样提法,为什么对另外一个问题又那样提法,就解释通了,否则没有办法说通。这一、二十天在这里开会兜出来的这些事情,证明你的目的就是要夺取党的领导权,你打击的这些人是会妨碍你夺取党的领导权的。当然,七大以后,毛泽东同志的威望一天一天高起来,成了全党的领袖,成了国际人物,这个时候,你心里面也想,搞倒毛泽东同志恐怕很困难,所以,你在这里也讲过几次硬话。但是一出现这个可能的时候你就来了。你这次以为把毛泽东抓住了,你搞这样大的事情,什么人民公社,什么打仗可以,搞建设不行,经济规律还没有摸到。这个时候你就吃大鱼头了,你一下就直接开刀了。许多事实向我们说明这个问题。现在我们全党如果不揭穿这个东西,那是没有办法解决问题的。一方面要把你这个野心家揭掉,另一方面还要警戒别的人。

陈正人发言说彭德怀的检讨只讲了一个副题,副题讲得也不清楚,主题是没有讲的。主题是当然的逻辑,总路线错了,当然就要推翻领导了,我们的领导已经是斯大林的后期了嘛!推翻总路线,推翻现在的领导,这是逻辑的结论。既然要推翻总路线,要推翻现在的领导，要反对斯大林的后期，自然而然要形成一个核心，自然而然要形成这个"俱乐部"，就是形成新的反党联盟。富春同志说，现在的反党联盟是高饶反党联盟的继续，我看这个看法是恰当的，是有根据的。因此，我觉得彭德怀同志今天的发言，从我个人看，的确是痛处不晓得触到什么地方去了，副题也没有讲清楚，主题根本没有涉及。

最后一个发言的是罗瑞卿。罗瑞卿从历史讲起，讲得很长。他说，我看德怀同志同张闻天同志都是跟我们搞疲劳战术，搞得那么长，没有接触什么本质问题，我们就是希望把那个"俱乐部"里头（不是叫"俱乐部"吗？）你们高兴的事，得意忘形的事，眉飞色舞的事，也就是想篡位的这样一些东西，告诉我们大家，有个二十分钟就行了。

罗瑞卿说，对彭德怀同志，我也是不放心的。有什么可以保证他不造反呢？签字啊？我看签字也没有什么用处，签字也可以撕掉的。一定要等到毛泽东同志百年以后才造反哪？不一定！现在毛泽东同志还在他就造反嘛！这次如果不搞清楚，说不定不等到毛泽东同志百年以后，他还要造反的。我的不放心是有理由的。接着罗瑞卿讲了华北会议、高饶事件的问题，然后说到庐山会议，他今天还讲周小舟不赞成他写信。周小舟瞒不住了，因为他跟周惠讲了，说出来了，说是周小舟赞成写信，并且还讲，你把西北小组里面所讲的东西统统写上去。据周惠讲，他跟周小舟是定了同盟的，跟周小舟打了招呼。这就是不老实，他今天还骗我们。关于野心家、伪君子，搞分裂，"斯大林后期"，这样一些最本质的问题都没有老实交代。23号晚上周小舟可以跑到黄克诚同志那里发一顿脾气，说为什么一百八十度转弯？这还不是证明了"斯大林后期"？这样反右反下去怎么得了？不是要搞分裂吗？等等。这些话只是当着黄克诚同志讲的吗？黄克诚同志能不告诉彭德怀同志吗？我们大家判断判断。

罗瑞卿最后还点到张闻天、周小舟：张闻天同志今天上午也是一样。我们希望"军事俱乐部"的其他成员同志还是讲你们搞得很快乐的那些事情，很舒服的那些事情。至于周小舟，今天在这个地方我和谭震林同志又上了他的当。以为他是知道内幕的人，鼓励他来，以为他会到这里讲点什么东西。你们的攻守同盟，我看是相当厉害，在这个地方还要骗我们。

下午的大会批判进行了五个小时，到晚上8点才结束。这期间，彭德怀没有再说话。周恩来最后希望彭德怀同志好好彻底地想一想，并且特别肯定彭德怀说的"他的门没有关死"，周的几句话显得比那些批判发言的调子要温和一些。

8月14日上午，头半段各小组开会，讨论全会的几个文件。从10点开始开大会，朱德主持，由黄克诚作检讨。因为已经有人要求他无顾虑地揭发彭德怀的问题（例如前面说过的陶铸的信），所以他一开头就说他"逐步认识自己所犯的严重错误，逐步认识彭德怀同志的错误和野心家、伪君子的真面目"。这样，检查自己和揭发彭德怀就是他这篇发言的两个内容，而且更加侧重的是后者。

黄克诚这样检讨自己的错误："我7月19日的发言是一个右倾机会主义的发言，发言中的观点与彭德怀同志信中的许多观点是一致的，不管我的主观愿望如何，实际上是配合彭德怀同志的信，向党的总路线，向毛泽东同志和党中央进攻。"他接着列举了发言中右倾机会主义思想的表现：对大跃进的伟大成绩估计不足，对大跃进中暂时的局部的缺点看得过重，对缺点所引起的后果看得过于严重，把人民公社和"共产风"混淆起来，把整顿后的人民公社和原来的高级合作社的性质等同起来，因而说人民公社迟点办也可以。"这个右倾机会主义发言，表面上看，是对总路线、大跃进、人民公社的动摇，实际上是在配合彭德怀同志的信向党的总路线，向毛泽东同志和中央的进攻。"黄克诚检讨了自己一贯右倾的思想根源："我的立场、观点、方法都是错误的，我成为右倾机会主义分子，成为庐山'军事俱乐部'的重要一员，绝不是偶然的。"黄克诚还检讨了自己同彭德怀的关系："我对彭德怀同志的私人感情代替了对党的感情和组织原则。"以这样一种关系来揭发，那分量自然大不相同。正因为彭、黄之间有如此亲密的关系，所以当时对于黄克诚出面揭发彭德怀期望甚大，有常委同志万钧压力的谈话，有人写信恳切动员，而且劝者都晓以大义：这是维护党的利益，维护领袖的威信。这不能不使黄克诚感到无比的痛苦，他从来是把党的利益看得比什么都宝贵的。现在以党的利益的名义来要求他揭发彭德怀，要求他承认宁愿杀头也不肯承认的事情！既然是党的利益要求这样说，就这样说吧，这是没有什么选择余地的事情。可想而知，当时他的心情必定比杀头还要痛苦。

黄克诚在这篇大会发言中，对彭德怀作了一些这样一听就知道是言不由衷的"揭发"："我过去和彭德怀同志相处很久，他一贯地反对毛泽东同志的正确路线，近几年在军委一块工作期间，常常听到他对毛泽东同志的不满言论，甚至指桑骂槐的漫骂。"例如，他"对各地修房子不满；反对唱《东方红》歌；对喊毛主席万岁不满；调文工团员，他骂萧华和罗瑞卿同志，说是'选妃子'，实际是骂毛泽东同志"。对于彭德怀 7 月 14 日写的信，黄克诚说："信中有不少的地方是含沙射影地攻击毛泽东同志和中央领导的。""彭德怀同志写信的目的，我认为最低限度是逼毛泽东同志作检查，损害毛泽东同志在全党的领导威信，造成党内思想混乱，破坏党内团结，宣扬他的纲领，扩大影响。"

对彭德怀其人的总的评价，黄克诚也不能不跟着即将通过的《决议》说："彭德怀同志是伪君子，表面上装做正直无私的样子，实际是野心勃勃。表面上装得艰苦朴素，实际是骗取群众拥护，言行不一。他口头上常对我说，对毛泽东同志服了，实际上他内心很不服，遇事对抗。直到现在为止，还有严重抵触情绪，并没有低头认罪。毛泽东同志 23 日讲话后，还说写了一封信引起这么大的问题，以后谁还敢讲话，发展下去会变成斯大林晚年的情况。又说这次要把彭德怀搞臭，我已经臭了，再搞也不怕。又说毛泽东同志把一切功劳都归到自己身上有什么好处，还没有真诚悔过的决心。"

黄克诚检讨之后，开始批判发言。陈伯达打了"头炮"。这个在毛泽东 23 日讲话之后称病请假的人，现在却赤膊上阵了。他先从高饶问题讲起：我们现在可以判断，如果没有彭德怀同志的活动和他组织的这个摊摊，高岗那个时候是会有所顾虑的。我们听说那个时候高岗说，军队已经没有问题了。这就是说，他背后有彭德怀同志这个摊摊做他的支柱。彭德怀同志自己现在承认，他是高饶集团的重要成员。当然，这是客气的，实际上，他是高饶联盟主要的一个头头。没有他这个支柱，高岗可能不敢那样放肆，不敢那样猖狂。高饶事件以后，根据小组会和大会所揭发出来的事实，彭德怀同志所搞的这个摊摊的活动并没有停止，彭德怀同志在庐山会议的反党活动就是这个事件的进一步爆发。高饶事件是几个野心家，主要是高岗这个野心家和彭德怀同志这个野心家的结合。我同意昨天大家所说的，高饶事件以后，彭德怀同志的野心未死。他的野心未死，是有其社会根源的。高饶事件是在我们社会主义革命和社会主义建设的初期爆发出来的，这个事件反映了资产阶级对于社会主义革命和社会主义建设的反抗。去年在党的总路线的旗帜下出现了人民公社，大跃进，把我们的社会主义革命和社会主义建设推进到了一个新的阶段，这个新的阶段标志着在我们国内资产阶级的最后灭亡。彭德怀同志的野心就在这个社会主义革命和社会主义建设的新阶段重新爆发出来了。他这个摊摊的根本目的是推翻毛泽东同志的领导和推翻以毛泽东同志为首的中央的领导核心。他为什么要攻击刘少奇同志，周恩来同志以及其他中央的领导同志？很清楚，就是要推翻党在长时期的斗争当中锻炼和形成起来的中央的领导核心。那一天毛泽东同志为什么讲这是中国之命运的问题？因为中国革命的胜利，中国社会主义建设的胜利，是在以毛泽东同志为首的中央领导核心的领导下进行的，推翻毛泽东同志的领导，推翻以毛泽东同志为首的中央领导核心，就是代表资产阶级对社会主义的进攻。中国之命运就是保卫总路线，就是保卫毛泽东同志的领导，保卫以毛泽东同志为首的中央领导核心。彭德怀同志却要瓦解这个领导，瓦解这个核心，他想把中国引到哪里去呢？

陈伯达发言后，军队的几位代表发言。有人说，对彭德怀同志昨天的发言极为不满。最主要的是他没有揭露自己错误的本质，反党、反中央、反毛泽东同志，你的目的究竟是什么？他在庐山的这封信是他的前哨战，这一步如果得到成功，他还有第二步、第三步的，还会有东西拿出来的。他的心没有完全交出来。黄克诚同志刚才说他是反党的野心的继续，我不同意这个看法。彭德怀同志这次反党是他反党的总暴露，是向党中央，向党的总路线，向毛主席发起的总的进攻，已经是这样的行动了。他企图利用这次会议，抓住我们已经纠正和正在纠正的某些局部、个别的工作中的缺点，抓住这个机会，要把我们的党搞乱。可是这个问题，彭德怀同志根本没有交代清楚。彭德怀同志这次的反党行动，他是亲自挂帅的，这是和高饶事件不同的，向前发展了一步。在高饶事件中，他是主要成员之一，而这次是亲自挂帅，亲自拿出纲领。而且在庐山会议期间，还说了防止斯大林晚年的问题，证明他继续在鼓励士气，进行战斗，发动进攻。这个问题，彭德怀同志不做彻底交代，是伪装退却，等待机会再起。黄克诚同志刚才的发言，我认为不老实。帽子戴得多，具体事实说得少，仍然对党采取两面手法，对我们的全会采取两面手法。首先，你和彭德怀同志的关系问题没有交代清楚，你只是借主席讲的话，承认了父子关系，历史上是什么关系？老上下级的关系吧？你是借着这个东西掩盖你自己的错误。在高饶事件里做了些什么活动，做了些什么坏事？你没有讲。你们两个人之间对党搞了些什么坏事，没有交代。你说，你和彭的关系是父子关系。历史的关系久了，个人的私人感情麻痹了你，因而你长时间受他的蒙蔽。彭搞这么多反党活动，背后流言蜚语，谁请中央这个同志，那个同志，你听了这些话，你是怎么想的？你是怎么看的？这个问题你能没有嗅觉吗？我们就承认你有私人感情的关系，把彭的问题包下来了，你不讲，瞒着中央，那么高饶事件呢？你和高的历史关系不久，为什么高饶事件把你拉进去，而你一直到主席谈话，你还不向主席交代？这个是历史关系麻痹了你吗？是私人感情麻痹了你吗？这是你个人有政治野心跟他结合在一块了，你想利用高岗篡夺党中央的领导，你不是不谋而合，你是个野心家，是预谋而合。这次你没有把野心家的目的交代出来。黄克诚同志也是个极危险的人物。

还有人说彭德怀、黄克诚的发言在主要的、带关键性的，本质性的一些问题上避而不谈。他对过去的历史说了很多，都是归咎于马列主义水准低，政治水准低，阶级观念模糊。你是我国民主主义革命阶段的一个同路人，今天你到了尽头了，你现在想走回头路了。你过去加入共产党，不是从无产阶级的立场出发的，而是从封建资产阶级的立场出发的。你赞成无产阶级在新民主主义革命阶段的纲领，所以你就加入共产党。自从加入共产党以后，你的一切行为表现，有百分之七十是资产阶级的，百分之三十是无产阶级的。你整个三十多年的历史，就是为了达到资产阶级个人野心的目的。你是从这样一些愿望出发来进行党的各方面的活动。这次你向党、向无产阶级闹分裂，所以，这次实际上是两条阶级路线的尖锐的斗争。你代表中国已经死亡的或者正在垂亡的资产阶级，想挽救他们的残生，所以你亲自出来挂帅，反对社会主义的总路线，反对党、反对党的领袖毛泽东同志。当前是两条路：一条路是社会主义革命，一条路是彭德怀同志所代表的回转头来走资产阶级的道路。彭德怀同志你所走的，就是从小农经济开始。你就没有社会主义革命的思想，你就是小农经济的思想，非常欣赏自食其力、三亩地，小农经济的生活。因此，现在我们社会主义革命的一些重大的方针、原则、政策问题，路线问题，你反对。比如你反对总路线就是很明显的，你就是要保持小农经济的政治经济生活的体制，所以你反对公社，你反对全民的群众性的大跃进，赞成个体经济。你希望有个时机到来，来挽救资产阶级的残生。趁这个时机，你亲自挂帅，来分裂党，改变总路线。

发言者还分析了彭德怀成为所谓"野心家"的原因。（1）社会根源和历史根源。是旧军队里一个不得宠的旧军官，当时看到了中国的农民运动蓬勃的发展，正是出头的时候了，你想利用这个革命达到个人野心的目的。（2）唯心主义的宇宙观。有很大的雄心，要以你的世界观来改造世界，改造党，改造军队。（3）在革命斗争中积累了资本，自己以为是大大的功臣，包袱也就越背越重，更加发展了你的野心。（4）你认为有军权，你历来掌握军队，你是个实力派，无论是哪一个事件，哪一个重大的关键，你就迎头赶上，生怕落后，跟他们结合在一起。（5）你以为你是一个起决定性的砝码，党内斗争，你这一票就是起决定性的。你觉得，在党里面，你这一票是决定党的路线、政策、方针的一个砝码。

发言者还说，你是个地道的伪君子，到处耍两面派的手法。这正是封建资产阶级的一种方法和手段，这就是你野心家的一种手法。最突出的是你的宗派观念、情绪很重，你总要搞你的一摊子，你总怕别人搞掉你的军队。历史上就是这样。你经常把中央的东西变为合于你心意的东西，从来没有听你口里讲过毛泽东同志怎么讲的，中央怎么讲的，总是你的，你是这样来抬高自己。

发言者说，彭德怀同志应该重新入党。第一，要入社会主义时期的共产党，你现在还不是社会主义时期的共产党员。第二，要改变你的宇宙观。第三，要剥夺你的军权，剥夺你的资本，使你不敢骄傲，不敢闹独立性，搞野心。第四，要洗脑筋。

批完彭德怀，发言者又提到黄克诚，说刚才听了黄老头的话，我们认为不满意，对于自己毫无自我批评，没有把自己作个鉴定，对高饶事件轻描淡写，对这次俱乐部里面的这些问题也是轻描淡写，没有说出什么本质的重要的问题来。过去认为，黄克诚同志是很好的一个同志，这一次在庐山我才把你的真面目认识了，你是不公不纯的，你的野心活动是跟彭德怀同志同流合污的，你同样是个野心家，伪君子，你的心是很恶毒的。你对于干部是有偏爱的，有一种宗派的情绪，也很感情用事，盛气凌人。你是彭德怀同志的政治的总参谋长，是彭德怀同志的灵魂，你们两个人把持军委。

这天上午的大会开到下午1点。会议结束时，主持会议的朱德只是宣布散会，再没说别的话。

8月14日下午的大会开得很长，从下午3点钟开始，到晚上9点30分才结束。林彪主持会议，报名发言的有二十多人，其中不少是军队的人。

谭震林再次作了发言。他主要是系统批判彭德怀、黄克诚在大跃进、人民公社问题上的意见。一、去年以来，在农村工作和农业生产方面有些什么缺点和错误呢？算来算去，只有三件事，这就是"共产风"，估产偏高，秋冬季劳动力没有作全面安排。这些缺点、错误的后果，就是粮食紧张，副食品紧张，市场某些物资不足，农民生产情绪不安。但这些后果也只是部分地区和部分大中城市表现得比较严重一些，并不是全国性的。这些缺点、错误，很快就被毛泽东同志和中央发现了，抓住了，并且作了严肃认真的批判，迅速地克服了。某些副食品可能还要一段时间才能解决，这只是时间问题，而不是什么原则问题。毛泽东同志和党中央对于这些缺点错误是不应该负什么责任的，中央的任何一个决议指示、文件上都找不到这个方面的材料。指标虽然是经过了六中全会通过的，但是，这是根据我的建议的，是充分信任我的建议而决定的。这些缺点错误我应该负全责，我在七中全会作过检讨，在农村工作会议也作过两次检讨，在这次小组会议上也作过了检讨，现在我再一次地向全会检讨这个错误。但是，我要向全会说明,我这个错误不只是在口头上承认了,也不只是在思想认识上解决了,而且在行动上已经改正了,今后我保证继续改正这个错误。这些缺点错误既然克服了,改正了,这些问题彭德怀、黄克诚都是知道的,为什么他们还要旧事重提呢?其用意就很清楚了。

谭震林说,我要声明,我没有插湖南的白旗,在会议记录上或文件上都找不到这句话。我对湖南干劲不足是有意见的,如果从鼓足革命干劲来讲,在全国排到最后的,究竟是谁,我想同志们也是清楚的。这种意见,我只是在谈笑话时说过,去年我经常跟小舟谈"你真是像个小舟",这个意思就是说,任凭风浪起,你是稳坐钓鱼船。这种说法,在去年5月武汉会议时已经改正了,因为那个时候他们的干劲起来了,我就同小舟说:你这个小舟插了两个翅膀,现在可以飞了。这句话,周小舟是听懂了的。在广州会议是否对胡继宗同志(时任湖南省委书记处书记——著者注)说过,要他戴白帽子的话,现在记不起来了,即使说了,也只是一句笑话。问题是为什么彭德怀、黄克诚两个同志把这句笑话当做宝贝一样的重视呢?你们都是看了封神榜,可惜这也不是乾坤圈,也不是乾坤袋,你拿错了。你们的居心是什么?这是一根头发丝,不是定海针。当然他们利用这句笑话,也有第二个目的,就是替周小舟吹嘘,把湖南吹成是惟一正确的,百分之百的马克思主义,这股浮夸之风已经吹到西藏去了。真正的马克思是黄克诚,所以要委任黄克诚管农业了。又是国防部长,又是农业,恐怕还要当总书记。全国只有湖南一省是比较稳定一点的吗?不,决不是事实。东北三省、内蒙、宁夏、新疆、四川、云南、浙江、陕西都不比湖南差,而且有些比湖南更好、更稳定,湖南还不是全面的,吹什么牛皮?河南、安徽、江苏、贵州、江西、广西、山西,虽然开始有个别问题,但是很快加以调整就全部稳定了,山东、河北、广东、甘肃、青海这六个单位问题稍多一些,但这些问题都及时抓住了,并且解决了。问题最重的山东省也只有二十多个县。从全国来说，二千多个县中，多少有点问题的，不到二百个县，也就是说，不到百分之十。在任何一个有问题的县内也只有一部分有问题，也还有一部分没有问题。例如问题最大的山东菏泽县，就有一个段清华生产大队是没有问题的，这个县有二十几个是段清华这样的大队，我们有个材料，主席批了。彭德怀、黄克诚难道没有看这个材料？不懂？你们利用这个不过百分之十，或者不到百分之十的地区缺少粮食问题来向党进攻，其用意何在也就明白了。

谭震林说，彭德怀、黄克诚两同志的检讨我是不能满意的，他们都没有把心交出来。他们两人都是进行阴谋活动，来达到攻击党，攻击党中央，攻击毛泽东同志的。在阳谋方面，过去的不必说，就在这次会议过程中，彭的信，黄的发言，张闻天的发言，周小舟、周惠、李锐的发言，都是阳谋，都是烟幕弹加毒气弹。在阴谋方面，除了怕讲什么缺点错误，有压力等之外，最恶毒的是斯大林后期的危险。这是这次斗争中，在最紧张最困难的情况下，才揭穿的。这一点洛甫同志有一点功劳，他先揭穿嘛，黄克诚是在被迫之下不得不讲。这样，这个核心堡垒才最后被攻破。他们形容什么毛泽东同志年纪大了，威信高了，没有集体领导，没有民主，缺乏自我批评等等。这一切，全部是谎言，全部是污蔑，但他们觉得是得意之作。事实是什么呢？毛泽东同志是年岁大了吗？糊涂了吗？事实是完全相反的，毛泽东同志是最英明、精力是最充沛的。两次郑州会议不是明显的证据吗？特别是第二次郑州会议，同我们谈话，我看毛泽东同志那个时候就有点孤立，只有他一个人，他硬坚持，我们几个人都不同意他的意见。最后的结果证明他完全正确，我们犯了点错误。当然，我们并没有坚持错误，过了不到一个礼拜，就把问题看清楚了。再从总路线来讲，我们建设社会主义的总路线从哪里来的？就是深刻地总结了苏联的社会主义建设经验，特别是总结了斯大林后期的经验，所谓两条腿走路，就是从那里总结出来的。也是深刻地总结了我们中国第一个五年计划执行的结果,从这些总结中得出了中国建设社会主义的总路线。如果没有充沛的精力,精明的思维力,能够办得到吗?是真的没有集体领导,没有民主吗?事实是完全相反的。事实是这样:任何一个重大问题都是经过了反复商量,反复研究,许多非中央委员都参加这种商量研究的工作,然后再经过政治局扩大会议讨论决定,而且文件的起草都是大家负责的,有些还经过全会讨论决定,这不是民主吗?这不是集体领导吗?是的,反党的民主是不能给的。那天毛泽东同志讲了,与其你挂帅,不如毛泽东同志挂帅,这是当仁不让的。

下面谭震林分别对毛、彭、黄三人做了比较性的总结,听起来已经不是什么一般性的批判。谭说:毛泽东这三个字已经不是毛泽东同志个人的名字了,它是党的化身,是中国革命胜利的旗帜,"东方红","毛主席万岁","毛泽东思想万岁",这是歌颂中国共产党,歌颂中国革命的胜利。毛泽东同志在中国革命中作了最大的贡献,他是享受得起的。什么"彭德怀万岁",狗屁不通,你哪一点配得上万岁!这不是什么个人的威信,也不是什么个人崇拜。请彭德怀同志清醒一点吧!想利用这一点来攻击毛泽东同志,是办不到的。在座的同志除了个别人以外,都是四十岁以上的人了,都是经过了磨炼的,经过了考验的。彭德怀同志是一个什么人呢,是一个野心家,是一个老野心家。这种野心是从平江暴动时就偷偷带来了,一直到今天还没有放弃,今后能否放弃,我是怀疑的,至少我还得看十年,看他是不是在今后十年中能够放弃一点点,要他完全放弃,我根本不相信。当然我希望这句话是主观主义的,但是没有事实证明,我们不会放心的。这是不是冤枉他呢?不,决不冤枉,这是他自己说的,而且是经常这样说,如果不参加革命,不是被别人杀头,便是做总司令,做皇帝,他这种思想一直带到了今天。黄克诚同志是一个十足的伪君子,是一个党内的危险人物,是阴谋家,野心家,这二十多天的会议已经搞清楚了,现在是定质的时候。我也是被他蒙蔽了的一个，我以为他是个好人，就是有点右倾。这一次才彻底暴露了。只是他的本钱太少了一点，所以他常常只能充当大野心家的军师。他是高岗的军师，又是彭德怀的军师，有人讲这个人是彭德怀的灵魂，我看这个话不错。

苏振华接着谭震林讲了四点意见。第一点，彭德怀同志在小组会上承认有"军事俱乐部"，承认是主帅。既有俱乐部，就有成员；既有主帅，主帅下面，就有兵将。应该把你们反党活动的过程，有什么成员？有哪些兵将？全部讲出来。小组会上，彭德怀同志的反党纲领中的一条是反对浮夸。但在这一会议上，彭德怀同志用来抵抗我们的倒是浮夸，你要讲点实际，要落实，落实到时候了。第二点，彭德怀同志承认是高饶反党联盟的忠实成员，我说而且是主要的成员，很多同志讲话中都提到，高岗敢于兴风作浪，本事没有好大。彭德怀同志自己经常说对党忠心耿耿，为什么高岗对你说了中央、少奇同志的许多坏话，你不报告中央？为什么你当时不敢对高岗说一句：你要造反。这会使高岗冷了半截。这说明你就是高饶反党联盟的台柱，这样说是不过分的。你在里面扮演了重要的角色。高饶反党联盟事件，过了五年了，你还瞒到现在。高、饶反党，高岗是野心家，彭德怀同志是主谋者。结论要你自己作，当党在困难的时候，你们向党进行了猖狂的进攻，亲自挂帅，你不算野心家，不算造反，算什么！第三点，小组会上，你自己讲，在党内、军队里，除了工作关系以外，没有任何私人关系。但是有些人在你家里吃饭，无所不谈。这不是私人关系是什么？"军事俱乐部"，不是在庐山成立的，是搬到庐山的，早就有了。人员来往联系，多么亲切，保密那么严密。是什么关系？第四点，军队中，过去几年，你对苏联专家、顾问，有许多怪话。现在有一种感觉，你对苏联专家、顾问的态度，比过去好了。在这次会上，你对中国的事情，地方的工作，那样不满，但对军队的事一事不谈，是不是军队一点事情也没有，一点也没有可以向中央汇报的？对外国人，一两年来，你的情感有些变化。我个人怀疑,彭德怀同志是否真正愿意向党交心?你要脱胎换骨,把问题讲清楚。苏振华最后说:彭德怀同志为什么野心那么大,胆子那么大,进行着反党、反中央、反毛泽东同志的阴谋活动?这么多年,军队是由彭德怀、黄克诚同志把持着的。要把彭德怀同志的这个野心家、伪君子的皮剥掉。彭德怀同志完全估计错了。军队在党、毛泽东同志的领导下,经过几十年的斗争,当你在毛泽东同志的领导下,听话的时候,军队是听话的,但只要把你的野心家、伪君子的面目揭露出来,你就与历史上张国焘、高岗、饶漱石一样,身败名裂。

我的回忆中,周小舟由于思想不通,没有让他在大会上作检讨,但在大会上逼过他作交代。他又谈到他8月13日给毛泽东信中写过的,关于我同田家英等来往交谈之事,特别是提到田家英准备在离开中南海时向毛泽东的三条进言,全场震动。于是刘少奇问我是怎么回事。在11日交出的检讨中,我完全撇开了同田家英等的往来,这个决心是决不动摇的。于是我站起来,大声而从容地说道:这三条意见是我自己的想法,跟田家英无关,大概是小舟听误会了,这完全由我负责。刘少奇马上说:李锐不是中央委员会的人,他的问题不在这里谈,另外解决。于是,这个突然险情总算避开了。

大会批判那种咄咄逼人的紧张气氛至今让人记忆犹新。万毅因赞同彭德怀的意见书,已经在小组会上遭批判。在全会上万毅争取到一个发言机会,想解释一下在小组会的发言。可是刚一开口,主持会议的李井泉就打断万毅的话说:"不能叫万毅发言,他不老实,也不交代他的问题。"万毅只好坐下。薄一波可能觉得李井泉说话过于生硬,说了一句:"万毅同志,回到军委会上去说吧!"算是给万毅解了窘迫。

同样赞成彭德怀意见书的贾拓夫,虽然没被算为"军事俱乐部"的成员,但是被逼得也在大会上作检讨。贾拓夫检查说,在毛泽东同志7月23日讲话以前,我没有认识到彭德怀同志给主席的信是一个反对党的总路线的右倾机会主义的纲领,甚至也没有认识到这封信是对总路线的动摇,只觉得某些提法有问题,还错误地认为总的精神是好的。直到听了毛泽东同志讲话以后,我才觉悟过来。但是,对于彭德怀同志这封信掩藏着反党、反中央、反毛泽东同志的丑恶阴谋,我认识得更迟一些。而对于"军事俱乐部"有准备、有计划、有组织、有目的地进行反党阴谋,对于彭德怀同志是个野心家、伪君子,则又是在斗争展开以后,才进一步认识到的。我是在了解了彭德怀同志的历史情况并且联想到我自己所亲身感受到的一些事实以后,才完全明白过来的。贾拓夫在检讨中不得不交代他与彭德怀的所谓"关系",甚至连彭送照相机、去彭家吃饭等生活琐事又再次交代出来了。

# 毛泽东 8 月 16 日讲话与五个文件

这个连续开了四十多天的庐山会议，已经到了"大获全胜"可以闭幕的时刻了，尽管还认为彭德怀并没有彻底低头认罪，也不必再在庐山逼他"更深刻的检查"了。反正庐山会议之后，紧接着还要开军委扩大会议，总的来说，彭、黄、张、周都已经认了错，服了输，八届八中全会可以圆满闭幕了。8 月 16 日通过全会公报和两个决议的会上，毛泽东作了如下长篇讲话，我作了详细记录：

反右倾机会主义决议，要作充分准备，传达与讨论方式，要好好研究。

看来，这次庐山会议解决了一个大问题，总结经验应当这样来总结。会议头一个阶段开得不对头，是照我们的老规矩，后来才出现对立面，引起大家注意了。十八个问题中那些东西，现在是第二位的问题了，第一位是这次会议通过的文件，总结经验应当像刚才通过的五个文件这样总结法，锋芒是反右倾机会主义，反右倾，鼓干劲。在这件事上，犯错误的同志帮了大忙。社会上、党内、基层，早已发生右倾问题。因为从去年 11 月郑州会议起，已经八九个月了，一直搞指标落实，什么反对刮"共产风"，等等。开几级干部会，不断地批判，产生了右的倾向。而我们这些犯错误的同志，不在北戴河会议对高指标提出意见，也不在一次郑州会议、武昌会议、北京一月会议、二次郑州会议、上海会议提意见，而到庐山来提意见，可是气候并不好，因问题都已解决了，只剩个尾巴，形势也已好转。我说这些同志不会观察形势。他们为什么不在那么长的时间里提意见？因为他们有自己一套东西。如果是站在正确方面，有独到见解，比我们高明，就在北戴河会议及以后一些会上提出来嘛！不，他们不，等到大部分问题解决了的时候，他们才来提。他们感到这次庐山再不提就没机会提了，再过几个月更不利于提了，目的更难达到了，想扩大队伍，招收党员，办不到了。

这是由来已久的,正如决议所讲的。这次对彭德怀同志来说,是第五次路线错误,总要发作的。这是两个阶级,两个总路线,民主革命与社会主义革命。这些同志是前一个革命阶段入党的,对后一阶段社会主义革命,要消灭资本主义、个体经济,无精神准备。前一个阶段两条路线斗争,陈独秀是右倾机会主义,对反帝反封建是不彻底的。"左倾"机会主义买了过头粮,要在资产阶级民主革命阶段消灭资产阶级,这同共产国际有关。共产国际指示,中国革命如不同时反对资产阶级,那么,反帝反封建任务不能完成,混淆了两个阶段革命。此外,还有方法问题,比如要打大城市,以为城市暴动容易成功,不认识农村包围城市。那时"左"嘛,"左"派太少了嘛(少奇:二十八个半)。但他们自称是"马克思主义"、"布尔什维克","左"一阵风。后来中央进入农村,就发生革命快、慢问题,是先夺取城市,还是长期在农村壮大力量等争论。关于农村阶级关系也有争论,如富农分坏田,组织政策不正确,不从团结大多数出发。这一回对五、六位犯错误的同志也要团结。王明告洋状,说我路线错误,说我反对共产国际。我们说,是自己反自己,谁教中国人接受这些东西。胡子眉毛一把抓,两个阶段毕其功于一役。组织上圈子越搞越小,只信任自己熟悉的人,派一个人去当太上皇,对"异己者"非搞干净不可。高、饶也是狭隘得很,两个摊摊,都想打倒,剩下的不多,彭德怀那个也不兴旺。过去说北方没有布尔什维克,当然要团结北方同志。那时我也犯了错误,信任高岗。有些同志这么解释也有理由:西北局工作好,那时他尚未发展到反党程度,一般讲,他在陕北一段做了好事,问题在东北。这回彭德怀继承衣钵。二次王明右倾路线团结了不少人,团结在长江局周围去了,除陕北外都有影响。因为路线错误,1938年对革命有损失,有些地方1939年、1940年才转过来,危害了两年多。那时候,新四军在项英手上,八路军在彭德怀手上,那时一个北方局,一个东南局,还有一个山东分局,甚至连陕西省委都不听我们的话。所有那些错误,都该清算一下。还有同四方面军关系,张国焘的错误引导四方面军走上错误的道路,这个责任在张国焘。张是中央派去的,是阶级异己分子,同他作斗争,应当在党内斗，不能用武力。但长征中彭德怀提议过用武力解决，是在甘肃南部，那个两省分界地方的时候。这是资产阶级、封建集团互相吃掉的办法，无产阶级不能用这个办法。人家不服怎么办？只能等待，这是惟一的办法，无产阶级只能用说服的办法。

高岗、彭德怀从小局面出发。这次同他们谈过，只有洛甫同志没有参加。开谈判会，彻底把牌摊开来。我问过彭德怀个人，究竟有几个人？彭说有几个人，15到20个人，小组会上意见相合的只有这个数目。现在看来，他把一些人的范围扩大了，过细一算，一共4个人，加上李锐只有5个人。其他个别同志无非多谈了几句话，不能算"俱乐部"盟员。上榜的，写在决议上的，4个。为什么李锐的名字不写在决议里，因为不在中央委员的圈子里，你不是中委，又不是候补中委，不够资格，是个别工作人员，无写上名字的必要，只写个"追随者"就可以了，并不是藐视他，也不是开恩。你们圈子那么狭小，从来不拿团结旗子，要打分裂旗子。第一、二次王明路线，形式上统一，事实上分裂，残酷斗争，无情打击，错误的打击正确的。第二次王明路线，躺在蒋介石身上。马克思主义忽然几个月丢了，阶级分析不要了。不是分清左中右，不是壮大"左派"，争取中间，孤立右派。不分清国民党共产党两党的差别，说都是"优秀青年总汇"，这是王明的口号。王明这一套，居然许多同志相信。

在朝鲜，也是不信任大多数。过去彭德怀对贺龙也是不信任，甘泗淇到华北局去请示，回来的时候，他们5个人写了一封信给我，说贺龙同志政治上靠不住，要把他送到莫斯科学习。那不是让萧克代替吗？六军团、二军团是两个山头。在云阳，反军阀主义就是反贺龙。贺龙是有缺点，但要看大处：对敌斗争坚决，忠于党，忠于人民，有这三条就好。我同贺只见过一面，同你们见过多面。我说，这三条，你总不能驳，对人民有功。彭不从大处看，只几个自己信任的人靠得住，这是资产阶级的一套，你们成了功也搞不久。如果高岗成功，也搞不久的。这次庐山你们成了功，党政军到你们手里，我看，顶多年把两年，你不垮台我就不相信，因为你们那么狭隘嘛。

没有社会主义革命的精神准备，这是两个反党集团犯错误的根本原因。1953年提出总路线，这么一个纲领，那时他们受不了，他们实际是以资产阶级革命派参加党的。消灭小资产阶级、手工业者，相当一部分人受不了，富裕中农这个阶层，城市中资产阶级知识分子（党内党外的），资产阶级都受不了。知识分子、大学教授，他们能舒服？他们不舒服的，不愿革自己的命。对资产阶级采取赎买政策，勉强可以接受，资产阶级大多数就是不舒服。这种情况，不仅地富反坏右中有，合作化、公社化也有人不高兴。反映在我们一些同志身上，这一关难过。讲到这里为止，是讲坏话，讲难听的话，底下要讲一些好话，不然就不平衡了。

要估计他们有可能改造好。历史上他们做过好事，反帝反封建，对社会主义有模糊愿望，有其革命性的一面。小舟今天表示赞成决议，我很高兴。昨天我还相当悲观。我跟你说过，你是个民主人士，而且是个不甚好的民主人士，比程潜差一点，与章乃器也许近似，也难说。现在听说海瑞在你们里头，海瑞搬了家了，海瑞是明朝的"左派"，代表市民阶级和经营商业中的大官僚，现在搬到右倾司令部去了，向着马克思主义作斗争。这样的海瑞，是右派海瑞。有人说我这个人又提倡海瑞，又不喜欢海瑞，那也是真的，有一半是真的，右派海瑞说的不听。我是偏听偏信，只听一方面的。海瑞历来是"左派"，"左派"海瑞我欢迎。现在站在马克思主义立场批评缺点，是对的，我支持"左派"海瑞。

这次会议是一次很大的成功。分两个侧面，第一个主要侧面，揭露了多年没有解决的矛盾，相当多的同志忧虑的一个问题，这次解决了。并且把当前形势搞清楚了，当前形势主要是反右倾，鼓干劲，把这个问题解决了。庐山一百八十度大转弯，空气变了。第二个侧面，除了小舟，主要是彭、黄、张三位，对缺点错误有了认识。这么多人批评，有分析，留有余地，批评反动的一面，坏的去掉。他们这些同志承认了错误，还待实践，但承认缺点不完全。不要性急，不要搞大跃进，已经大跃进了。29天，关系很恶劣，一定要榨出油来不好，容许有思索，有改正的时间。这方面是收获，表示欢迎，愿意同大多数合作团结，愿意革命。彭德怀跟大家、跟我说了三条：不当反革命，不自杀，开除了党籍还可以去耕田。这叫"狷者有所不为"，你还缺一个"狂者进取"，是孔夫子说的。你就是服从命令，不造反，积极方面说，61岁了，最后算账，以后再说，以前的不算。普列汉诺夫以前大半正确，后来反了。放下屠刀，立地成佛，现在讲，就是马克思主义者了。为什么能成佛？只要你放弃自己的纲领，真正跟大多数人合作，采取团结态度，你就是光明，立即光明，再不会有时觉得光明，有时悲观。大家要做工作，应该同他们往来，不要老死不相往来。大家要采取热烈的态度，到他那里去。不要怕沾什么"俱乐部"的边，你怕"俱乐部"，就不是马克思主义者。马克思主义者入污泥而不染，要帮助害病的人，医生任何地方都去的。不采取热烈态度，消极害怕，怕沾边，这不好。不要紧的，会开了这样久，才5个人嘛。经过这次会议，大家打了预防针。我喜欢交几个右派朋友，这是黄克诚说的，周围要有几个右派朋友，左中右都要，有道理。同章士钊、黄炎培我都谈得来，有个比较，连右派都不知道，那怎么行。在中国社会做工作，没有几个右派朋友，我看你首先就不正确。

我希望同志们在各地传达，如你们开10天大会，9天指出错误，要强调错误那方面，不过也要指出有革命的一面，但不可强调，一强调就无事可做了，你就治这个病嘛。到第十天开团结大会，不要把这些人看做没用的人，要看做是我们的同志，关系要搞好、要帮助他们。这方面要强调一下。（讲到这里，毛泽东对着彭德怀说）三十几年关系难道就拉倒了？印度话说"巴依依"，英语 goodbye，我们不要告别。要尽一切努力，把他们争取过来。过去张国焘、高岗告别了。高岗这件事，我有责任，就是时间延误了。我本来想同习仲勋谈，我与他约了，目的就是跟习讲。因为那时高岗想去陕北，我们想保留他的党籍，还想保留中央委员，让他回延安去工作，本人也愿意。可是迟了一步，我没有来得及讲，他自杀了。竟这样结局，我也觉得遗憾，所以这事怪我，这是个很不好的事。现在习仲勋表现很好，还有贺晋年、张秀山，也要跟他们搞好关系，他们也表示愿意搞好关系。有两种情况：在党内一宣布，觉得不好了，感到惊奇，觉得突如其来，这可以理解。高、饶、彭、黄这个问题，带有复杂性，曲折性：昨日功臣，今天祸首。人们觉得不好懂，因不了解历史变化。他们没有社会主义革命准备，难过关，彭德怀历史上犯过五次路线错误（民主革命时期三次，社会主义革命时期两次），过去没有宣布过，所以一般人感到突然。这些，我们过去不讲。而当年高岗他们到处讲"两个摊摊"（指刘少奇、周恩来），现在又到处散播，别人都不行，只有自己是海瑞。我就没有讲过彭，小舟只听到过彭讲我。人们不明白历史曲折情况，自感觉惊奇，这点要讲清楚，不足为怪。延安华北工作座谈会操了40天娘，一野，抗美援朝，军委都交给你管。只要这次你不立"司令部"，你还是干军委的工作。怕不信任你，林彪发转业费嘛。我们是交不亲的朋友。高岗事件时保护过关，但不改旧病。去年要辞职，我们作了决议，要你继续干下去。军委扩大会议斗争萧克，支持你。你却一切都不放在眼里。你的很大问题，就是没有揭露，要治病，治他的病，前途还是两个，一个可能，一个不可能；一个能转，一个不能转。影响范围缩得越小越好，有可能转过来。转不过来我们也没有蚀本。采取团结态度，转过来了，就赚了钱。个把两个人不转过来，也无关大局。中国6亿人口，每年增加1300万，我看天不会塌下来。陈独秀、罗章龙、张国焘、高岗没有转过来。王明还在莫斯科，洋状告了3条：反对共产国际，强迫80%的人整风作检讨（其实是100%，这次又是强迫），搞个人独裁。

我的意见是这样，如要讲个人独裁的话，如在王明和毛泽东之间选择时，我投自己的票。因为我看清楚了，你王明那一套，第一次是冒险主义，第二次是投降主义。在王明、毛泽东之间选择，彭大约会投我的票。如果彭德怀跟毛泽东较量呢，就会觉得与其是你，不如是我了，王明是投降主义。个人投票不行，还是在家靠父母，出门靠朋友。

改变不改变，两种可能。应当极力争取转变过来。中国人民热情，有英明热情的党。庐山这一场斗争同上回斗争高岗来比，这五年半里，我们的水平大大提高了。中央如此，我想地方也如此。给必要时间是可以的。

右派是多少？有 45 万。比人家一个党还多。除了个别的以外（章伯钧、罗隆基、龙云是极少数），45 万右派是笔资产，要开个大会，要争取他们，我曾经讲过，至少 70%可以争取过来，其他以资产阶级右派去见阎王。这些人再活十年二十年，可能只剩下 10%了。白俄还愿意回国呢！牛训练三年才耕田，岂可人而不如牛乎？在我们社会主义条件下，正确的马克思主义条件下，还有这样热情的党、干部和人民，应该相信他们（除个别人以外）是可以改过来的。

过去搞斗争，总不休止，军师团营长都斗，发生恐慌。

（刘少奇插话：陈独秀抗战初期曾要求到延安来，如来，看到革命胜利，也可能改。）他后来去世，那个责任在我，我没有把他接来。那时我们提了三个条件，当时我们还不稳固，他不能接受。那时就那么一点资本，那么一点根据地，怕他那套一散布，搞第四国际。现在我们本钱大了。章伯钧、章乃器也不怕，天天骂我们，还给他官做。中国惟一见过托洛茨基的是刘仁静，刘仁静现在做翻译。（周恩来：罗章龙也在教书。）要给人出路，要准许阿Q革命，阿Q不做自我批评，人家就越讲，打架打不赢，就说儿子打老子。鲁迅描写不觉悟的劳动人民，本质是好的。

不要抹杀他们历史上有过好的一面，过去犯了错误不得了，宣告人死了。立三改了，那时一提起立三路线还得了。我们还要争取王明，不管他告几次洋状。去年武昌会议，他回了一封请假的信，是热情的。天无绝人之路，马克思主义者走绝路不好，凡事要留有余地，要关怀帮助。因为他们过去做过好事，有革命性的一面。我这一段话，如早几天讲，决议就做不出来，只能在做了决议后的今天来讲，才能讲清楚。

中央全会开了 15 天了。这次会议是一次很好的会，是一次胜利的会。林彪同志你刚才讲的那两句话，避免了两个东西：第一，避免了大马鞍形，如果彭德怀挂帅，天下就要大乱，泄掉干劲；第二，避免了党的分裂，及时阻止了党的分裂，犯错误的同志自己还得到了挽救。

当时我心乱如麻，这记录记得十分杂乱，自然也有脱漏之处，字迹也很潦草。三十年后再来看，不少的字自己也认不出来了，一些句子也不很衔接。我翻过"文革"期间民间编印的几种毛泽东文录，毛泽东在庐山的讲话都只收有 7 月 23 日和 8 月 2 日这两篇。这次趁本书再版，好不容易找到较完整的记录，得以将毛泽东 8 月 11 日和 16 日的两次讲话，作了增补修订，这样就更接近当年的实际了。

毛泽东讲完话，通过决议散会之后，周恩来让我留下来，同我单独作了次谈话，在座有彭真和杨尚昆。4 月上海会议时，周恩来知道我连着给毛泽东写了两封信，说到 1959 年原定钢铁指标绝对不能完成，还提出"宁肯少些，但要好些"等意见后，是很高兴的，曾在工交系统的小组会上表扬过我。会后，经我动员，我陪周恩来到正在施工的新安江水电站视察了半天，他很满意，还挥毫题词："为我国第一座自己设计和自制设备的大型水力发电站的胜利建设而欢呼！"一路同坐一辆车，闲谈了许多事情，对我们能随意向毛泽东直抒己见，赞许之中还流露一种安慰之情。这时，总理责备我，为什么陷到那个圈子中去了，语气严厉，又带惋惜。谈话的时间不长，最后嘱我好好学习。彭真也讲了几句要改正错误的话。在 8 月 10 日前的批斗高潮时，一次碰见尚昆同志，他曾关心地问我：你们同黄克诚谈过什么私房话没有？那时我还抱着侥幸过关的想法，一口否定了。

这一天通过了一个公报和四个决议。《中国共产党第八届中央委员会第八次全体会议公报》是当时就发表了的，它告诉全党、全国和全世界：8 月 2 日至 16 日在庐山举行了这一次全会，却一字不提这以前在此地开了一个月政治局扩大会议，对这座"秀甲东南"的山上一个月里（从 7 月 14 日彭德怀上书算起）闹得天翻地覆的中心议题，即对彭、黄、张、周的斗争，在公报中只是含糊其辞地说了这样一段话：

"当前的主要危险是在某些干部中滋长着右倾机会主义的思想。他们对于那些根据客观条件和主观努力本来可以完成的任务，不去千方百计地努力完成。他们对于几亿劳动人民和革命知识分子在大跃进运动和人民公社运动中所取得的伟大成绩估计过低，而对于这两个运动中由于经验不足而产生并且已经迅速克服的若干缺点，则估计过于严重。他们对于在党的领导下几亿劳动人民轰轰烈烈地进行的大跃进和人民公社运动，污蔑为"小资产阶级狂热性运动"，这是完全错误的。他们看不见党领导下的一切人民事业，成绩是主要的，而缺点错误则是第二位的，不过是十个指头中的一个指头而已。"

甚至这种"右倾机会主义思想"的代表人物彭、黄、张、周的姓名，在公报中也没有出现。可是细心的读者不久就从报纸上关于国庆十周年活动的报道中，特别是这次重新发表的国务院各部部长、副部长名单中，发现彭德怀、黄克诚、张闻天等名字已悄悄地（未做任何说明地）消失了（水电系统的同志发现我的名字也消失了）。从报纸上连篇累牍地批判"自由平等博爱"，批判得不偿失论，批判观潮派、批判算账派等的文章中，即使不怎么敏感的读者，也能感觉到发生了某种事情。当然，党内是随即作了分级传达的。

彭德怀、张闻天等人的某些意见，在《公报》中也有所反映，例如彭德怀信中说的"去年北戴河会议时，对粮食产量估计过大，造成了一种假象"；张闻天在发言中也说了"1958年的粮食产量估计过高，以及今年粮食指标规定高达10500亿斤，也造成了损失，使吃、用发生了问题"。这一点，在《公报》中是这样说的："经过今年上半年再三核实，过去发表的1958年的农业产品产量的统计偏高……经过核实，1958年的粮食的实际收获量为5000亿斤，比1957年增长35%；棉花实际收获量为4200万担，比1957年增长28%。"这是不是承认彭德怀、张闻天也有说对了的地方呢？不，他们还是完全错误的。原来统计数字上的过分夸大，已经到了任何巧辩、强辩都无法自圆其说的时候，除了"再三核定"之外，已经别无他法了。而且这5000亿斤和4200万担依然是一个有待核定的数字！（经过多次核实，粮食实际只有4000亿斤，只比1957年增长2.5%；棉花只有3938万担，比1957年增长20%。）承认数字"统计偏高"，完全不等于认错。你看《公报》对此事所做的说明吧："1958年的农业大丰收是我国历史上空前的，农业统计机关由于对这个空前大丰收的产量估算缺乏经验，在多数情况下是估得多了。同时由于对秋季大丰收缺乏适当的劳动力安排，割打收藏的工作进行得有些粗糙。"而且，经过"核实"后公布的新的"统计数字"，仍然是"巨大的跃进"！

《公报》宣布放弃了原定1959年的过高指标，而公布了削减后的新指标。这也不过是承认了事实而已，因为不论你是否愿意削减，原定指标反正是无法完成了的。《公报》对此是这样说明的："八届八中全会指出，调整后的1959年国民经济计划，仍然是一个继续跃进的计划"，它在两年时间里，在国民经济的一些重要方面，要求"完成、超额完成或者接近完成第二个五年计划原定在1962年完成的指标"。至于十五年赶上英国的口号，《公报》认为可以争取在十年左右基本实现。

全会通过的《关于开展增产节约运动的决议》，也是当时就公开发表了的。决议一开头就肯定了"党的鼓足干劲、力争上游、多快好省地建设社会主义的总路线是完全正确的"。决议公布了一系列显示大跃进成就的统计数字，公布了当年计划的调整指标，提出了"在两年内提前完成第二个五年计划的主要目标"的口号。决议也提到了"在前进过程中当然不可避免地要遇到一些困难，产生一些缺点"，"但是人民群众在党和毛泽东同志的密切指导下，迅速地解决了或者正在迅速地解决着这些暂时性的、局部性的问题"。《决议》中最重要的意思是："全会号召全党和全国各族人民，在党中央和毛泽东同志的领导下，紧密地团结一致，坚决地克服我们工作中的任何困难和缺点，克服某些不坚定分子的右倾机会主义情绪，并且坚决打击反社会主义分子的破坏活动，为夺取今年的伟大胜利而斗争……"某些不坚定分子指的是谁,右倾机会主义情绪又有些什么表现,这个决议里就不再多说一句了。这些,在全会通过的另外一个决议中,是说得明明白白的。

全会还通过了《为保卫党的总路线、反对右倾机会主义而斗争》的决议。这个决议在肯定大跃进取得史无前例的伟大成就之后,指出:国内外的敌对势力一开始就恶毒攻击我们党的总路线,攻击我们的大跃进和人民公社。最近时期,他们利用我们的大跃进和人民公社运动中的某些暂时性的、局部性的、早已克服了或正在迅速克服中的缺点,加紧了他们的攻击。我们党内的右倾机会主义分子,特别是一些具有政治纲领、政治野心的分子,竟然在这样的重大时机,配合国内外敌对势力的活动,打着所谓"反对小资产阶级狂热性"的旗号,发动了对于总路线、大跃进、人民公社的猖狂进攻。决议说:"他们虽然在口头上说了不少似乎'代表无产阶级利益'的词句,实质上却是要按照他们的资产阶级的观点来改造党、改造世界。右倾机会主义分子攻击的矛头,是针对着党中央和党的领袖毛泽东同志,针对着无产阶级和劳动人民的社会主义事业。因此,右倾机会主义已经成为当前党内的主要危险。团结全党和全国人民,保卫总路线,击退右倾机会主义的进攻,已经成为党的当前的主要战斗任务。"

决议这样分析国内的阶级关系:"我国现在还处在由资本主义到社会主义的过渡时期,阶级依然存在。对于旧的社会经济制度虽已基本上改造完成,但是尚未彻底完成,资本家还拿定息。此外,农村还有一小部分私人所有的生产资料,还有私人活动初级市场(当然,在国家和公社的正确的管理之下,这些成分不会向资本主义发展,而是为社会主义经济服务的)。资产阶级和小资产阶级的习惯势力,还需要很长时期才能彻底克服。地、富、反、坏、右等类分子的改造,离完成还很远。城乡资产阶级反动的思想活动和政治活动,虽经一九五七年整风反右斗争给了一次决定性的打击,但还远没有彻底消灭。他们的反动的思想活动和政治活动，在一部分富裕中农和知识分子中间尚有市场，一遇风吹草动，他们就要蠢动起来。"

决议认为："资产阶级残余的思想政治活动既然存在，就一定会在共产党内找到他们的代表人物。而现在果然出了一小批代表他们说话的党内右倾机会主义分子。这些人中，有的是混入党内的投机分子和阶级异己分子；有的是具有资产阶级世界观的个人野心家；有的是历史上犯了错误、受过批评、心怀不满的分子；有的是动摇成性的分子。右倾机会主义分子受了资产阶级的影响，代表资产阶级的利益，向党的大多数、党的领导机关和党的总路线乘机进攻，这种进攻带着猖狂性质，形成了我们同他们的尖锐矛盾。"决议说："一部分共产党人的悲观主义思潮，右倾机会主义思潮，是社会上资产阶级反社会主义思潮在党内的反映。在由资本主义到社会主义的过渡时期，无产阶级同资产阶级的思想政治斗争，是波浪式的，高一阵，低一阵，再高一阵，再低一阵，直到这一场斗争彻底熄灭为止，那就是资产阶级思想政治影响最后消灭的时候。"

这个决议是发给党内的文件，虽然没有点彭、黄、张、周的名，但是他们几个人实际上已经被其中所说的党内"右倾机会主义分子"的四种人"对号入座"。

《中国共产党八届八中全会关于以彭德怀同志为首的反党集团的错误的决议》，是这次庐山会议最重要的成果，这个决议当时没有发表，甚至在会议公报中也不曾提到有此一个决议。整整过了八年之后，那时已在"文革"期间，彭德怀已经被红卫兵从西南揪回北京批斗过了，1967年8月16日，这个《决议》才在报纸上公开发表。

这个《决议》一开始就给他们定了性："以彭德怀同志为首，包括黄克诚、张闻天、周小舟等同志的右倾机会主义反党集团"在庐山发动了"反对党的总路线、反对大跃进、反对人民公社的猖狂进攻"，而"来自党内特别是来自党中央内部的进攻，显然比来自党外的进攻更危险",因此,"坚决粉碎以彭德怀同志为首的右倾机会主义反党集团的活动,不但对于保卫党的总路线是完全必要的,而且对于保卫党的以毛泽东同志为首的中央的领导、保卫党的团结、保卫党和人民的社会主义事业,都是完全必要的"。

《决议》说,彭德怀的信和发言"是代表右倾机会主义分子向党进攻的纲领",特别指出他是"向党中央和毛泽东同志的领导进行猖狂进攻",使"毛泽东同志的领导"受到某种威胁,这就是要害所在。《决议》用概括的语言叙述了彭德怀"进攻"的内容,为"反对群众大办钢铁运动,反对人民公社运动"等等。但是有两处引用了彭的原话,就是"小资产阶级的狂热性"和"如果不是中国工人农民好,早就要发生匈牙利事件,要请苏联军队来"。看来这是最触犯忌讳的两点。

《决议》宣称:"八届八中全会揭发出来的大量事实,包括彭德怀、黄克诚、张闻天、周小舟等同志所承认和他们的同谋者、追随者所揭发的事实,证明以彭德怀同志为首的反党集团在庐山会议期间和庐山会议以前的活动,是有目的、有准备、有计划、有组织的活动。"而且,"这一活动是高饶反党联盟事件的继续和发展"。《决议》中还有这样一段彭、高反党异同论:"高岗在手法上是伪装拥护毛泽东同志,集中反对刘少奇同志和周恩来同志;而彭德怀同志却直接反对毛泽东同志,同时也反对中央政治局常委其他同志,同政治局的绝大多数相对立。"你看他,连伪装都不要了,直接反对毛泽东同志,只能说彭德怀比高岗更加疯狂,所以叫做猖狂进攻,不过也还是有伪装的:"由于他的一套伪装爽直、伪装朴素的手法,他的活动是能够迷惑一些人并且已经迷惑了一些人的。"因此,《决议》提出了"揭露这个伪君子、野心家、阴谋家的真面目"的任务。

为了揭露,《决议》清算了彭德怀的历史老账:"立三路线时期、第一次王明路线时期、第二次王明路线时期、高饶反党联盟事件时期，他都曾经站在错误路线方面而反对以毛泽东同志为代表的正确路线"，他们"本质上是在民主革命中参加我们党的一部分资产阶级革命家的代表"。他们为什么要在此时此地发难，猖狂进攻呢？《决议》对此作出了分析，这些分析今天看来特别值得回味："党的总路线，大跃进，人民公社运动的胜利，显然注定了资本主义经济和个体经济的最后灭亡。在这样的条件下，以彭德怀同志为首的高岗集团残余和其他形形色色的右倾机会主义分子，就迫不及待，利用他们认为'有利'的时机兴风作浪，出来反对党的总路线、大跃进和人民公社，反对党中央和毛泽东同志的领导。"不是因为决策上的重大失误导致的严重后果引起彭德怀等人的意见，而是总路线等的胜利使面临灭亡威胁的剥削者蠢动的。这一段文章，也许是从斯大林的"社会主义事业越胜利阶级斗争越尖锐"的公式里得到了启示的。

最后，宣布了对这几个人的处理："把彭德怀同志和黄克诚、张闻天、周小舟等同志调离国防、外交、省委第一书记等工作岗位是完全必要的。但是他们的中央委员会委员、中央委员会候补委员、中央政治局委员、政治局候补委员的职务仍然可以保留，以观后效。"这也就是毛泽东说的"批判从严，处理从宽"的意思。

实际上全会还通过了一个有关组织处理的决议：《中国共产党八届六中全会关于撤销黄克诚同志中央书记处书记的决定》。《决定》说："黄克诚同志是以彭德怀同志为首的反党集团的主要同谋者之一，犯了右倾机会主义和分裂党的派别活动的重大错误。过去他又是高岗、饶漱石反党联盟中的重要成员之一，而且长期对党隐瞒了若干重要的有关事实。鉴于黄克诚同志所犯的严重错误，决定撤销他的党中央书记处书记的职务，并且责成他继续检讨，向党作彻底交代。"我至今不知道是什么原因，当时没有公布这个决定。直到1962年中共八届十中全会公报才宣布撤销黄克诚的中央书记处书记一职，那次与他同时被宣布撤销书记处书记职务的，还有当时的解放军总政治部主任谭政。

## 全会后的工作会议

全会闭幕的第二天,8月17日,还开了一个中央工作会议。会议由毛泽东主持,先由彭真讲人事安排问题,传达中央政治局常委会关于人事调整的意见。这个意见事先已经跟军队的几位元帅和各大区组长商量过。

人事变动一共有十二项:第一、决定撤销彭德怀国防部长和中央军委委员的职务;第二、决定撤销黄克诚国防部副部长、总参谋长、中央军委委员和秘书长的职务;第三、决定林彪为中央军委第一副主席(过去没有副主席)兼国防部长,贺龙为中央军委第二副主席,聂荣臻为中央军委第三副主席;第四、决定罗瑞卿为国防部第一副部长、总参谋长兼中央军委委员(过去不是军委委员)和秘书长,也就是接替黄克诚的职务;第五、决定撤销张闻天外交部副部长的职务,其工作由中央另行分配;第六、决定撤销周小舟湖南省委第一书记的职务,保留湖南省委委员职务;第七、决定张平化(原来任湖北省委书记)任湖南省委第一书记、省委委员,华国锋任湖南省委书记处书记,华当时在湖南省委分管财经、政府工作,湖南省委书记处原来是七个人,撤销周小舟后换上张平化,再加华国锋,一共是八个;第八、决定成立农业机械部,陈正人为部长,黎玉、沈鸿为副部长;第九、决定成立物资供应部门,人事另外再定;第十、决定免去罗瑞卿的公安部部长职务;第十一、调谢富治任中央政法小组组长和公安部部长;第十二、调阎红彦任云南省委第一书记。

彭真讲完后,毛泽东讲话,主要讲如何传达的问题。毛说:

怎么样传达?昨天不是讲过一下吗?有两种意见,一种是开六级干部会,林铁同志提议的;另一种是别的同志提议的,分两个步骤,先开县团以上的干部会,然后再开那个或者六级或者几级的干部会。究竟哪一个妥当,还是可以不同。比如林铁同志,据他说现在需要准备秋收分配,他们现在就准备开六级干部会议。所谓六级干部就是生产队以上，这也算一种办法。你们就那么做也可以嘛。（林铁：我们又研究了一下，这样搞时间来不及，还是先开县以上的三级干部会。）分两次做好，因为县团这一级以上大概一个省有多少人。（陶铸：有千把人。杨尚昆：相当的还多。江渭清：有两千多。）大体的原则是分两个步骤。头一步是县团一级，我提议县要来两个人，团也要来两个人，相当于团的也是来两个人。因为两个人可能有不同的意见，只来一个人他回去传达当然也可以，但是恐怕还是来两个人为好。县有两个人，团有两个人，以及有些相当于县团的大单位，比如鞍山钢铁公司那甚至还不止两个人。（杨尚昆：它一个车间就等于一个工厂。）鞍山钢铁公司还得了呀！它十万人马（彭真：鞍山24万人呀），这么多呀！（周恩来：有五万培训的。）那是个大学校，全国派到那里去学习钢铁的有五万人之多。先把这些人传达搞清楚。

至于时间，恐怕至少开两个星期，有人说要开三个星期，你们自己去决定好不好。太长了，学庐山一样一开一个半月也不好。庐山其实是多数人没有（开）一个半月，只有二十天左右，或者只有十几天。庐山这次会议有个好处，有许多事情就在这里办了。我说是中央、地方两级合署办公，办了这么一个半月。我们这个国家太大，关于管理的形式很值得研究。这是一种管理形式，中央一级，地方一级，在这里合署办公一个半月。不仅解决重大问题，而且处理事务工作。

县团以上的干部会议，开会的时机跟公报的发表要配合。有同志说，你们一回去就开个电话会议。昨天闭幕了，大概是一个星期之后我们就发表公报。因为到北京要开干部会，要通知各兄弟国家，民主人士也要通知一下。（周恩来：最高国务会议，国务院会议，还有人大常委。）昨天16闭幕，今天17（周恩来：23号发公报。），到23号只能有六天，今天不算，明天你们就要走，到家那天也不算。结果六天就除掉了两天，只有四天。（董必武：明天有些还到不了家。）只剩下四天工夫，你们来得及呀！现在你们就要用电话通知，县团以上的干部就要集中。通知没有，还没有吧。（张德生：我们24号开省委扩大会。周恩来：

## 全会后的工作会议

这个电话会议是通知到县，要社里头打个招呼，是调整指标、落实这类问题，还不是党内的保卫总路线、反右倾，那个开三级干部会传达。）我看还是24号发表公报。（周恩来：25号发表增产节约的决定。）

毛泽东讲完后，周恩来讲了一些经济方面的工作安排，接着刘少奇讲话。刘少奇讲了两个问题，一是关于无产阶级革命家怎样对待革命群众运动的态度问题，二是所谓"个人崇拜"问题。

刘少奇的讲话，当然一开头就说：这一次全会开得很好，是我们党的一个伟大的胜利。接着他就谈到无产阶级革命家对待革命群众的态度问题，他说：我想，革命的本身就是乱子。我们现在搞大跃进，搞人民公社，破除规章制度等，有些人视为乱子，实际上并不是乱子，并不是缺点错误，而是一种革命的正常现象、正常秩序。所有的群众运动，都总会有一个指头和九个指头的关系问题，或者八个指头和两个指头，或者七个指头和三个指头的关系问题。七分成绩三分缺点错误，或者是八分成绩两分缺点错误，或者是一分、一个指头，总而言之会有的。刘少奇回顾了新中国成立以来的历次运动，谈到近两年有人建议不要再搞运动了，彭、黄、张、周就是反对搞运动的，无产阶级革命家应该顶住这种议论。

刘少奇这篇讲话最重要的内容是进一步赞扬毛泽东。他说：我们中国党，中国党中央的领导，毛泽东的领导，是不是最好的领导，最正确的领导？我看是可以这么说的。如果还不满意，还要更正确一点，既不"左"，又不右，那么，请马克思、列宁来是不是会更好一些？我看也许可能更好一些，也不见得，也许更坏一些。

刘少奇说：所谓反对"个人崇拜"问题，在苏共二十大以后，在我们党里面，有人要在中国也反对个人崇拜，彭德怀同志就有这个意见。在西楼开会的时候，几次提议不要唱《东方红》，或者反对喊"毛主席万岁"。这次又讲什么"斯大林后期"，什么没有集体领导，毛主席没有自我批评，把一切功劳都归于自己，等等。这些问题实际上从（苏共）二十次大会以后，他就一贯要在中国搞反个人崇拜运动。我想我是积极搞个人崇拜的。个人崇拜这个名词不大那么妥当，我想我是积极地提高某些个人的威信的。还在七大以前，在起草中国共产党七大党章的时候，我们的党以毛泽东思想为指导思想。七大以前我就宣传毛泽东同志的威信。党里面要有领袖，要有领袖就要有威信。在那个时期彭德怀同志是反对在党章上写那一条的。在（苏共）二十次大会后，他是反对唱《东方红》，反对喊"毛主席万岁"的。但是在不久以后，在北戴河讨论八大党章的时候，以毛泽东思想为指导思想这一条没写上去，彭德怀同志提议要加上这一条。早不久你在西楼提议，反对唱《东方红》，反对个人崇拜等等，等一下在北戴河那一条没写上去，他又提议写上去，很明显你这是假的。他的那个意思是从反面讲的，上一次写上的时候我就反对的，这一次你们还不是刮掉了？！我现在提议写上，你们又不写，那么至少你们要犯错误，要作点检讨。当时我的答复是这样，我说七大那个时候有必要写这一条，八大这个党章没有必要了，可以不写。我想我是积极提高某些个人威信的，我现在还要搞。我现在还要搞小平同志、林彪同志的个人崇拜，以后我还会要搞。对彭德怀同志的威信，我也没有损伤过。如果说他去掉点个人野心，多有点马克思主义，我想我也可以替他搞点个人崇拜的。我这个人是搞这一行的，是犯这个"错误"吧！这不是为了对某一个人好，也不是为了我自己好争选票。在革命队伍中间，个人威信跟党的威信、阶级威信是不可分离的。党的、无产阶级的威信是通过某些个人崇高的威信表现出来的，在威信这一点上，无产阶级长期不如资产阶级的威信高，很长的一个时期，人家总是看不大起无产阶级，因此就要注意这个问题。一个党的、阶级的、革命的、人民的领袖非有不可，有了有很大的好处。（毛泽东：现在英国那些国家的党很困难就是这个道理。）是呀！工党有威信，共产党没有威信。（毛泽东：印度也很困难。）尼赫鲁有威信，高士没有威信，印尼苏加诺有威信，艾地没有威信。至于讲什么在纳赛尔那些地方，伊拉克那些地方，都有这个问题。刘少奇引用了恩格斯《论权威》的文章，恩格斯说了"革命无疑问就是天下最有权威的东西"，而反对权威的，"要么是散布糊涂观念，要么是背叛无产阶级的事业"。刘少奇说：反对斯大林的"个人崇拜"的运动，赫鲁晓夫搞这一手，我一看也有许多不正确的地方，不应该那样搞。所以在二十大以后，有人要反对毛泽东同志的"个人崇拜"，我想是完全不正确的，实际上是对党、对无产阶级事业、对人民事业的一种破坏活动。

刘少奇的这篇讲话，自然不是他个人的意见，在当时是极具代表性的。因此，也可以说，庐山会议这场惊心动魄的党内大斗争，对提高毛泽东的个人威望，作出了一次新的贡献。刘少奇后来的遭遇，使我不禁想起两句杜牧的文章："秦人不暇自哀而后人哀之，后人哀之而不鉴之，亦使后人而复哀后人也。"

最后，毛泽东又讲了一篇话：

一定要有班长。俄共政治局只有五个人，他们就说你们太专制了。有些中央委员没有召集开会，忙得很，那些人就说为什么不召集我们开会，就发议论了。列宁说会是没有召集，可是革命胜利了。他说你无非是要你来办，与其你来办，不如我们来办。我们就是五个人，就是这么一件事。在这个问题上有赞成有反对，看是站在什么一个立场，什么一个观点上。现在我们这些人，譬如常委会这几个人，年纪都大了，按照自然规律，总有一天要办交代。这是个长久的问题，没有共产党，这个问题还存在的，党没有了，人类社会要有组织的，不能是一个无政府主义。所以我看是一个反对派的问题，看问题不同。像恩格斯这样的观点，这是无产阶级我们这一派的人这么说的，资产阶级也是赞成的。人类社会通过几个阶段，这成了常识了，为什么又反对这种常识呢？他因为没有一个破坏，就不能建立我们反对派的那些朋友们登台,就是那么一个道理。在这种时候,可是不能轻易地把阵地让出来,在这种时候讲谦虚我看是不行的,我这个时候谦虚了,那是危险的。

这一次从彭德怀同志信发出的那天起,16、17、18、19、20、21、22日,这一个礼拜,并没有通知任何同志(除我们常委会几个同志之外),说是辩论这封信的性质,包括几个组长。我们跟他们谈过,可是没有说辩论彭德怀同志这封信,只说过要他们开放言路,扩大民主,让人家讲话。说你们耳朵是听话的,人家长口是讲话的,无非是放出来的东西,有香有臭,香的你就吃下去,臭的你就硬着头皮顶住。就是这么讲的。后头向那些人我也是同样讲的。你说我不公平呀!我说你们能够吃下的吃下,你们不愿吃下的硬着头皮顶住。一直到昨天,我看周小舟这位同志他是执行硬着头皮顶住的,硬着头皮顶住。但是出乎意料之外,昨天他赞成这个决议案了,不晓得真赞成假赞成就是了。(有同志插话:他写了一个承认是反总路线、反党、反中央、反毛主席的东西。)嗳,你怎么又不顶了呢?

讲到这里为止。同志们,还有什么意见?我看这一次会开得好,是逐步发展的。一个初上庐山时期,一个中期,一个后期。解决了一个大问题,同时工作又没有耽误。这一个来月的集会很有必要,这么一个大国呀,这么一百多人,我们领导机关中央委员会集合这么一个时期。当然有一部分,大概有一半人,只经过半个月,有一半是经过一个月或者一个半月,陆陆续续来的。我们这些人就是从这次会议得到教育,我是得到很大教育。谁料到出这样的乱子呀!我就没有料到,结果出了,出了就好啊,就欢迎呀!就可以解决呀!所以讲是一次胜利的会议。就如林彪所讲的,避免了两个危害。一个是党的分裂——党的大分裂。避免了大分裂,小分裂已经分裂一个时期了,就是一个小集团。以后看他们改不改,无非一个改,一个不改。我们希望他们改,帮助他们。大分裂是避免了。一个是避免了大马鞍形。中国要搞大跃进,这是不可避免的。你可以临时搞大小马鞍形,都可以的,但是速度要加快呀,这是形势的要求,群众的要求,而且有可能,有这个条件。

据我看，总的形势是好的。国内的政治情况，经济情况，总的形势是好的，有些缺点，可以改，并且不难改。抗日时期不准备夺取政权，那我们怎么办呢？抗日时期不准备夺取政权，还准备把政权让给蒋介石。这跟"和平民主新阶段"不是一件事。

"和平民主新阶段"是为了夺取政权的，哪怕一年、两年也好。结果我们争得一年时间。如果再加一年，那就更好。

所以总路线有两条，那时候搞改革的总路线，现在是建设的总路线，多快好省呀，鼓足干劲、力争上游呀！凡是路线问题，是要经过考验的，就是不是那么安宁，不是那么太平的，并非太平无事。你看总路线的建立嘛，建立又倒，倒又建立。去年党代大会是5月间嘛，现在庐山闹乱子是7月嘛，一年多一点时间，就觉得不行了嘛。现在经过大家一议，又可以了嘛。你说将来没有风了？一点风没有了？我看还会有。你们说从此天下太平，四方无事？那么今年在庐山开会，才不过隔了一年，所为何来？但是总的趋势是好的，这个信心完全要有的。不管你出多少乱子，代表无产阶级劳动人民意志的倾向要占优势，它总要占优势的，一个时候不占优势，另一个时候，它要占优势。现在看起来，我们是有保证的，我们的大多数、绝大多数，除极个别少数之外，是团结一致嘛。要建设得快一点，好一点，为建设社会主义的强大国家而奋斗，这是必然性，现在有保证。但是也要估计到，不会是那么风平浪静，要风平浪静一个时期，是完全可能的，另一个时期要准备刮台风的。这个政治台风将来什么时候来呢？我就料不到，但有台风要刮，这可以断言的，不会没有的，有阶级存在嘛。在一个省，在地方，也有这个问题，要有准备。

通过了《决议》，还开了17日的会，八中全会各项议程即圆满结束，人们纷纷下山。8月18日上午，张闻天下山前写信给毛泽东："我衷心感谢你和中央其他同志所给予我的帮助。"9月9日，在北京开了军委扩大会议后，彭德怀也写信给毛泽东："我诚恳地感谢你和其他许多同志对我耐心教育和帮助。"这正是毛泽东希望得到的反应，他对此感到满意，立即作赞扬批示，通报全党。

毛泽东下山前一刻，8月19日，给"休想挖走的秀才"吴冷西、陈伯达、胡乔木写了一封信，信是这样写的：

> 为了驳斥国内外敌人和党内右倾机会主义，或者不明真相抱着怀疑态度的人们，对于人民公社的攻击、诬蔑和怀疑起见，必须向这一切人作战，长自己的志气，灭他人的威风，为此就需要大量的材料。请冷西令新华社和《人民日报》将此信讨论一次，向各分社立即发出通知，叫他们对人民公社进行马克思主义的调查研究，每个省（市、区）选择5个典型，特别办得好的公社，例如广东省增城的石滩公社、河南省长葛县的坡胡公社（以上均见8月18日《人民日报》）、河北遵化县的王国藩社，不要夸大，也不要缩小。总之，实事求是，反复核对，跟县委和公社党委认真研究，不适当的，修改而又修改，文字要既扎实又生动，引人入胜。并且要跟地县派下去的有能力的工作组同志们一道去办。每省5个社，要派5个有政治、经济头脑而又文笔很行、思想很通的同志去，你们认为是否可以办到呢？请你们接信后，即日动员，一个月，两个月，至迟三个月交卷。我希望能于30天、40天内交来第一批，每省先送一个至两个典型公社，其余陆续交来即可，你们看，是否可以办得到呢？办不到，即延迟，总以情（情况）文并茂为原则。文字可长可短，短可三四千字，长可万余字，平均以七八千字为适宜。写好，一律交给我，由我编一本书，例如1955年《农村合作化社会主义高潮》一书那样，我准备写一篇万言长序，痛驳全世界的反对派。请陈伯达同志立即组织几位熟悉俄国革命初期所办公社的材料、具体情况（要详细材料）及其所以崩溃的原因的同志，一定要加以分析，提出论断。这也是极端重要的。目的在破苏联同志们中的许多反对派和怀疑派。此书出版及我的文章，国庆节不可能，最快要到秋天，冬天，最慢要待明春，因为准备工作来不及。此信你们看后，如以为可，交尚昆同志立即用电报发给各省、地、县三级及新华社，《人民日报》，指定从事此项工作的记者们，使他们知道我的意向，即为此问题要向世界宣战。

"要向世界宣战"，可见其"气魄"，"一个月、两个月，至迟三个月交卷",可见其迫切。这些都是出于毛泽东反对"右倾机会主义"和坚持"三面红旗"的决心。这些全国各地的调查材料,后由新华社负责编成《人民公社万岁》一书,由人民出版社于 1960 年底印成。终因碍于当时严重的困难形势,这本反右倾的向全世界宣战的书没有发行。不过不久以后,果然在国际共运总路线等方面,发生了一场大论战,中苏两党的矛盾和冲突最后导致两党关系中断。

被毛泽东保护的秀才没有辜负期望,庐山会议一结束便交出了"答卷"。下山不到两周,吴冷西就拟订了《人民日报》和新华社关于八届八中全会的宣传计划,还开始积极进行人民公社的调查。

他在 8 月 31 日给毛泽东的信中说,《人民日报》和新华社关于八届八中全会的宣传,都已拟订了初步计划,并且已经开始执行。《人民日报》社论计划中,还增加了两篇,一是《论十年左右赶上英国》,一是《为什么右倾机会主义是当前的主要危险》。另外,还陆续补充了一些从理论上论述总路线、大跃进和人民公社的文章,将在第 7 版上发表。关于人民公社的调查,现正在积极进行。各省对此十分热心,大都书记挂帅,组织大批人马下去,准备从中选些好的典型材料送给我们,我们也已组织了五十多人下去支援。

胡乔木及时写出了批判文章,题目是《剥开皮来看——彭德怀同志的意见书为什么是一个反党的纲领》,近 6000 字。8 月 27 日中央办公厅向党内印发了此文。胡乔木的文章讲了五个问题。

(一)彭德怀同志 1959 年 7 月 14 日写给毛泽东同志的意见书,实质上是代表右倾机会主义反党集团提出的一个反党的纲领。这个意见书的攻击锋芒,上是直接指向着无产阶级的先锋队,指向着党中央和伟大领袖毛泽东同志的。这个意见书表面也讲了一些大跃进成绩伟大,缺点难免,前途光明之类的话,但是这是为了作掩护的,因为彭德怀同志知道,没有这个掩护,他的反党面目就暴露得太明显了。意见书的主体是在所谓总结经验教训的部分，特别是所谓思想方法和工作作风的部分。他在把大跃进污蔑成是"浮夸风气吹遍各地区各部门"以后，进而分析其"社会原因"，提出了一个所谓"小资产阶级的狂热性，使我们容易犯'左'的错误"的断语，随即暗示为党的历史上的"左倾"机会主义的复活。这样，他就打着"无产阶级"和"马克思列宁主义"的招牌，打着"反对小资产阶级狂热性"和"反对'左倾'机会主义"的招牌，来向党中央和毛泽东同志的正确领导展开了猖狂的进攻。而实际上，他却是站在资产阶级和上层小资产阶级的反对社会主义的立场，进攻党中央和毛泽东同志的无产阶级的马克思列宁主义的路线。这是整个意见书的实质。

（二）彭德怀同志把1958年的大跃进和人民公社运动描写为"小资产阶级狂热性"和"浮夸作风"是极端荒谬的，这是对党、无产阶级和六亿五千万人民的污蔑。首先，大跃进和人民公社运动是几亿人民的群众运动，有深刻的经济和历史的基础。这两个运动不但不是出于什么"小资产阶级狂热性"，恰恰相反，是最后消灭资产阶级经济和小资产阶级的运动。其次，党中央和毛泽东同志对于这两个运动的领导是完全正确的。这种马克思主义的实事求是的领导，同历史上的"左倾"机会主义的领导坚持错误路线直至斗争遭到严重失败的情况，有什么相同之点？

（三）彭德怀同志为了要替他的反党纲领寻找借口，为了要煽动右倾分子向党进攻，故意把几亿人民的伟大运动中的暂时的局部的缺点加以极端夸大。在他的意见书中，没有一处说到这些缺点在全局中只是十个指头中的一个指头的问题，决不是偶然的。彭德怀同志夸大缺点错误的最反动的言论，就是说"如果不是中国工人农民好，早就会发生匈牙利事件，要请苏联军队来"。这个反动观点是他在庐山会议以前和庐山会议期间再三宣扬过的，从这句话也最能认识他的意见书中关于形势估计的真面目。

（四）彭德怀同志的意见书尽管表面上也说了许多拥护总路线、拥护大跃进、拥护人民公社的话，好像只是批评了一些缺点错误，实质上他不但反对总路线、反对大跃进、反对人民公社，而且对无产阶级专政和党的领导也是不同意的。他在小组发言中认为无产阶级专政以后容易犯官僚主义，虽然表面上说"当然不是铁托所讲的制度上的问题"，实际的观点却是相似的。他说什么纠正"左"比纠正右难，又说什么无产阶级革命胜利以后主要要防"左"，更显然地是为右倾机会主义辩护。去年实际工作中的一些错误，主要是由于缺乏经验而来，根本没有任何路线性的错误，而党中央和毛泽东同志的领导则是完全正确的。至于"左倾"和右倾错误的比较，毛泽东同志早就指出过，尽管对于革命事业的损失说来，"左"比右并没有什么好，但是两种错误的社会来源和政治性质是不同的。"左倾"分子还是忠于革命的，而右倾分子却是资产阶级的思想政治影响反映在党内的结果，他们是害怕革命、不要革命特别是不要社会主义革命的。在民主革命阶段，有些混入党内的资产阶级革命家还可以积极参加无产阶级领导的民主革命，虽然在方法上也经常要犯错误，到了社会主义革命阶段，这些资产阶级革命家就代表着资产阶级的影响，反对无产阶级的社会主义革命，成为无产阶级和资产阶级的长期生死斗争中的主要危险。他的意见书实质上只是反映了我国资产阶级和上层小资产阶级对于社会主义革命将要彻底胜利、资本主义经济和个体经济将要最后灭亡的反抗。

（五）彭德怀同志自己承认，他在意见书里是有意对党的伟大领袖毛泽东同志"安了几根刺"的。他和黄克诚、张闻天、周小舟、李锐等人污蔑毛泽东同志像"斯大林的晚年"，攻击南宁会议、成都会议和上海会议，攻击第一书记挂帅，污蔑中央政治局常委没有人敢讲话，等等。这一系列的恶毒的诽谤和阴谋，无非是为了要破坏以毛泽东同志为首的党中央的领导的威信，而树立彭德怀同志这个资产阶级革命家、伪君子、野心家、阴谋家、高岗集团的重要成员的威信，无非是为了分裂党和人民解放军，按照资产阶级的面貌改造党和人民解放军，并且实际上是配合国内外的反动势力的进攻，破坏党和人民的社会主义事业。只有从这个背景上，才能深刻地认识彭德怀同志的意见书和其他有关反动言论行动的真面目，以及同他相配合的黄克诚、张闻天、周小舟、李锐等人在庐山会议期间的反党言论和行动的真面目。

陈伯达的批彭文章颇得毛泽东欣赏，原来的题目是《请看彭德怀同志的政治面貌》，毛泽东改为《资产阶级世界观，还是无产阶级世界观》，文章约14000字。

陈伯达的文章是从彭德怀的历史来批判的。文章说，我们必须从社会阶级斗争的现象来看待问题，必须从彭德怀同志参加党以后的历史来看待问题。以彭德怀为代表的这些反党分子，都是在民主革命中带着资产阶级要求加入党的。我们党内有很多人在参加党以前，也拖着资产阶级世界观，而在参加党的时候也还带着资产阶级和小资产阶级的意识。但是其中的大多数在革命的斗争中，愿意接受党的改造，抛去了他们原有的资产阶级和小资产阶级世界观，而接受了无产阶级世界观。彭德怀同志和他的同盟者就不是这样，他们一直没有接受改造，还是用他们的资产阶级世界观来对抗无产阶级的世界观。

文章把彭德怀在1941至1943年发表的四篇文章作为靶子，系统"剖析"彭德怀的所谓"同党对抗的纲领"。文章说，彭德怀同志在革命的长时期中，满脑子都堆了一些资产阶级的观点，甚至是封建阶级的观点。他所以对这些观点特别感兴趣，并且反复宣传这些观点，只是因为它们具有政治欺骗性。而这种欺骗性，适用于一个具有两面性的伪君子的政治活动的需要，适用于一个民主革命时期混入无产阶级党内的资产阶级革命家的需要。我们对于彭德怀同志的伪君子的社会本质和政治本质，正应该从这里去观察。由于彭德怀同志在我们队伍里面，实际上是以资产阶级革命家的身份进行活动。所以，在实际上，他向来有以下三种表现：第一、他对毛泽东同志的领导，对党中央的领导，在大部分场合总是采取不合作的态度。这就是大家知道的，"三分合作，七分不合作"。第二、他又要群众，又非常害怕群众。他在华北工作的时候，那里的农民运动曾经"三起三落"。就是说，当群众起来以后，他又给群众泼冷水，把运动压下去。这样反复了三次。第三、他对于中国革命要走向社会主义，虽然也有些模模糊糊的认识，但是，他对于在抗日战争以后中国人民的政治动向和要求，将仅仅是"和平民主"。他对于新民主主义的社会性质，竟然这样武断地和狂妄地说："我可以肯定地答是资本主义的，因为经济制度仍然是属于资本主义范畴的。"由此可见，他对于毛泽东同志《新民主主义论》和《中国革命与中国共产党》这两大著作几乎毫无所知。

文章在"清算"了彭德怀的历史之后，又联系到庐山会议作了批判。彭德怀同志这次提出的同党的社会主义建设总路线相对抗的纲领，说来说去，不外两条：第一条，反对党的领导和党的领袖。第二条，反对群众运动。这两条都是重复了他的老观念。反对党的领导和党的领袖，反对党的政治挂帅，就是否认无产阶级的领导，否认无产阶级专政，就是他原来所说的，不要共产党的"一党专政，以党治国"，至于对群众运动，如果说彭德怀同志在民主革命时期曾经惊慌失措，那么，他对于社会主义的群众运动，特别是对于我们的总路线、大跃进和人民公社，就更加惊慌失措了。反对党的领导，反对无产阶级专政，就不可能实现社会主义和共产主义，反对党的领导和群众运动相结合，就不能够充分发扬人民群众的社会主义积极性和首创精神，就不能够高速度地发展我们的社会主义经济，所以实质正是这样，彭德怀同志的反党活动，是在灭亡中的资产阶级向我们欣欣向荣的社会主义事业进行的一种绝望的进攻。

陈伯达说，在民主革命时期彭德怀同志同毛泽东同志正确路线的分歧是如何进行反帝反封建的革命方法上的分歧，但是还有反帝反封建的共同点。到了社会主义革命时期，问题已经不是革命方法上的分歧，而是要不要革命的问题。在新民主主义革命基本完成以后，是还要不要把社会主义革命进行到底的分歧。毛泽东同志和党中央坚定地领导社会主义革命进行到底，而相反，彭德怀却在实际上要使资本主义复辟。

陈伯达的文章发表在《红旗》杂志当年第 22 期上，12 月 13 日，中央又将此文印发给各级党委。

胡乔木的文章当时没有公开发表，只是在党内传布。庐山下来后，我已看不到任何党内文件，这篇文章是 1997 年才看到的，得以在本书第 3 版时补入。从文中可以证实一件事，即庐山通过"彭德怀反党集团"决议时，这个集团当时的成员除彭、黄、张、周外，还有李锐这个人。胡这篇长文，更全面地维护了毛泽东和三面红旗的历史地位。从文中也可以看到毛泽东有关"左倾"和右倾的这种看法："'左倾'分子还是忠于革命的，而右倾分子却是资产阶级的思想政治影响反映在党内的结果，他们是害怕革命、不要革命特别是不要社会主义革命的。"

庐山会议散了，接着的事情是北京开军委扩大会议深入批判彭德怀和黄克诚；外交部揭批张闻天反党集团；湖南省委揭批周小舟反党集团。我虽然只够资格当一名追随者，水电部还是先后花了几个月时间，揭批了"李锐反党集团"，直到 1960 年 2 月才最后结束。随着我下放北大荒劳动锻炼，走上此生中最艰难的二十年历程。

我的关于庐山会议的回忆，也就到此为止。我个人以后的事情，有无必要再来回忆，很难说定，因为那只不过关系到个人的沉浮，而庐山会议则关系党和国家的沉浮。我写出这篇实录，完全是为了让后人知道有这一段史实；前事不忘，后事之师。

# 结束语——庐山会议的教训

如前所述，在庐山召开的历时 46 天的政治局扩大会议和八届八中全会，在通过了《中国共产党八届八中全会关于以彭德怀同志为首的反党集团的错误的决议》和《为保卫党的总路线，反对右倾机会主义而斗争》的决议之后，于 1959 年 8 月 17 日宣布结束。我的关于会议的回忆也已经结束，下面要说的是我对庐山会议的总的看法。三十年之后作的回顾，也许可以说是比较接近"盖棺论定"了吧。

在这场惊心动魄、关系党和国家历史命运的党内大斗争中，对大跃进和人民公社化运动的错误敢于凛然直言的彭德怀，作了深刻剖析的张闻天，提出中肯批评的黄克诚、周小舟，被定性为"彭、黄、张、周右倾机会主义反党集团"。随之，全党展开了一场声势浩大的"反对右倾机会主义斗争"，并根据庐山会议"反右倾、鼓干劲"的精神，全国继续实行经济上的持续跃进。庐山会议的结局，不但没有达到纠"左"的预定目的，反而使"左倾"狂热如火上加油，愈益炽烈。庐山会议给中国社会政治、经济生活带来了难以估量的后果，从而阶级斗争的理论和实践进一步向党内、向中央领导层发展，终于不可避免地导致十年"文革"灾难的到来。

上面就我的记录本和当年保存下来的有关资料，将庐山会议的实况作了一个比较详细的叙述。特别是将毛泽东的几次讲话、谈话要点，以及两次常委会批彭德怀情况，尽可能如实录下，这样就便于了解会议和毛泽东晚年思想变化的过程。回头看这段史实，似可归纳为这样几点：

第一、大跃进和人民公社化运动是毛泽东晚年带有浓厚空想色彩的社会主义建设思想的实践。在运动中，毛泽东曾多次谈到自己的社会理想。他认为乡社合一，就是将来共产主义的雏形，工农商学兵，公社什么都要管。当时不仅是毛泽东，包括中央和地方的主要领导人，大都自豪地描述过几十年以后我国的情景，说那时我国的乡村中将是许多共产主义的公社，每个公社有自己的农业、工业，有大学、中学、小学，有医院，有科学研究机关，有商店和服务行业，有交通事业，有托儿所和公共食堂，有俱乐部，也有维持治安的警察，等等。若干乡村公社围绕着城市，又成为更大的共产主义公社。总之，前人的乌托邦的梦想将被实现，并将被超过。为了实现这样美妙的前景，还在理论上提出过破除资产阶级法权，取消商品货币关系，废除八级工资制和家庭私有经济等观点。毛泽东将大跃进和人民公社化视为是一场几亿人的伟大革命运动，在实践中谋求一步到位，运用战争年代政治挂帅、大搞群众运动和阶级斗争的经验，大搞"人海战术"，"拔白旗、插红旗"，"破除迷信，解放思想"，依靠人的主观能动作用来高速度发展社会生产力。"人有多大胆，地有多大产"，"不怕做不到，就怕想不到"等口号，成为一时风尚。毛泽东认为中国一穷二白是极大的好事（而不言经济文化条件太差，起点太低是最根本的困难），穷则思变，这是革命的天然基础。认为中国的农民比西方的工人先进，他们之中蕴藏着一股极大的社会主义积极性。他急于求成，夸大了主观意志的作用。然而，这个大运动仅仅沸腾了半年，问题便接踵而来：国民经济各种比例失调，工业生产全面紧张，高指标、瞎指挥、浮夸风、"共产风"等泛滥成灾，农村生产力和社会生活秩序遭到严重破坏。现实和理想发生了明显的冲突，迫使毛泽东和中央领导不能不有所冷静，寻找解决问题的对策。庐山会议前的两次郑州会议、武昌会议和上海会议，这半年中的主题就是纠"左"，整顿公社的所有制，对群众退赔，修改一些过高的指标等，以便解决继续跃进的问题。

尽管经过三年困难时期，人民公社化运动没有按照原来的设想发展下去，可是这一社会平均、公正和平等的思想，始终是毛泽东所执着追求的。"文革"之初发出的"五七指示"，曾作为

## 结束语——庐山会议的教训

"建设新世界的五七道路",全国都要办成"毛泽东思想的大学校",都要"学政治,学军事,学文化,又能从事农副业生产,又能办一些中小工厂,生产自己需要的若干产品",以此达到消灭分工,消灭商品,消灭差别的理想社会。

第二、当时纠"左",神仙会阶段提出的十八个问题,并不意味全党上下已清醒地认识了产生"左"的错误的思想根源。毛泽东并未放弃对理想社会的执着追求,他将运动中的成绩和错误做了惯用的形象比喻:九个指头同一个指头的关系(这也是当时大家普遍接受的比喻)。他一直把大跃进、人民公社看成是对马克思主义的创造性发展,是中国社会主义发展方向,不容许怀疑和反对。至于运动中有偏差和问题,则认为不必大惊小怪,是前进中的困难,是不可避免的,不断纠正就是了。如认为公社已整顿得差不多(还要保留公共食堂),工业只须再调整一下指标之类。而最关紧要的是,劲可鼓而不可泄,"三面红旗"决不允许怀疑,这样,形势就会很快好转起来。毛泽东的认识是党内大多数高级干部的共同认识。当时,有谁不愿意尽快改变中国"一穷二白"的面貌呢?有谁不向往"按需分配"的共产主义社会呢?当然,也有部分同志在严峻的事实面前比较冷静,对党内普遍滋长的"左"倾思想忧心忡忡,因此,对纠"左"的认识程度比一般人深刻一些,这就是"彭黄张周及其追随者",以及后来被打成"右倾机会主义"分子的一大批人。在庐山会议上,彭德怀上书言事,对总路线和大跃进还是肯定的。他的不同意见,主要是将错误出现的原因,归结为领导者的思想方法和工作作风有问题,是"小资产阶级狂热性",背离了"群众路线和实事求是",应该从指导思想上纠正"左"的东西。彭德怀尤其张闻天对"左"的错误的性质和程度的认识,比毛泽东深化了一层,就被认定为怀疑"三面红旗",当然不能容忍。毛泽东当时说得明白:一个百花齐放,一个人民公社,一个大跃进,赫鲁晓夫们是反对的,或者是怀疑的。这三件事要向全世界作战,包括党内大批反对派和怀疑派。因此，庐山会议也是反对"苏联修正主义"的嚆矢。

第三、庐山会议的严重政治后果，首先表现为"阶级斗争"理论的升级。毛泽东发动了对彭德怀、张闻天、黄克诚、周小舟等同志的批判，并对这场错误批判进行了理论概括："庐山出现的这一场斗争，是一场阶级斗争，是过去十年社会主义革命过程中资产阶级与无产阶级两大对抗阶级的生死斗争的继续。在中国、在我党，这一类斗争，看来还得斗下去，至少还要斗二十年，可能要斗半个世纪，总之要到阶级完全灭亡，斗争才会止息。旧的社会斗争止息了，新的社会斗争又起来。总之，按着唯物辩证法，矛盾和斗争是永远的，否则不成其为世界。资产阶级的政治家说：共产党的哲学就是斗争的哲学。一点也不错。不过，斗争形式，依时代不同而有所不同罢了。"由此，在反右派运动和大跃进运动中提出的，在三大改造基本完成后，国内还存在无产阶级和资产阶级两大对抗阶级、社会主义和资本主义两条道路的矛盾，是我国社会的主要矛盾的错误观点，就直接引申到了党内。毛泽东把彭德怀等为更好地纠正大跃进的错误而提出的正确意见，视为所谓"右倾机会主义的进攻"，而且尖锐到这种程度：他们进攻的实质，就是要代表资产阶级和上层小资产阶级的利益，分裂和涣散无产阶级的先锋队，组织机会主义的派别，破坏无产阶级专政，破坏社会主义革命，要按资产阶级的面貌来改造党、改造军队、改造世界。

毛泽东在庐山会议上，把"阶级斗争"理论运用于党内，同他对社会阶级和阶级斗争状况判断错误有密切关系。1956年9月党的八大通过的政治报告，根据社会主义改造即将完成的形势，对我国的阶级、阶级斗争和主要矛盾等重大问题，本来作出了正确的估计。八大报告指出：在我国，官僚买办资产阶级、地主阶级已经消灭，民族资产阶级作为阶级正在消灭的过程中；急风暴雨式的群众阶级斗争已经结束，无产阶级对资产阶级的阶级斗争

## 结束语——庐山会议的教训

已经取得基本的胜利，社会主义和资本主义谁战胜谁的问题已经解决；国内的主要矛盾不再是无产阶级与资产阶级的矛盾，而是人民对于经济文化迅速发展的需要同当前经济文化不能满足人民需要的矛盾；今后全党全国的主要任务是发展社会生产力。为毛泽东所同意的八大通过的正确路线，没能在实践中得到坚持。第二年，被严重地扩大化了的反右派运动，强化了"阶级斗争"理论。在 1957 年 10 月召开的党的八届三中全会上，毛泽东断言："无产阶级和资产阶级的矛盾，社会主义道路和资本主义道路的矛盾，毫无疑问，这是当前我国社会的主要矛盾。"1958 年 5 月党的八大二次会议，又重提我国还存在两个剥削阶级的错误观点，更为严重的是，开始将政治思想作为划分阶级的标准。在毛泽东看来，既然国内还有地主阶级和资产阶级两个剥削阶级，他们的反动思想必然要反映到党内来。虽然经过 1957 年反右派斗争，社会上的地、富、反、坏、右分子受到了清算，但他们并没有从历史舞台上消失，通过资产阶级知识分子，他们时刻在制造舆论，准备复辟，他们必然要在党内寻找其代理人。基于这样的认识，从大跃进运动一发动，毛泽东就把对阶级斗争的注意力逐渐移向党内。在运动中开展的"插红旗、拔白旗"的政治斗争，把社会上的种种对党不满同党内不同意见联系起来（当时在十几个省的省级干部中，揪出了"反党集团"和"右派集团"）。一些对运动有疑虑或发表了某种不同意见的讲真话的同志，就被认为是打白旗、促退派、观潮派，从而使"阶级斗争"理论在庐山会议"反右倾机会主义"的斗争中，发展到了一个新的阶段。

八届八中全会以后，从党的中央到地方以至基层，都开展了反对"右倾机会主义"的斗争，错误批判和处分了大批干部，许多对大跃进、人民公社化运动的错误提出过不同意见，讲了真话的同志，被扣上了右倾机会主义的帽子，全国戴帽子的共达三百几十万人，大大超过 1957 年的"右派分子"的数量。尤为严重的是，经过庐山的斗争，越来越多的领导干部接受了"阶级斗争"

实践，导致了这一错误理论不断发展，斗争的范围逐渐以党内为主，矛头日益指向党内领导层，最终出现"党内走资本主义道路的当权派"和"中央出修正主义"的判断。在这样一种理论的指引下，庐山会议—四清运动—"文化大革命"运动，自是当代历史合乎逻辑的发展。

第四、庐山会议直接破坏了党内正常的民主生活，党和国家政治体制上的弊端更加突出地显现出来。庐山会议由前期纠"左"，转为后期反右，转折点是7月23日，毛泽东以突然袭击的方式，发动了对彭德怀的极其严厉的批判和斗争。自此时起，没有人再讲大跃进、人民公社中的问题了，"问题不少"的中心议题被搁置一边。原来表示赞成或基本赞成彭德怀信中的观点的同志，也不得不迅即转变态度，有的还违心地进行了揭发批判。整个会议于是形成一边倒的形势。根据毛泽东的提议，政治局扩大会议结束后立即召开八届八中全会，进一步对彭德怀等人算历史旧账，作出政治结论和组织处理。

本来，党内发生原则意见分歧时，如果党内民主生活正常，党的领导人谦虚谨慎，大家能畅所欲言，一切不同意见尤其是少数人的意见能得到尊重，即对党的最高领导的监督和制衡机制健全时，是非自容易辨明，错误就可以避免。但经过南宁会议，到庐山会议时，党内民主生活已很不正常，所谓民主集中制，剩下的只是集中，集中于一个人的意志。庐山会议的形势，说到底，就是对毛泽东批评不得，尤其是有过"旧怨"的人批评不得。那时就已经感到"全党共诛之"的气势了。

刘少奇在八大作政治报告，"党的领导"一节有这样一段关于发扬党的民主生活的话："为了力求党的领导工作符合于客观实际，便利于集中群众的经验和意见，减少犯错误的机会，必须在党的各级组织中无例外地贯彻执行党的集体领导原则和扩大党内民主。一切重大问题的决定都要在适当的集体中经过充分的讨论，容许不同观点的无拘束的争论，以便比较全面地反映党内外

## 结束语——庐山会议的教训

群众的各种意见,也就是比较全面地反映客观事物发展过程中的各个侧面。每个领导者都必须善于耐心地听取和从容地考虑反对的意见,坚决地接受合理的反对意见或者反对意见中的合理部分。对于由正确动机,按正常程序提出任何反对意见的任何同志,必须继续和睦无间地共事,绝不要采取排斥的态度。只有这样,才会有真正的而不是形式的集体领导,才会有真正的而不是形式的党内团结,党的组织和事业也才会日益兴旺。"八大隔了三年了,这段话人们可能淡忘了,可是 4 月上海会议才过去两个月,关于提倡海瑞精神——敢于犯上直言,关于"有时真理掌握在一个人手里",关于"李锐怕鬼"(实际是赞扬李锐上书,但胆子还不大,要将副本送李富春,内容还写得太简略)的话,都还言犹在耳。然而,朝令可以夕改,喜怒可以无常。戴上一顶"敌对阶级"、"右倾机会主义"的大帽子,这些全党刚刚听到的话,就统统不作数了!

第五、庐山会议还推动了个人崇拜的发展。在延安时期,新中国成立前后,毛泽东曾比较注意反对个人崇拜,反对盲目迷信权威。1956 年《关于无产阶级专政的历史经验》,曾科学地总结了斯大林在个人崇拜问题上造成的错误,指出我们应当吸取的教训。关于反对个人崇拜,邓小平在八大修改党章的报告中,特别说到苏共二十大的一个重要功绩,就是告诉我们,把个人神化将会造成多么严重的恶果。坚持集体领导原则和反对个人崇拜的重要意义,对于各国共产党员产生了巨大影响。"很明显,个人决定重大问题,是同共产主义政党的建党原则相违背的,是必然要犯错误的,只有联系群众的集体领导,才符合于党的民主集中制原则,才便于尽量减少犯错误的机会。""同过去剥削阶级的领袖相反,工人阶级政党的领袖,不是在群众之上,而是在群众之中,不是在党之上,而是在党之中。"历史的不幸是,几年之间,社会主义改造,反右派斗争,都没有遇到什么抵抗,顺利进行,真可说是"接二连三的胜利",使毛泽东日渐骄傲起来。

1958年3月成都会议上,毛泽东说过这样一些话:一个班必须崇拜班长,不崇拜不得了。个人崇拜有两种:一种是正确的,如对马克思、恩格斯、列宁、斯大林正确的东西,我们必须崇拜,永远崇拜,不崇拜不得了,真理在他们手里,为什么不崇拜呢?另一种是不正确的崇拜,不加分析,盲目服从,这就不对了。反个人崇拜的目的也有两种,一种是反对不正确的个人崇拜,一种是反对崇拜别人,要求崇拜自己。把崇拜真理同崇拜个人相互混淆,毛泽东的这种说法,实际上为对他本人的个人崇拜起了推波助澜的作用。自延安整风运动之后,由于毛泽东多年来领导的正确,他对中国革命的丰功伟绩,为全党所公认。也由于客观环境需要树立党的领袖的威信,在宣传上我们确实长期习惯于把党的领袖说成只是毛泽东一个人,而从来不讲领袖是一个集体;把中国革命理论——毛泽东思想的形成说成只是毛泽东一个人的贡献,而不讲也包含集体智慧的结晶;把一切成就归功于毛泽东个人,少讲党和人民群众的作用;把领袖说成是绝对正确的,更不讲领袖也会有缺点,也可能犯错误,等等。长期这样宣传的结果,个人崇拜就自然成为顺理成章之事。当然,中国几千年封建主义宗法伦理观念和小农经济的影响,几十年农村环境和农民战争的影响,在广大党员和人民群众中,理所当然把毛泽东看做是中华民族的大救星,谁都衷心乐意高唱《东方红》。包括从青少年时期就投身推翻封建统治的一些老革命家,他们的革命意识中也难免受传统伦理思想的束缚,更何况那些别有用心的人。1958年3月成都会议上,当时华东协作区负责人兼上海市委第一书记柯庆施就提出:"相信毛主席要相信到迷信的程度,服从毛主席要服从到盲从的程度。""正确的个人崇拜",自然得到党内高级干部的赞同,可以说,当时都以推行对毛泽东的个人崇拜为荣。7月23日,毛泽东对彭德怀的批判发言中,讲到"始作俑者"时,在场的人无不为之动情,深感彭德怀上书言事伤害了毛主席。老帅劝说彭德怀作检讨时这样说道:主席在时,你尚且如此,若主

## 结束语——庐山会议的教训

席不在了,谁还管得住你。这种党内以个人是非为是非,不提倡独立思考,讲义气而不讲真理,大家确是安之若素的。因此,在全会闭幕后的第二天,刘少奇又向全体与会者专门讲了对革命群众运动的态度和个人崇拜的问题。说苏共二十大后,我们党内也有人学赫鲁晓夫,搞反对对毛主席的个人崇拜,从而批评了彭德怀,认为这实际上是对于党,对于无产阶级革命和人民事业的一种破坏力。

"神仙会"阶段,尽管对"左倾"错误认识的深度不同,但当时头脑清醒的人包括大区负责人,应当说是占多数的。不仅彭德怀、张闻天、周小舟等是如此,刘少奇、周恩来、朱德也都发了言,表了态。直到 7 月 23 日前,周恩来一直召集国务院各部负责人和地方负责人开会,算细账,抓调整。除开毛泽东立意要反彭德怀的右倾,翦除这一"历史隐患"之外,以柯庆施、康生为首的一些人,都触动不得,一触即跳。他们决不服输,过于护短,过于保护自己。他们还到毛泽东面前进谗言,加油添醋,渲染上纲,说"人都被彭德怀拉过去了"。这也就促成毛泽东的主观武断,以为彭德怀这回要"挂帅反毛",是"魏延反骨"作怪了。林彪上山之后,虽讲话次数不多,也没有在大会上慷慨陈词,张牙舞爪,但他三言两语,起了批彭定调的作用。庐山会议后,林彪当上了国防部长。之后,就进一步推动个人崇拜的发展,终于使这个野心家在"文革"期间有大肆活动的机会。无情的历史说明:没有监督、制衡的民主机制,个人迷信、个人崇拜的后果,是一旦领袖犯了错误,就必然导致全党跟着犯错误,造成长期的全局性的错误。

第六、庐山会议给国民经济造成的损失,当年比给政治生活蒙受的危害更为直接。在"反右倾、鼓干劲"精神鼓动下,各地不顾大跃进运动已经产生的严重比例失调和农业出现的危机,仍盲目坚持继续跃进,使国民经济日益紧张,造成严重的饥荒。突出表现为农业生产大倒退。根据后来的统计,1959 年,全国农业总产值比上年下降 13.6%，粮食实际产量只有 3400 亿斤，比上年减产 600 亿斤，仅为最后调整计划的 62%。棉花、糖料、油料、生猪等主要农产品也都大幅度减产。重工业继续追求高指标，1959 年，重工业总产值比上年增长 48%以上，钢产量达 1387 万吨，比上年增长 73.4%，生铁达到 2191 万吨，增长 60%。原煤、机床、发电量等也大幅度增加。1959 年，在工农业总产值中，重工业的比重由上年的 35.2%，提高到 43.8%。与此相反，农业的比重由 34.3%降到 25.1%。基本建设战线进一步拉长，1959 年全国基建投资在上年急剧膨胀的基础上，又增加了 81 亿元，增长 30%，总投资规模达到 350 亿元。由于基本建设战线长，投资效果差，新增固定资产交付使用率只有 69.2%，比投资效果已经相当差的 1958 年还低 5.6%。积累率异常膨胀，由上年的 33.9%，猛增到 43.8%，成为新中国成立以来最高的一年。积累额增加致使消费额比上年减少了 22 亿元，人民生活水平明显下降。1959 年，粮食总产量比上年减少 15%，而粮食征购量却比上年增加 14.7%，农民口粮大幅度减少。全年人均消费水平由上年的 83 元降到 65 元，下降了 22%。

1959 年底，国民经济已经步入严重困境，可是，陷入"左倾"冒进狂热的人们，看不到也不愿意承认严峻的现实。1960年1月中央政治局会议仍然估计，当年将是一个比上年更好的大跃进。计划完成钢产量 1840 万吨，并提出了八年完成农村人民公社从基本队有制过渡到基本社有制的设想。国家计委编制的 1960 年计划，仍然以大跃进为基本指导思想，提出继续进行"反右倾斗争"，争取国民经济的不断跃进。然而，违背社会发展规律和客观经济规律，企图用主观意志推动生产力高速度发展的急于求成的"左"的指导方针，只能导致更为惨重的失败。1960 年，农业继续减产，总产值比大幅度下降的 1959 年又下降了 12.6%，主要农产品都比上年大幅度减产。其中粮食减产 530 亿斤，棉花减产 1292 万担，油料减产 52.7%，生猪头数减少 32%。轻工业总产值比上年下降了 9.8%，在棉布、棉纱、食糖、卷烟等主要轻工业生产

## 结束语——庐山会议的教训

严重萎缩的情况下，重工业总产值却比上年增长了 25.9%。许多重工业产品产量，都比上年大量增加，其中钢产量达到 1866 万吨，比上年增加 479 万吨。基本建设战线继续拉长，积累率一直维持很高的水平。1960 年，全国基本建设投资总额达到 388.7 亿元，比上年增加了 39 亿元。基建投资在国民收入中的比重达 31%，是新中国成立以来最高的一年。国民经济各部门正常比例关系严重失调，农业、轻工业生产大幅度下降，国家财政出现赤字 81.8 亿元。货币发行过多，商品零售价格上涨，市场供应十分紧张，人民生活日益困难。从 1960 年第二季度开始，许多大城市粮食库存挖空，各地普遍缺粮缺布，全国被迫压低口粮标准，实行"低标准"、"瓜菜代"，减少民用棉花的供应定量，主要商品都实行凭票、凭证限量供应。全民营养不良，体质下降，造成成千万人非正常死亡。据《中国人口年鉴》的统计，1959 年，全国人口增加 1113 万，净增率为 10.1‰；1960 年，人口减少 1100 万，净增率为-45.7‰，1961 年，继续减少 348 万，净增率为-3.78‰。

由于庐山会议错误的"反右倾斗争"，不仅直接造成 1959 年至 1961 年连续三年严重的经济困难，更为严重的是，如前所述，阶级斗争和社会主义革命理论与实践的错误发展，终于导致十年"文化大革命"的内乱。

前事不忘，后事之师。庐山会议是全党和整个民族的历史悲剧。值得庆幸的是，具有生命力的政党和民族是决不忌讳自己前进中经历过的挫折和犯过的错误的。失败是成功之母。正视失败，才能从失败中得到启发，才能吸取教益，避免重蹈历史的覆辙。党的十一届三中全会对庐山会议的是非功过作出公正的结论，从而走上拨乱反正的大道。历史证明，我们的民族，我们的党，是经得起重大挫折和重大失败的。一切沉重的历史包袱，我们已经和正在卸去，我们会更轻装前进的。

# 附录

## 读《彭德怀自述》

一口气读完《彭德怀自述》(以下简称《自述》),思绪万千,感慨无穷。历史何等公正,人民何等幸运,十年动乱之后,终于能读到这样一本惊心动魄、震古烁今的《自述》。

1966年12月,彭老总从成都被揪到北京批斗游街,毒打致残,此后又被囚于暗室,专案审查,直到1974年11月29日去世。去世前已瘫痪,他对最后被允许看望他的侄女说:"这怎么办?这怎么办?我瘫了,可我的案子还没有搞清楚呀!"

《自述》是"犯人"的交代材料,作为对"专案审查"者的提问的回答:"不准表功,只准老老实实交代。"这些多年反复交代的材料是为了弄清所谓"案子"而问而写的。可是我们现在读到的却是一部中国红军建军史,中国共产党领导的三十年革命战争史;又是一个旧军队的士兵,如何毕生征战,终于成长为几百万革命部队统帅的历史;一个农民的儿子,怎样立志救贫,秘密结社,勤奋自学,终于变为无产阶级革命家的历史;总之,这是一个真正的共产党员、一个真正的人的历史。

彭老总一生的经历和成就,主要是领导打仗,《自述》写的也主要是军事斗争。他的对手最早是北洋军阀和国民党的军阀,后来是日本的将军,最后是美国的上将。枪林弹雨,出生入死,何止身经百战。他起义参加红军前,从士兵到当班、排、连、营、团长,打了十二年仗。他是红军当年最有实战经验的军事家之一(还是红军中第一个会打大炮的炮手)。他一生打败仗不多,战场上犯的重大错误也寥寥无几。读完"解放战争"、"抗美援朝"两章,使人更加感到这是中外古今战争史上少有的统帅。朝鲜停战协定签字后,联军总司令克拉克曾对他的僚属说:"美国上将在一个没有打胜的停战书上签字,这在美国历史上是第一次。"(引自《自述》。以下引文均引自《自述》)

1958年4月从武昌到广州开会时,我同彭总住在一起。他知

## 附录：读《彭德怀自述》

道我是平江人后，曾同我详细谈了平江起义的经过，还特别谈到他的一个心愿：今后想编写战史。战争是他的职业，他最心爱之物，一生心血倾注于此。往事、故人、战场，无不铭记于心。因此，尽管手边毫无可供参考的材料，身心又遭受如此严酷的摧残且独居暗室，想看见窗外一丝阳光而不可得，他却能将三、四十年的战争经历，戎马生涯写得这样清楚，乃至许许多多地名、日期都准确无误。作为一部历史文献，尤其是那些无其他人能提供的历史事件细节的第一手材料，自然最为人们所珍视，治史的人更会孜孜研究。读完全书之后，我首先想到的则是所谓"野心家"、"伪君子"以及"一贯反毛主席"的问题。这是1959年庐山会议时，林彪、康生等人对彭老总的诬蔑、批斗的主题，直到去世之日，一直戴在他身上的如磐枷锁。在庐山时，虽然彭总的一生我知道的不多，同他本人的接触也很有限，但同许多同志一样，绝对不能接受这种对他的诬蔑。我也被迫作检讨时，坦然承认说过这样的话：彭总伟大，只有他敢于写这样的信。其实，当时这种认识只是晚辈的一种感觉。现在读完《自述》，更清楚了解一些历史关节之后，我才真正知道彭总伟大在何处。

从《自述》中，可以举出红军初创时期的三件事，以说明彭总是一个何等赤胆忠心、照顾大局的人。

第一件事，率部守井冈山。1928年11月间，平江起义开辟了湘鄂赣根据地，成立边区特委之后，彭总和滕代远等率领红五军中的5个大队（有七八百人），前往井冈山与红四军会合。当时湘赣两省反动军队准备再次"围剿"井冈山。红四军约5000人，草鞋单衣，没盐吃，粮食很困难，只有离开井冈山到白区打土豪，才能生存、发展。可是上千的伤病残人员和妇幼无法安置，又不可能带走，势必派队留守。四军前委多次开会讨论，最后决定由五军这5个大队留守井冈山，让彭总兼任四军副军长。这是一个极其严重而冒险的任务。除彭、滕二人外，五军其他干部都不赞成留下，认为"我们是来取联络的，任务已完成，应立即回湘鄂赣边区，传达'六大决议'"。彭、滕"说服了不同意见的同志，准备牺牲局部，使主力安全向外发展"。当时敌人有两、三万人，敌我力量悬殊达三、四十倍。激战三昼夜之后，五路阵地有三路被敌突破，彭总集合3个大队约500人，带领伤病残员突围。"时值严寒，天下大雪，高山积雪尺许，我的干粮袋炒米丢失了，我不愿别人知道，两天未吃一粒米，饥饿疲乏，真有寸步难行之势。可是枪声一响，劲又不知从哪儿来的。"突围后又遇伏击，在赣南边界几县转战两个多月，巩固扩大了部队，打下瑞金，才跟四军重又会合。"我向四军前委汇报了撤出井冈山的经过。毛党代表说，这次很危险，不应该决定你们留守井冈山。"当时，毛泽东是有自我批评的。

第二件事，反对一、三军团分家。彭总领导的三军团原是独立发展起来的，1930年8月第二次打长沙，才同一军团联合成立一方面军。《自述》欣慰地写道："从此以后，我即在毛泽东同志为首的总前委领导之下进行工作了。"这之前，中央2月来信，对形势估计错误，要朱、毛离开红军，当时，彭总就给中央写信，表示不同意："时局紧张，主要负责人不能离开部队。""信是由四军前委转的，原稿留毛主席处。"1930年11月，第一次反"围剿"开始时，因三军团所部多是平江、浏阳与阳新、大冶人，有地方观念的干部反对过赣江，主张一、三军团分家，夹江东西而阵，各发展各的地区。而当时只有两个军团合起来，才有可能吃掉敌一个整师。《自述》说："为了消灭敌人，必须反对地方主义，在政治上以朱、毛为旗帜，集中统一红军，一、三军团不再分开。我这一票在当时是起相当作用的一票，站在哪一方面，哪一方面就占优势。"彭总分析形势，说明留在湘鄂赣的地方部队，可以坚持并扩大。"有意见到河东讨论，但不能妨碍行动，更不能说一、三军团分家。"毫无疑问，这是关系到第一次（及以后几次）反"围剿"能否胜利的大关节。

第三件事，揭露伪造信件。第一次反"围剿"是空前大战，毛泽东制定的方针是"放开两手，诱敌深入"，即把敌人引到根据地内来打。当时，地方正打AB团，三军团转向中心地带，以至连带路的向导也找不到。原来江西省委中有人怀疑毛泽东这一军事方针，说是右倾机会主义、退却路线，他们提出要"打到南昌去"。于是发生封锁红军，散发传单，写大标语"拥护朱、彭、黄，打倒毛泽东"等情况。这是分裂党、分裂红军的行动。这时

## 附录：读《彭德怀自述》

彭总突然接到一封仿毛字体的署名毛泽东的伪造信件，用以挑拨毛、彭之间关系。他根据自己的认识，立即断定："毛泽东同志决不是一个阴谋家，而是一个无产阶级政治家。这封信是伪造的，这是分裂红军、分裂党的险恶阴谋。"（这时发生的反AB团和富田事变，情况极为复杂，有待重新作历史总结）他当天就召开三军团紧急前委会议，亲笔写了一个简短的三军团宣言，坚决拥护毛政委、拥护总前委的领导，即刻将宣言和假信送到总前委。第二天，三军团开到离总前委15里的地方，"我亲自去请毛政委来三军团干部会上讲话，使三军团干部第一次看到毛政委"。

红军初创之时，党中央远在上海，各地红军揭竿而起，八仙过海，各显神通。如果说有"野心家"，这正是历代农民战争最容易发生"火并"之时。然而从以上三件事，我们能从彭总身上看到一丝一毫"野心家"的影子吗？恰恰相反，他完全不顾一己安危、局部利益，而完全、彻底服从全局。他自从认识到毛泽东同志的革命品质和正确领导之后，就敬佩之、服从之。当然，他不是一个喜欢盲从的人，对某种主张还没有认识清楚时，也许要保留一时，某些具体问题，也许一直有争论。但纵观全部《自述》，彭总在整个革命战争时期是执行了党的正确路线的。在决定出不出兵援朝的那次中央紧急会议上，在大家着重谈了出兵不利的情况之后，彭总（从兰州飞来）进入会场晚了一点，听到别的同志转述了毛泽东讲的这一段话："你们说的都有理由，但是别人处于国家危急时刻，我们站在旁边看，不论怎样说，心里也难过。"接着读下面这段《自述》，能不感动吗？"我刚到，未发言，内心想是应该出兵，救援朝鲜。散会后，中央管理科的同志把我送到北京饭店。当晚怎么也睡不着，我以为是沙发床，此福受不了，搬在地毯上，也睡不着。"（失眠者仔细分析了国内外形势之后）"把主席的四句话，反复念了几十遍，体会到这是一个国际主义和爱国主义相结合的指示。……我想到这里，认为出兵援朝是正确的，是必要的，是英明的决策，而且是迫不及待的。我想通了，拥护主席这一英明决策。"这就使人想到，整整二十年之后，"这一票"又是相当重要的。

彭总的老战友、老部下所写的怀念文章，不约而同多用这一类的标题："丹心昭日月，刚正垂千秋"，"神威不灭，浩气长存"，"忠心耿耿，铁骨铮铮"，"英雄气魄垂千古，国际精神召万民"……这自然是他们几十年的亲身感受和发自内心的由衷赞美。

可是，庐山会议却说彭总同毛主席的关系三七开（三分合作，七分对抗），说他执行了立三路线和王明路线。《自述》对后者有如实的说明。1930年传达立三路线，命令打武昌。彭总精通军事："前有坚城，后无退路，侧长江，背南湖。"真要打，"有全军覆灭的危险"，因此拒不执行。后来"妥协"一下：割据鄂南6县，打开岳州。7月，何键派3个旅进攻平江，三军团以8000人对3万之敌，3天打4仗，追歼溃敌，迅雷不及掩耳攻占长沙。"这在军事史上是不多的。"然而彭总却作了检讨："由于红三军团攻占长沙的胜利，对于立三路线，也起了支援作用。"8月，成立一方面军的会议上，经过讨论，总前委决定第二次打长沙。当时三军团半年内扩大了6倍，连续作战，没有休整。彭总说："我未发言。从三军团本身来说，迫切需要短期整训。"结果围攻长沙月余未下，后来经过毛泽东、朱德的说服，才撤出战斗，佯攻南昌，巧夺吉安。对此，彭总是坚决拥护和执行的。他是一个谦逊的人，从不掩饰自己的过失。在第四次反"围剿"前后，由于执行了当时中央领导的打赣州等错误命令，《自述》中有深刻的检讨。他是一个刚直不阿的人，从不隐瞒自己的观点，尤其遇到重大关键问题，决不计较个人得失而率直陈言。第五次反"围剿"前后，他已逐渐认识到王明路线的错误，从军事到政治，有过一系列抵制，而且每次都是直接给当时的中央领导人打电报，其间还写过长信，只是从未得到过答复。彭总被人看做是张飞，他也以此自诩，有时不免脾气暴躁一些。打仗的人，谁没有个脾气？由于不断唱反调，他被撤掉军委副主席职务。形势越来越严重，对比以前毛泽东的正确领导，彭总对当时中央的错误看得更加清楚了。1934年春广昌战役时，中央领导人亲自到前线督战，强迫三军团打阵地战，固守广昌，遭到惨重损失。在指挥所里，面对面争执，彭总"大胆地准备个人的不幸"，历数指挥

## 附录：读《彭德怀自述》

的错误，指着鼻子痛斥他们"是图上作业的战术家"，"崽卖爷田心不痛"。请看《自述》中正气凛然的记述："那次，我把那套旧军衣背在包里，准备随他（李德）到瑞金去，受公审，开除党籍，杀头，都准备了，无所顾虑了。"

抗日战争初期，彭总是否执行了王明路线呢？请看《自述》："至于'一切经过统一战线'这一条，原来思想上就没有准备实行。在当时，我们想，在日军占领区，蒋介石是去不了的，也管不着我们，一切还是照毛主席的独立自主方针办。到1938年秋六中全会时，八路军已发展到25万人，成立了许多暂编、新编、教导旅。这些从未通过国民党，如要通过它，一个也不会准。"

从长征到抗日战争、解放战争、抗美援朝，许多重大历史关节，彭总起过什么作用，众所周知，无庸赘述。所有这些，《自述》都有记载。但也有一些不为人知的细节。例如1939年冬彭总过西安，在程潜（时任国民党军委会委员长、西安行营主任）处当面大骂何绍南："再去绥德当专员，老百姓抓了你公审！"何未敢再去，绥德从此成为陕甘宁边区的一部分。他还对程说："今天谁要反共，他先放第一枪，我们立即放第二枪，这就叫做礼尚往来，还要放第三枪。"1940年第一次反磨擦战役，全歼朱怀冰两个师。当时处境严重，彭总来不及事先请示。"事后报告了中央，得到了认可。"又如，1947年3月，胡宗南进攻延安时，敌我兵力十比一，这时是彭总自动请缨的。

彭老总自幼没有读过多少书，在旧军队中靠自学提高了文化。在江西时，他曾觉得自己理论知识不够，颇有点"自卑感"。从童年起，他认识社会，体会人事，都是从自己的生活实践中来的。他的志向、思想、感情也大都不是从书本中来的。也许由于这些原故，他似乎很不习惯，更不善于为自己辩护。这可举长征时的会理会议为证。由于林彪想要改变军事领导的一封信，会议对彭总发生了误会。彭总并不知道写信之事。虽然"当时听了也有些难过"，"我就没有申明……采取了事久自然明的态度"。庐山会议又重提此事，因此，《自述》总结了这种不爱申辩的教训："在这二十四年中，主席大概讲过四次，我没有去向主席申明此事，也没有同其他任何同志谈过此事。从现在的经验教训来看，还是应当谈清楚的好，以免积累算总账，同时也可避免挑拨者利用。……像会理会议，我没有主动向主席说清楚，是我不对。"这是一个多么纯朴、多么过分自洁的人啊！

直到庐山会议，尽管种种诬蔑、斥责、非难铺天盖地而来，彭总仍然是照顾大局，不愿多作申辩。其实，大跃进时的种种问题，他早有察觉，部队中反映的有关材料，都及时给毛泽东送去。1958年12月，武昌会议公布粮产7500亿斤，他有所怀疑。随后到湖南视察，到了自己的家乡，情况更加清楚。他担心群众饿肚子，立即给中央打电报，认为不能征购1200亿斤，只能900亿斤。会议初期，在小组七次发言，想找毛泽东面谈未果，才亲自口述笔改写了那封有名的信。通观彭总一生言行、性格和为人，不难了解，这完全是一件自然而正常之事，何况信中还肯定了大跃进的"伟大成绩"。《自述》最后这一段话，真是令人不忍卒读："在会议发展的过程中，我采取了要什么就给什么的态度，只要不损害党和人民的利益就行，而对自己的错误作了一些不合事实的夸大检讨。惟有所谓'军事俱乐部'的问题，我坚持了实事求是的原则。对于这个问题，在庐山会议期间，就有追逼现象，特别以后在北京召开的军委扩大会议时期（8月下旬至9月上旬），这种现象尤为严重。"有一次："逼得我当时气极了，我说：'开除我的党籍，拿我去枪毙了罢！你们哪一个是[军事俱乐部]的成员，就自己来报名罢！'""在庐山会议结束后，我就想把我在军队三十年来的影响肃清、搞臭。""我只能毁灭自己，决不能损害党所领导的人民军队。"

同所谓"野心家"是诬蔑之词一样，所谓"伪君子"，主要是对彭老总出名的生活俭朴、厌恶奢侈的一种故意颠倒黑白的诬蔑。彭总的童年和少年，是在讨米、饿饭、砍柴、挖煤，当堤工这样苦难的生活中过来的。他的一个弟弟是活活饿死的。大年初二，祖母要带着三个小孙子出去讨米，"我立在门限上，我不愿去，讨米受人欺侮。祖母说，不去怎么办！昨天我要去，你又不同意，今天你又不去，一家人就活活饿死吗？！寒风凛冽，雪花横飘，她，年过七十的老太婆，白发苍苍，一双小脚，带着两个

附录：读《彭德怀自述》

孙孙（我三弟还不到四岁），拄着棍子，一步一扭地走出去。我看了，真如利刀刺心那样难过。"写这些"交代材料"时，写到伤心的时候，我们威震寰宇的统帅，常常写哭了，眼泪打湿了纸张。"他们走远了，我拿着柴刀上山去砍柴，卖了十文钱，兑了一小包盐。砍柴时发现枯树兜上一大堆寒菌，捡回来煮了一锅，我和父亲、伯祖父先吃了一些。祖母他们黄昏才回来，讨了一袋饭，还有三升米。祖母把饭倒在菌汤内，叫伯祖、父亲和我吃。我不肯吃，祖母哭了，说：'讨回来的饭，你又不吃，有吃大家活，没有吃的就死在一起吧！'""每一回忆至此，我就流泪，就伤心，今天还是这样。不写了！""在我的生活中，这样的伤心遭遇，何止几百次！"

彭总一生不忘本，一生关心、热爱劳动人民，始终保持最朴素的阶级感情，尤其严格要求自己，这同他童年的苦难生活分不开。"在以后的日子里，我常常回忆到幼年的遭遇，鞭策自己不要腐化，不要忘记贫苦人民的生活。"

在庐山时，彭总说过，他一生不保留笔记与文字材料。可是他却为后代保留了这样一本《自述》。彭总很喜欢《离骚》中的两句："路漫漫其修远兮，吾将上下而求索。"《离骚》与《自述》相距两千多年，内容与价值自然不同，但两位作者的正道直行，竭忠尽智，志洁行廉，为后人之楷模，可与日月争光，则是相同的。这本《自述》应当向每一个青年、每一个共产党员推荐；这是一部做一个真正的共产党员、一个真正的人的教科书。

1982年2月
（原载1982年《人民日报》）

## 一个一辈子讲真话的人
### ——我认识的黄克诚

第一次见到黄克诚，是 1948 年 3 月在东北局平分土地运动的总结会上，那时我刚从热河调来。哈尔滨是后方，大家衣着都比较整洁，不那么土气了，只有黄穿一身枯黄色旧军装，特别显眼。至今留在记忆中的是会上他同凯丰的激烈争论。高岗去了热河半年，这段时期由凯丰主持，许多地方执行政策"左"，"贫雇农打天下坐天下"，侵犯了中农，杀人也过多。黄的纯粹湘南土音，我是每句都听得清楚的，有一句话记得最清楚，他最后站起来，声色俱厉地说："左"得跟江西差不多，这种严重错误，是被战争的胜利掩盖了。

会开完后，黄即调到热河任冀察热辽分局书记，这是一个艰苦地区，我原在该区任报社社长。后来南下时听报社的同志说，黄一到热河，处事雷厉风行，如干部一律吃大灶，分局负责同志只有个别有肠胃病的例外。报社班子随黄进天津，后又南下湖南。在湖南三年中，我先后主持报社和省委宣传部的工作，省委的大小会议始终参加，还常去黄的家中，同他逐渐无话不谈。在湖南，大家亲切地叫他"黄老"，他时年不到五十，大概由于高度近视，人又显得苍老，这个称号沿用已久。我入党之后，经过抗战前后地下党时期，延安六年，热河东北四年，以及在湖南这三年，上下级和工作关系中，熟识的老同志包括中央领导同志不在少数。但敢于没遮拦，随便交心，明明知道对方不会同意，也敢于表达、敢于坚持己见的，黄老是头一个。大家知道，多年来风风雨雨，同顶头上司建立这种信任，多么不易！为什么能够这样做到？不摆架子，平易近人，为人耿直等，这种优点，不少老同志都具备，但光有这些，还不一定能建立上述这种关系。同窗老友见了面，往往可以随便交谈，不怕走火，但上下级之间，总是戒心多一些。一同黄老接近，就使人从骨子里感到，他是一点领导气、官气（俗话叫"首长架子"）都没有的，是一个从思想作风到生活小节，在待人接物上，非常随便随和，真正平等待人，也从不掩饰自己观点的人。他身上既没有农民习气，也没有

## 附录：一个一辈子讲真话的人——我认识的黄克诚

知识分子习气和军队干部习气，是一个什么"气"都没有的人。在他面前，百无禁忌，使你敢于直言，敢于顶撞。

湖南刚解放，是新区，报纸的作用大，天天有社论，社会重视，群众关心。那时还有民主党派的报纸。朝鲜战争爆发时，群众关心国际形势，疑问极多，尤其害怕三次世界大战爆发，对此报纸不能缄默不言，尤其对同行还有个舆论导向问题。可是，按照惯例，地方报纸对国际形势无发言权。鉴于广大读者的迫切需要，不及等待中央报纸的声音，我接连发表了许多篇由自己执笔的社论和评论，这也同平时省委对我的信任和放手有关。但关于三次大战等问题，我同省委领导也同黄老发生了很大争论。于是，只好向中央请示。中央宣传部随即回电：同意报社的做法。记得黄老将回电给我看时，笑着向我说：李锐，你胜利了。还有一回在他家里，谈起我军刚到东北时的困难形势。他率领三万五千华中部队，长途跋涉，历时两月，出山海关到辽西时，部队已非常疲惫，还有减员，不休整无以作战。关于当时东北的战略方针，他认为必先建根据地，站稳脚跟，作长期准备，不能急于求成，没有巩固的后方，不能作战。他将这些看法和当时困难情况，两次电告中央，同当时林彪、高岗等人意见不谋而合。于是就议论到高岗其人。根据自己在热河和哈尔滨时（住在高的家中），同高密切接触中的印象，我谈起高的严重缺点，其中一条是用人有亲疏、有小圈子。黄虽不以为然，但也并不介意于我。刚到湖南时，省委内部人事关系，有过个别不协调之事。由于黄老威信高，没有发生什么问题。

在学生时代，我虽然读工科，但对历史一直有兴趣。在延安经过整风抢救，很想多了解些党内斗争的历史情况。于是同黄老的谈话中，常问及这方面的问题，如"AB团"到底怎么回事。还问过这样的问题：在江西反"围剿"时，毛主席威信高，为什么王明路线一来，夺了他的权，中央高层中无人挺身支持他？黄谈到党内"左"的病根很深，大家惯于盲目服从，也谈到毛的性格脾气以及用人缺点，因此失掉一部分人心。关于用人缺点，《黄克诚回忆录》（上）有一段这样的记载：有一个原反对毛的一军团的干部何笃才，下放到三军团黄那个师当宣传科长，何很称赞毛的本事，没有人能超过。"我问他，既然如此，你为什么要站到反对毛泽东的一边呢？他说，他不反对毛泽东的政治路线，而是反对毛泽东的组织路线。我说，政治路线正确，组织路线上有点偏差关系不大吧？他说，不行！政治路线、组织路线都不应该有偏差，都是'左'不得，右不得的。我问他：毛泽东的组织路线究竟有什么问题？他说，毛泽东过于使用顺从自己的人，对待不同意见的人不能一视同仁。何笃才还举例说，像李韶九这个人，品质很坏，就是因为李会顺从，骗取了信任，而受到重用，被赋予很大权力。结果，干坏了事情也不被追究。这样的组织路线，何以能服人？"李韶九可谓江西时期的康生，此人采用逼供信，大肆捕人，刑讯逼供，屈打成招，因而激起富田事变，造成大打"AB团"的错误肃反。

这种记不清次数的漫谈中，黄老谈过他自己一生中的重要经历，说他被批判为"右倾"、"右倾机会主义"，以及受降职处分等，总不下十来次。这些情况在他的《回忆录》中有较详细的叙述。在过去漫长的战争年代，由于"左倾"盲动、立三路线，尤其王明路线的长期干扰，同时党有纪律约束，必须服从上级的形势下，使得人们惯于服从，不敢讲真话。可是，不论教训有过多少次，吃过多少亏，黄克诚始终是一个一贯敢于讲真话的人。如果碰上一个不整人的上级，意见不一，他就会争论不已，吵架不休。

早在大革命失败后，黄离开唐生智部，辗转回到家乡湘南永兴县时，特别支部决定组织暴动，夺取县城。他以为力量过于单薄，主张先发动群众，准备条件。尽管事实上暴动没能起来，他还是受到严厉批判。这是他第一次被说成右倾机会主义。那时湘南特委积极推行第一次"左倾"盲动路线，命令各县大烧大杀，不仅要烧掉县城和土豪劣绅的房屋，还要将沿衡阳至广东乐昌间大路两侧村庄，统统烧掉。黄不顺县委领导批他右倾机会主义，还是设法保住了永兴县城，没有烧掉。他的哥哥是老实农民，很不赞成烧房子，说地主房子为什么不能分给穷人呢？他深知农民群众对乱烧滥杀，非常反感。从井冈山回来的人说毛泽东也是不赞成烧杀的，这使他对自己的看法更加坚定，于是将不许烧房子

## 附录：一个一辈子讲真话的人——我认识的黄克诚

规定为部队的一条纪律。当时由于坚决反对乱杀无辜的做法，黄还一再同县委领导唱反调。县委开会批判他右倾，责令检讨，他拒不认错，于是被撤销县委委员职务，不准他参加党的会议，只让他带兵守城。

朱、毛在井冈山会师后，湘南5县共有8000农民武装撤退到井冈山，后因环境困难而仓促决定，将这8000子弟兵编成四路游击队，仍分散回到敌强我弱的湘南各县去打游击，黄任第二路司令。领导无经验，农民恋故土，这支初出茅庐的队伍，除开保留少数干部和人员外，很快就被敌人全部打垮了，并且遭致各县的大屠杀，一片白色恐怖。黄克诚与一个同伴从永兴孤身出走，浪迹四方，求食宿，找组织。从1928年10月到1930年春，他从武汉到上海到天津一带，最后又回到上海。其间目睹大革命失败后，大城市中党组织惨遭破坏的情况，自己饱尝流浪孤独之苦。这一段生活，使他深深感到敌我力量的悬殊，没有根据地做依托，不能发展武装力量，革命很难前进，连个人的生存都成问题。最后在上海接上组织关系后，中央军委派他到红三军团工作。这时立三路线提出了组织全国中心城市武装起义的计划，传达到三军团。黄克诚预感到情况不妙，以为拿现有的力量去攻打大城市，无异以卵击石。于是给军团总指挥彭德怀写信，陈述自己的看法。三军团打下平江之后，讨论下一步的行动，黄再次提出反对攻打大城市的意见。他根据自己的亲身经历，知道城市决不可能举行暴动，根本不具备夺取武汉的条件。他也不赞成暴动夺取长沙的主张，以为只能相机智取。黄的这些意见受到严厉批评，认为他不宜担任重要领导工作，撤销了原要委他为纵队政治委员的任命。

1932年初，苏区中央局决定红一方面军夺取赣州，黄时任三军团一师政委，为主攻部队。事前他极力反对打赣州。后来赣州久攻未克，伤亡重大，敌军反攻，始被迫撤围。战役进行中，黄曾数次建议撤退，并批评彭德怀为"半立三路线"，敌反攻时，未接命令，主动撤走，幸未追究。后来开会批判，被认为对抗中央路线，还说他一贯右倾，如反对中央的土地政策，支持打"土围子"扩大苏区（这都是毛泽东的主张）等，黄不服气。部队过赣江西岸之后，一路行军，一路挨批判，黄也就同批判他的军政治委员贺昌争吵了一路，拒不作检讨，并表示要同他们争论二十年。这次没有受处分。这年10月，开了批判毛泽东的宁都会议之后，三军团随即在广昌开会，贯彻宁都会议精神。因为黄支持毛的路线，就把他拉出来批判，会后撤销了他第三师政治委员的职务。

长征途中，黄一直做三军团先头部队第四师的政委，突破敌人四道封锁线，斩关夺隘，浴血奋战，先后两位师长阵亡，一位师长重伤，他几度遇险，千钧一发，幸免于难。在第二次占领遵义后，他看到主力红军受到如此重大削弱，再也经不起消耗了，便向领导同志提出：当前保存革命力量为第一重要，应当尽量避免打硬仗。他还具体谈到有几次战斗，其实是不必打的。黄的这次谈话，又一次被认为是右倾和缺乏信心的表现，又认为他已不宜于带兵打仗，调离所在部队，回军团司令部试用。后经他恳求分配点工作，才任命为司令部侦察科长。在会理会议之后，批判右倾机会主义时，黄虽已不担任领导工作，由于是"老右倾"，又被当做靶子，被批判了一通。

红军出了草地之后，从一军团调了几名领导干部到三军团。黄不改好提意见的秉性，依旧照常向新来的领导提意见，并坚持自己的看法。于是被认为"狂妄"，"目无组织"，甚至有这种说法：像黄克诚这样的人，年纪大了（当时他不过三十来岁），又不中用，当个普通战士都不够格，还怕他掉队，落入敌手以成后患。这说明他当时处在一种相当危险的境地。三军团多年来在彭德怀言传身教的影响下，不论环境如何变化，始终保持艰苦朴素本色，上下一致，伙食一律，无人搞特殊化。对新来的领导聚在一起改善伙食，干部和战士看不惯，难免讲些怪话，加以个别战士有违反纪律的行为，值此部队极端疲惫和减员之时，新来领导准备审查干部、整顿纪律，要处理所谓问题严重的人。黄于是又找领导谈：经过千辛万苦，刚走出草地，有问题应以教育为主，不能再搞这等脱离群众之事。军团领导本来准备安排黄担任纵队组织部长之职，也因此而告吹了。

在军事行动方面，黄克诚"一贯右倾"。在肃反斗争方面，

## 附录：一个一辈子讲真话的人——我认识的黄克诚

黄克诚也"一贯右倾"。中央苏区开始打"AB团"的肃反运动时，黄时任三军团四师政委。最初他也盲从过，虽然比较保守，但也肃掉了一些。上边一号召，下边一哄而起，就是搞逼供信。他在《回忆录》中说："我对'AB团'的存在及其危害性，对'阶级决战'的口号和所谓'地主富农钻进革命阵营内破坏革命'的事实，开始一段深信不疑，对上级的指示和部署，完全是自觉地遵照执行，从而，铸成了遗憾终生的大错，至今回想起来，犹感沉痛不已。如果要细算历史旧账，仅此一笔，黄克诚颈上这一颗人头是不够抵偿的。由于这次错误的教训太惨痛了，使我刻骨铭心，毕生难忘。所以，以后凡是碰到搞肃反、整人之类的政治运动时，我就不肯盲从了。"黄克诚是一个真正不二过的人。

第三次反"围剿"之前，开始了第二次大规模肃反打"AB团"运动。黄时任第三师政委，上边命令抓捕所谓"AB团"分子，他就拒绝执行了。可是当时肃反委员会权力太大，三师中还是杀掉了一批干部，其中有不少是很优秀的干部，如前面提到的何笃才便是。何是湖北人，师范学生，参加过南昌起义，对一军团的情况很熟悉，黄同他相处中，无所不谈。以后再要抓人，黄就硬着头皮顶住，坚决不从，还对肃反委员会的人说：你们要抓的人中，并没有一个地主、富农分子。后来实在顶不住了，就悄悄通知名单上的人上山躲藏起来，打仗时再下山参加战斗。但最后这些人还是被找到杀掉了。他为此无限痛心，悲愤地质问肃反委员会，为什么滥杀无辜？同他们大吵了一通。因此黄也被怀疑是"AB团"，"托陈取消派"，决定将他抓起来"审查"。在三军团，黄同彭德怀之间已建立了相互直言的关系，有时吵了架也相安无事。这时幸亏彭深深信任这位打仗和进言都勇敢的部下，进行了干预，他才得免于难。但仍然被戴上一顶"右倾机会主义"的帽子，撤掉了他三师政委的职务，分配到军团司令部当秘书。他对彭德怀的干预从来不知道，彭也从未跟他谈过此事。后来庐山会议上受批判时，说他支持彭的《意见书》，是为了报救命之恩，他才知道这件事情的原委。1959年庐山会议8月1日常委会后，毛泽东留我们旁听的四个人吃饭时，就曾问过黄、彭"父子关系"的说法。1931年12月，开始纠正肃反"扩大化"之后，黄才又被起用，任一师政委。一上任就赶上前面谈到的打赣州。

1935年9月，长征的红军向陕北作最后的进军。指战员体力消耗很大，伤病员很多，行军时掉队的人仍一路不断。保卫部门怀疑这些人情绪不振，会投敌叛变，决定严办。当时黄已降职担任军事裁判所所长，对这些同志实在不忍处理，有一位受过重伤的管理科长，只因过草地时丢掉几名伤兵，也要交付审判。他就去找上面求情，却遭到了狠狠的训斥，撤掉了他所长的职务。总结了这些沉痛的教训，抗日战争中他在新四军时，在华中局扩大会上作报告，谈到审干和锄奸问题，提出了"宁可错放，不可错杀"的主张。

抗日战争时期，由于毛泽东和中央的正确领导，在华中新四军的战斗岁月中，黄克诚的处境比过去内战时期大不相同，得以发挥自己的才能，为苏北根据地的主要创建人。他的严格的实事求是精神，遇事多从困难处着眼的作风，在实践中自有新的发展。他的好提意见并坚持己见的性格，自然也丝毫没有改变。因此，也发生过同华中局领导意见相左之事。1940年，同国民党军韩德勤部的反"磨擦"战役，取得黄桥胜利之后，12月的曹甸之战，从政治到军事，黄都是不同意打的，尤其在水网地区攻坚作战，于我十分不利。后来在打法上，根据历史上的作战经验，黄还作过具体建议，未被采纳。曹甸战役终于没有打好，他却被认为右倾，撤了第五纵队司令员职务，保留政治委员职务，司令员由陈毅兼。陈不能到任，实际上黄仍是一身二任。1941年夏，日军大"扫荡"，他又同华中局领导发生"保卫盐城"之争，又被认为不服从指挥，开干部会对他进行批评。他不服，坚持自己战前所提意见的正确，战役未达预期目的，不是他不服从指挥，而是上级指挥不当。当时华中局和军部都在盐城，在日军"扫荡"开始时，他建议及早撤离，跳出敌包围圈，分散游击，伺机反击。盐城终于未能守住，仓促撤退，造成损失。他联系上次打曹甸战役，认为两次都是上级处置有误。由于争论相持不下，黄便电告中央，中央将电报转回华中局，仍争论不已。虽然意见未变，黄感到这样下去，极不利于团结对敌大局，于是委屈到底，

### 附录：一个一辈子讲真话的人——我认识的黄克诚

服从组织决定，在华中局会议和干部会议上作了检讨，还向毛主席发电作了自我批评。事后，他同陈毅交心，终于消除一些误会。1942年陈毅总结曹甸战役时，从政治到军事，都承认有不当之处。这以后，黄率领的新四军第三师，在苏北频繁作战，不断胜利，建立了巩固的抗日根据地。日本投降之后，他认为这是我军进军东北的大好时机，不顾饶漱石的阻挠，他以自己的名义，向中央发了一份一千几百字的长电，陈述对当时形势的看法，如何在军事上经略华北、山东，收缩华中，调5万最好10万主力出关争取东北。后来中央的方针和实践，证明了这份电报的起草者确是一位卓越的军事家和政治家。

我曾同黄老谈过我在延安被"抢救"，关了一年多监牢的情况，他就谈到他当年是如何抵制这一运动的。1943年四、五月间，华中局奉中央令开展"抢救运动"时，黄就建议，要接受打"AB团"的教训，不要执行，以免发生逼供信的错误。可是，华中局不能不执行。他没有办法，只好在自己所属的第七旅，亲自去搞试点。有几个人硬逼时极不正常，抓起来一审讯，就乱供一气，不着边际了。黄于是立即命令停止"抢救"，将被"抢救"的人统统释放，做好善后工作。同时立即通知所属部队和管辖地区，一律不开展"抢救"运动，从而在苏北和三师避免了这场灾难。他的《回忆录》中，还谈到在华中局汇报审干和"抢救"运动情况时，他如何及时解救了曾希圣（第七师政委、黄在衡阳第三师范的老同学）的被打成"特务"的爱人，从而发现"人证"所在的谭震林第二师，每个团都"抢救"了百把人。于是，饶漱石同意黄的建议，对被"抢救"的干部进行甄别平反。

1952年春，得知即将开始第一个五年计划，我就以在大学学工科为由，向省委坚决要求转业到工业系统。自己在宣传和新闻工作岗位十来年，深感坐而论道，眼高手低的空疏之病，应当去做点实际工作了。可是，我是本地人，省委以为我应留在湖南，黄老甚至认为我应向理论方面发展。后来他自己也奉命调中央，最后省委才同意我的要求。到北京后，同黄老仍保持来往，每年总要去看望他两三次，同他漫谈，获得教益。在水电总局创业之初，为争取部队的转业干部，向他求过援。黄河规划酝酿三门峡方案时，他曾表示过怀疑。1958年1月，参加中央南宁会议讨论三峡问题后，回来不几天的一个晚上，我特去黄老家，告诉他我的意外遭遇（三峡问题采纳了我的意见，毛主席命我当他的兼职秘书），自己非常不安，怕以后出事。记得调离湖南时，黄老曾告诉我：发言权不要太高。我还向他反映了胡乔木的一种看法，毛主席这时有一种类似抗战初期的兴奋心态。大跃进期间，忙得团团转，同黄老很少接触。1959年庐山会议之前，我从西南各省转到长沙时，同周小舟有过一次长谈，交换对大跃进各种问题的看法。小舟告诉我，黄老3月间来过湖南，到浏阳等地看过小高炉炼铁，认为这样炼铁，浪费资源，劳民伤财，太不划算了，这种不讲经济不讲科学的蠢做法，是得不偿失的。他肯定湖南没有强迫推广密植做得对，粮打得多一些，不像湖北、广东，有些地方已经开始饿肚子。小舟还告诉我，北戴河会议时，通过了全国搞人民公社的决议后，黄老曾向他谈过（在座有陶铸、王任重等），人民公社挂个牌子算了。黄老这次走了几个省，深深感到，到下面了解真实情况，已很困难。3月2日，他在邵阳对陪同他的地委正副书记和军分区政委，讲了这样一段话："近年来，在我们党内，在我们干部中，有一种反常现象，不敢说真话。说真话的受压制打击，看风说假话的反被提拔重用。有些假话是上面逼出来的。上面瞎指挥，下面怕戴"右倾"帽子，就大放"卫星"，讲粮食亩产几万斤，一个县讲生产钢铁多少万吨。"他最后说："我见到什么问题，喜欢一吐为快，敢讲真话，实事求是。正面的意见，反面的意见我都听，不主观武断，不无理压服别人。"（《湖南党史月刊》1988年第1期）

1959年庐山会议，黄老是7月17日上山的，这时彭德怀的《意见书》已经印发。18日一早，周小舟、周惠和我去看望他，我们都谈到，在小组会上还有不能多谈缺点的压力。黄说，在书记处的会议上他也讲过，我黄克诚总还算一个敢讲点真话的人，但现在也不好讲了。谈到彭总的信，黄说粗看了一下，有漏洞，有问题，还有刺。按照实际情况，缺点还可以说得更重一些，但这话不能对彭说。他明明知道会议对大跃进的看法，还有分歧，他尤其清楚毛、彭之间存在历史上的恩恩怨怨，有些老疙瘩一直没

## 附录：一个一辈子讲真话的人——我认识的黄克诚

有解开。他也知道这时要他上山来，自有特殊原因，但他还是在19日的小组会讲了真话，以支持彭的意见。他大谈大跃进中的缺点，说有缺点不可怕，可怕的是有缺点不讲。当时河南最早放炼铁"卫星"，中央工交工作部副部长高扬去调查，向中央报告了真实情况，河南省委大为光火。他说，这就是报喜高兴，报忧就不愉快。他用这样一句话结束他的发言：毛主席讲过开动脑筋，放下包袱，缺点不讲，总是个包袱。

关于庐山会议的情况，其中彭、黄、张、周和我这个"追随者"的详情，我已如实在《庐山会议实录》一书中交代。这里只重提两件事。一是7月23日毛主席批彭讲话后，当天晚上，我思想不通，去找周小舟、周惠交谈，这已是很不应当的了。不幸的是，周小舟硬要再去找黄老一谈，我说了这样担心的话"人家会说我们还有小组织活动"，也未能阻止住，黄老只好同意我们去。黄一直劝导我们，有意见可以再去找毛主席谈清楚。小舟和我仍激动，小舟说了"斯大林晚年"的比喻。此事最后被捅开，当然更是火上加油，定案成"反党集团"。弄成这个局面，23日夜之事有很大关系，至今仍感到内疚无已。二是，我们三个人（我与二周）几次作检讨写交代，关于黄老，我们都无一字一句贬语，都是实事求是地讲他为人处世的长处，尤其民主作风好，对干部宽厚，以及我们对他的敬重等。这是至今感到的一种宽慰。庐山会议最后阶段，迫于形势，必须维护党的总路线，维护党的团结一致，维护毛主席和党中央的威信，彭德怀、黄克诚和张闻天只能"缴械投降"，"要什么给什么"，把一切都兜揽起来。他们做这种违心之事，当然痛苦万分。那又有什么法子呢，这是历史铸成的。黄老后来对他的儿女说过，庐山会议后期，他还是违心地认了账，虽说这是万不得已，出于服从决定、服从上级的惯性，但总觉得自己讲了不实事求是的话，心中一直耿耿。正由于这个教训，在"文化大革命"中写检讨交代时，他就变得更加"顽固不化"了。这里我想附带说一下黄老的家风，他是怎样教育四个儿女的。他的"家训"有："你们要靠自己的努力奋斗成才，不要靠我的什么'关系''后门'，我黄克诚是没有什么后门可走的。""你们要学革命，不要学世故。千万不可不学革命，却把世故学会了。"(《新观察》1987年第15期)这四个儿女我都认识,且小有往来,他们作风朴实,都是"寻常百姓",都有"乃父之风"。

　　1979年初回到北京恢复工作后,仍然同50年代一样,每年总要去看望黄老几次,回忆旧事,评论人物,更多的是议论形势,关心国家大局。有时仍然免不了争论,乃至相持不下。1980年尾讨论《历史决议》前后,我们也谈过毛主席的功过评价问题,对我教益很大。他的《回忆录》关于这个问题有一篇附录,从历史上许多重大关节之处,来阐述毛泽东无可替代的功勋,说明没有毛泽东的领导,就不可能诞生一个新中国。他也实事求是地谈到毛晚年的错误,但反对以轻薄的态度,感情用事的态度来评价。最后从古往今来的历史出发,得出结论:必须捍卫和发展毛泽东思想,这是我们的精神武器。这篇文章发表后,对全党和全国人民正确地认识毛泽东的一生及其功过,起了很好的教育作用。

　　1986年黄老病重时,我几次去医院看望。最后病危时,他反对再进行抢救,认为毫无意义,要拔掉身上那些管子,经过医护人员保护才止住。1979年回到北京第一次去看他时,他就谈到彭老总去世前的种种惨状,这时他不免又想起彭老总来,说自己也不料能活到84岁。病危时我去过医院两次,已只能隔窗探视,病床周围架满各种医疗器械,不得近前。医生说:独心脏坚强,尚能搏动。隔约半月,12月28日正午,电话中得知噩耗,赶到医院,入病室,始见瘦削面容。在遗体前久久伫立,不禁悲从中来,近四十年来可以交心的人,从兹永诀!

　　这天晚上,久久不能入睡,吟得八句,以寄哀思,并在《人民日报》刊出:

可以交心人永诀,难于握管我伤情。
忘年道谁兼师友,忆昔狂潮共醉醒。
九畹贞风当世仰,一身正气有公评。
更聆教诲今无及,时下何堪失直声。

　　几年来,一直想写篇文章怀念黄老,来稍稍说明诗中的意思。今年是黄老90岁诞辰,不能再拖了。上面所写的这些琐琐碎碎,也只是主要从讲真话这个侧面,来介绍黄克诚这个不是凤毛

附录：一个一辈子讲真话的人——我认识的黄克诚

麟角，也是难于遇见的真正共产党人、真正的人。不讲真话，听不到真话，我们曾经付出过多么巨大的代价。大家都知道，其原因主要在我们一直缺乏应有的民主生活。如果今后能够做到，大家都愿意都能够讲真话了，相信我们的黄老定会含笑九泉。

1992 年 10 月下旬

（原载 1992 年 12 月 25 日《文汇报》）

### 重读张闻天的《庐山发言》

去年 9 月刘英同志来信说"闻天同志含冤去世已经八年多了，明年是他的八十五周年诞辰，有关方面计划为他出版一本纪念文集。你和闻天同志在庐山受难，很希望你能写一篇文章"。不久前，《张闻天选集》编辑工作小组将《选集》文章送了一套与我，其中就有张闻天在庐山的那篇有名的长篇发言。重读之后，一方面引起往事的回忆，另一方面更加深了对张闻天的敬重。

大家知道，1959 年庐山会议的后期，批判彭、黄、张、周"右倾机会主义反党集团"时，张闻天被目为"武文合璧，相得益彰"的"副帅"，受冲击也是极为严重的。攻击的靶子就是这篇讲了三个小时的《发言》。此时此刻，张闻天为什么要作这样一个长篇的发言呢？

庐山会议的前期是所谓"神仙会"，原来只准备开十几天，产生一个会议的《纪要》就结束的。会议的基本精神是毛泽东对当时形势估计的三句话："成绩伟大，问题不少，前途光明"。大家遵循刘少奇的两句话"成绩讲够，缺点讲透"各抒己见，有的讲成绩多些或者大话还多些，有的着重讲了缺点或面临的困难。总之，无甚拘束，开始确有点像"神仙会"的味道；白天开会游山，晚上散步跳舞。大概在 7 月 15 日左右，《纪要》草稿和彭总的信印发之后，形势就向紧张方面变化了。这时，有些同志认为刮"共产风"等问题已作过检查，正在改正，就不大再愿意多谈、多听缺点，怕因此"泄气"，今后难以维持继续大跃进的局面。有些同志则感觉还有一种"压力"，即难以将缺点讲透，认为不把事实和后果摆清楚，找出其根源，认真总结好经验教训，就不利于今后的工作。多数人的观点比较持中，都急着下山抓工作。大概在 1958 年北戴河会议决定钢翻一番之后，张闻天就密切注意大跃进发展的形势了。外交部机关炼钢，由于没有原料，他就下令停止。1959 年 3 月在两广参观时，他作了很多调查研究，注意到劳动力和运输的紧张，许多小高炉并未点火，也还遇到浮夸以及粮食和副食短缺的情况。在庐山会议前的两次政治局会议上，他一再陈述自己的意见，认为在宣传中要承认缺点和

## 附录：重读张闻天的《庐山发言》

错误。他同彭德怀在会前和会议期间（他们住处靠近）有过接触，许多观点相似，"意气相投"。他还找计委和财贸部门的负责同志了解情况，也找地方的负责同志如周小舟等交谈。他对大跃进有一套看法，确是忧心忡忡的。彭德怀的信印发之后，有一天在田家英的住处，我们一伙谈得来的人聚到一起（有胡乔木、周小舟、田家英、吴冷西和我，还有陈伯达），正谈论信的内容时，张闻天进来了，同我们一起议论起来。记得我还开过一句玩笑，说我们这是"低调俱乐部"（所幸者，这个如追究其名称出典就不得了的玩笑，在批斗高潮时未揭发、坦白出来）。乔木马上接着说：不是，不是，我们这是马克思主义俱乐部。这个细节可以说明我们之间谈话的倾向。这是在庐山会议时，我同张闻天主要的一次接触，因为我们没有编在一个小组。

我没有在张闻天直接领导下工作过。1948年2月，我从热河调到哈尔滨，在东北局工作。5月间，张闻天离开合江到东北局任常委兼组织部长。我曾列名于他所领导的巡视团为巡视员，但一直没有参加具体工作，只是在列席东北局的会议时常听他的发言。这个期间，张闻天着意研究经济问题，曾对东北各种经济成分的历史和现状进行过多次细致的调查，常率领巡视组深入基层，用了很大精力研究全国解放后的经济建设方针。1948年8月，他受东北局委托，在东北城市工作会议上作了总结，接着又为东北局写了《关于东北经济构成及经济建设基本方针的提纲》，科学地分析了当时东北存在的5种经济成分（国营、合作化、国家资本主义、私人资本主义和小商品）及其相互关系，并据此提出了党对经济建设应该采取的方针路线。应当指出，在这个重大问题上能作出如此全面系统分析的文件，《提纲》在当时可说是绝无仅有的，因此受到了中央的重视。其中的许多思想被吸收到1949年3月召开的七届二中全会的文件中。到1949年7月这个期间，张闻天还先后就供销合作社的方针，土改后农村经济的发展方向和对待私人资本主义政策等问题，向中央和东北局写了四个文件。其中允许少数新富农的存在和一定程度的发展等意见，曾受到过非难，但他并没有轻易放弃这些经过深思熟虑的意见。1954年电力代表团到苏联参观时，他在大使馆接见过刘澜波和我。那天见到李德伦来使馆,知道他当时在学点音乐,因此使我产生了一种他在苏联时颇有"闲情"的感觉。在庐山会议前期,毛主席同我们几个人的一次谈话中,谈到遵义会议召开前,先将张闻天、王稼祥争取过来的故事,还说到派张到苏联当大使,来不及事先征求他的意见之事。这就使我证实了当年的这种感觉:张闻天还是想在国内做事的,而且仍然对经济有执着的兴趣。1956年反急躁冒进后,他就在驻外使馆谈过,国内有冒进,供应紧张,原材料不足,盲目追求高速度,是主观主义,忘记了国家还很落后。他对社会主义建设时期不准讲反冒进是有抵触情绪的。因此,他在庐山作长篇发言,从政治经济学的角度,对大跃进提出全面的看法,是很自然的事情,是题中应有之义。他比较全面地掌握了实际情况,又有经济理论修养,因而能抓住问题的本质,站得高,看得远。何况他是过来人,过去犯过严重的"左倾"错误,按照他后来检讨时说的,对"左"的东西特别敏感。他又是中央政治局的候补委员,在这样重要的历史关键时刻,有责任向党中央阐明自己的看法。

这个长篇《发言》是7月21日在华东小组会作的(组长是柯庆施),距离毛泽东7月23日作反右报告,只有两天。这时对《纪要》,特别是对彭德怀的信,非难已经很多。如说这封信的矛头是"针对主席"的,"小资产阶级狂热性就是'左倾'路线错误了","路线错误那就要更换领导了",种种说法都在传开,形势已经比较紧张。正是在这样严重的时刻,张闻天作为一个彻底的唯物主义者,以鲜明的态度,确凿的事实,科学的语言,冒险犯难,极言直谏,完全支持已经遭到非难的《纪要》和彭的信,作了长达三个小时的发言。后来批斗他时,说他的发言对彭的信作了"全面的系统的发挥",是"进攻总路线、大跃进和人民公社的反党纲领"。小组会的发言,《简报》中一般只刊要点。7月23日之后,这个"副帅"的《发言》记录稿就全文印发下来。批判时有人统计:全文8000多字,而成绩只有270余字。用了39个"但"字("'但'字以前虚晃一枪,以后便大做缺点的文章"),13个"比例失调",12个"生产紧张",108个"很大损失(或损失)",以及"太高"、"太急"、"太快"、

## 附录：重读张闻天的《庐山发言》

"太多"等一大批"太"字。

《纪要》讲了大跃进三个方面的缺点，即比例失调，"共产风"，虚报浮夸和强迫命令，但没有对这些缺点展开论述。《发言》说是对《纪要》所谈缺点补充一些意见，实际是对大跃进作的一个比较全面的分析和总结。对暴露出来的严重缺点，引起的严重后果，以及产生缺点的原因，作了系统的论述。对政治与经济的关系，三种所有制的关系，民主与集中的关系等根本问题，作了理论的探讨。最后归结到党内民主作风的重要。

当时讨论中有一种较为普遍的意见，即前述多谈缺点，就会泄气，会打击群众的积极性。《发言》针锋相对地说，缺点定要讲透。缺点要经常讲，印象才会深刻。我们那时犯盲动主义，毛主席就经常讲，所以对缺点要采取郑重的态度，不要采取轻描淡写的态度。马列主义者鼓励积极性靠真理，现在我们觉得有些虚，就是真理不够，增产数字报了那么多，实际上没有那么多。马克思说过，革命时容易办蠢事。列宁也说，要正视这些蠢事。

《发言》指出，关于缺点的原因可以讲得具体一些：比例失调是指标过高，求成过急；"共产风"主要是所有制和按劳分配两个问题；虚报浮夸、强迫命令是不允许讲话、不允许怀疑所致，否则就扣"怀疑派"、"观潮派"等帽子。讲缺点，还应讲具体后果，这样才能取得经验，针对后果提出纠正办法。如钢铁指标太高，其他指标也被迫跟着上，造成全面紧张和比例失调；基建战线太长，"三边"（边勘测，边设计，边施工）做法，浪费太大，工程质量也差；新增工人太多，招二千多万，人浮于事；企业产品不成套，任务朝令夕改，不能实现价值；原材料缺乏，经常停工待料；产品质量下降，技术水平下降，不注意设备维修，等等。从而造成大量资金和物资浪费、积压，市场供应紧张，物资储备减少，财政结余用光，外贸出口不能完成等恶果。"全民炼钢"不单赔了50个亿，最大问题还在9000万人盲目上山，使农业生产受到损失，丰产也不能丰收。什么事都提倡全民，甚至要求"全民写诗"，搞得老百姓不胜其烦。

关于公共食堂问题，当时议论甚多，河南认为食堂有8大好处，全省没一个垮的。大多数人还是要保食堂，以为这是一个社会主义乃至共产主义的标志。报纸上曾大批"资产阶级法权"，批按劳取酬。《发言》建议取消"吃饭不要钱"，改为实行社会保险，照顾少数丧失劳动力的人。明确提出：我们不能搞平均主义，还是要按劳分配。现在有些人把供给制、公共食堂等同于社会主义、共产主义，其实这完全是两回事，社会主义并不一定要采取供给制、公共食堂这种办法。社会主义要贯彻按劳分配，就要强调保护消费品个人所有权，这到共产主义社会也是存在的。对于穷和富的观念要慢慢改变。劳动好，对国家贡献大，所得报酬就多，生活就富裕，富是由于劳动好。这样的富对个人好，对国家更好，它是应该的，光荣的。由于不爱劳动，好吃懒做而生活穷苦，是活该，是可耻的。《发言》还精辟地谈到当时流行的"共产主义风格"的宣传问题：共产主义风格、为集体牺牲个人的思想，这些可以宣传，可以用来要求少数人、先锋队、先进分子，但是不能当做制定现行政策的根据。如果社会主义不能满足个人物质、文化需要，就没有奋斗目标，社会主义也就建设不起来。

关于产生缺点的原因，《发言》同意《纪要》说的，主要是由于缺乏经验。但不能以此为满足，而应该从思想观点、方法和作风上去找原因，这样才有利于总结教训，避免今后重犯错误。这也是这篇发言的主旨所在。关于主观主义和片面性，《发言》专门作为一个问题提了出来。讲到主观和客观、精神和物质的关系，强调主观能动作用是对的，但强调过了头，以致不顾实际可能性，这就成了主观主义。好大喜功也是好的，但要合乎实际，否则就会弄巧成拙，欲速不达，好事变坏事。从主观主义进而谈到政治与经济的关系，领导经济光政治挂帅不行，还要根据客观经济规律办事。有的人根本看不起经济规律，认为只要政治挂帅就行。有的人公然违反客观经济规律，说是不用算经济账，只要算政治账。这是不行的。今天总结经验，尤应该从经济规律上进行探讨。

综合平衡的问题，当时也是很有争论的，有的人以"平衡是相对的，不平衡是绝对的"这一法则，为大跃进出现的严重失调辩护，甚至认为就是要冲破平衡，不平衡是好事。《纪要》中

## 附录：重读张闻天的《庐山发言》

"综合平衡"一节是我参加起草的，内中有四句话："统筹安排，供需协调，瞻前顾后，合理布局。"记得因字数所限，没有展开讲透。《发言》明确地说，经济建设就是要找出相对平衡，利用相对平衡，按照相对平衡办事。我们利用相对平衡制定经济计划，要使之大体是个平衡的计划。遇到某一方面被突破，便要做到及时平衡，这就是积极平衡。还建议在《纪要》草稿中加一条"经济核算"。任何产品，都要讲成本，要算账，这跟"算账派"是两回事。用毛主席的话，经济工作要越做越细，就是要精打细算。不算账，社会主义是建设不起来的。有一个时期，我们的建设有不计成本、破釜沉舟的偏向，说是要算"政治账"。其实，"政治账"同"经济账"是统一的，不能把它们对立起来。我们的国家还是一穷二白，资金有限，必须根据节约原则，严格控制资金使用，最合理地使用每一块钱。毛主席提出要大家学政治经济学。领导经济建设，不懂或不熟悉经济规律是不行的。中国的经济建设有其特殊性，但是有关的普遍规律仍然起作用，问题在于两者相结合。政治经济学，不仅高级干部要学，广大干部也要学。

大跃进时期，不按科学精神办的事太多，报纸上放肆地报道，随便吹牛，放卫星，超外国，引起很大的混乱，国外影响也不好。庐山会议前夕，在外交部的务虚会上，张闻天就讲过不要吹，说有些东西我们自己认为是正确的，但究竟正确与否，还有待实践证明。因此《发言》强调，必须学习科学技术知识，许多东西我们缺乏常识，不能随便把原有的东西推翻，更不能随便吹牛。生产技术措施没有科学根据，光用土办法蛮干不行，蛮干是要死人的。对于已有的科学成果要重视，"一切经过试验"，试验确实成功了，再推广不迟。但实验室里成功了的，还不等于在生产中也已成功。赶超世界水平之类的话，要谨慎，的确比人家高明再讲也不迟，而且以自己不讲，让人家替我们讲为有利。他觉得当时我国的国际威信已经受到影响。

《发言》针对性极强，如此明快而尖锐，几乎毫无顾忌。最后谈到根本关键还在党内民主作风问题时，尤其如此。庐山会议之前两个月，4月上海会议时，毛泽东曾提倡海瑞精神，鼓励大家讲话，说不敢提不同意见，无非是怕撤职，怕开除党籍，怕离婚，怕坐牢，怕杀头，等等。在小组会上，张闻天也曾谈过党内民主生活不正常的问题。《发言》中这一段话，今天读来也是有现实意义的："主席常说，要敢于提不同意见，要舍得一身剐，不怕杀头，等等。这是对的。但是，光要求不怕杀头还不行，人总是怕杀头的，被国民党杀头不要紧，被共产党杀头还要遗臭万年。所以，问题的另一面是要领导上造成一种空气、环境，使得下面敢于发表不同意见，形成生动活泼、能够自由交换意见的局面。"《发言》还特别欣赏《纪要》草稿中这一段话："必须在全党干部中间提倡说老实话，提倡实事求是的讨论。对于有些问题的认识一时可能有参差不齐，只要大家在实际行动中遵守纪律，那么这种现象是完全正常的，允许的。应该通过真正同志式的交换意见，逐步达到一致，不要采取粗暴武断办法，不要随便扣帽子。"《发言》说："这个问题对我们当权的政党特别重要。我们不要怕没有人歌功颂德，讲共产党光明、伟大，讲我们的成绩，因为这些是客观存在的事实。怕的是人家不敢向我们提不同意见。决不能因为人家讲几句不同意见，就给扣上种种帽子。是否提错了意见，就一定是观潮派、机会主义，右派呢？这也不一定。一个人是否真有问题，要经过一定时间观察。对一个人，经过长期观察其言论、行动，证明他确实是右派或观潮派，再扣帽子也来得及。这样做，对团结干部有利，对工作有利。总之，民主风气很重要。要造成一种生龙活虎、心情舒畅的局面，才会有战斗力。过去一个时期就不是这样，几句话讲得不对，就被扣上帽子，当成怀疑派、观潮派，还被拔白旗，有些虚夸的反而受奖励，被树为红旗。为什么这样呢？为什么不能听听反面意见呢？刀把子、枪杆子，都在我们手里，怕什么呢？真正坚持实事求是、坚持群众路线的人，一定能够听，也一定会听的。听反面意见，是坚持群众路线、坚持实事求是的一个重要条件。毛主席关于群众路线、实事求是的讲话，我认为是讲起来容易做起来难，真正要培养这种风气不容易。"

这段话讲得多么好啊！往者不可谏，来者犹可追。我们每一个干部尤其是领导干部，要永远记住这段话的精神。当年张闻天

## 附录：重读张闻天的《庐山发言》

赤胆忠心、不顾个人安危的这种精神，实在值得我们学习。

《发言》的最后，才提到彭德怀的信，认为信的中心内容是希望总结经验，本意是很好的。针对有些人对信中某些措词的挑剔，《发言》为之辩解。特别是关于最敏感的"小资产阶级狂热性"提法，为最受攻击之处，就是赞成彭德怀的信的精神的人，也都不敢表示同意这个说法。惟有张闻天一个人是这样说的："这个问题不说可能更好一点，说了也可以。究竟怎样，可以考虑。但是，刮'共产风'恐怕也是'小资产阶级的狂热性'。"

7月23日之后，硝烟滚滚，风云突变。在7月24日的小组会上，张闻天还是坦然的，发言仍旧从容不迫，讲出心里的话："我没有经验，是从旁看的，与整个群众联系不够。同时，觉得你们不大愿意听，我们要讲缺点，你们要讲成绩，这主要是看问题的角度不同。大家把不同的看法，不同的意见，经常讲出来，经过争论，认识一致了，问题就解决了。这样的会开得很有味道。现在顾虑的人还是不少的。彭总写了一封信，引起大家争论，能把问题看得更清楚……不怕扣帽子，不乱扣帽子，不怕争论，有话就讲，大家认识一致了，没有负担了，这就是心情舒畅。有什么讲什么，就没有什么紧张了。我有时也想，不关我的事，我讲不讲，我是搞外交工作的，讲了以后还有些后悔，我何必讲呢！紧张状态的确是存在的，养成民主作风很重要。这里都是负责同志，下面更严重些。"

就在他的《发言》被当做靶子印发的当天，我们还有过一次偶然的接触，他问我发言稿看了没有？我说看了，那些缺点都是存在的。在当时的情况下，也不便于再谈什么了。

7月23日之后的一两天，张闻天同彭德怀碰面时，他们还相互谈到：讲缺点竟如此危险。我们总结经验，人家扣帽子。在后来的"检讨"中，张闻天交代，他与彭议论的要害，是关于领导作风问题，如何避免一言堂问题。如果只好听好消息，就必然助长下面报喜不报忧，因而容易受蒙蔽，容易头脑发热，也容易骄傲。他们还从南宁会议后个人威信的发展，谈到树立集体威信的重要，以及应防止损害集体领导原则的事情发生。

批斗升级之后，"不仅对事，还要对人"。8月2日，毛泽东《给张闻天的信》印发了。张闻天希望不扣帽子，不乱扣帽子，然而，千钧重帽扣下了：陷入那个"军事俱乐部"去了。《发言》被指责为："安的是什么主意？那样四方八面，勤劳艰苦，找出那些漆黑一团的材料。"张闻天被认为"旧病复发"，遭到尖刻的讽刺与奚落。枚乘的《七发》随之印发，害的病与楚太子相似，这种病"可无药石针刺灸疗而已，可以要言妙道说而去也"。右倾或"左倾"机会主义这类毛病，是有历史和社会原因的，"所从来者至深远，淹滞永久而不废"。治疗之法，"批判从严"，"讲跃进之必要，说公社之原因，兼谈政治挂帅的极端重要性"。

8月上旬，原来6个小组并成3个大组，分头批判彭、黄、张、周等人。这些"批判从严"之处，就不必多说了。

在后来的"检讨"中，在社会主义经济建设问题上，张闻天总结了以下六条，为"两条路线——总路线和反总路线的斗争"，他说自己从这六个方面反了"总路线"：

一、强调发展生产力，即把"以最少的劳动消耗，取得最大的经济效果"，把建立社会主义物质技术基础，作为建设社会主义的基本任务。这是把经济放在第一位，这是"三分政治，七分经济"，而政治也只是为了经济。

二、强调改善人民生活福利，强调社会主义国家要同资本主义国家在物质生活水平上，进行"和平竞赛"。

三、强调利用物质刺激，即利用工资等级、奖金制等，来刺激劳动人民和知识分子的生产积极性。

四、强调价值规律及其他经济规律的作用；强调一切生产计划都应服从于经济规律，而不是使经济规律服从于生产计划；强调用经济方法去领导经济；以及强调经济核算、利润指标等等。

五、在生产管理上，强调厂长、工程师、专家等的集中管理，反对在生产中大搞群众运动；反对不断破坏"旧制度、旧规章"，从此也强调了要向资产阶级管理生产的经验学习，向资产阶级专家学习。

## 附录：重读张闻天的《庐山发言》

六、主张"平衡论"、"按比例论"、"生产渐进论"，反对冒进，反对大跃进。

总结以上所说，张闻天"检讨"说："这条右倾机会主义路线是同党的总路线针锋相对的路线，其目的是要反对和修改总路线，是要把高速度、大跃进的总路线改为引导到稳步可靠的路线上来。结果是不要搞群众运动，取消大跃进。"

当年张闻天写这些"检讨"时，相信他心中是坦然的，当然也是痛苦的，因为硬要在纸上把自信是正确的东西写成是错误的东西。历史是无情的，也是公正的，谬误终归谬误，真理终归真理。不是吗，我们的国家现在不是远比张闻天二十六年前的设想更健康地在生活和发展吗！

从上面详细介绍的张闻天的《发言》和"检讨"来看，当然《七发》等是无的放矢，恰恰相反，楚太子早已"霍然病已"。张闻天如不是早在遵义会议开始，特别是延安整风期间就将"旧病"治愈，他怎么可能在庐山作这样一篇精辟的切中时弊的发言呢。我听见杨尚昆谈过，在江西的后期，张闻天同博古、李德就有争论的，就已经将他挤到政府部门，离开了中央的核心，现在从公布的文献上已得到证实。这也说明，他在遵义会议上的转变，不单是毛泽东争取的结果，而是早有自己的觉悟做基础的。遵义会议之后，他对毛泽东是信服的，在后来历次重大政治关节时，他同毛主席都是一致的。据说，曾因此遭受过讥讽。当时，张闻天还处在中央负总责的位置，他这样义正词严地回答："真理在谁手上，就跟谁走。"据不少同志回忆，毛泽东当时曾对张闻天作过这样称誉的戏言："你是一个开明之君。"但他决不是只求形式地"紧跟"，更不是一味盲从的人。延安整风运动开始时，接受毛泽东的教导，他深感有深入实际，深入群众，对中国社会作周密调查的必要，主动要求到基层去。1942年1月，他率领调查团到陕北的神木、府谷、米脂、绥德和晋西北的兴县等地，对农村、城镇的生产和社会关系进行全面调查，长达402天。他亲自主持调查会，长时间地访问农民、基层干部和各阶层人物。查阅、收集大量有关经济和社会的文字材料，家谱、碑记都不放过。亲自或指导其他同志共写出19篇调查报告。这说明张闻天一旦大彻大悟过来，何等诚恳地向群众学习，并且在以后的政治生活中一直坚持求真知的科学态度。后来他在延安主持编辑的《参考资料》，对国民党统治区和国际形势作具体分析，文章质量是很高的，许多论文是他亲自撰写的（至今我还保存着这些马兰草纸印刷的珍本）。东北地区土改运动中，同其他解放区一样，一度发生过"左"的偏向。1948年3月，东北局为此召开过一个月的总结会议，自始至终我都参加了。张闻天主持的合江地区的土改，基本上没有受这股"左倾"思潮的影响。关于团结中农，区别地、富，正确对待知识分子等，他都为省委写了文件，作了一系列合乎实际的规定，防止了可能发生的偏向。所以，张闻天在王明路线统治时期所犯过的"左"的错误，早以自己的言行证明彻底清除了。他不仅没有再"旧病复发"，而且在党犯新的"左倾"错误时，能够坚决顶住，明确地、全面地从实际到理论，指出这种错误，分析其原因，提出克服的办法。可是，历史多么不幸，这顶沉重的"旧病复发"的帽子直到他去世之前，一直戴在头上。然而他并没有就此中断对真理的探索，在庐山蒙冤之后直到十年动乱期间，他还撰写了几十万字的笔记和文稿。从中可以看到，他不仅始终坚持真理，不畏横逆，挺身捍卫马克思主义的纯洁性，而且从理论上总结了大跃进到"文化大革命"的历史经验，在中国建设社会主义的一系列重大原则问题上，有过许多真知灼见，同十一届三中全会以来中央的路线、方针、政策，何其相似。这是多么难能可贵啊！这种精神，多么催人奋进，永放光辉。

戊戌政变的第二年，1899年，被"放归"的黄遵宪，写过一首发感慨的诗："滔滔海水日趋东，万法从新要大同。后二十年言定验，手书心史井函中。"表明了一代先驱的自信心。黄遵宪深信，他所赞同的那些维新变法的主张，虽然一时在高压之下受到了摧残，但是时间终究会证明它是正确的，二十年之后一定会证明它是正确的。黄遵宪的期望没有落空。二十年后是1919年，这一年发生了五四运动，提出民主和科学两个口号，已经大大超越了戊戌时代那些维新志士的要求了。

张闻天在庐山的《发言》，当时我是从心底里赞同的，觉得

## 附录：重读张闻天的《庐山发言》

他比彭德怀的信讲得更清楚，而且作了理论的阐述。在当时的气氛下作这样一篇发言，不仅要有至大至刚的正气，而且要有理论上的自信。他当然是深信自己意见的正确性的。张闻天在一生的最后时刻，以衰病之身，管制之严，仍奋笔痛斥林彪、"四人帮"的极左谬论，写出那些研究政治和经济，以及党内民主生活的战斗檄文，当然也必定是坚定的自信心驱使他写的。现在，历史的曲折终结了，张闻天的这个《发言》和《选集》中其他文章特别是晚年所写文章的观点，已经被普遍接受了。这也是在时间过去了二十多年之后，才被承认其正确性的。现在，两个三中全会的文件比张闻天当年所想的更是大大前进了。我们的国家在一个中心和两个基本点的指引下，可说正在经历第二次革命，正在欣欣向荣地向国家现代化的总目标胜利前进。张闻天在天之灵当会感到欣慰。在我们社会主义的中国，正确意见要过二十年才被接受的事，相信当不致再出现了吧。努力做到这一点，是我们后死者、后来人的崇高职责。

1985 年 6 月

## 实事求是，何惜乌纱
### ——怀念周小舟

小舟于 1966 年 12 月 26 日在广州含冤辞世，至今整整十五年了。

为查勘五强溪工程，1979 年初秋到长沙，我去过小舟旧居。当时一阵莫名的寂寞之感袭来：蓉园已是花千树，不见周郎谈笑声。

1949 年南下湖南时，我与小舟在开封初会。大概由于是同乡、年岁、经历相差不远（他比我大五岁，"一二·九"以前入党），共同熟人不少，好尚又多相似，因而一见如故。湖南有句俗话："长沙里手湘潭票。""票"字含义不易说清，硬要翻译，与假、大、空近似，即善耍嘴皮的漂浮人物。小舟是湘潭人，跟"票"恰相对立，是一个讲究实际的人。之后约一年半时间，正副职的工作关系，我们朝夕相处，意气相投，凡事直来直去，建立了友谊和某种交心关系。二十年后的寂寞之感，勾引起大跃进年代的往事：独自徘徊谁共语？到乡翻似烂柯人。大跃进尤其庐山会议这一段史实，最能说明小舟的为人。

1959 年柘溪开工，5、6 月间，我从四川、贵州、广西转到湖南。小舟约我到家中长谈。他正下乡一个月归来，丰富了第一手资料，在省委常委会上提出农民积极性、公社供给制、大队核算、公共食堂，粮食与钢铁指标以及劳动生产率等十多个问题。关于大跃进一年来的看法，我们毫无忌讳，交换见闻，观点一致。虽是忧心忡忡，仍然谈笑风生。小舟是一个平易而谦虚的人，并不固执己见，尤不愿谈自己。从追悼会的悼文中，才知道 1956 年毛泽东到湖南，见到大好形势，曾夸奖过他："你已经不是'小舟'了，你成了承载几千万人的大船了。"这夜的长谈，他却禁不住谈到他的"先见之明"。他说，湖南去年老挨批评，被插过白旗，可是结果插红旗的省粮食少些，插白旗的省多些。1958 年 11 月郑州会议之后，对粮食估产，他跟左邻右舍有过争论：要么你是官僚主义，要么我是官僚主义。因为湖南估得低，邻省估得高。还有密植问题，有的省过密，湖南较稀。从农民的

### 附录：实事求是，何惜乌纱——怀念周晓舟

一句老实话"做了一天活，身上没出汗"，提出农民积极性问题。他不赞成办常年食堂，办食堂浪费物力人力。说公社供给制，穷的时候不能搞，富的时候也不能搞。还谈到 1958 年韶山大吃偏饭，粮食也只增产 14%。他的总的看法是，人心思定，需要冷静下来，总结经验教训。

因此，7 月初开始的庐山会议前期，我与小舟来往较多。毛泽东在会前视察过河北、河南、湖北、湖南四省，对湖南的工作颇加称赞。小舟带上山的三句话："成绩很大，问题不少，前途光明。"被接受为会议的方针。当时刘少奇也反复讲：成绩讲够，缺点讲透。到 7 月 22 日为止，会议还称为"神仙会"，交流情况，各抒己见。周总理三次找国务院各部开会，谈形势，算细账，强调陈云的三个平衡。大家座谈之余，游山赋诗，心情愉快。毛泽东的两首诗——《到韶山》、《登庐山》，正由小舟传播开来。这两首诗是毛写给小舟、乔木二人，附信征求意见的。小舟在抗战前后，当过毛泽东的秘书，也爱好诗词。（"小舟"之名，即由毛泽东叫他"小周"而来。）我们同在中南组，开会后不几天，他就兴致勃勃地将两首诗写在我的笔记本上，并将原信给我看。诗中词句，同后来发表的微有出入。《登庐山》还有小序："1959 年 6 月 29 日登庐山，望鄱阳湖、扬子江。千峦竞秀，万壑争流，红日方升，成诗八句。"由此可见当时毛泽东的松快心情。我的本子上还有董老亲笔写的一首七律，颈联为："盘桓最好寻花径，伫立俄延读御碑。"这都可说明会议前期大家的情绪。

按 6 个大区分的小组会，讨论毛泽东提出的读书（读政治经济学）、形势、任务、体制、食堂、学会过日子、综合平衡，产品质量等十八个问题。小组会上，可说议论纷纷，但一些比较尖锐的意见，如不赞成"以钢为纲"、公社化过早等，还不能完全畅所欲言。有不少同志护短，转不过弯，直至反对批评过分密植。小舟是率直而言的。我的笔记本上记有他 7 月 4 日的发言：1070 万吨不如 800 万吨；公社一股风，越包越多；总产值至多每年增长 10%到 20%（按：其实这也很难做到）；基本建设搞得太多了，湖南省县以上 1000 个项目，只有 300 个经过批准。他还谈到食堂反

对派的 6 条意见：不利于节粮、养猪、造林、积肥，而且浪费劳力，吃得不愉快。会议原准备半个月左右结束，毛主席指定乔木、小舟、家英和我等七人起草一个《会议纪要》，论述形势、任务、综合平衡、经营管理、食堂等几个主要问题，总结 1958 年的经验，指出今后方向。

　　此时发生的影响当代历史的不幸，即小舟同彭德怀的往来以及导致彭写那封信。1958 年 12 月武昌会议之后，彭德怀来到湖南，由小舟陪同三天，到过湘潭乌石（彭总家乡），韶山和株洲。沿途看到为搞居民点，有的房子迁拆一空；有上千人挤在一丘 20 亩的田里搞深翻；听县委书记汇报粮食的困难情况；还看了一些土高炉。后来彭又去平江。小舟介绍，这是个"刮共产风"较严重的地方，干部的强迫命令也厉害。他们之间谈得比较深。上山之后，小舟又找彭谈过两次话。彭表示，有些意见，希望同主席敞开谈谈，但由于自己个性，怕谈不好。小舟就根据眼前经验："我们同主席谈话很随便呀。"怂恿彭去谈。原来 7 月 11 日夜，毛主席找小舟、周惠和我去漫谈过一次（以后还谈过几次），谈得很是融洽。毛主席认为 1958 年的问题主要出在综合平衡上，说他自己有时也胡思乱想，有些事不能全怪下面和各个部门。还风趣地说，否则，人们会像蒋干一样抱怨：曹营之事，难办得很。小舟乘机而言：高指标是"上有好者，下必甚焉"。这夜谈话情况，小舟给彭讲了。彭德怀于是决定给主席写一封信，反映自己的主要看法。小舟还建议彭根据在西北小组的几次发言，予以整理，系统写出，这就是后来批判彭德怀时，追究小舟为"宣传员"、"提供材料"和"当了参谋"的由来。

　　彭德怀的信是 7 月 16 日印发给大家的。小组会议从此起了一些变化，多围绕这封信和《会议纪要》继续讨论形势。有些对情况了解不深、不全，特别是护短的同志，不很赞成彭的意见，且多从一些措词上加以指责，康生和柯庆施等人更是兴风作浪。7 月 19 日，小舟在小组会上完全同意彭德怀的信，认为总的精神是好的，至于某些提法、分寸、词句，可以斟酌。他特别谈到得失问题：从具体问题来讲，得多于失，得失相等，失多于得，都是有的，要加区别。比如湖南搞了 5 万个土炉，有 2 万个根本没有点过

## 附录：实事求是，何惜乌纱——怀念周晓舟

火，有些地方晚稻并秧，大大减产，这就只有失而无所得。缺点少讲，或讲而不透，是难以正确总结经验教训的。正确地检查缺点，不仅不会泄劲，反而能够更鼓舞正确的干劲。他以为各人由于工作方面不同，接触事物不同，因而看法不同。大家一起讨论，从各方面把问题提出来，经过分析，就可以达到一致。

大家知道，7月23日毛泽东作了反右的讲话之后，会议急转直下。小舟是第四个受到千钧压力的人，他虽然不得不作些过头的戴帽检讨，但没有生造或夸张一星半点事实，相反，他还为彭德怀辩护。8月3日小组发言中，小舟举出彭跟他谈的两件事，以说明彭德怀自己承认"对主席的正确、伟大是逐步认识的"。一是井冈山会师，毛泽东不准井冈山的人议论湘南失败，以利团结。彭德怀说，可见毛主席的伟大深远精神。二是抗战初期运动战与游击战之争，彭说，很久之后才认识自己的错误和毛主席的正确。这就证明彭德怀从心底敬佩毛主席。

这个时刻，我与小舟还碰过面，他非常感慨，说准备撤职，摘下乌纱帽，但希望有机会去办好一个农场。小舟是一个对革命对自己极端负责的人，也是一个重感情的人。由于主客观之势太不相容，许多事他想不通，非常伤心，非常痛苦。8月13日写给主席的信中有这样的话："解剖我们自己，披肝沥胆，又感觉与实际情况确有出入。我想假若戴上（右倾机会主义）这样一顶帽子，我对主席、中央、全党、湖南党员和人民，甚至对自己的老婆和孩子，都必须说我犯了反党、反中央、反主席……的错误，然而再说下去，势必泪潸潸下，不尽欲言。"

去年到广州，见到小舟的夫人王宁同志，探问小舟辞世前的情况。我们党几十年历次政治运动，大风大浪之中，有许多同志能够立如砥柱，始终坚持实事求是，尊重客观事实，小舟正是这样坚持并以身殉的人。也许他一时有绝望之感，人谁不有一时的迷误呢？这只是说明他的极度认真，执著于自己的信念，而决不是脆弱。要知道，马列主义、毛泽东思想的精髓就是实事求是。

党已给庐山会议作了正确的结论。与此有关的受过委屈还活着的同志，如今都在各自的岗位上努力工作，可是小舟（和彭德怀、张闻天等一样）却以54岁的盛年抱恨以终。小舟当年企盼的

党的集体领导、高度民主生活，正在到来。每逢佳节倍思亲，欣逢盛世，怎能不加倍思念故人呢？神州遍地皆春色，只是词场少一人。小舟是爱旧诗词的。上庐山第四天，我的登含鄱口句："高处为云低处雾，笑谈不觉失群山。"颇为小舟称赏。故人谈笑仍如在，使我伤怀奏短歌。小舟同志，愿将下面这首七律遥祭你在天之灵：

周郎意气永兴叹，抛却潇湘第一官。
举世沉冤皆大白，当年遗愿可长安。
桃符旧岁翻新岁，流水前澜让后测。
知己平生能得几？心香燃尽泪阑干。

1981 年 11 月
（原载 1981 年《人民日报》）

附录：请吴冷西给一个"说法"

## 请吴冷西给一个"说法"

最近一位朋友特地送来新出版的《回忆胡乔木》文集（当代中国出版社 1994 年 9 月出版），说其中吴冷西的文章《忆乔木同志》谈到庐山会议时，比在 9 月 25 日《人民日报》发表的多了一大段话，不点名地指责我和我写的《庐山会议实录》。我读后认为，这决非记忆有误，而是无中生有，歪曲事实，说得严重一点，是蓄意诽谤。因此有公开澄清答辩的必要。

现在先看这一段话：

错误地批判以彭德怀同志为首的所谓"军事俱乐部"的局势无法改变之后，他仍然想帮助一位起草"纪要"的参加者，他同田家英同志和我商量，建议这位参加起草工作的人写一封检讨信给毛主席，以求得谅解。乔木同志的这个好心没有得到好报。二十多年之后，这位起草参加者著书立说，扬言他写那封信是"终身恨事"。似乎是乔木同志的建议害了他。尤有甚者，这位起草"纪要"的参加者在其著作中竟然还说他在庐山会议上保护了乔木和家英。事实恰恰相反，正是这位起草参加者在庐山会议后期，写了所谓"检举材料"，罗列许多"罪状"，告发乔木同志、家英同志和我。彭真、一波、尚昆同志要我们在大会上同此人对质，参加八届八中全会的同志都目睹当时会场上对质的情景。中央为此调查了两个多月，直到十月初，毛主席找乔木、家英和我谈话时才算结案。事隔三十多年，知情者越来越少，我责无旁贷，要为乔木、家英两位亡友公开澄清历史事实。

有关的历史事实其真相究竟如何？

关于乔木建议我向毛主席写封信，事情的原委我的《实录》书中写得清清楚楚。毛主席于 7 月 23 日作了批彭讲话之后，晚上，我到周小舟、周惠住处，三人思想都不通，随后又到黄克诚住处，继续发牢骚。周小舟讲了"毛主席像斯大林晚年"的话，我也讲了"他不能一手遮天"的话。后来，我们三人到黄克诚处去这件事，被传播开来，传到主席耳中。"湖南集团"的指责即由此而来。田家英转告胡乔木的一个主意，让我给主席写一信，以释主席关于"右倾活动"的猜疑（见《实录》初版 208 页/本书

175 页）*。"七月三十日晚上，反复考虑之后，接受乔木的意见，向主席写了下面这封信。当然，'斯大林晚年'等要害问题，我隐瞒了，而且用'政治生命'这样的重话作保证，想取得主席的相信。现在回忆，仍觉得是终生恨事"。（初版 212 页/本书 177 页）

"斯大林晚年"问题，是 8 月 10 日才在两个大组的会议上被揭发出来的。我写那封信时，还是抱着"侥幸过关"的心情。因此，"在秦城狱中，回忆庐山旧事，常常怀着自责的心情，七月二十三夜的事，更追悔无已"。（初版 179 页/本书 143 页）

任何一个读过我这本书的人，都会理解，所谓"终生恨事"这四个字，完全是表述一种自责与内疚的心情，即听了主席的批彭讲话后，不应当跑到周小舟处再发牢骚，从而惹出后来那么复杂而严重的局面来。这怎么扯得上"似乎是胡乔木同志的建议害了他"呢？

吴文无中生有的要害，还在"尤有甚者"所指之事。在庐山会议时，究竟是我"保护"（在书中我从没有用过这两个字）过胡乔木、田家英（还有吴冷西），还是揭发过他们的"罪状"？

庐山会议时，我只在 7 月 30 日向毛主席写过一封信（要常委中传看，没有印发），8 月 11 日写过一份"检讨书"，作为大会文件印发了。除此以外，没有写过片言只字。这有会议的全部文件作证。

大概是 7 月 25 日，"小组会上有人揭发我在火车上的发言说过：1958 年大跃进出了轨，翻了车。我这是转述胡乔木的一种比喻，我的发言和我当时的思想，也决不是这个意思。这时我就一口咬定，这是我自己打过的一种比喻（从而撇开了胡乔木，在延安的经验，有事自己承当，不牵连别人）。我说车不按轨道走要出轨的，只是讲综合平衡中出了问题"。（初版 193 页/本书 159-160 页）这是批彭开始时的情况。在整个批斗阶段，我始终只将"坦白交代"限制在同周小舟、周惠两个人的交往中，而决不涉及其他任何人，因为二周同我的关系已是人所共知的了。

8 月 10 日"斯大林晚年"问题被捅出来之后，"我最担心的是同田家英（也还有胡乔木）的来往，再这样被追逼下去就复杂

## 附录：请吴冷西给一个"说法"

而麻烦了。……可是关于我同田、胡间也有活动，第二组的《简报》上已有反映，于是我就先单独同薄（薄一波）谈出我的想法：'祸'是我闯的，一切由我承当，我作交代，作检讨，但人事关系只能到周、周、黄为止，这已是众所周知的，无可隐讳，决不能再扯宽了。薄很同意我的看法，要我'先发制人'。我随即写篇自我揭发的检讨。十一日上午我交出检讨，检讨由薄看过"。（初版 322 页/本书 282-283 页）"不料我的这点'苦心'，使得小舟极其不满，因为我曾同他谈过一些田、胡同我谈过的东西，他认为我'言不由衷，推卸责任'。结果他 8 月 13 日向毛主席写的信中交代材料，如前所述，被毛主席批示：'全篇挑拨离间，主要是要把几个秀才划进他们的圈子里去，并且挑拨中央内部。'"（初版 323 页/本书 284 页）小舟这封信的内容，我在书中没有摘录。庐山会议时尤其后期，印出的《简报》和"传阅"文件是很多的，但是，《毛泽东同志对"周小舟同志的信"的批语》（附周小舟同志的信）这份文件（1959 年 8 月 14 日八届八中全会文件 67），在会议将结束时并没有发给我，因此当时我并不知道小舟在这封长信中，除开交代了他同彭德怀、张闻天、黄克诚的来往交谈之外，还专门写了同李锐的有关交谈，信中说"但是他隐瞒了他谈到的许多问题"，将我转告他的胡乔木、田家英等同我谈过的一些话都一条条写上去了。接着写道："这些自由主义的乱谈，是否事实，我完全不清楚。谈后他说当做（纸）烧掉。他的用意是乔木、伯达、家英、冷西等同志都是好人，不要连累他们，并且又把事情弄得愈来愈复杂。他的交代不谈这些，我认为这一点用心是善良的。请您考虑，可否把这段情况只在中央少数同志之间查明，不要传播开去，因为我确实认为乔木、家英、伯达诸同志都是善良的（虽然也有自由主义的错误），把他们扯进去对党没有好处。"小舟当时受到的压力很大，他原想让毛主席一人了解这些复杂情况，万万没有料到，毛主席立即把他这封信印发出来，并写上了那样严厉的批语。由于我没有看到这份 67 号文件，因此才发生 8 月 15 日（或 14 日）的大会上，我在书中写到的这一情节："我的回忆中，周小舟由于思想不通，没有让他在大会上作检讨，但在大会上逼他作交代。他又谈到他 8 月

13日向毛主席信中写过的，关于我同田家英等来往之事。特别是提到田离开中南海时准备向主席的三条进言（按即不要百年之后有人作秘密报告，听不得批评，能治天下不能治左右），全场震动。于是刘少奇问我是怎么回事。在十一日交出的检讨中，我完全撇开了同田家英等的往来，这个决心是不可动摇的。于是我站起来，大声而从容地说道：这三条意见是我自己的想法，跟田家英无关，大概是小舟听误会了，这完全由我负责。刘少奇马上说，李锐不是中央委员会的人，他的问题不在这里谈，另外解决。于是，这个险情总算避开了。"（初版343页/本书328页）这天以后，8月16日的大会就不让我参加了。庐山会议后期的八中全会，开过多次全体人员的大会，参加这次会的许多人（包括吴文提到的三位国家老领导人）还健在。除了这一次刘少奇主持的大会上，或可说李锐曾同周小舟"对质"外，谁还参加过彭真、薄一波、杨尚昆要胡乔木、田家英、吴冷西"同此人（李锐）对质"的会呢？吴文肯定"参加八届八中全会的同志都目睹当时会场上对质的情景"。请问，哪一天开过这样的大会？《简报》的哪一期刊载过这一情景？

老熟人吴冷西究竟为什么要对我这样无端指责？此时此举，所为何来？我真是百思不得其解。关于李锐的为人，有一件事老熟人不应当不知道，因为这就写在《庐山会议实录》的开篇——"上庐山开会（我的记录本）"。1967年8月间，当时我早已下放在安徽磨子潭水电站。"北京专案组的几个人，持中央办公厅和公安部的介绍信来，要我交代同胡乔木、吴冷西和田家英的关系，特别是在庐山时的情况，并说专案组长是周总理。当时我虽已五十岁，且是八年戴罪之身，却依然少年气盛。我说，毛主席周围的人最危险的，不是他们三个人，而是陈伯达。"我最不放心的是陈伯达"。于是我举出事例，以为证明。"（初版15页/本书12页）陈伯达当时是中央文革小组组长，可谓红得发紫。当时说这样的话，自知是要担风险的。可是，李锐就是这样一个人，为维护自己的信念，为坚持真理，是不顾个人安危，置生死于度外的。果然，1967年11月11日，一架专机，将我从安徽送到北京，关入秦城监狱。在狱中八年，为任何熟人写"证明材料"，

## 附录：请吴冷西给一个"说法"

都是如实落笔或着意保护，从未有过什么检举揭发之事，包括对我落井下石的人。

我的一生，所受冤屈不为少矣，总认为是非公道自在人心，从不计较，一笑置之。但这一次老熟人的文章，我非计较不可，因为这太出乎意外，太违反常情。因为这发生在"文革"噩梦已逝去十八年之后，庐山会议已平反十六年之后。还因为这是出自延安时期老同事之手，是白纸黑字，印在书本上的东西。看来，作者至少是想让世人相信：李锐此人，并不老实，大家要小心此人的"著书立说"啊！《庐山会议实录》这本书，其实是胡乔木建议我写的，书出版后并表示他对此书完全负责。这些过程，在1989年此书初版和1994年6月增订再版中，我都有说明。乔木生前一再肯定这本书，不仅当面同我谈过，也同别人（我同吴共同的老熟人）谈过。吴冷西不是在乔木生前提出对我的责难，而要在乔木去世后，再来为"两位亡友公开澄清历史事实"，这岂不令人费解？我希望老熟人吴冷西给我一个"说法"，也给历史一个"说法"。

1994年10月28日
原载《读书》1995年第1期

\*作者李锐的引文出自《庐山会议实录》初版。为了方便读者阅读，我在李锐所注引文初版页码后加注了在本书中的页码。读者可以看到，引文中《实录》初版的文字和本书——亦即《实录》增订第三版的文字略有不同。还需要说明的是，父亲的这篇文章公开发表后，吴冷西没有以任何形式予以回应。父亲还曾请他五十年代在水电总局工作时任副局长的季成龙（吴冷西是他的妻姐夫）当面向吴冷西询问，吴冷西嗫嗫嚅嚅。

——李南央注

## 增订版后记

本书初版于1988年底,有一个"出版说明"如下:

1959年7、8月间举行的庐山会议,是中共党史极为重要的一页。本书作者李锐同志曾参加这次会议的全过程,会议后期被列为"彭德怀反党集团"的追随者而受到批判。1980年讨论《关于建国以来党的若干历史问题的决议》草稿时,看到作者有关庐山会议的长篇发言后,当时,主持《决议》起草的中央领导同志即建议作者写出这一段历史(在11月19日的信中说):"你是否可以负责写一庐山会议始末史料,写出后再找有关同志补充审定。这事很要紧,值得付出心血。万一我辈都不在了(人有旦夕祸福),这一段重要史料谁来写呢?会写成什么样子呢?"根据自己的记录本和有关原始资料,作者终于在今年夏天写成此书。鉴于有关庐山会议的情况,现已有数种书刊广泛流传,其中史事,或嫌简略,或有失真。特将此书少量刊印,内部发行,供党史研究和有关同志参考。其中不当之处,请阅者批评指正,以便作者修改,今后再出定本。

当时是内部控制发行。当今之世,越是内部发行,越是容易在社会上传开。几年来,此书我自己送人近200本,至今还有人索取。无论老中青哪一代人,大都愿意看这本书,我也乐意送人。现在到处弄不到这本书了。既已开过支票,自己也觉得不如再出一个完备些的定本。

1980年11月,胡乔木写信催我尽快成书时,曾指定党史研究部门的同志从资料方面给我以帮助。这次增补修订,仍旧是他们给了我很多帮助。还有有心的同志帮我摘抄材料,细心安排如何补充。

这次比较多的补充修订是两个部分:一是毛泽东的几次讲话,包括7月23日的讲话,初版主要是根据自己的记录,这次找到更详尽的记录作参考。二是进入揭批"军事俱乐部"和揭发"斯大林晚年"问题之后,各小组一些较重要的发言。其他就零星一些。总之,力求是一个比较完备的《实录》。总计增加了近6万字。原来从"引论"到"结束语"共25节,现在是28节。此外,还附上我近年来纪念彭德怀、黄克诚、张闻天、周小舟的文章,

附录：增订版后记

约 4 万字。

　　这本书的发起人胡乔木已经作古了。他收到我的赠书后，一次见面时对我说：这是我建议写的，我对此完全负责，还表示再版应公开发行。可惜他见不到这个新的版本了。

　　我要向支持此书的好友和读者表示衷心的感谢！没有这种鼓励，我也难以 75 岁的带病之身，鼓足干劲，力争上游，完成再版的劳作。

李锐<br>
1992 年 8 月于北京医院<br>
1993 年 10 月最后修订

## 增订三版后记

《庐山会议实录》（增订本）于1994年公开出版发行后，出版社告知，已发现的盗印版有五种，共加印八次，期间早已脱售。这次增订，比较多的是四个部分：一是"对事，也要对人"这一章，增补周恩来7月26日的长篇讲话，7月23日毛泽东已作批彭德怀的讲话之后，总理仍召开国务院各部长会议，酝酿计划指标的调整。二是新增"大会批判"一章，即8月11日毛泽东发表长篇讲话之后，13、14、15三天连开大会，全体中央委员参加，批判彭德怀、黄克诚、张闻天和周小舟。三是毛泽东8月16日讲话与五个文件。四是新增"8月17日的工作会议"一章。会议由毛泽东主持，传达中央政治局常委会关于人事调整及对"彭德怀反党集团"继续批判的情况。此外，其他个别章节也小有增订。总计共增补约45000字。

本书1988年初版，十年过去了，共补充修订三次，力求使这次会议的全部情况得到更完整的反映。

李锐
1998年11月30日

## 附录：有关《庐山会议实录》成书李锐日记摘录

### 有关《庐山会议实录》成书李锐日记摘录

**1982年3月25日（星期四）**
晚上钟叔河、朱正来。促我写出庐山始末。

**1982年3月28日（星期日）**
下午钟叔河、朱正来，谈"庐山始末"写法，篇幅可能近20万字。

**1982年4月11日（星期日）**
朱正宿此。整天看庐山旧材料。

**1984年4月29日（星期日）晴**
……黄老反对写庐山。

**1984年9月28日（星期五）晴**
上午十一点半去看望胡绩伟，略谈。请供庐山会议《人民日报》所集自我批评资料。

**1985年3月29日（星期五）晴**
开始写"洛甫在庐山"文，材料已看完。

**1985年4月2日（星期二）阴**
一早朱正来，早餐后黎澍来，一起将"洛甫"文通看一过，都不赞成删削，全面托出庐山会议也。

**1985年4月10日（星期三）晴**
张培森，陈中原来，读"洛甫文"甚满意，刘英尤感动。《淮海学报》刊出。刘英谈庐山归来，只是谈到里通外国事，洛甫流泪，伤心之至。

**1985年12月17日（星期二）晴**
彻底清理旧档，准备"南宁—庐山"资料，堆了满地书报资料。翻出几十年信札。

**1986年7月8日（星期二）阴，微雨**
开始看庐山材料。原来收集得颇为丰富了。

**1986年7月31日（星期四）阴**
续看材料，彭在庐山写的笔记。

**1986 年 8 月 7 日（星期四）晴**

上午校对庐山八一常委会记录稿，只校了六页，甚慢。

**1986 年 12 月 1 日（星期一）晴**

下午开始看庐山常委两记录稿。

**1986 年 12 月 2 日（星期二）阴**

看庐山记录，字迹难认者甚费功夫。

**1986 年 12 月 3 日（星期三）晴**

下午游 800 米。续看庐山记录。

**1986 年 12 月 4 日（星期四）晴**

六点半起床。室内活动半小时。续看庐山记录，抄稿。

**1986 年 12 月 6 日（星期六）晴**

六点半起床，活动半小时。庐山记录算是弄完了。共 36000 字。

**1986 年 12 月 31 日（星期三）晴**

今年小结：

△ 接受组织史资料工作，为此开了一次全国会。杭州、青岛，保定出差三次，讲话四次。这项工作算是在全国推开，有了个基础。

△ 写长短文章约 20 篇，诗十几首，近 20 个报刊发表。《新湖南诞生》出版，全年稿费 4570 元。

△ 想写的东西仍未动手。庐山常委两次会议记录整理好（35000 字）。南宁—庐山资料翻过一次。

△ 读书很少。

**1987 年 2 月 12 日（星期四）阴，晨小雪**

看完庐山两次常委批彭记录排印稿。此件现在难以处理了。犯嫌也。只有交档案馆算了。

**1987 年 2 月 13 日（星期五）晴**

上午到办公室，庐山记录最后清样交出。仍有一二处弄不清楚。此件现在犯嫌疑了

**1987 年 2 月 28 日（星期六）晴**

庐山记录清样校好，送一份周惠。

## 附录：有关《庐山会议实录》成书李锐日记摘录

**1987年3月12日（星期四）阴**

上午到党史征委会开领导小组会，将《庐山记录》并原件交王明哲（5份），交文彬15份，请他处理。

**1987年7月21日（星期二）晴、阵雨 动身去吉林**

下午清理带走庐山材料，看能否写一点也。

**1987年9月9日（星期三）晴、云，喷二次**

上午点滴时，开始写《南宁到庐山》稿。

**1987年10月13日（星期二）阴，喷二次**

元元爱人电话：耀邦收到我的《龙集》（《龙胆紫集》——李南央注）并庐山常委会记录甚高兴。说我是甚有才华（性格太倔），还能作出事来，他却不能了。

**1987年10月30日（星期五）阴，喷二次**

六点起床。清理材料，决定先写《南宁—庐山》。

**1987年10月31日（星期六）阴，夜小雨雪**

请朱正帮忙看《南宁—庐山》材料，谈大纲

**1987年11月10日（星期二）阴**

朱正晚车回长。原拟帮助"南宁—庐山回忆"稿起草，无法代笔，只能将会议简报作些摘记。

**1987年总账**

1. 生活、工作秩序仍乱。
2. 组织史资料工作继续发展。十月及时开了全国性会。出差广州。
3. 长短文章十来篇，诗十四首（发表），收入稿费3110元。《热河云烟录》出版，《上任前后日记》（四万余字）刊水电史料。动手写《南宁到庐山》，开了个头。

**1988年6月29日（星期三）晴、闷热，喷一次**

六点起床，活动半小时。翻看庐山材料，进入角色。

**1988年7月10日（星期日）晴，喷二次**

下午翻看《庐山之夏》（苏晓康等写），戈阳[扬]拟《新观察》两期刊出。一般读者也许甚感兴趣，史学观点则龙脉不清也。作者似故意写得同我认识似的。

**1988 年 7 月 11 日（星期一）晴，喷二次**

　　整日挤时看完《庐山之夏》。过电影式政治报告文学。历史事实不可能写得真实，毛邓对话也难符合身份。但总的精神可取，描写了毛的性格，与历史大趋势的轮廓情况。如发表必引起风波。细节差错当然极多。

**1988 年 7 月 21 日（星期四）阴，喷二次**

　　今天开始正式动笔，定名《庐山会议始末》（《回忆大跃进与庐山会议》一书的最后部分）。约 1500 字。第一节为"上山开会（我的记录本）"。

**1988 年 7 月 22 日（星期五）晴，喷二次**

　　五点起床。因天晴，喘息比昨晨好，但仍喷雾。活动半小时。今天未动笔，翻看别人写的有关庐山文章，看看"史家"评论。

**1988 年 7 月 23 日（星期六）晴，喷一次**

　　今天写"神仙会"一段，已进入角色。资料运用得当，可惜时间他用。

**1988 年 7 月 24 日（星期日）多云间晴，喷一次**

　　"神仙会"写毕，接着是"讨论十九个问题"。八 0 年发言已有底稿。

**1988 年 7 月 25 日（星期一）多云间晴，游泳喷一次**

　　五点起床，动笔一小时，活动半小时。"中南组的讨论"写了个头。

**1988 年 7 月 26 日（星期二）晴、多云，泳前喷一次**

　　整天挤时间握笔。"中南组"写完，共 6 页。今天写得最多。

**1988 年 7 月 27 日（星期三）晴间多云，喷一次**

　　六点起床，活动半小时。今天只看了材料，没能动笔。

**1988 年 7 月 28 日（星期四）晴、多云**

　　五点起床，活动半小时。上午至疗院，停电。整日工作约三个多小时。"会前漫谈"已过半。

## 附录：有关《庐山会议实录》成书李锐日记摘录

**1988 年 7 月 29 日（星期五）多云间晴**

五点起床，活动半小时。今天写得最多。"会前漫谈"毕，"七月十日讲话与第一次召见"毕。已到第 32 页。

**1988 年 8 月 1 日（星期一）晴间多云**

校看小陈已抄《庐山始末》各节，略有增订。工作到十点半。

**1988 年 8 月 2 日（星期二）晴间多云**

今天动笔时间挤出不到二小时。开始"会议纪要"，可惜手头无原件。续看带来材料。

**1988 年 8 月 3 日（星期三）晴间多云**

五点半点起床。今日肚子总觉不适，解手四次。没有下海。翻看材料，决定增写"干部意见与社会舆论一节"。

**1988 年 8 月 4 日（星期四）晴**

五点半起床，活动半小时。"干部意见"只差最后一段。整日只挤出三个工作小时。

**1988 年 8 月 5 日（星期五）晴间多云**

六点起床，活动半小时。写完"李云仲的一封信"一节，6 页。

**1988 年 8 月 9 日（星期二）晴**

六点起床，活动半小时。仍看材料，改好"李云仲信"与"干部反映"两小节。

**1988 年 8 月 8 日（星期一）晴**

五点起床。只写了谈党史研究的四小片纸提纲。

**1988 年 8 月 11 日（星期四）晴**

五点半起床，活动半小时。今天开始写"彭信"一节，速度甚慢。

**1988 年 8 月 12 日（星期五）晴**

"彭信"一节只剩一个尾巴了。

**1988 年 8 月 13 日（星期六）晴，患感冒，没有下海**

昨天就有感冒的感觉，喉头不适。下半夜两点咳醒，泡沫痰不断，喉燥，无法睡觉，三点起床执笔，写到五点，复休息了一阵。六点半小活动半小时。上午医生看过，下午送药。感冒了，大概同电扇有关。整天喉痛，但未影响伏案。"彭信"毕，约六七千字。来龙去脉交待清楚。

## 1988年8月14日（星期日）晴

上午彻底休息，小睡一阵，中午又小睡二阵。下午三点开始工作，以旧洗衣板解决软椅烧屁股问题。这个疗养院无夏季设备。

## 1988年8月15日（星期一）晴

四点咳醒，痰多，觉全身疼，复又睡着。六点起床略作活动。血压110，70，比昨天100-60正常。上午写"纪要"一节。市委组织部朱玉磊同副部长张德友，处长施旭东来，礼节性也。将小陈已抄好两节交打印。

## 1988年8月16日（星期二）多云、小雨

续写"纪要"节。感到第二次召见如何插入方更合适。

## 1988年8月17日（星期三）阴、多云间晴

"二次召见"与"记录"二节毕，共28页，约一万字。好像登山已过半山腰了。

## 1988年8月19日（星期五）晴间多云

五点起床，活动半小时。续写"张闻天发言"，并看资料。

## 1988年8月20日（星期六）夜雨、阴雨

玉珍发现我有眼红，逐渐红满，急点眼药。下午让眼科医生一看，即认为是"红眼病"。并不肿痛，左眼未波及。未停止工作，"张发言"毕，并重看"记录"。

## 1988年8月21日（星期日）晴

果然左眼波及，红眼病无疑矣。整天点眼药，不能多写东西，只将四节最后看一遍。

## 1988年8月22日（星期一）晴

睡得尚好，六点起床，略作活动。眼睛不断点药，见好。整日伏案，七月廿三日讲话校毕。

## 1988年8月23日（星期二）晴、晚小雨

仍整日伏案，廿三夜事亦毕，整节脱稿。全部脱稿已13节。二次常委记录又看一遍，似无甚可删。

## 附录：有关《庐山会议实录》成书李锐日记摘录

**1988 年 8 月 24 日（星期三）晴**

整天伏案，编"彭信反映与形势变化"。《简报》材料已熟，胸有成竹也。

**1988 年 8 月 25 日（星期四）晴**

整天伏案，此节仍未结束。

**1988 年 8 月 26 日（星期五）雨、25℃**

整天伏案，夜工作到下一点。两次常委会及"彭信反映"三节脱稿。开了个目录，已写好 17 节，10 万字出头。除眼病、感冒干扰，上崂山一天，做报告及准备二天，实际工作不到一个月，前半月还每天上午治疗。工作效率可观也。

**1988 年 8 月 27 日（星期六）阴、小雨转晴**

六点三刻始起床。小陈将四节长的带到胶南县去打印，一早走的。"彭信反映"不及再看一遍。

**1988 年 8 月 28 日（星期日）晴**

昨今两天只抄录了主席两次讲话（8.2，8.11）。

**1988 年 8 月 29 日（星期一）晴**

整日伏案。8.2-16 日毛四次讲话整抄毕。真是惊心动魄，三十年后仍如此感觉。十一日、十六日两次指名讲了我。

**1988 年 8 月 30 日（星期二）晴**

虽整日伏案，但"批判检讨"一节仍未弄好。发言材料摘抄大半而已。

……小陈明天始回，校对不完也。工作到夜十一点。

**1988 年 8 月 31 日（星期三）晴**

"批评与检讨"弄好 20 页，"对事对人"另立一节。仍整日伏案。小陈回来，打印约四万字。校对不易。

**1988 年 9 月 1 日（星期四）晴**

昨夜十一点后服眠药，上床久久不能入睡，脑用过度之故。

……

工作到夜十一点，一共得三小节。交付打印："批评与检讨"，"对事也对人"，"第三次召见"，共脱稿 20 节（约 12 万字以上）。大概还得五节，才能结束。王永生建议写完再走。决心十号走。

### 1988年9月2日（星期五）晴

昨夜又失眠，大概近一点才入睡，未复服药。三节交小陈带去打印。为赶活，早起未作活动。仍整日伏案，基本完成"斯大林晚年"问题一节。

### 1988年9月3日（星期六）晴

六点起床，活动半小时。整日伏案，又编抄好一节："全会召开时的讲话和批语"，并改好"斯"节。两节共44页，12000字以上。

……看来最后三节得留到北京了，这里也打印不及。

### 1988年9月4日（星期日）晴、阴

六点起床，活动半小时。两节又看一遍，并对"八月一日会"补个尾巴。

### 1988年9月5日（星期一）晴

两节送去打印，得十一号回京了。

### 1988年10月2日（星期日）晴、多云，喷五次

金松林、刘世荣、钱听涛来。《庐山》可先在他们内部刊物发表。

### 1988年10月9日（星期日）晴，喷二次

晨起略作活动。今日较正常。看《庐山》稿。

### 1988年10月10日（星期一）晴，喷二次

晨起略作活动。上午续看《庐山实录》。

### 1988年10月11日（星期二）阴、昨夜雨，喷一次

晨起活动半小时。《庐山》看毕，要尽快将尾巴写出。

……

夜小徐来，将《实录》带朱正一份。

### 1988年11月2日（星期三）晴，今天来暖气

上午小曾来，翻完《乌托邦祭》，对毛有深刻剖析。庐山事实则有的不确实，如二次常委会情况都不知其详。中外古今义理揉到一起，如《河殇》写法。当然吸引读者的。小曾送来"结束语"。

### 1988年11月11日（星期五）晴，喷一次

五点起床，活动半小时。"序言"写了大半，还是利用朱正草稿。

## 附录：有关《庐山会议实录》成书李锐日记摘录

**1988年11月17日（星期四）晴，喷一次**

上午朱正来……《庐山》稿已看毕，"序言"与"彭为何上书"稿让细看一遍。

**1988年12月1日（星期四）晴**

上午朱正来，他已当选为民进中常委，可能留京工作，搞出版。

将《庐山》稿全部交他，苦工一周。

**1988年12月2日（星期五）晴**

将"结束语"改好，另写一个开头，题名《庐山会议教训》。拟寄元化，并《理论动态》。

**1988年12月3日（星期六）晴**

《庐山教训》最后一阅，寄元化并《理论动态》。

**1988年12月13日（星期二）晴**

开始看《庐山实录》清稿，朱正责任编辑也。

**1988年12月14日（星期三）晴**

五点起床。活动半小时。续看《庐山实录》。

**1988年12月18日（星期日）晴**

整日挤时看庐山稿。

**1988年12月19日（星期一）晴**

小陈来，上午将最后整理好的"揭批军事俱乐部"、"全会闭幕与决议"带去打印，这两节大部分都是朱正搞的。彭张周三人大会检讨，为存史迹也都保留了。

**1988年12月23日（星期五）阴**

想起《庐山》稿，应写一"引论"性的东西，先使读者有一总的概念。请朱正代劳。

**1988年12月26日（星期一）晴**

上午将"引论"写完，约6500字。似可独立成文。

……

朱正明天走，这回住了廿六天，帮了大忙。另一誊录本让他带回。可先写"毛在庐山"一章。

**1988 年 12 月 27 日（星期二）晴**

最后又看"引论"一遍，作为单篇发表时，可名《庐山会议的由来》。

**1988 年 12 月 31 日（星期六）晴**

中午几未休息。下午才收到《庐山》最后两节打印件。

**1988 年总账**

……

《庐山会议实录》脱稿，约 20 万字（最后朱正校正一遍，帮录最后二节），青岛消夏 50 天。

**1989 年 1 月 3 日（星期二）晴、阴**

《庐山会议实录》修改最后完毕，加黄梅《岁寒心》一小段，则黄老违心检讨可以录而无怨也。

**1989 年 1 月 4 日（星期三）晴**

金松林来，《庐山实录》交他，谈定先用计算机排印，约几人审阅，引论亦单篇先发。

**1989 年 2 月 21 日（星期二）晴**

在客厅看报刊。《光明》刊"序言"文作了删节（不及查对），当然更"干净"了。自不会有何反映。《庐山教训》已见《理论动态》。

**1989 年 3 月 5 日（星期日）晴**

小曾来，到下午五点，清样全部看毕。我却断断续续。小曾到韩钢处取来庐山全部资料，《议定记录》与张闻天廿六日检讨可以补入了。

**1989 年 3 月 7 日（星期二）晴**

五点起床，活动半小时。上午清样全部看完，交朱正两合一。

**1989 年 3 月 8 日（星期三）晴**

《实录》清样朱正与我的两份全部看毕并合一校正为两份。朱正几乎熬了一个通晚。我劳动了五天，实际没有整五天，只三天。

**1989 年 3 月 9 日（星期四）晴**

朱正上午去报到开会。我补充章伯钧、罗隆基等"右派攻击"一小段。全部完毕。

# 附录：有关《庐山会议实录》成书李锐日记摘录

**1989年3月18日（星期六）晴**

　　下午龙育群带来二次清样（李荣光女婿，武大哲学研究生），谈湖南出版局内部"倒李"。教育社长郑某向省委告密：《新启蒙》文及《庐山实录》书。

**1989年3月19日（星期日）晴**

　　朱正将二次清样看完。我亦大略翻完。

　　写好"出版说明"，做好防禦工事也。

**1989年3月20日（星期一）晴**

　　下午同冰封、朱正到党史室，同马石江、金松林谈妥《庐山实录》刊印事宜，由春秋出书号，限制地师级发行。湖南、北京各印一万。半个多月来心事算是放下。都同意"出版说明"作好防禦工事。

**1989年3月28日（星期二）晴**

　　冰封来信，宣传部一付部长捣乱。《庐山》即付印。

**1989年3月31日（星期五）晴**

　　朱正七点离去，住廿五天，帮我看《实录》清样，拟《毛与五四》草稿。

**1989年4月11日（星期二）晴**

　　冰封来信，即可付印。印型送京。

**1989年5月8日（星期一）阴**

　　下午收到湖南曹先捷带来的《实录》150本，极为欣慰。

**1989年5月13日（星期六）晴**

　　下午游1000米。送《庐山》与徐滨。谈田家英到毛处哭诉之事（李银桥书）。中午路上遇绝食队伍。

## 钱钟书致李锐信

锐翁道席：

久阔音问，偶闻动定，殊以为念。

上周慎之兄致惠赠新著，愚夫妇递番研读，惊心眩目。公以局中人，述幕后事，欲识东坡所谓"庐山真面目"者，斯篇取斯。记原稿失而复得一节，可愕可喜，洵有如贵乡曾剃头自撰墓铭语："不信天，信运气！"

弟三年前大病以来，衰病相因，精力短乏。惟祝公老当益壮，善自珍惜。

草此报谢，即叩冬安。

弟钱钟书敬上<br>
杨绛 同候<br>
1989年10月21日

www.ingramcontent.com/pod-product-compliance
Lightning Source LLC
Chambersburg PA
CBHW071435300426
44114CB00013B/1442